创优 经管核心课程系列

证券投资学

Security Investment

第三版

主　编　常　巍
副主编　徐　涛　赵玉娟　贝政新

复旦大学出版社

前言（第三版）

《证券投资学》（第二版）教材自2012年12月出版后，至今已过去六年多，其间得到了各高校教师、学生和金融从业人员的持续好评，这是对本书编写工作的肯定，本书编著者再次深表感谢。

进入到2012年，我国证券市场改革的重心着眼于证券发行制度改革、退市制度和分红制度建设。其后在近六年的时间里，证券市场发生了巨大的变化。2013年，全国中小企业股份转让系统正式运行，境内符合条件的股份公司都可申请在全国股转系统挂牌；同年，时隔18年的国债期货正式在中国金融期货交易所上市交易；同时，明确了IPO重启的时间，新的退市制度也正式运行。2014年，沪港通正式推出，加速中国资本市场改革，也是人民币国际化的重要里程碑。农业银行首发优先股，用于补偿一级资本。新三板确定实施做市转让方式。2015年，上海证券交易所开展股票期权交易试点；上半年A股强势上行，进入6月中旬快速下跌，进入股灾阶段。监管层采取暂停IPO、证金公司入场护盘、中金所连续提高非套期保值持仓的交易保证金额度，限制单个股指期货产品、单日开仓交易量等系列举措维护市场稳定，防范化解系统性风险，此后市场运行企稳；11月7日，新股发行重启，股市回归常态化。到了2016年，新推出的熔断制度不仅没有稳定市场，反而因为"磁吸效应"导致股指加速触碰熔断阈值，起了助跌作用。为维护市场稳定，监管层暂停了熔断制度；同年，我国上市公司数量突破3 000家，新三板挂牌公司总数达到10 000家，并实施分层管理。深港通启动，沪深港三地证券市场实现互联互通。2017年，实现新股发行常态化，主板发审委与创业板发审委合并；6月21日，A股纳入MSCI新兴市场指数和全球基准指数。2019年6月13日，科创板正式开板；7月22日，科创板首批公司上市；8月8日，第二批科创板公司挂牌上市。

六年来，国际经济金融形势更是发生了颠覆性的变化，次贷危机爆发后，美国股市虽受重创，并受主权债务危机影响出现震荡，但从长周期看，美国股市一直处于较稳定态势，这与其实行实体经济工业化复苏战略不无关系。2014年，美国联邦公开市场委员会停止资产购买计划，这意味着实施六年的量化宽松政策结束。2016年，英国脱欧公投带来国际金融市场新的不确定性，特朗普当选美国新一届总统后，国际金融市场出现震荡。美元汇率和美股持续走强，强化美国经济的独立性、美元升值的基本面以及金融资本的收益率，但对于外围经济体可能是美元需求的相对萎缩、国际资本的持续回流以及金融市场频发动荡。特朗普的经济政策是未来全球经济的最大不确定性之一。

本教材就是在这样的国内外背景下，展开了第三版的修订工作，增补了新的相关内容和

资料。修订后的第三版,从内容到结构上,都更加充实和完整。本次修订的主要内容包括以下几个方面:

(1) 对第二版中的错误和不妥之处进行纠正和修改,尽可能将疏漏降至最低。

(2) 对所有相关数据和案例进行更新,使用能够搜集到的最新数据,重新编写相关案例。

(3) 在第二章增加了优先股的描述,列举了中国农业银行优先股的发行。增加了对中证指数的介绍。在第三章债券部分,对我国债券市场的相关数据进行了更新,特别是对国际债券的发展做了更加全面的阐述。在第四章增加了对 ETF 联接基金和 RQDII 产品的描述,并对我国基金业的发展历程做了更完整的梳理。在第五章对 CDR 产品在我国出现的一些新情况和新问题做了解释,以全面解读这一创新产品。

(4) 第六章加入了对社保基金和保险基金入市的相关规定和介绍。第七章加入了保荐人制度变化的相关介绍。第八章加入了相关退市类型和制度的规定;并对新三板的现状做了补充;加入了科创板市场的相关内容;加入了我国证券市场开放的相关内容,重点介绍了沪港通、深港通和沪伦通。

(5) 第九章加入了我国国债期货上市合约的介绍,更新了沪深 300 指数期货合约,并增加了我国的指数期权内容。第十章加入了对债券到期收益率的解释。第十一章加入了对投资者持有股份比例的解释。

(6) 在第十六章加入了资本资产定价模型的扩展相关内容,第十七章新增了因素模型、套利定价理论的进一步讨论和有效市场假说的实践意义。对于现代金融投资理论作出了更进一步的完善。

(7) 对所有的课后习题进行了筛选和答案的整理。

第三版基本保持第二版的作者阵容,由苏州大学商学院常巍、徐涛、赵玉娟、贝政新编著,各篇章修改分工如下:第一篇共五章,常巍;第二篇共六章,徐涛;第三篇共七章,赵玉娟、贝政新。在写作过程中相互之间进行了交叉修改,全书由常巍负责总撰和定稿。

在本次修订过程中,继续得到了苏州大学商学院、复旦大学出版社有关领导和专家的帮助和支持,在此表示衷心的感谢。当然,本书还可能存在不足和疏漏之处,恳请广大读者给予批评指正,并提出宝贵意见和建议。

常 巍

2019 年 8 月

前言(第二版)

《证券投资学》教材自2005年8月出版后,至今已经七年,其间得到了各高校教师、学生和金融从业人员的好评,本书作者深表感谢。本教材于2007年9月获得江苏省高等院校精品教材奖,这也是对本书作者编写工作的进一步肯定。

本教材第一版出版后,我国证券市场驶入了改革发展的快车道,《公司法》《证券法》相继颁布和修订,配套制度也陆续发布和完善。2006年,股权分置改革全面实施,成功解除束缚我国股市的重大制度性障碍。2008年,面对国际金融危机,我国股指震荡剧烈。危机后的2009年,我国经济发展遭遇困难时期,创业板市场正式开启,初步形成了主板、中小板、创业板的多层次资本市场体系。2010年,经济发展局面更加复杂,我国股市适时推出股指期货和融资融券,正式告别"单边市"时代。进入2011年,适应股份全流通的市场特点,改进和完善上市公司监管、证券期货经营服务机构监管、发行上市监管以及交易结算等基础制度的建设,积极推进市场化改革。2012年,证券市场改革的重心则着眼于证券发行制度改革、退市制度和分红制度建设。

七年来,国际经济金融形势更是发生了颠覆性的变化,特别是发生于2007年4月的美国次贷危机对全球经济金融产生了重大的破坏性影响,欧债危机的蔓延使这种影响继续传递并扩散,对于国际金融机构和金融市场来说,承受了严峻的考验。在经济全球化和金融全球化的背景下,我国的证券市场也深受危机影响。在这样一个挑战和机遇并存的时刻,危机带给我们深深的思考,必须坚持理性、规范地发展一国的证券市场,使金融产品创新和金融市场发展对一国经济金融产生正向的促进作用。

本教材就是在这样的国内外背景下,展开了第二版的修订工作,增补了新的相关内容和资料。修订后的第二版,从内容到结构上,都更加充实和完整。本次修订的主要内容包括以下几个方面:

(1) 对所有相关数据和案例进行更新,争取使用能够搜集到的最新数据,重新编写相关案例。

(2) 对第一版中的错误和不妥之处进行纠正和修改,尽可能将疏漏降至最低。

(3) 增加了投资的内涵、证券投资和证券投机的作用和区别,更好地引入了证券投资相关内容。

(4) 增加了公司的股权结构与公司治理的相关内容,对于我国的股权分置改革也做了较为系统的介绍和补充;增加了上证指数、深证指数和中证指数的最新内容。

(5) 补充了债券市场的改革、债券回购交易、地方政府融资平台的发展、我国企业债券的发展及各种债务融资工具的比较等内容。

（6）增加了对于RQFII、封闭式基金的"封转开"、分级创新的介绍,对我国基金业的发展历程进行了完整的阐述。针对权证产品的特点,适当增加了权证的种类介绍、权证的价值分析等内容。

（7）补充了私募基金的内容,更新了我国股票市场保荐人制度,新增了中国股票市场新股发行定价机制,从行政定价到询价制做了系统的概括。对于我国场外交易市场组成做了历史回顾,新增了对三板市场的介绍。

（8）新增了我国证券期货发展内容的介绍,增添国债期货的发展沿革和仿真交易以及股指期货合同基本要素等内容,对股指期货的案例做了更新。

（9）在证券定价章节,新增了久期和凸度相关内容。

（10）在证券市场监管环节,新增了修订后的《证券法》相关内容。

本次教材修订的另一大特色就是对各章的思考题进行了更新,并新增了大量计算分析题,后者主要分布在股价指数的计算、证券交易方式、证券的价格、证券投资收益和风险的衡量、证券投资的基本分析方法、资产组合理论等章节,相信读者通过这些习题的练习,将更加深刻理解相关课程内容。

第二版继续保持第一版的作者阵容,由苏州大学商学院贝政新、常巍、徐涛编著,各篇章修改分工如下:第一篇共五章,常巍;第二篇共六章,徐涛;第三篇共六章,贝政新。在写作过程中相互之间进行了交叉修改,全书由常巍负责总撰和定稿。

在本次修订过程中,得到了苏州大学商学院、复旦大学出版社有关领导和专家的帮助和支持,在此表示衷心的感谢。当然,本书也会有不足和疏漏之处,恳请广大读者给予批评指正,并提出宝贵意见和建议。

常　巍
2012年6月

前言

证券投资学是金融学科的核心课程,也是经济与管理类各专业的重点课程。

苏州大学商学院有关教师经过多年的科研和教学实践,由贝政新、陈瑛主编的《证券投资通论》(复旦大学出版社1998年版)以其完整的体系、新颖的内容被国内100余家高校作为指定教材使用,并获得苏州大学优秀教材一等奖,江苏省哲学社会科学优秀成果三等奖。随着我国经济金融体制改革的深化与金融学科科研的进展,《证券投资通论》及现有的国内同类教材已不能满足本课程教学的需要,迫切要求充实、提高、创新证券投资学的教学内容。

(1) 继20世纪80年代马柯维茨(证券组合选择)、夏普等(资本资产定价模型)获诺贝尔经济学奖后,布莱克-斯科尔斯(期权定价模型,1999年)、卡尼曼(行为经济学,2002年)又先后获得诺贝尔经济学奖,尤其是卡尼曼的行为经济学理论与方法对传统的经济金融学提出了挑战,并形成了成果丰硕的分支学科——行为金融学。国内外学者的最新研究成果应当纳入证券投资学的教学内容。

(2) 随着我国市场经济体制的完善和金融市场的发展,市场化的资源配置方式正在形成,它造就了千万个市场主体和独立的投资者,而证券市场正是在这一基础上形成与发展起来的,并正对我国经济市场化进程以及市场投资者的利益产生着重大影响。党的十五届四中全会提出了国有经济的战略性调整,十六届三中全会提出了建设多层次的资本市场,发展机构投资者,推进储蓄向投资转化的精神,最新的《证券投资基金法》的出台和《证券法》修改草案的讨论,以及我国证券市场发展实践中一系列重要政策的推出与重大问题讨论,都应当纳入证券投资学的教学内容。

正是在上述背景下,我们得到苏州大学精品教材建设项目资助,在《证券投资通论》的基础上,重新撰写了《证券投资学》。本书由贝政新主编,各篇章的撰稿人如下:第一篇共五章,常巍;第二篇共六章,徐涛;第三篇共六章,贝政新。全书由贝政新负责总撰和定稿。

在本书的撰写过程中,得到了苏州大学商学院、复旦大学出版社有关领导与专家的帮助和指导,《证券投资通论》其他作者陈瑛、孙文基、杨天翔、于小凤也作出了重要贡献,在此一并表示感谢。由于我们的水平有限,对证券投资问题研究的疏漏与错误之处,望专家与读者不吝赐教。

作者
2005年4月

目录

第一篇 证 券

第一章 证券概述 ... 3
第一节 投资与投机 / 3
第二节 证券的种类及特征 / 5
第三节 证券的发展和未来趋势 / 8
第四节 证券在经济发展中的作用 / 13

第二章 股票 ... 16
第一节 股份有限公司 / 16
第二节 股票的基本分类 / 20
第三节 股价指数 / 27

第三章 债券 ... 39
第一节 债券概述 / 39
第二节 政府债券和政府机构债券 / 46
第三节 公司债券和金融债券 / 50
第四节 国际债券 / 55

第四章 投资基金 ... 58
第一节 投资基金概述 / 58
第二节 投资基金类型 / 61
第三节 投资基金发展 / 71

第五章 证券产品创新 ··· 75

第一节 证券产品创新思路 / 75

第二节 证券产品创新的种类 / 77

第二篇 证券市场

第六章 证券市场概述 ··· 89

第一节 证券市场的特点与分类 / 89

第二节 证券市场的功能 / 93

第三节 证券市场的主体 / 97

第七章 证券发行市场 ··· 105

第一节 证券发行的相关理论 / 105

第二节 证券发行的方式和程序 / 110

第三节 证券发行价格及机制 / 120

第四节 证券评级 / 126

第八章 证券流通市场 ··· 131

第一节 场内交易市场 / 131

第二节 场外交易市场 / 138

第三节 新兴流通市场 / 141

第九章 证券交易 ··· 147

第一节 证券交易程序 / 147

第二节 现货交易与信用交易 / 154

第三节 证券期货交易 / 160

第四节 期权交易 / 169

第十章 证券估值和定价 ·· 180

第一节 股票估值的方法和模型 / 180

第二节 债券估值和定价 / 187

第三节 基金价格的决定 / 195

第四节 期货与期权定价 / 199

第十一章 证券市场监管 ... 204
第一节 证券市场监管体制 / 204
第二节 证券发行主体的监管 / 209
第三节 证券投资主体的监管 / 212
第四节 证券经营机构的监管 / 213

第三篇 证券投资分析

第十二章 证券投资分析概述 ... 221
第一节 证券投资分析目标的设定 / 221
第二节 证券投资分析的信息 / 224
第三节 证券投资分析的方法 / 227

第十三章 证券投资收益和风险 ... 230
第一节 证券投资的收益和度量 / 230
第二节 证券投资风险的构成 / 238
第三节 证券投资风险的衡量 / 241
第四节 风险值计量模型 / 249

第十四章 证券投资基本分析 ... 255
第一节 宏观经济分析 / 255
第二节 行业分析和公司经营状况分析 / 261
第三节 企业财务分析评价 / 268

第十五章 证券投资技术分析 ... 291
第一节 图形分析 / 291
第二节 技术指标分析 / 312

第十六章 证券投资组合理论和资本资产定价模型 ... 322
第一节 证券投资组合理论 / 322

第二节 资本资产定价模型 / 324
第三节 资本资产定价模型的扩展 / 333

第十七章 套利定价理论和有效市场假说 …………… 336

第一节 因素模型 / 336
第二节 套利定价模型 / 339
第三节 有效市场假说 / 342

第十八章 行为金融学 …………… 346

第一节 行为金融学的发展和理论基础 / 346
第二节 行为金融学的基本理论 / 350
第三节 行为金融学的应用 / 355

主要参考文献 …………… 362

第一篇 证券

第一章
证券概述

证券是一个范围很广的概念,它既是一种财产所有权的证明文件,又是一种特殊的金融商品和投资工具。顺应经济发展需要而产生的证券,在市场经济的不断深化和完善过程中,其内涵和外延也逐渐向纵、横两个方向扩展。证券的独特功能,不仅使其成为金融商品的重要组成部分,而且对一国的经济发展起到了重要的推动和促进作用。

本章从投资的内涵出发,主要介绍证券的概念、种类及特征;证券的产生和发展趋势;证券与经济发展的关系以及证券在经济发展中的作用。

第一节 投资与投机

一、投资的内涵和特点

1. 投资的内涵

投资是经济社会中普遍存在的经济现象。美国投资学家威廉·夏普在其所著《投资学》中指出,投资是为了获得可能的不确定的未来值而作出的确定性的现值牺牲的经济行为。

2. 投资的特点

从上述投资的定义可以总结出投资行为的基本特征:

(1) 投资具有时间性。投资是现在就投入一定的价值量,而获得的价值量是将来的。从现值的支出到未来获取报酬,总要经过一个或长或短的时间间隔。这表明投资具有时间性,持续的时间越长,未来获取报酬的稳定性也越差,风险越大。

(2) 投资是现在支出一定价值的经济行为。所有的投资行为必须有现值的付出,为了获得未来的报酬,现在要支出一定的价值。

(3) 投资的目的是为了获取收益。投资行为是以牺牲现值为手段,以获取未来报酬为目标。投资者期望获取未来值超过现值的部分,获得正报酬。这种报酬可以表现为各种形式的利息和股息收入,也可以表现为差价收益。

(4) 投资具有风险。现值支出一定价值是确定的,而未来获取的报酬是不确定的。这种收益的不确定性,就是投资的风险。

风险是投资过程中不可避免的。风险的大小和很多因素有关。首先,因为投资具有时间性,时间间隔越长,各种政治、经济、社会因素可能产生的影响越大,收益的不确定性越高;

其次,风险和预期报酬有关,预期报酬越高,风险越大。风险和收益之间呈正向变动关系,高收益往往隐含着高风险,而高风险也可能给投资者带来高收益;但两者之间的关系并不绝对,追求较高的风险,并不一定必然带来高收益;即使承担相同的风险,也无法保证具有相同的收益。因此,投资者在投资过程中,要做好风险控制;尽量保证在风险一定的情况下,取得最大收益;或者在收益一定的条件下,承担最小的风险。

根据投资范围不同,投资有广义和狭义之分。广义投资是指为了获得未来报酬而付出一定资本的任何经济行为;狭义投资是指投资于各种有价证券,也称证券投资。

二、证券投资

1. 证券投资的定义

所谓证券投资,是指个人或法人对有价证券的购买行为。投资者在证券持有期内可以获得与其承担的风险相称的收益。

现代社会,证券投资在整个投资活动中占据主要地位,也是当前发达国家最主要的投资方式,是筹集资金和资金资源优化配置的主要渠道。证券投资可以使社会上的闲散货币资金转化为投资资金,对促进社会资金合理流动,促进经济增长有重要作用。

2. 证券投资和实物投资

首先,证券投资是一种金融投资,其所形成的资金运动是建立在金融资产基础上的。金融资产是一种虚拟资产,对虚拟资产投入的增加,并不直接增加社会资本存量,属于一种信用活动。

其次,证券投资和实物投资存在互补性。证券投资的资金主要来源于社会闲散资金,这部分资金虽然没有直接投资于生产经营活动,而是通过证券市场间接投资于实物资产,但由于证券市场的自身调节机制,使资金在盈余单位和稀缺单位之间进行重新配置,解决资金不足的问题,还可以促进社会资金流向经济效益好的部门和企业,提高资金的使用效率。通过证券投资,不但可以方便迅速地筹集资金,还可以引导资金流向。

最后,证券投资和实物投资互为影响。实物资产是金融资产存在和发展的基础,金融资产的收益也来源于实物资产在生产过程中的创造;证券投资的资金运动和实物投资的资金运动紧密相连,实物投资对证券投资有很大的影响。此外,企业的生产经营活动也会影响到投资者对企业证券的未来预期,也会使证券投资行为发生变化。

三、证券投机

1. 证券投机的定义

证券投机是指在证券市场上,短期内买进或卖出一种或多种证券,以获取收益的一种经济行为。它和证券投资一样,是证券市场上的一种常见的证券买卖行为。投机者通过对股价走势的预测和判断,以获取最大利益为目的,并甘愿冒较大风险。

2. 证券投机的作用

在证券市场上,投机行为永远存在,而且适度的投机对市场具有积极作用。首先,具有价格平衡作用。投机者在市场上通过价格波动获取利润,低吸高抛,或者高抛低吸,投机者的买卖操作会使不同时间、不同市场、不同品种的证券价格趋于平衡,使市场回复到正常的供求状况。其次,投机行为可以增强证券的流动性。投机者的操作特征表现为短期内频繁买卖,当市场上的投资者买卖证券而没有交易对手时,投机者的大量存在保证了交易的正常延续,同时又能使投机者从中获取利润。最后,投资者的存在有助于分散价格波动风险。在证券市场上,投资者往往是风险回避型的,希望通过期货、期权等各种方式回避风险,但是如果没有交易对手的存在,这种避险方式无法实现,此时投机者成为市场风险的承担者,为了获利而冒险投资。

四、证券投资与证券投机的区别

在实际操作中,证券投资和证券投机很难明确区分,但其实两者还是有许多不同之处的。

1. 从投资周期来看

投资者常常会买入证券后长期持有,更看重相对稳定的、以利息和红利等形式表现的经常性收益,所以大多选择长线投资;而投机者则更专注于快进快出,在短期内博取差价收益,热衷于短线操作。

2. 从对待风险的态度看

投资者大多回避风险,更加倾向于对收益稳定、本金安全的证券进行投资;而投机者则主动承担风险,期望在承受高风险的前提下享受可能的高回报。

3. 从交易方式来看

投资者更多在现货交易条件下进行操作;而投机者则更多出现于期货、期权和信用交易过程中,买空卖空,杠杆比例较高。

4. 从分析方法来看

投资者的投资理念属于价值型投资,更多从宏观经济、行业发展和企业自身角度进行基本分析;而投机者抛开所有外部因素,专注于证券价格本身,期望从价格变动的过程中找到规律,倾向于做技术分析。

证券投资和证券投机在实际操作过程中会发生相互转化。当投资者买入证券后,本意是要长期持有,但是突遭市场风云变幻,或者持续快速上涨,或者抛压严重快速下跌,这时投资者都会果断出手,实现账面盈利或者止损出局,快速操作使其成了市场的投机者;同样,投机者购入证券后,如果没有好的快速操作的时机,也会被动成为长线投资者。

第二节 证券的种类及特征

一、证券的概念

证券是有价证券的简称,它是指具有一定票面金额、代表财产所有权或债权的一种书面证明或凭证。证券具有以下三方面的内涵。

1. 证券是一种财产所有权证书

所谓财产所有权是指财产所有者支配自己财产的权利。在市场经济条件下,同一财产所有权具有双重存在:一方面是以具体的物的实体存在;另一方面是以抽象的财产权利存在。随着市场经济的发展,财产所有权的运营与其实体逐渐脱离,使它们分别按照不同的供求关系运动,以达到充分利用社会资源的目的,而证券就是这一过程的产物。通过证券,把财产所有权的价值量化出来,成为财产所有权的载体,使财产所有权脱离其实体独立运动。凭借证券,其所有者可以享有各种法定的权利。

2. 证券是一种商品

证券在市场上以买卖方式进行运营并流通使其具有商品性质;同时,证券具有使用价值和价值。虽然证券不能直接用于生产和消费,但是可以为持有者带来收益,使其财产增值,并作为投资或投机的工具进行买卖和交换;而证券本身象征着价值,是社会财富的一般代表之一。

3. 证券是一种金融工具,反映一种信用关系

证券作为资本需求方向资本供给方借入资本时所出具的凭证,彼此之间存在着信用关系,即以还本付息为条件的价值的单方面转移。股票作为一种无返还性证券,并没有与信用的基本特征相背离,因为从持有股票对公司财产的最终清算分享权来看,和财产要求偿还在最终结果上是一致的。因此,股票和其他证券一样,也反映了一种信用关系。

二、证券的种类

由于证券是一个范围很广的概念,因此可以从不同的角度进行分类。

1. 以权利和用途分类

以权利和用途划分,可以将证券分为商品证券、货币证券和资本证券。商品证券是代表对一定量商品有所有权的证书,如提货单、仓库栈单等。商品证券的持有者可以在一定时期内领取一定的实物商品。商品证券的价格取决于票面金额,当用商品证券取得商品后,该证券便退出流通。

货币证券是代表对一定的货币所有权的证书,如支票、商业票据等。货币证券可以代替货币,作为流通手段和支付手段,使生产和流通资本大量节约,并通过方便交换加速资本周转。货币证券是由商品交换而产生的,因此其价格和票面金额相等,而且均有一定的期限,使用后便退出流通领域。

资本证券是代表对一定资本有所有权和收益权的投资凭证,如股票、债券等。该类证券能使持有者获得资本增值,发挥着资本的作用,故被称为资本证券。它与商品证券、货币证券有所不同,它的流通过程是长期的或是源源不断的。

商品证券、货币证券和资本证券,被称为广义的证券,而狭义的证券只是指资本证券。因为资本证券在一国经济中最重要、所占比重最大,本书如无特别说明,所述证券均为资本证券。

2. 以证券的发行方式和范围分类

以证券的发行方式和范围划分,可以将证券分为公募证券和私募证券。公募证券是指向社会上广泛的不特定的投资者发行的证券。公募证券的发行必须经过严格的招募程序,如注册登记,实行公示制度,即通过公众媒体披露公司的经营情况及募股的数量、种类等。公募证券一般都需通过投资银行、信托公司、证券商或经纪人等中介机构发行,并可以在证券交易所上市交易。

私募证券是指向事先确定的投资者发行的证券,如股份公司内部或定向招募的股份。私募证券的持有者主要是股份公司内部的职工或与其有相关关系的认股人或机构。私募证券与公募证券相比,其优势是发行程序简单,免除公示制度,一般采取直接销售方式等;但对私募证券也有一些限制条件,如一般不允许转让私募证券,如果转让需经发行者同意;另外,对私募证券的投资者数量也有一定的限制。

3. 以证券发行者的性质分类

以证券发行者的性质划分,可以将证券分为直接证券和间接证券。直接证券是指非金融机构发行的证券,如政府、工商企业及个人发行的公债、国库券、公司(企业)债券、股票、借款合同、抵押契约等。

间接证券是指由金融机构发行的证券,如可转让大额存单、人寿保险单、基金股份及其他各种债务票据等。

4. 以证券是否在交易所注册并挂牌交易分类

以证券是否在交易所注册并挂牌交易划分,可以将证券分为上市证券和非上市证券。上市证券,又称挂牌证券,是指经证券主管机构审查批准,并在证券交易所注册登记,允许上市交易的股票、债券等。一般地讲,各国对上市证券规定了较为严格的条件,公司之所以申请其证券上市交易,主要是为提高公司的声誉和知名度,以更为有利的条件筹集资本。

非上市证券是指未在证券交易所登记注册,不能公开上市买卖的股票、债券等。非上市证券并非不允许交易,只是不允许在证券交易所交易。证券不挂牌交易的原因各种各样:如有些公司不符合交易所规定的条件;有些公司虽然符合上市条件,但或者出于保密,或者不愿股权分散等原因而拒绝上市。

5. 以市场的流通性分类

以市场的流通性划分,可以将证券分为适销证券和非适销证券。适销证券是指可以转让而自由流通的证券,如商业票据、期权合约、股票、债券等,它们都具有流通的性质,当这些证券持有人在需要资金时,能迅速在证券市场上流通转让。通常这些证券所代表的权利,可以经过签名背书行为或交付行为而自由转让,受让人对证券的权利受法律保护。

非适销证券是指持有人不可将证券上市出售,但在某种条件下可提前收回的证券,如定期和活期存款单等。该类证券虽然不具有流通性,但通常具有保障性,并且有确定的收益,市场价格也不会波动,是一种较为安全的投资工具。

三、证券的特性

1. 收益性

所谓收益性,是指证券持有者凭借证券所获得的报酬,它是证券投资者的基本收益。证券投资的收益通常由当前收益和资本利得两个部分组成。当前收益是指以利息、股息、红利所表示的收益;而资本利得是指证券价格变动所带来的收益,也称为差价收入。

2. 流动性

流动性也称变现能力,是指证券可以随时出售得到偿付的能力。正如资本的生命在于运动、资本只有运动才能不断增值的道理一样,证券必须具备很强的流动性,才会吸引投资者购买,才有生命力。影响证券流动性强弱的因素主要包括:①宏观经济状况的好坏。恶化的经济形势,会使证券在短期内难以脱手。②市场价格的波动程度。市场价格的波动幅度越大,风险越大,其流动性越弱;反之,则越强。③偿还期。偿还期和证券的流动性成反比,偿还期越短,流动性越强;反之,则越弱。④发行人的经营业绩、信誉、知名度。流动性强的证券大多为经营业绩好、讲信誉、知名度高的证券。

3. 风险性

所谓风险性,是指投资者购买的证券不能恢复其原来投资价值的可能性。证券的风险性是客观的,是和收益性相对称的。证券投资的风险主要包括系统性风险和非系统性风险。系统性风险是指由于政治、经济及社会环境的变动而影响证券市场上所有证券的风险,主要包括市场风险、利率风险和购买力风险等,其不可能通过分散投资来规避;非系统性风险是指由于市场、行业和企业自身等因素影响个别行业、企业证券的风险,主要包括行业风险、经营风险、违约风险等,可以通过优化组合、分散投资,将该类风险降至最低。

第三节 证券的发展和未来趋势

一、证券的产生和发展

证券是商品经济发展的必然产物,在资本主义发展较早的西方国家,经历了一个自然的孕育过程,才逐步萌芽、发展、成熟到规范化。证券的产生最初源于中世纪后期意大利威尼斯、热那亚等城市发行的军事公债,当时发行此种公债的目的,是为了筹集军饷。这种为筹集军饷而发行的军事公债,可以说是证券的萌芽。但真正意义上的证券则是随着股份制的形成、信用制度的建立而产生的。

1. 股份制的形成和发展为证券产生提供了现实的物质基础

股份制是通过发行股票筹集社会资本建立股份公司进行生产经营的一种企业经营制度。股份制不仅有筹集巨额资本的功能,而且具有产权主体明晰、决策独立、经营连续性、股东股份证券化并自由流动等优点。证券产生的前提是社会融资的必要性。在资本主义早期发展过程中,由于传统的独资经营方式和合伙经营方式不能满足对巨额资本的要求,暴露出其局限性,股份制便应运而生。世界上第一个真正以股份制原则建立的股份公司,是1581年在英国成立的"利凡特公司",又称"土耳其公司"。它第一次以发行股票方式公开募股集资,股东把全部或部分资本长期留给公司使用,公司每年拿出一部分利润按入股比例向股东分配红利。而早期影响最大,被称为股份公司鼻祖的是东印度公司,它是在1602年获得英国女王特许,当时以桑德兰伯爵为首的一批冒险商人采用股份集资、合股经营的原则组织了航海远征队,该公司的最初股本为6.8万英镑,有股东100人,1601—1617年由英国到印度进行了12次贸易航行,平均利润率高达234%。到1708年,东印度公司的股本增加了50倍,几乎垄断了英国对东南亚和中国的一切贸易。随后,荷兰、法国、瑞典、丹麦、普鲁士相继成立了一大批从事海外贸易的股份公司,股份公司日益普及。1825年,英国议会首先废除了禁止创办民间股份公司的《泡沫法案》(English Bubble Act),1834年,又授权君主向股份公司发放特许证书,从而正式确立了股份公司的法人地位。1837年,美国康涅狄格州颁布了第一部《一般公司法》,这项法律规定了标准的公司注册程序,被美国其他各州相继采纳。到1844年,英国也通过了《公司法》,这标志着股份制在英、美两国法律的确认。

股份制最初在资本主义海外贸易中产生,当时各外贸公司均通过发行股票、债券筹集所需资本。到了17世纪末,股份制开始在银行、交通运输及一些公益事业部门得到发展,如1694年,英格兰银行成为最早的一家股份制银行,1730—1790年英国开凿运河所需资本是通过股份公司筹集完成的。进入19世纪后,西方国家的铁路建设所需的巨额资本也都是通过股份公司筹集的,股份制在工业革命中无疑起着重要的作用。以后,踏着工业革命的步伐,资本主义工商业迅速发展,而股份制的筹资功能及经营特点日益显示出其生命力,被广泛接受。与此同时,在资本主义国家,政府的开支不断增加,而政府干预经济的职能日益加强,债券、股票开始成为资本主义国家筹集资本、干预经济的主要形式。

股票、债券发行以后,需要有一定的流动性,才能吸引更多的人购买,这种证券的自由让渡是股份制生存和发展的必要条件,而证券的交易就不可避免需要证券交易所和证券经纪人。世界上最早的证券交易大约出现在1661年,当时有一些商人在荷兰的阿姆斯特丹进行荷兰东印度公司的股票交易,发展成为第一个证券交易所,当然可以说这是证券商之间的一种非正式聚会,这以后正式证券交易所在英国和法国相继出现。

2. 现代信用制度的建立为证券发展提供了制度保证

信用,就是一种以偿还为条件的借贷关系。从本质上看,信用是一种价值流动,因为它主要体现在货币的借贷和商品交易的赊销和预付上。而从形式上看,信用则是信用当事人之间的一种债权与债务的契约关系,提供货币或商品的一方为债权人,以偿还和支付利息为条件贷出货币或赊销商品;接受货币或商品的一方为债务人,并按约定事项偿还款项并支付利息。信用的基本特征是:①偿还性。即它是以偿还为条件的付出,是借债和还债的统一。②不发生所有权转移。债权人在让渡财产使用权的同时维持所有权,发生变化的只是所有权的持有形式。③价值增值。接受信用一方要按照协议还本付息,价值在原有基础上实现增值。信用是商品经济发展的产物,随着商品生产和商品交换的发展,信用制度不断发展和完善,而证券就是在这一过程中逐渐产生和发展起来的。

迄今为止,信用的形式先后有商业信用、银行信用和国家信用等。

商业信用是最初的、最古老的信用形式,最初是指商品买卖双方采取赊销方式实行延期付款来相互提供的信用,以后又派生出按事先协议预付部分货款从事商品买卖。商业信用主要利用商业票据工具进行。在商业信用发展中,逐步形成了一套期票与汇票的转让、贴现及到期付款制度和法规,逐渐使货币证券的流通正常化,这为以后资本证券的流通、转让,即证券的产生、发展提供了必要的制度保证。商业信用促进了商品经济的发展,但由于它有规模、数量及方向上的限制,不能满足经济进一步发展的需要,于是便产生了银行信用。

银行信用是指银行以货币形式对社会提供的信用。银行作为信用中介机构,通过存款形式把分散在社会各个方面的闲散资金集中起来,然后通过贷款形式提供给需求者。银行信用的发展进一步推动了证券的产生和发展。

首先,银行吸收存款的主要形式有活期存款、定期存款、大额可转让存款等;而发放贷款的主要形式是期票、汇票、期票贴现、抵押贷款、长期投资和委托发放债券、股票等,这有利于证券制度的建立和完善。

其次,随着银行信用制度的发展,信用形式更加多样,除了以银行介入的间接信用以外,出现了由筹资者直接面向社会公众筹集资本的直接信用,股票、债券就是其产物。

最后,银行信用发展到一定程度,银行资本必然渗透到证券市场,银行信用证券化。银行信用的发展,使金融机构集中了大量的社会资本,从而有条件也有力量从单一银行金融服务转向提供多种金融服务,而向证券市场发展便是其主要方向。与此同时,随着竞争的加剧,银行原先建立的稳定的客户关系受到了威胁,借款者的筹资方式变得更加灵活,长期依赖于一家银行的局面被打破,于是,银行不得不改变其传统的业务方式,从直接提供贷款转向开拓新的业务,如短期拆借与商业票据的发行、包销、承兑和贴现,还有发行债券等,由于投资者对长期债券的投资充满了信心,银行更愿意从事长期债券的承销与交易。各金融机构均以这种形式进入了证券市场,它们不仅是这些票据、债券发行的安排者和管理者,而且还成为这些票据、债券的主要发行者和购买者,金融机构成为金融市场形成的基础和主要支柱。

国家信用是政府以债务人的身份,借助于债券筹集资本的一种信用形式,包括国内信用和国际信用:国内信用是指国家通过发行公债向国内居民、企业取得信用,筹集资本的一种信用形式,它形成国家的公债;国际信用是指国家向外国政府或国际金融机构借款以及在国外金融市场上发行国外公债,向国外居民、企业取得信用,筹集资本的一种信用形式,它形成国家的外债。国家信用和证券的发展密切相关。早在工业革命期间,证券交易的重点就从股票转向了长期公债,并产生了公债承包人,这可看作证券承兑业的先驱。到了19世纪,欧洲及南美各国开始竞相在伦敦发行公债,美国证券市场的形成就是从经营公债开始的。20世纪30年代,凯恩斯为解决经济危机而提出国家积极干预经济的政策,其主要手段就是通过发行公债,增加有效需求,这给财政上的公债制度赋予了新的意义,使证券制度发展到了一个新的高度。

二、证券业的兴起和发展进一步完善了证券制度

证券业是指专门从事证券投资、发行、流通、管理、咨询等活动的各种行业的统称。证券业与银行既有联系又有区别。其联系是,证券业与银行都是货币体系的经营产业,都和货币运动有着极其密切的联系,并且证券业是从银行中分离出来的中介性服务产业;其区别是,

银行作为间接融资机构专门经营货币,而证券业作为直接融资机构,专门经营证券。

证券业与证券的产生和发展是相并行的,两者是相辅相成、相互促进的关系。

首先,证券是一种投资工具。它虽然风险大,但相应的收益也高,而人们又具有追求物质利益的本性,所以,证券很快能被人们接受,使证券投资发展起来,相应的各种专业性的证券投资机构发展起来,如信托投资公司、证券信息传输公司、证券投资咨询公司等。相应的证券投资理论的研究也获得了很大的发展。20世纪50年代初美国经济学家马柯维茨发表了《组合证券选择》,研究了收益不确定条件下的投资行为,该理论在20世纪80—90年代得到了一定程度上的验证,马柯维茨获得了1990年的诺贝尔经济学奖,标志着证券投资理论已基本趋于成熟,这为证券制度的进一步规范、完善奠定了理论基础。

其次,证券的技术性要求较强。证券的承兑、转移和保管,证券价格的支付、清算与交割,都必须委托专门的机构和人进行,这样经营证券业务的物质基础条件,如证券交易所就得到了迅速发展。与此同时,随着科学技术进步,以计算机为代表的先进技术,在证券业务中得到了最广泛的运用,使证券的发行、交易、清算、管理的效率大大提高,这使证券业的利润率水平、现代化水平和规范化水平都高于其他产业。

最后,证券业发展经历了从完全自由竞争到不完全竞争的发展历程。从证券业的业务性质看,它不存在技术垄断和产品差别,因而属于完全竞争行业,所以,在20世纪30年代以前,西方国家的证券业在自由放任政策下得到了迅速发展,但也暴露出欺诈性、投机性和操纵性的弊端,有损于社会稳定。例如,历史上有名的"南海泡沫"和"黑色星期四"事件。"南海泡沫"是指1720年在英国发生的股市全面崩溃、大量公司倒闭的股票投机事件。南海公司成立于1710年,其垄断了对大西洋及其岛屿、领土的贸易权,可以经营奴隶贸易和捕鲸业务,并拥有立法、募集军队等特权。该公司董事会利用这些地区尚未被人们熟悉的事实,虚构了诱人的经营前景,结果投资者大量抢购该公司股票,股价迅速上升,犹如肥皂泡沫,越吹越大,1720年年初,每100镑面值股票价格为216镑,到7月下旬涨到1 100镑;8月以后,肥皂泡吹破,股票价格开始暴跌,到9月底跌至120镑左右,造成数以万计的投资者损失惨重,银行券和期票的流通受到重创,大量卷入投机的企业也纷纷倒闭,国内工商业几乎全面瘫痪。而此次股市崩溃到重新恢复正常水平,几乎花去了3/4个世纪的时间。"黑色星期四"是指1929年10月24日纽约华尔街股市突然暴跌的事件。此次股票价格下跌从1929年10月24日持续到1932年中期,历经34个月,道琼斯工业平均指数下跌了87.4%,冶金、机械、汽车、电力、化工等部门跌幅均在90%以上。此次事件还涉及英国、德国、法国、比利时、奥地利、瑞典、挪威、荷兰等国,使世界经济发展受到严重阻碍。

因此,随着证券业的发展及证券投资参与者日益普遍化,对证券业的监督与管理势在必行,20世纪30年代以后,西方各国对证券业都以法规、条例、章程和规则等形式从法律上加以规范,形成了大陆法系、美国法系和英国法系三个不同的证券法律体系。这三大证券法律体系在证券管理上各具特色,但都是通过立法并设置相应机构对证券实行监督和管理,它使投资者的利益得到了不同程度的保护,使投机欺诈等行为受到了扼制,保证了证券业健康稳定发展。这种对证券业的法制化管理,使证券制度更加规范和成熟。

三、证券的发展趋势

目前,证券业已成为一种专门的特殊产业而存在,成为各国国民经济的重要组成部分。

各国政府为了适应不断发展的经济情况,一直在相应地调整其宏观和微观经济政策,这对世界经济产生了重要的影响。而作为经济发展的伴生物——证券,更显示出新的发展趋势和特点,其表现有以下几点。

1. 证券经营国际化

即各国公司的股票、债券以及政府债券的发行、销售、交易在国际市场上进行。这种证券经营国际化趋势主要表现在以下几个方面:①世界上主要的国际性证券市场的日成交量成倍增长,资金流动程度日益提高,世界范围内的国内证券市场和国际证券市场越来越一体化。②证券经营主体竞相到海外设立分支机构,拓展国际性业务,如进行国际性证券投资、发行和买卖。③国际金融市场上国际银团贷款不断下降,国际债券的发行量持续上升。④国际间的证券经营机制和证券信息网络以及相应的运行规则逐步趋同。

证券经营国际化趋势的原因主要是:①科技进步推动证券交易手段自动化、现代化,从而有条件发展国际性业务。②经济领域各种活动的国际化,推动了证券业务的国际化。③各国政府重视金融对经济发展的作用,实行较为宽松的金融政策,不仅发达国家如此,一些发展中的新兴工业化国家和地区,也把开放金融市场、加快本国金融体制改革、为国际证券交易提供方便,作为引进外资、加快本国经济发展的重要国策,这极大地推动了证券市场的国际化进程。

2. 证券交易技术现代化

目前,各国的证券交易都使用电脑、卫星通信和电信手段进行。英国、美国、日本的证券业自动化水平在世界处于领先地位,证券交易的全过程中的所有环节,完全是一个自动化的处理过程,无纸化交易发展迅速。而一些新兴工业化国家的证券市场,则发展起点高,一开始就采用了高新技术,证券业务均用电子计算机操作,处理日常文书及票据工作,利用电子计算机传送指令,进行会计核算和通报信息。可以预计,随着科学技术的不断发展和创新,将不断地推动证券交易技术的现代化,而证券业的发展将对世界经济产生重要的影响和作用。

3. 证券业竞争激烈化

证券业的竞争主要体现在:①同一国家各证券经营主体之间的竞争。②不同国家各证券经营主体之间的竞争。竞争的内容,主要是推出新的证券种类和服务项目,不断提高服务质量等。

证券业竞争更加激烈的原因主要是:①为促使证券业效率的提高,各国政府采取放松证券市场管制、鼓励竞争的政策。如美国于1975年颁布了第一部放松管制法,率先实行协商佣金制度;日本于1992年通过了允许银行和证券公司以设立分支机构的形式相互进入对方领域的法律。②随着企业对银行的依赖程度减轻和居民金融资产的多元化,迫使银行不断调整业务范围,进入证券市场参与竞争。

4. 证券交易场所多样化

总的来看,有组织的交易市场——场内交易市场,目前仍是证券市场的最主要组成部分,但是在证券交易所以外进行交易的场外交易市场获得巨大发展,如美国绝大部分的政府债券和大量的公司债券及 1/3 左右的普通股都是在场外交易市场进行交易的。场外交易市场发展的原因主要是效率高、费用低。另外,现代科技的发展已能完全解决市场信息的同步传递问题,可以有效地防止市场操纵和内幕交易行为的发生。

5. 证券投资机构化

这可从两个方面来看。一是共同基金,它是由投资者共同筹集,委托专门的证券投资机构投资于各种证券以获取收益的基金。共同基金发展于 20 世纪 80 年代,它由经验丰富的证券投资专门机构来操作,通过将基金分散投资于多种证券来减少风险,以获取最大收益;同时,对于众多的中小投资者来说,把小额的投资集成一个大额投资,而且像股票一样,可以自由买卖,这无疑具有很大吸引力。二是养老基金和保险基金,其资金数额较大,为了获取安全程度较高、相对稳定的投资收益而进行证券投资。

第四节　证券在经济发展中的作用

一、证券与经济发展的关系

证券与经济发展之间是一种相互影响和刺激的关系:一方面,经济发展,使国民收入水平较快地提高,资本的供给量和需求量增长,尤其是对中长期资本的需求更为迫切,从而促进了债券、股票等证券的发展,加深了经济的证券化程度;另一方面,证券的发展将社会闲置资金有效地动员起来,并将其引至生产投资上来,促进了经济发展。经济的发展水平越高,经济的证券化水平也越高。

二、证券在经济发展中的作用

1. 证券的融资功能

证券的融资功能,使其成为经济运行的血液和经济发展的资本来源。证券作为一种直接融资方式,能够较为迅速、广泛地筹集资金,有效地解决社会化大生产、大规模经营所需要的巨额资本。融资方式有直接融资和间接融资两种,它们各有特点,相互补充,但在不同的经济发展时期,有其不同的侧重,如在西方发达国家,以金融机构为中介的间接融资很发达,但从融资力度和效率方面讲,直接融资的地位又日益重要。在现代社会,证券融资具有其他融资方式不可替代的重要作用。

首先,资金来源稳定,形成长期资金。在证券融资条件下,证券持有者可根据需要到证券市场卖出证券,使其变成现金,并不影响证券融资形成的资金总量,而且,若以股票形式融资,股份公司不允许退股,融资者便获得了稳定的、长期的、可用的资金。而通过金融机构的间接融资,因为有期限,能够使用的只是一个相对稳定的存款余额,不能运用其全部,且流动性较强,资金来源不够稳定。

其次,证券融资具有较高的效率。在证券市场上,证券价格不断变化,证券买卖频繁进行,这本身就是对资源的重新配置和优化组合,提高了资源的利用效率;并且,证券投资虽有一定风险,但收益率往往高于银行存款,因此吸引了无数投资者,他们往往从获利目的出发,选择那些前景良好、经营能力强的投资对象,这样能使资金由效益不好的行业、企业流向效益好的行业、企业,有利于社会资源使用效率的提高。

2. 证券的资源配置功能

证券的资源配置功能,提高了整个经济的运行效率。证券赖以发展的物质基础——股份制企业,其产权可以在市场上自由转让和买卖,而这种产权转移完全是以证券形式进行的。也就是说,在现代市场经济条件下,股份制企业占主导,因而证券发挥着资源配置的功能。通过证券来配置资源主要有这样几点好处:①打破资产的凝固状态,使资产真正流动起来,这有利于有效地利用和配置资源。②降低存量资产流动过程中的费用,使更多的资源在生产中发挥作用。③证券价格的波动,反映企业经营的好坏,这促使企业不断改善经营管理,提高经济效益。④证券配置资源有利于及时调整经济结构、产业结构和产品结构,从而避免因这些问题长期无法改善而浪费有限的资源。

3. 证券的分散和转让风险功能

证券的分散和转让风险功能,发挥着类似保险市场的作用。证券投资是一种充满了各种风险的金融活动,这种投资证券的风险是客观存在的,也容易为人们所理解。但是证券最本质的功能是分散和转让风险,可以说,它是一种保险市场。

首先,从证券中最重要的股票来看,最初的企业所有者通过发行股票将未来的一系列可能的收入转换成现在的一大笔资本,根据有限责任制度,最初的企业所有者只需为自己保留一定比例的股票所有权,就能在该股份企业中行使管理决策权(在现代大公司中拥有10%股权,就可以成为大股东之一);同时,通过发行股票吸收新股东的加入,这样筹资者就将企业的风险分散到大量的股票持有人身上,实现了投资风险的分散化,确保有一定数额的投资收益。

其次,股票持有人还可以在股票市场上转让风险。当投资者认为持有的股票未来具有亏损风险,便可适时出卖该种股票,转买其他股票,这样便把受损的风险转让出去。

当然,证券的保险作用与真正意义上的保险有着本质的区别。所谓保险是指通过支付一定的固定费用,可将不确定性减至零。而股票虽能分散和转移风险,但影响股票市场的因素很多,所以股票的不确定性依然存在,这也是证券市场的投机性所在。

4. 证券的传播信息功能

证券的传播信息功能,强化了市场经济横向沟通与联系。市场经济与计划经济不同,市场经济是一个横向经济关系密切沟通与联系的开放系统,它的信息是充分的并为社会所共享;而计划经济则是一个纵向经济关系沟通与联系的封闭系统,它的信息不为社会共享,仅为部分单位所独享。经济发展需要以充分信息为条件,而这也是为何很多国家放弃高度集中的计划经济体制,来发展市场经济的原因之一。在市场经济条件下,证券市场是各种信息产生与传播的重要场合。证券市场传播的信息包括:①整个经济运行中的资金供求状况。当资金紧张,出现供不应求时,人们会抛售证券,换回现金,证券价格将呈现下跌趋势;当资金供过于求时,必然有大量游资投向证券,证券价格上涨。②证券发行主体的经营状况及前景。人们可从证券市场价格的涨跌了解这方面信息。且由于证券的信息功能,使经济的横向联系和沟通更加紧密而有效。例如,投资者和筹资者通过证券市场价格运动形成监管和被监管的关系,使得双方都能根据证券的价格变化建立起双向的对应关系,促进两者之间的联系并从市场行为或企业经营行为作出反应。而经济的联系和沟通越紧密,资源配置和使用的效率就会越高,这对经济发展极为有利。

思 考 题

参考答案

1. 什么是投资?投资的特点有哪些?
2. 证券投资和实物投资的关系如何?
3. 证券投资和证券投机有何区别?
4. 什么是证券?证券的内涵包含哪三个方面?
5. 什么是商品证券、货币证券和资本证券?
6. 什么是公募证券和私募证券?他们有何不同?
7. 试述证券的基本特征。
8. 为什么说股份制的形成和发展为证券的产生提供了现实的物质基础?
9. 什么是信用?信用和证券的关系如何?
10. 试述证券的发展趋势。
11. 试述证券在经济发展中的作用。

第二章 股票

股票是最重要的有价证券。本章主要介绍股份有限公司的特征及内部组织结构、股份公司治理结构有效性的前提条件；股票的类型和特征，结合影响我国证券市场发展的核心问题——股权分置进行分析和讨论；股价指数的特征、计算方法及我国沪深股市主要的股价指数。

第一节 股份有限公司

一、股份有限公司的特征

股份公司是指公司资本分成若干股份，并使这些股份集中起来经营的法人实体。股份公司是社会化大生产的产物，是现代企业组织的主要形式。按股东对债务所负责任的方式不同，股份公司可以分为股份有限公司、有限责任公司、无限责任公司和股份两合公司，其中股份有限公司是最典型和普遍存在的股份公司。

股份有限公司，由若干人以上为发起人，其全部资本分为等额股份，股东以其所持股份为限对公司承担责任。股份有限公司的特征主要表现为以下方面。

(1) 公司是法人企业。它在法律上和自然人一样可以成为权利和义务的主体，能以自己的名义占有或转让财产、进行诉讼和应诉、承担债务、签订合同等。

(2) 公司通过发行股票筹资并且全部资本分为等额股份，这是它的显著特点之一。股份有限公司设立的资本总额一般由《中华人民共和国公司法》按企业性质规定最低限额，其资本总额平分为金额相等的股份，向社会公开发行股票。除在创办时发行股票外，还可根据需要继续增发股票。资本分为等额股份，主要是便于计算各个股东拥有的权利，股东按持股比例享受权利，承担义务，一股一权，一权一责一利，股权平等。

(3) 股东的责任是有限的。股东对公司只负有缴清所认购股份的责任，对公司债务所负的清偿责任仅限于他所认购的股份，与股东的其他财产无关。当公司因经营不善而进行破产清算时，债权人无权直接向股东起诉，只能要求公司法人以公司的全部财产对公司的债务承担有限责任。由于有限责任制度降低了股东的风险，因此使大规模筹集巨额资本成为可能。

(4) 股东不能中途退股，但股票可在证券市场上自由买卖。这样可以随时换取现金，收回投资，这种易于处置出售的特征，使股票投资更有吸引力。同时，公司不会因股东的变更而消失,在组织上和资本上具有长期稳定性和连续性。

(5) 公司的账目必须公开。根据《公司法》规定,公司必须在每个财政年度公布公司年度报告,包括董事会的年度报告、公司损益表和资产负债表等。

(6) 公司实行专业管理。就是公司的所有权和经营权分离,形成一种委托经营。委托经营具有专业分工和专家管理的优势,可以使股份有限公司提高经营管理水平和绩效。法人制度确立以后,股份公司的所有权分解为最终所有权和法人所有权。投资者作为股东,拥有资本的最终所有权(即股权),在股东大会上拥有表决权,间接影响企业的经营决策,而不能直接参与企业的经营。投资者可以凭股票参与企业利润的分配,但不能处置企业的财产,也不能抽回资本,只能转让股权收回投资本金。而股份公司则拥有法人所有权,拥有直接支配法人资产的权利,并对全部法人资产负有限责任。公司的生产经营可聘请有专门知识的优秀经营人员,担负起管理的责任,经理自主经营,并对股东资产承担保值和增值的责任,经理对因失职而造成的公司经济损失一般负有连带责任。

二、股份有限公司的设立

1. 股份有限公司设立的方式

股份有限公司的设立一般有两种方式:一是发起设立,即指由发起人认购公司应有的全部股份而设立公司;二是募集设立,即指由发起人认购公司应发行股份的一部分,其余部分对外募集而设立公司。

2. 股份有限公司设立的程序

各国公司法对股份有限公司的设立程序都有明文规定,具体程序如下。

(1) 确立发起人。发起人是指负责筹建公司的人员。一般对发起人的数量、资格、权利和责任都有严格规定。发起人的数量视公司规模而定,我国规定应当有2人以上200人以下为发起人,其中有半数的发起人在中国境内有住所。发起人既可以是自然人,也可以是法人,而且必须是具有民事行为能力的人或社会团体。发起人应承担下列责任:公司不能设立时,对设立行为所产生的债务和费用负连带责任;并对认股人已缴纳的股款,负返还股款和加算银行同期利息的连带责任。在公司设立过程中,由于发起人的过失致使公司利益受到损害的,应当对公司承担赔偿责任。

(2) 制订公司章程。股份有限公司的章程是规范股份有限公司全部活动的具有法律约束力的文件,应包括以下内容:①公司的名称、地址、经营范围;②公司的设立方式、股份总额、每股金额和注册资本;③发起人的姓名或名称、认购的股份;④股东的权利和义务;⑤董事会的组成、职权、任期和议事规则;⑥公司的法定代表人;⑦监事会的组成、职权、任期与议事规则;⑧公司的利润分配方法、解散事由与清算办法及公司的通知和公告办法等。

(3) 认购股份。制订公司章程后,就进入招股阶段。发起设立方式的公司,由发起人认购股份总额,并按股缴足股款。募集设立方式的公司,发起人只认购其中的一部分,我国规定发起人认购的股份不得少于公司股份总额的35%,其余部分对外募集。

(4) 召开公司创立大会。在认购股款缴足后,发起人应当在规定日期内(我国为30日内)召开公司创立大会,应有代表股份总额1/2认股人出席,主要行使下列职权:①审议发起人关于公司筹办情况的报告;②通过公司章程;③选举董事会和监事会成员;④对公司的设立费用进行审核;⑤对发起人用来抵作股款的财产的作价进行审核;⑥发生不可抗力或经营条件发生重大变化直接影响公司设立的,可以作出不设立公司的决议。

(5) 申请验资。验资须由依法设立的验资机构进行,其内容有:①收足股款后,须将股款收据存根呈验;②股款存入银行后取得的日结单或书面证明;③创立大会通过的公司章程、选出的公司机构;④股东的分账户和股款存款的日记账册;⑤由全体公司董事签名盖章的呈请验资书。

(6) 设立登记。我国规定创立大会后30日内,董事会向登记机关申请注册登记,同时出具有关文件。经批准设立并发给营业执照,公司即告成立。

三、股份有限公司的组织结构

股份有限公司的组织结构由股东大会、董事会、监事会及总经理为首的管理人员构成,各司其职,各负其责。

1. 股东大会

股东大会由股份有限公司的全部股东组成,它是公司的最高权力机构。股东大会对公司重大事项作出决策,选举和更换董事、监事。股东大会一般有四种形式:一是创立大会。我国公司法规定,发行股份的股款缴足后,发起人必须在30日内主持召开公司创立大会。创立大会由认股人组成。会议的主要任务是审议发起人关于公司筹办情况的报告,通过公司章程;选举董事会和监事会成员;对公司的设立费用进行审核;等等。二是年度大会,每年召开一次,主要任务是:选举和更换董事、监事;决定公司的经营方针和投资计划;审议批准董事会和监事会的报告;审议股息分配方案;修改公司章程;讨论增减公司资本;对发行公司债券作出决议;对公司合并、分立、解散和清算作出决议等等。三是临时大会。四是特种股东大会。

2. 董事会

董事会是由股东大会选出的若干名董事组成的公司最高常设决策机构。

(1) 董事会的权限。董事会行使的权利主要有:①负责召集股东大会,并向股东大会报告工作;②执行股东大会的决议;③决定公司的经营计划和投资方案;④制订公司的年度财务预算方案、决算方案、利润分配方案和弥补亏损方案;⑤制订公司增加或减少注册资本及发行公司债券的方案;⑥制订公司合并、分立、解散或变更公司形式的方案;⑦决定公司内部管理机构的设置;⑧决定聘任或解聘公司经理及其报酬事项,并根据经理的提名,聘任或解聘副经理、财务负责人,决定其报酬事项;⑨制订公司的基本管理制度;⑩公司章程规定的其他职权。

(2) 董事长的职权。董事长可担任公司的法定代表人,其任期由公司章程确定,每届任期不得超过3年,但可连选连任。董事长的职权有:主持股东大会和召集、主持董事会会议;检查董事会决议的实施情况;签署公司股票、公司债券等。

(3) 董事会的决策程序及方法。①董事会会议应有过半数的董事出席才可举行;②各董事是一人一票,如投票时出现僵局,由董事长最后裁决;③董事会会议应作记录,董事依照董事会会议记录承担责任。董事会的决议,因违反法律、行政法规或公司章程、股东大会决议致使公司遭受严重损失时,参与决议的董事对公司负赔偿责任,曾表异议并记载于会议记录的董事,可免除责任。

(4)独立董事。为了有效地改善公司的治理结构,我国公司法要求上市公司设立独立董事。所谓独立董事是指不在公司担任除董事外的其他职务,并与其所受聘的上市公司及其主要股东不存在可能妨碍其进行独立客观判断的关系的董事。由于独立董事独立于任一股东、不在公司内部任职、与公司或公司人员没有经济或家庭的密切关系,因此独立董事可以不受利益的局限公平地对待全体股东、董事和经理人员,维护全体股东和社会的权益。

3. 经理

股份有限公司设经理,由董事会决定聘任或者解聘。公司董事会可以决定由董事会成员兼任经理。

经理对董事会负责,行使下列职权:①主持公司的生产经营管理工作,组织实施董事会决议;②组织实施公司年度经营计划和投资方案;③拟订公司内部管理机构设置方案;④拟订公司的基本管理制度;⑤制定公司的具体规章;⑥提请聘任或者解聘公司副经理、财务负责人;⑦决定聘任或者解聘除应由董事会决定聘任或者解聘以外的负责管理人员;⑧董事会授予的其他职权。

公司章程对经理职权另有规定的,从其规定。

4. 监事会

股份有限公司设监事会,其成员不得少于三人。监事会应当包括股东代表和适当比例的公司职工代表,其中职工代表的比例不得低于三分之一,具体比例由公司章程规定。监事会中的职工代表由公司职工通过职工代表大会、职工大会或者其他形式民主选举产生。

监事会设主席一人,可以设副主席。监事会主席和副主席由全体监事过半数选举产生。监事会主席召集和主持监事会会议;监事会主席不能履行职务或者不履行职务的,由监事会副主席召集和主持监事会会议;监事会副主席不能履行职务或者不履行职务的,由半数以上监事共同推举一名监事召集和主持监事会会议。董事、高级管理人员不得兼任监事。

监事的任期每届为三年。监事任期届满,连选可以连任。监事任期届满未及时改选,或者监事在任期内辞职导致监事会成员低于法定人数的,在改选出的监事就任前,原监事仍应当依照法律、行政法规和公司章程的规定,履行监事职务。

监事会、不设监事会的公司的监事行使下列职权:①检查公司财务;②对董事、高级管理人员执行公司职务的行为进行监督,对违反法律、行政法规、公司章程或者股东会决议的董事、高级管理人员提出罢免的建议;③当董事、高级管理人员的行为损害公司的利益时,要求董事、高级管理人员予以纠正;④提议召开临时股东会会议,在董事会不履行证券法规定的召集和主持股东会会议职责时召集和主持股东会会议;⑤向股东会会议提出提案;⑥依照证券法第151条的规定,对董事、高级管理人员提起诉讼;⑦公司章程规定的其他职权。

监事可以列席董事会会议,并对董事会决议事项提出质询或者建议。监事会、不设监事会的公司的监事发现公司经营情况异常,可以进行调查;必要时,可以聘请会计师事务所等协助其工作,费用由公司承担。监事会行使职权所必需的费用,由公司承担。

监事会每六个月至少召开一次会议。监事可以提议召开临时监事会会议。监事会的议事方式和表决程序,除公司法有规定的外,由公司章程规定。监事会决议应当经半数以上监事通过。监事会应当对所议事项的决定作成会议记录,出席会议的监事应当在会议记录上签名。

由上可见,股份有限公司的内部组织结构是决策权、执行权和监督权三权分立的制衡关系。虽然以董事会为决策系统,但是董事会是由全体股东通过股东大会选举产生,因此股东可以通过对董事会的选举进而对董事会的构成及其决策权加以制约。同样,以总经理为首的管理部门为执行系统,但是总经理由董事会任命,因此总经理在股份有限公司的日常经营过程中,将受到董事会的直接制约,也受到股东的间接制约。以监事会为监督系统,监事会同样由股东大会选举产生,并代表股东利益行使监督权力,对包括经营管理层在内的公司的一切人员和活动进行监督,以达到保护股东利益的目的。这种以股东大会为最高权力机构;董事会和监事会向股东大会负责;总经理向董事会负责;而监事会对董事会及以总经理为首的管理部门进行监督的组织结构具有权力结构平衡、稳定、管理决策效率高的特点,被认为是现代企业制度的典型模式。股份有限公司的内部组织结构如图 2-1 所示。

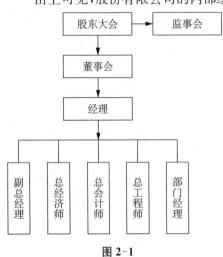

图 2-1

股份有限公司的制衡关系除了体现在股东具有用手投票的权利,从而实现对董事会和总经理进行内部制约以外,还体现在证券市场对公司的外部制衡关系。只有公司经营状况良好,投资者才会踊跃购买公司股票,股价上升,吸引更多的投资者,从而在社会上形成良好的美誉度;相反,如果公司经营过程中出现问题,投资者则会争相出售股票,即通常所说的"用脚投票",将导致股票价格下跌,投资者对公司失去信心。这种证券市场上的股票价格涨跌成为反映公司运作和发展的指示器,也成为衡量公司经营管理层治理水平的直接指标。

第二节　股票的基本分类

一、股票的概念和特点

股票是指股份公司发行的证明股东进行投资并拥有股份资本所有权的有价证券。股票用以衡量股东在公司中拥有的权利和义务。投资者拥有了股票,也就相应拥有了股东的权利和义务。股票的特点主要包括以下几个方面。

1. 无期限性

只要发行股票的公司存续,股票就始终伴随存在;投资者一旦购买了股票以后,不能中途要求退股。

2. 流动性

流动性是有价证券的根本属性,投资者对股票的流动性要求更高:一方面是因为投资者投资意愿的易变性;另一方面是由于股票不能中途退股,当股份公司经营状况出现异常,投资风险加大时,要求股票必须能够流通,即通过二级市场进行交易转让。但股票买卖所带来的股东变更并不会改变股份公司的资本存量。

3. 风险性

如果股份公司经营失败,会使其股票持有者遭受损失;即使公司的经营状况正常,由于股票的交易价格受到各种因素的影响也经常变动,如果在持有期间,股票价格下跌,就可能给持有者带来损失。

4. 收益性

收益和风险通常是相对应而存在的。股票投资的收益来源于两个方面,一是公司税后利润的分红派息;二是股票买卖差价所带来的收入。由于股票的风险相对较大,因此,投资者对其预期收益相对较高。

二、股票的基本类型

1. 按照股东所享有的权利和承担的风险分类

按照股东所享有的权利和承担的风险不同,可以将股票分为普通股和优先股两种基本的类型。

普通股是公司发行的无特别权利的股票。它是公司发行的一种基本股票,具有一切股票的基本性质。普通股的红利是不固定的,随着股份公司的经营状况而变动,甚至股票代表的资本价值也会波动。因此,普通股也是风险最大的股权形式。在通常状况下,普通股股东享有以下权利。

(1) 对公司经营管理和决策的参与权。如参加股东大会并有发言权、表决权和选举权、参与公司的管理以至控制公司的权利,权利与股份成正比。股东如果不能参加股东大会,可以填写投票委托书,委托代理人行使投票表决权。普通股股东就是通过投票来间接地参与公司的经营决策。在实际中,由于公司股东人数众多,通常只有持股数量达到规定比例的股东才能出席股东大会,其余股东可以委托与会股东行使权利,大多数的小股东在"搭便车"心理驱使和其他因素的影响下,自动放弃了该项权利。

(2) 公司收益分配权。普通股的收益不具有事前承诺性,公司有税后盈余是实现该项权利的基础。公司发放的股利是由董事会决定的,因此除了受到公司的盈利状况高低影响之外,还和公司的分配政策有关。股利的形式主要有现金股利和股票股利两种。所谓现金股利,是指以现金形式支付的股息和红利;股票股利则是指股份公司用增发的股票作为股利支付给投资者,通常按照公司现有股东持有股份的比例进行分配。

(3) 公司剩余财产分配权。当公司发生解散清算时,在清偿债务后,普通股股东有权按股份比例分配剩余财产。如果公司因为资不抵债而清盘,则该项权利不再具有实际意义。当然,股东也不会被要求以其他资产对公司不能清偿的债务负连带责任。

(4) 公司增加股本时的优先认股权。优先认股权又叫股票先买权,是普通股股东的一种有偿行使的特权。当公司增加新的普通股股票时,为保证老股东的权益,老股东享有按其持股比例,以某一特定价格优先认购一定数量新股的权利。它通过配股方式进行,是股东对公司的追加投资。赋予老股东优先认股权,一方面是为了保持其持股比例,不改变老股东对公司的控制权和享有的各项权利。例如,某股份有限公司的总股本为6 000万股,某投资者持有60万股,占总股本的1%。如果该公司增资发行2 000万股,该投资者可以优先认购新发股票的1%,即20万股,这样投资者的持股比例在公司增发股票之后继续保持在1%。另一方面为了使原有股东的权益不至于因为新发股票引起的利润稀释而造成损害,在赋予老股东优先认股权的同时,新股配售价格通常要比市场价格低一些,以吸引老股东购买。普通股的优先认股权对投资者来说,可以有三种选择:一是股东行使权利,认购新发股票;二是有价转让此项权利;三是放弃权利。

优先股是比普通股具有一定优先权的股票。优先股票和普通股票一样,也是公司股份资本的所有权凭证。优先股的股息通常是固定的,可以用一定数额或面额的一定比例来表示。和普通股相比,其具有两个优先权:一个是优先分配股息,即在公司付给普通股红利之前,必须先按规定付给优先股股息;另一个是优先分配公司剩余财产。当公司解散和破产时,对公司剩余财产的分配权,优先股先于普通股。但是,优先股也有不利之处,一是优先股股东一般没有对公司的经营控制权和投票权;二是当公司的利润增长时,优先股不能像普通股那样享有较高的报酬,而只能按固定的股息率取得股息。

公司发行优先股时,为吸引投资者或出于其他原因,往往作出许多灵活多变的规定,由此形成不同种类的优先股,主要有以下几种。

第一,累积优先股和非累积优先股。当公司业绩不佳,无力发放股息时,累积优先股的股息可累积到下期股息之中,在发放普通股红利之前补付;而非累积优先股在本期未支付的股息,不能累积到下一期,对持有者而言,这笔股息就永远丧失了。因此,累积优先股比非累积优先股更受投资者青睐,但会对股份公司产生较大压力。

第二,参与优先股和非参与优先股。当公司利润增大时,除了按规定的股息率优先分得本期股息外,还可以跟普通股共同参与剩余利润全部或部分分配的优先股,称为参与优先股;而除了享受既定股息外不得参与剩余盈利分配的优先股,称为非参与优先股。可见,参与优先股对投资者具有较大的吸引力。

第三,可转换优先股。指允许优先股持有者在规定的时间内按一定比例将优先股转为普通股。转换的比例一般是预先规定的,转换时的比价视两种股票的价格而定。

第四,股息率可调整的优先股。即股息率不固定,而是随着其他证券或存款利率变动定期调整其股息率,有的公司还规定了年股息率的上限和下限。

第五,可赎回优先股。指允许股票的发行公司按原来的价格再加上一定的补偿金将已发行的优先股收回注销。一般情况下,如果股份公司认为能够以较低股利的股票代替已发行的优先股时,就可以行使这种赎回已发行的优先股的权利。

中国农业银行400亿元优先股于2014年11月28日在上海证券交易所正式挂牌,成为境内资本市场第一只完成发行及挂牌工作的优先股产品。根据发行公告,农业银行总共发行800亿元优先股,首次发行400亿元,其余部分在未来24个月内完成发行。最终股息率确定在6%,位于6%—6.5%股息率报价区间的底端,包括保险、银行资管、企业、年金、券商、QFII等各类投资者入围。2015年3月18日,农业银行二期400亿元优先股在上海证券交易所完成登记,标志着境内资本市场首支优先股—农业银行优先股发行阶段的工作圆满结束。本次优先股发行全部采取非公开发行的方式;面向合格投资者发行,本次优先股发行对象不超过200人,本次发行的优先股每股票面金额(即面值)为壹佰元人民币,按票面金额平价发行。股息以现金方式支付,每年支付一次。在决议取消部分或全部优先股派息的情形下,当期未分派股息不累积至之后的计息期。优先股股东按照约定的股息率分配股息后,不再与普通股股东一起参与剩余利润分配。本次优先股发行设置发行人有条件赎回条款,不设置投资者回售条款,优先股股东无权要求农行赎回优先股。

2. 根据股票上标明股东有无公司经营决策权分类

根据股票上标明股东有无公司经营决策权而划分,可以将股票分为有表决权股票和无表决权股票。

有表决权股票多是普通股,有一股一票、一股多票和多股一票的区分。

无表决权股票是股东完全没有投票权的股票。它往往是优先股,随公司资本所有权与支配权分离的情形而产生。通常有两种:一是章定无表决权股,即在公司章程中,对某种股票,完全剥夺其表决权;二是法定无表决权股,即由法律规定的、在某些情况下(如公司自己持有的股票)无表决权的股票。

三、公司的股权结构与公司治理

所谓股权结构,就是指公司不同性质的股份在企业总股本中所占的比例。公司股权结构是公司治理结构的重要基础。一般来说,有什么样的公司股权结构,就会有与之相对应的公司治理模式。各国公司治理结构的差异,主要是由各国股权结构的差异所导致。由于美、英与日、德的公司股权结构存在着根本性的区别,所以就形成了两种不同的公司治理模式:一种是与美、英为代表的公司股权结构模式相适应的"公司控制市场主导型"模式;另一种是与日、德为代表的公司股权结构模式相适应的"银行控制主导型"模式。

美国上市公司治理结构的特点包括:第一,美国注重资本市场在资本配置和公司治理中的作用,公司治理结构由股东大会、董事会和经理层构成,公司治理基本目标是维护和实现股东利益的最大化。由于上市公司的股东数目庞大,在股权高度分散的前提下,个人股东对公司经营决策的影响极其微弱,董事会在公司治理结构中处于最重要的地位。第二,机构投资者在美国证券市场的力量逐渐壮大,作用越来越显著。其中,退休及养老基金、保险基金、投资基金是主要的机构投资者。他们的主要投资对象为大型上市公司,因为大型上市公司的股票流动性强。另外,大型上市公司并不反过来持有机构投资者的股份,机构投资者和大型上市公司是单向持有关系。机构投资者的加入有利于促进公司经理层减少自利行为,选择更利于公司长期发展的战略,从而促进公司长期绩效的提升。第三,美国政府加强对上市公司信息披露的要求,并制定一系列的法律法规来规范经理层在公司治理中的作用。

德国和日本则注重发挥银行和大投资者在资本配置与公司治理中的作用,在外部管制方面采取较宽松的制度;德国允许全能银行的存在,允许商业银行进入证券投资领域,并对商业银行持有非金融企业的股票不做任何限制;日本虽然将商业银行与投资银行的业务分开,禁止交叉,但允许商业银行持有非金融企业5%以内的股票。日德式的资本市场管制,有利于大股东的形成,并发挥银行在公司治理中的作用。

德国公司治理结构的特点是银行主导的体制。银行作为公司主要的股东和债权人,在监事会中影响比较大,很多公司的监事会主席都由银行代表担任。德国公司中监事会由公司员工、银行等组成,对公司董事会和经理层进行监督,在公司治理结构中起着核心作用,有利于公司长远发展和长期绩效的决策。

日本公司治理结构模式介于美国模式和德国模式之间,在股东大会和董事会之间设立了一个监察机构。机构持股,特别是机构相互持股,以及由银行直接持股是其公司治理结构的重要特色。作为公司的主要债权人,银行比较了解公司的经营状况和未来的发展方向。而机构股东与上市公司之间一般都存在业务上的战略合作关系,机构股东也会主动对公司经理层进行监督。

四、我国上市公司的股权结构和公司治理

由于特定的历史原因,中国上市公司的股权类型极为复杂。可以从不同角度进行定义:①股权的流动性结构,指的是流通股和非流通股之间的比例关系。②股权的持有者身份结构,指的是国有股、法人股、内部人持股、社会公众股之间的比例关系。③股权集中度,指的是公司的股权被某一个或某几个股东持有的集中程度。④股权的市场分割结构。中国上市公司的股票按发行对象和上市地区,分为A股、B股、H股、N股。由于A股、B股、H股、N股分别在不同的分割市场上交易和认购,因此,称为股权的市场分割结构。以下内容按照股票的持有主体和市场分割来划分,系统分析国家股、法人股、公众股和外资股。

1. 国家股

国家股指有权代表国家投资的部门或机构以国有资产向股份公司投资形成的股份。从本质上讲,国家股产权的最终所有者应为全体人民,政府有关部门或机构只是代表全体人民在行使股东的权利,在国家股的经营管理上,要对全体人民负责。

国家股的基本来源有两条渠道:一是通过对原有国有企业的资产评估折股转化而来;二是通过国家资产管理部门的参股控股新创办股份公司的一定股份形成,它可以用货币资金直接认购,也可以用国有土地或其他财产、知识产权入股。

普通股是国家股的主要形式。其原因是,只有普通股股东才能真正参与企业的经营活动,能根据所持股份选举董事会与聘任经理人员。我国的大中型国有企业,资产规模巨大,在股份化改造中国有股份所占比重极高,一般都在51%以上,国家不可能完全放弃对这些企业的控制。另外,法人股和公众股比重不大,难以对企业形成控股力量,这也要求国家股作为核心来控制企业的经营活动。由于普通股是高风险型股票,为了保证国有资产的增值与收益,也可适当持有一定比例的优先股,以保证企业转轨改制时财政收入的稳定性。

2. 法人股

法人股又称企业股,是企业法人以其依法可支配的资产向股份公司投资形成的股份或具有法人资格的事业单位和社会团体以国家允许经营的资产向股份公司投资形成的股份。

我国目前的法人股分为两种:非流通法人股和流通法人股。非流通法人股包括发起人股和定向募集股。发起人股是指股份公司的法人发起人要认购公司第一次发行股份的一部分,成为公司的原始成员;定向募集股是指股份公司不向社会公开发行,只对相关法人募集的股份。流通法人股则包括在一级市场发行主体向战略机构投资者和一般机构投资者发售的股票以及社会团体法人在二级市场所认购的公司公开发行的股票。

3. 公众股

公众股为个人投资后持有的股份。它由两个部分组成:一是公司职工股,即股份公司向内部员工招募的股份。美国、日本等西方国家实行"雇员股权计划"或"职工持股制度",将本公司的股票发给员工,强化职工与公司的联系。二是社会公众股,即股份制企业直接向社会招募的股份。股份公司通过向社会发行股票,将社会个人持有的消费基金转化为生产资金,并使个人投资的利益和风险直接联系在一起。

4. 外资股

外资股是指供外国投资者和我国港、澳、台地区投资者向公司投资形成的股份。我国的外资股分为境内上市外资股和境外上市外资股两种。

(1) 境内上市外资股,又称B股,指在中国境内注册的股份有限公司在境外发行,由境外投资者以外币认购,并在中国境内证券交易所上市的股份。境内上市外资股采取记名股票形式,以人民币标明其面值,以外币认购、买卖。

境内上市外资股在设立之初,投资主体包括:

① 外国的自然人、法人和其他组织;

② 中国香港、澳门、台湾地区的自然人、法人和其他组织;

③ 定居在国外的中国居民;

④ 国务院证券监督管理机构规定的其他投资人。

B股市场的存在和发展为我国开辟了一条引进外资的新渠道,促进了国内证券市场的进一步完善,加快了中国资本市场与国际资本市场的对接。2001年2月19日,经国务院批准,中国证监会决定,允许境内居民以合法持有的外汇开立B股账户,交易B股股票。对内开放B股市场,将引导我国居民外汇储蓄存款向投资转化,使B股市场更好地发挥筹集资金、优化资源配置等证券市场的基本功能;同时,向境内居民开放B股市场,有利于我国证券市场的进一步规范。我国境内上市公司的股份存在着A股、B股之分,是对市场的人为分割,导致同时发行A股、B股上市公司的股价和市盈率在不同的市场中存在巨大差异。开放B股市场可以吸引大量的投资者和外汇资金,将活跃B股交易,增强B股市场的流动性,平衡A股、B股市场的价格水平,为最终实现A股、B股市场合并创造必要的条件。

(2) 境外上市外资股是指在中国境内注册的股份有限公司在境外发行,由境外投资者以外币认购,并在境外证券交易所上市的股份。境外上市外资股采取记名股票形式,以人民币标明其面值,以外币认购。如H股、N股、S股等。

H股:中国境内企业在中国香港上市流通的,专供境外投资者买卖交易的股票。H股的特点主要是:①H股的发行与上市在中国香港以审查一体化的方式进行;②其上市公司的财务报告除按国内会计准则编制外,还必须按国际会计准则(即IAS)进行编制;③H股上市公司章程中规定,当公司的H股股东和国内的A股股东的利益发生冲突时,将为H股股东设置一种类似于投票权或解决争议的机制;④有关H股股金运用的监管和上市公司信息披露的渠道和内容等,都要严格地按照法律规定进行。

N股:中国境内企业在纽约上市流通的,专供境外投资者买卖交易的股票。

S股:中国境内企业在新加坡上市流通的,专供境外投资者买卖交易的股票。

由上可知,我国的股票种类有国家股、法人股、公众股和外资股四种,形成了我国特有的"一企四权"的股权结构。这种股权结构是我国特定历史条件下的产物,随着我国市场经济发展,其矛盾和弊端日益显露,表现为:①国家股、法人股和公众股三者之间的比例以及它们各自在股市运作中的表现不尽合理。三者占总股本的比重呈明显的倒金字塔式。其情形是:国有股占主要成分,一般在51%以上,其次是法人股,而公众股占的比例最小。②国家股、法人股、公众股的同股同权不同价之间的矛盾。③国家股、法人股的非流通性与公众股、外资股的流通性之间的矛盾。以上矛盾带来了一系列问题:如限制了资本市场机制的完善;无法形成规范的证券经济关系;阻碍了资源流动性配置和产业结构的优化;不利于我国的股份制和资本市场的健康发展等。

上市公司的质量是证券市场的基础,而公司的治理结构在一定程度上决定了上市公司的质量。2001年6月12日,国务院正式发布《减持国有股筹集社会保障资金管理暂行办法》,标志着国有股减持工作正式启动。2001年10月23日,中国证监会宣布暂停国有股减持。2002年6月23日,国务院决定,停止通过国内证券市场减持国有股。作为推进资本市场改革开放和稳定发展的一项制度性变革,2004年1月31日,国务院发布《国务院关于推进资本市场改革开放和稳定发展的若干意见》明确提出"积极稳妥解决股权分置问题"。最终实现上市公司的所有股份均可上市流通,不再根据股东身份对股票权利进行人为分割,使公司内部的普通股具有相同的权利。

2005年4月29日,中国证监会发布《关于上市公司股权分置改革试点有关问题的通知》,正式启动上市公司股改试点工作。2005年6月,国务院统一领导下的股权分置改革小组正式成立,小组成员由中国证监会、国资委、财政部、中国人民银行、商务部等部门有关负责人组成。2005年9月,沪深证券交易所分别成立股权分置改革领导小组。

股改大致分为试点、全面启动、攻坚和基本完成四个阶段。根据上市公司的实际情况和非流通股东与流通股东协商的结果确定对价水平及方式是上市公司股改的核心内容,从实施股改的上市公司看,对价平均水平大致为30%,对价方式主要有送股、派现、资产重组、权证、缩股、回购、注资、差价补偿、解决诉讼等。较多上市公司采取了单一的对价方式,也有不少上市公司采取了组合的对价方式。2006年6月19日,"G三一"限售股份解除流通限制,进入二级市场流通,成为第一只"小非"(持股5%以下的非流通股)解禁的个股,至此,我国资本市场股份全流通正式开启,改变了我国资本市场过去16年非流通股不上市流通的格局。历时一年半,我国股改于2006年10月基本完成,取得了预期目标。长期困扰我国资本市场发展的根本制度性问题基本得到解决,市场运行机制发生了根本变化,市场低迷多年的状况得到明显改变,投资者对市场的信心显著增加,丧失多年的市场融资功能开始得到迅速恢复,伴随着股改而进行的市场创新不断推出并卓有成效。

股权分置改革的全面完成以及改革期间法律基础等资本市场制度层面的巨大变化显著增强了我国公司治理的激励与约束,为提升我国上市公司治理水平提供了良好的环境和条件。但公司治理依然存在问题:一方面,上市公司所有权和经营权结合紧密,控股股东直接经营管理公司的情形仍具有普遍性。控股股东及其他选派董事、高管人员的股东相比于其他公众股股东天然地享有信息优势。另一方面,可能存在更多的控制权交易损害公众股股东权益的事件发生。因此,我国资本市场的各项改革将继续稳妥有序地进行,使其向市场化方向稳健发展。

第三节 股价指数

一、股价指数的内涵

1. 股价指数的概念

股价指数是股票价格指数的简称。在广义上,它包括以平均数形式编制的股票价格平均数;在狭义上仅指以计算期股票市价总额比较基期股票市价总额得出的相对数值。股价指数是一种衡量股票市场总的价格水平及其变动的相对指标;股票价格仅是一个静态数值,要反映股价的变动趋向及变动幅度,就需要计算股价指数。

按照编制股价指数时纳入指数计算范围的股票样本数量,可以将股价指数划分为全部上市股票价格指数(即综合指数)和部分股票价格指数。综合指数是指将全部股票都纳入指数计算范围;部分股票价格指数是指从全部股票中选取一部分较有代表性或典型性的股票作为样本,计算时只把所选取的股票纳入指数计算范围。

2. 股价指数的特征

一般来说,股价指数具有以下特征:①综合性。即反映的是整个市场的价格变化。由于股票市场上股票种类繁多,每一个股票又都具有自身的价格,因此非常需要有一个总的尺度标准来衡量股市价格的涨落,采用股价指数这个综合指标就能观察股票市场的变化。当然,股价指数除了综合各类上市公司的股票进行编制,形成股价综合指数外,通常还有以工业、商业、交通运输业、公用事业、金融业、房地产业等每一类公司的股票进行分类编制,形成股价分类指数。②代表性。编制股价指数,通常选择一定数量的有代表性的公司的股票间接反映大市变动,因此,相对于每种股票而言,这种反映是不完全的。③平均性。股价指数的平均变动状况,用这种综合指标来衡量股市价格总的水平,能够比较正确地反映股市的变化和发展趋势,有利于投资者作出判断和选择。④相对性。股价指数必须是一个相对数,而不能是个绝对数,它表示不同时期对某一基数的百分数,具有相对比较的性质。当股价指数上升时,表明从总体上看股票价格上涨;反之,则意味着下跌。⑤敏感性。当多数股票价格发生变动时,股价指数能敏感地反映这种变化。⑥连续性。股价指数能连续地反映股票市场的价格变动情况,这就要求股价指数不应有任何间断,否则不同时期的股价指数会失去可比性,也就违背了确定这种标准的初衷。由于股价指数具有以上特征,有些证券交易所股价指数还被当作一种特殊的金融商品进行期货交易,如中国香港的恒生指数期货交易。

3. 股价指数的作用

(1)股价指数是反映一国国民经济发展状况和趋势的"晴雨表"。股价指数一般是由一些具有权威性和影响大的金融服务公司或金融研究组织编制,并定期公布的。股票市场对政治、经济、社会等因素变化发展的反映极为敏感、迅速,股票价格的涨跌是这些因素变动的综合反映。股价指数上升,表明国民经济前景看好;股价指数下跌,则预示国民经济前景不妙。可见,股价指数是国民经济预警系统的先行指标。

(2) 股价指数能够准确、综合反映股市价格变化及其发展趋势,为投资者进行投资决策提供了重要依据。人们通过对过去的股价指数资料进行分析,可以从中得出具有规律性的结论,然后再将现在的股价指数资料与上述结论相对照,并进行综合分析,从而作出种种预测。这种预测往往能使投资者克服一定的盲目性,取得相对多的成功机会。

(3) 股价指数是分析、观察企业总体的主要技术指标。股价指数的变化,反映了投资者对上市股票的评价,这种评价的背后,反映着企业总体的业绩好坏。一般讲,股价指数上升,表明企业总体经营业绩良好;股价指数下跌,往往表明企业总体经营状况不佳。

二、股价指数的计算方法

纳入指数计算范围的股票称为指数样本股(亦称成分股),成为样本股的前提条件是该股票必须在证券交易所挂牌上市。

1. 股价平均数的计算方法

股价平均数是市场上各种股票价格的平均值。它是进行股价统计的最基础资料,其计算方法主要有三种:

(1) 算术平均法。算术平均法就是将样本股收盘价相加,再用样本股种类数相除,得出的商便是股价平均数,其公式为

$$\bar{p} = \frac{1}{n}(p_1 + p_2 + p_3 + \cdots + p_n) = \frac{1}{n}\sum_{i=1}^{n} p_i \tag{2-1}$$

式(2-1)中,$\bar{p}$ 代表股价平均数;n 代表样本股的种类数;$p_1, p_2, p_3, \cdots, p_n$ 代表各样本股价格;$\sum$ 代表总和;p_i 代表第 i 家样本公司股票计算期的收盘价。

例如,某市场有代表性的样本股票是甲、乙、丙三种,收盘价分别为15元、20元、25元,则该市场的股价平均数为

$$\bar{p} = \frac{15 + 20 + 25}{3} = 20(元)$$

算术平均法的优点是简便,但由于没有考虑各种样本股上市数量上的差别,因而很难准确反映股票价格的总体变动状况,而采用加权平均法计算的股价平均数,就能克服这一缺陷。

(2) 加权平均法。加权平均法就是以每种样本股的发行量或交易量作为权数,加权计算的股价平均数,用公式可表示为

$$\bar{p} = \frac{P_1 Q_1 + P_2 Q_2 + \cdots + P_n Q_n}{Q_1 + Q_2 + \cdots + Q_n} = \frac{\sum_{i=1}^{n} P_i Q_i}{\sum_{i=1}^{n} Q_i} \tag{2-2}$$

式(2-2)中，$\bar{p}, p_i, \sum, n$ 及 $p_1, p_2, p_3, \cdots, p_n$ 所代表的内容与算术平均法相同。式(2-2)中 $Q_1, Q_2, Q_3, \cdots, Q_n$ 则代表权数。这种方法的特点就是在股票价格总和中，把每种样本股的交易量或发行量考虑在内，以此来衡量各种股票价格的变动对股价平均数的相对重要程度，从而更真实地反映出股票价格变动对股市行情的影响。仍以上例说明，假定上例甲乙丙三种股票的交易量分别为55万股、54万股与1万股，共计100万股，而三种股票的价格不变，则按加权平均法计算的股价平均数为

$$\bar{p} = \frac{15 \times 55 + 20 \times 54 + 25 \times 1}{55 + 54 + 1} = 19.1(元)$$

(3) 修正平均法。由于股份公司的拆股或送股行为，即一股分为若干股，使股数总量增加，每股价格降低，这样用算术平均法计算股价平均数就无法表现股票价格水平变动的真实性，也难以体现股价变动的连续性。因此，需要对算术平均法加以修正。修正平均法就是用拆股后的样本股价格总和除以修正系数，从而得出较为真实的股价平均数。其公式为

$$\bar{p}(修正股价平均数) = \frac{计算期样本股价格总和}{修正系数} \tag{2-3}$$

修正系数公式为

$$修正系数 = \frac{拆股后的样本股价格总和}{拆股前的样本股价格平均数} \tag{2-4}$$

仍以前述甲、乙、丙三种股票为例。假设在计算指数时三种股票价格不变，只有乙种股票拆股，一分为二，使每股价格从20元降为10元，这时，若用算术平均法计算，则股价平均数为16.67元，原来为20元，每股降价3.33元，这就不能准确地反映股市的真实变化了，而以修正平均法就解决了这一问题。

首先计算出修正系数，为

$$修正系数 = \frac{15 + 10 + 25}{20} = 2.5$$

再计算修正股价平均数，为

$$修正股价平均数 = \frac{15 + 10 + 25}{2.5} = 20$$

修正股价平均数与拆股前的股价平均数相等，说明计算期股价并未发生变化，从而真实反映了股市动态。

美国《华尔街日报》编制并发表的道琼斯股价平均数和日本的日经道琼斯股价平均数，就是采用修正平均法计算的。需要指出的是，若用加权平均法计算股价平均数，遇有拆股情况，一般不予修正。因为某股票拆细，单位股价下降，但总市值仍不变。还需要指出的是，采用修正平均法计算出来的股价平均数不再用"金额"来表示，而是用"点"来表示。原因是，随着股票的不断拆细及增发新股的做法，使修正系数一再缩小，股价平均数一再扩大，使它反映的"金额"与股票的实际货币价格日益相脱离。

以上介绍的股价平均数，其计算简便，易于理解，且历史悠久，是衡量股市行情的重要依据。但它以"金额"来表示，不能反映股价涨跌的幅度，故除了《华尔街日报》等定期发表股价平均数以外，股价指数逐渐成为世界各有关组织衡量股市行情变动的主要指标。

2. 股价指数的计算方法

（1）简单股价指数。

① 平均法指数。即先计算样本股的个别价格指数，再求平均数，最后化成百分数。其公式为

$$I = \frac{1}{n}\sum_{i=1}^{n}\frac{p_{1i}}{p_{0i}} \times 100 \tag{2-5}$$

式中 I 代表股价指数；n 代表样本股个数；p_{0i} 代表第 i 种股票基期股价；p_{1i} 代表第 i 种股票计算期股价；100 为基期股价指数。

假设有 A、B、C、D、E 五种股票，其基期价格分别是 40 元、40 元、50 元、60 元、80 元，计算期价格分别为 44 元、43 元、48 元、72 元、86 元。

先计算出五种股票的个体价格指数，它们分别为 $\frac{44}{40}=1.1$、$\frac{43}{40}=1.08$、$\frac{48}{50}=0.96$、$\frac{72}{60}=1.2$、$\frac{86}{80}=1.08$。

然后代入式（2-5）为

$$I = \frac{1}{5}(1.1+1.08+0.96+1.2+1.08) \times 100 = 108.4 \text{ 点}$$

② 综合法指数。即先分别将计算期与基期的样本股市价加总，然后进行比较，得出股价指数。其公式为

$$I = \frac{\sum_{i=1}^{n}P_{1i}}{\sum_{i=1}^{n}P_{0i}} \times 100 \tag{2-6}$$

仍以上例数据说明，则得

$$I = \left(\frac{44+43+48+72+86}{40+40+50+60+80}\right) \times 100 = \frac{293}{270} \times 100 = 108.5 \text{ 点}$$

可见，用两种方法计算的结果略有不同。

（2）加权股价指数。

① 以样本股基期发行量（或成交量）为权数来计算股价指数，又称拉氏指数。其公式为

$$I = \frac{\sum_{i=1}^{n}P_{1i}Q_{0i}}{\sum_{i=1}^{n}P_{0i}Q_{0i}} \times 100 \tag{2-7}$$

式(2-7)中 I、n、P_{0i}、P_{1i} 的含义同前面一样，Q_{0i} 代表权数，它是第 i 种股票的基期发行量(或成交量)。

② 以样本股计算期发行量(或成交量)为权数来计算股价指数，又称派氏指数。其公式为

$$I = \frac{\sum_{i=1}^{n} P_{1i}Q_{1i}}{\sum_{i=1}^{n} P_{0i}Q_{1i}} \times 100 \tag{2-8}$$

式中的 Q_{1i} 代表权数，它是第 i 种股票的计算期发行量(或成交量)。

用以上两种计算方法计算的结果会有些差异，究竟以哪个时期(计算期还是基期)的股票发行量(或成交量)为权数，这要以计算股价指数的目的与要求及样本股发行量(或成交量)的变动情况来确定。

三、世界主要的股价指数

1. 道琼斯股价平均数

道琼斯股价平均数，简称道琼斯指数。它是由美国道琼斯公司编制的当今世界影响最大、历史最悠久的著名股价指数。1884年6月3日，由该公司创始人查尔斯·道根据选定的在纽约证券交易所上市的11种代表性的铁路公司股票编制了股价平均数，并刊登在《每日通讯》(后改为《华尔街日报》)上，以后代表性股票不断更换、增多，1938年组成股价平均数的股票有三大类65种股票，并一直延续至今。道琼斯指数的编制从其诞生起到今天从未间断过。道琼斯指数历尽沧桑，在100多年的历史发展中形成了自己的特色。

① 道琼斯指数选择的股票很具有代表性。目前道琼斯指数共分四组类型，65种股票：第一组是道琼斯工业股价平均数。它由30家有代表性的大工业公司股票组成，如埃克森石油公司、通用汽车公司和美国钢铁公司等的股票，它也是目前最常用的道琼斯指数；第二组是道琼斯运输业股价平均数。它由20家有代表性的运输公司股票组成，如泛美航空公司、环球航空公司及航海、铁路等公司等的股票；第三组是道琼斯公用事业股价平均数。它由15家大的公用事业公司的股票组成，如美国电力公司、煤气公司等的股票；第四组是道琼斯股价综合平均数。它是用上述三组的65种股票算出来的指数。从上述四种类型来看，道琼斯指数选择的股票很有代表性，它包括了美国所有大型及超大型工业、运输、公用事业大公司的股票，他们不仅决定着美国经济，而且对世界经济的发展也产生着重要的影响。

② 道琼斯指数的计算方法比较简单。它原先采用算术平均法，将各样本股价格相加，除以股票种类数，即得出各大类及综合股价平均数。后来，有的公司被吞并或进行拆股，为适应股票面值由大分小，代表性股票不断更新的新情况，保持指数的连续可比性，从1928年开始以修正平均法编制指数，即用拆股后的股价总和除以修正系数，得出股价平均数，并且，以该年10月1日为基期，基期的平均数为100，以后各期的股价同基期相比得出各期的股价指数。

③ 道琼斯指数反应灵敏。它通过现代化的通信工具传播到世界各大证券公司，除《华

尔街日报》详细报道这些指数外,其他许多报纸也都登载每天的最高、最低及收盘时的股价指数,它被认为是反映美国政治、经济、社会行情变化的"晴雨表",甚至是反映西方经济盛衰的重要指标。

近些年来,由于科技进步,产业结构升级换代,道琼斯指数也暴露出其缺陷,如它所选的行业范围不够广泛,没有选择银行、保险等第三产业的公司,也没有选择化工、电子、航天等产业和行业的公司;在计算方法上也存在注重价格变化的可比性而忽略某种(类)股票价值总额占市场总额比重等问题,其代表性与权威性均有所下降。

2. 标准普尔股价指数

标准普尔指数是美国标准普尔公司编制的反映美国股市行情变动的股价指数。标准普尔指数的特点是:①样本股覆盖面广,股票市值大。该公司于1923年开始编制发表股价指数,最初选择223种股票,到1957年扩大为500种,包括工业类股票400种、公用事业类股票40种、金融业股票40种、运输业股票20种。这500种股票,包含了纽约证券交易所中大约90%的普通股票,其中既有最好的股票,也有中等股票及最差的股票;既有大公司的股票,也有小公司的股票。如此广泛的股票种类,使其更加具有代表性。它能较准确地反映股价变动的总体走势,并有利于股价走向的长期趋势分析。②其计算方法采用了加权平均法,它以1941—1943年各股票价格平均数为基期;把样本股每股收盘价乘以各自的发行量,然后加总得到所有样本股计算期的市价总值;最后将计算期的市价总值与基期的市价总值相比,即为股价指数。用这种方法计算,如遇拆股,无须进行修正。

3. 纽约证券交易所股价综合指数

纽约证券交易所股价综合指数是纽约证券交易所从1966年开始编制的反映纽约证券交易所股价行情变动的指数。

最初,该指数包含4组指数:①工业指数,由1 093种工业股票组成;②交通运输业指数,由铁路、航空、轮船、汽车等公司的65种股票组成;③公用事业指数,由电报电话公司、煤气公司、电力公司、邮电公司等189种股票组成;④金融业指数,由投资公司、保险公司、商业银行、不动产公司等223种股票组成。最初,该综合指数包含了所有在纽约证券交易所上市的股票,有1 570种,目前,上市股票数目已超过3 600只。

该指数以1965年12月31日为基期,将基期日所有上市股票的平均价格作为基期数,记为50点,以现时所有上市股票的加权平均数同基期数相比得出,权数为每一种股票的发行总金额。

一般而言,道琼斯工业股价平均数变动的"点"同美元很难挂钩,指数变动1个"点",不能给人们以明确的货币单位概念;而纽约证券交易所股价指数的单位能直接换算成美元、美分,使用方便,故受到广大投资者的欢迎。

4. 金融时报股价指数

金融时报股价指数全称为金融时报工业普通股股价指数,也称30种股价指数。它是英国《金融时报》编制的反映英国股票市场股价行情变动的股价指数,是英国历史上最悠久的股价指数。

该指数根据30家有代表性的工业、商业、金融业、采矿业股票价格变动情况编制,计算基期为1935年7月1日,基期指数定为100。其计算方法是,先将每种股票价格分别除以其基期时的价格,再把所得的商连乘,并开30次方得出。因此,该指数是不加权的几何平均数,每一种股票计算时都一视同仁,不反映该股票在市场上的比重和地位。

除上述指数外,《金融时报》还编制金融时报统计师股价指数和金融时报股票交易所股价指数。

5. 日经道琼斯股价平均数

日经道琼斯股价平均数,简称"日经道平均数"。它是《日本经济新闻社》编制的反映东京证券交易所上市股价行情变动的股价平均数。

该股价平均数于1950年9月开始编制,起初称为"东京证券交易所股票价格修正平均数",1975年5月1日日本经济新闻社正式向道琼斯公司买进商标,将上述名称改为"日经道琼斯股票价格平均数"。它的基期为1949年5月16日,基期平均数为176.21日元,选择在东京证券交易所第一部上市的225家公司,后扩大为500家。其计算方法与美国道琼斯股价平均数相同,计算单位直接以日元标出,现已广泛为世界各国关注。

6. 东京证券交易所股价指数

东京证券交易所股价指数是日本另一重要股价指数,是由东京证券交易所编制的反映东京股市行情变动的股价指数。

该指数于1969年7月1日开始编制,它包括250种较活跃且具有代表性的上市股票,采用加权平均法计算,以交易量为权数,以1968年1月4日为基期,记为100点。

7. 恒生指数

恒生指数是中国香港恒生银行编制的反映中国香港股市行情变动的股价指数。该指数始编于1969年11月24日,样本股有33种,其市值占香港联合交易所上市股票市值总额的70%左右,成交额占80%左右。分为四大类:①金融业4种,如东亚、恒生、香港上海汇丰银行等;②公用事业6种,如中华电力、电灯集团、中华煤气公司等;③房地产业9种,如长江实业、恒隆、恒基兆业、香港置地等;④其他工商及运输业14种,如国泰航空、嘉宏国际集团、牛奶国际控股公司等。

恒生指数的基期开始定为1964年7月31日,记为100点。从1985年1月起,把基期改为1984年1月13日,当日收市指数95.47点成为新的基期指数。恒生指数的计算方法是按每日收盘价先算出当天33种股票的市价总值,然后与基期相比,便得出当天的股价指数。自1985年1月起,除计算和公布恒生指数外,还按上述四大类别编制分类指数。恒生指数已成为衡量、反映香港股市和经济运行的有效工具和尺度。

8. 上证指数

从1990年上海证券交易所成立至今,已经形成了以上证综指、上证50、上证180、上证380指数,以及上证基金指数、上证国债指数和企业债指数为核心的上证指数体系。上证指数系列从总体上和各个不同侧面反映了上海证券交易所上市证券品种价格的变动情况,可以反映不同证券品种的景气状况及其价格整体变动状况,从而给投资者提供不同的投资组合分析参照系;上证指数逐步成为观察中国经济运行的"晴雨表",大量行业、主题、风格、策略指数为市场提供更多、更专业的交易品种和投资方式,提高了市场流动性和有效性。

上海证券交易所最早编制"上海证券交易所综合股价指数",简称"上证综指",其样本股是在上海证券交易所挂牌上市的全部股票(包括A股和B股),是国内外普遍采用的反映上海股市总体走势的统计指标。上证综指于1991年7月15日公开发布,以"点"为单位,基日定为1990年12月19日,基日指数定为100点,以发行量为权数进行加权计算。其计算公式为

$$上证综指 = \frac{\sum(计算期股价 \times 计算期股票发行量)}{\sum 基期股价 \times 计算期股票发行量} \times 100$$

$$= \frac{计算期股票市价总值}{基期股票市价总值} \times 100 \qquad (2-9)$$

如遇到公司增资扩股或新增样本股(或删除时),则应进行适当修正,其公式为

$$上证股价指数 = \frac{计算期股票市价总值}{新基准股票市价总值} \times 100 \qquad (2-10)$$

$$\frac{新基准}{股票市价总值} = \frac{修正前基准}{股票市价总值} \times \frac{修正前股票市价总值 + 股票市价总额变动值}{修正前股票市价总值}$$

$$(2-11)$$

上证A股指数的样本股是全部上市A股,以1990年12月19日为基日,以该日所有A股的市价总值为基期,基期指数定为100点,自1992年2月21日起正式发布。

上证B股指数的样本股是全部上市B股,以1992年2月21日为基日,以该日所有B股的市价总值为基期,基期指数定为100点,自1992年2月21日起正式发布。

行业分类指数的样本股是该行业全部上市股票(A股和B股)。上海证券交易所对上市公司按其所属行业分成五大类别:工业类、商业类、房地产业类、公用事业类、综合业类。分类指数以1993年4月30日为基日,以该日相应行业类别所有股票的市价总值为基期,基期指数统一定为1358.78点(1993年4月30日上证综合指数收盘值),自1993年6月1日起正式发布。

上证30指数曾是上证指数系列之一,是在所有已上市A股股票中选取最具市场代表性的30种作为样本股编制发布的股份指数。上证30指数以1996年1月至3月的平均流通市值为基期,基期指数定为1000点,自1996年7月1日起正式发布。为推动证券市场基础建设和规范化进程,2002年6月,上海证券交易所对原上证30指数进行了调整并更名为上证成分指数(简称上证180指数)。上证成分指数是在原上证30指数编制方案的基础上作进一步完善后形成的,是一个反映上海证券市场的概貌和运行状况、具有可操作性和投资性、能够作为投资评价尺度及金融衍生产品基础的基准指数。上证180指数是上证30指数的延续,基点为2002年6月28日上证30指数的收盘指数3299.05点,2002年7月1日正式发布。其样本股是在所有A股股票中抽取最具市场代表性的180种样本股,上证成分

指数依据样本稳定性和动态跟踪相结合的原则,每半年调整一次成分股,每次调整比例一般不超过10%。特殊情况时也可能对样本进行临时调整。

上证50指数是根据科学客观的方法,挑选上海证券市场规模大、流动性强、最具代表性的50只股票作为样本股,以便综合反映上海证券市场最具市场影响力的一批龙头企业的整体状况。上证50指数以2003年12月31日为基日,以该日50只成分股的调整市值为基期,基期指数定为1000点,自2004年1月2日起正式发布。其目标是建立一个成交活跃、规模较大、主要作为衍生金融工具基础的投资指数。

上证380指数是由380家规模适中、成长性好、盈利能力强公司组成,以综合反映上交所一批新兴蓝筹公司整体表现。

上证100指数是从上证380指数中选取营业收入增长率和净资产收益率综合排名靠前的100只股票作为指数样本,以突出反映上海市场新兴蓝筹板块内核心投资股票的整体走势。

上证150指数是在上证180、上证380指数成分股之外选择营业收入增长率、换手率综合排名前150名的股票作为指数样本,以集中反映潜力蓝筹板块内核心投资股票的整体走势。

基金指数的成分基金是所有在上海证券交易所上市的证券投资基金。上证基金指数以2000年5月8日为基日,以该日所有证券投资基金市价总值为基期,基日指数为1000点,自2000年6月9日起正式发布。

另外,上海证券交易所还编制并发布上证国债指数和上证企债指数。

上证国债指数是以上海证券交易所上市的所有固定利率国债为样本,按照国债发行量加权而成。自2003年1月2日起对外发布,基日为2002年12月31日,基点为100点,代码为000012。上证国债指数是上证指数系列的第一只债券指数,它的推出使我国证券市场股票、债券、基金三位一体的指数体系基本形成;上证国债指数的目的是反映我国债券市场整体变动状况,是我国债券市场价格变动的"指示器";上证国债指数既为投资者提供了精确的投资尺度,也为金融产品创新夯实了基础。

上海证券交易所企业债指数是按照科学客观的方法,从国内交易所上市企业债中挑选了满足一定条件的具有代表性的债券组成样本,按照债券发行量加权计算的指数。指数基日为2002年12月31日,基点为100点,指数代码为000013,指数简称企债指数。

9. 深证指数

深圳指数包括两个系列,即深证综合指数系列和深证成分股指数系列。

(1) 深证综合指数系列。深证综合指数系列包含深证综合指数、深证A股指数、深证B股指数、行业分类指数、中小板综合指数、创业板综合指数、深市基金指数、深证新指数等全样本类指数。

① 深证综合指数:在深圳证券交易所主板、中小板、创业板上市的全部股票。深证综合指数以1991年4月3日为基日,1991年4月4日开始发布,基日指数为100。

② 深证A股指数:在深圳证券交易所主板、中小板、创业板上市的全部A股。深证A股指数以1991年4月3日为基日,1992年10月4日开始发布,基日指数为100。

③ 深证B股指数:在深圳证券交易所上市的全部B股。深证B股指数以1992年2月

28日为基日,1992年10月6日开始发布,基日指数为100。

④ 行业分类指数:在深圳证券交易所主板、中小板、创业板上市的按行业进行划分的股票。行业分类指数依据《上市公司行业分类指引》中的门类划分,编制13个门类指数;依据制造业门类下的大类划分,编制9个大类指数,共有22条行业分类指数。行业分类指数以1991年4月3日为基日,基日指数为100,2001年7月2日开始发布,分别把全部的所属行业类上市股票纳入各自的指数计算范围。

深证系列综合指数均为派氏加权股价指数,即以指数样本股计算日股份数作为权数进行加权逐日连锁计算。

深证综合指数、深证A股指数、深证B股指数、行业分类综合指数均以样本股的发行总股本为权数进行加权,自基日后,采用以下公式逐日连锁计算。

$$\text{实时指数} = \text{上一交易日收市指数} \times \frac{\sum(\text{样本股实时成交价} \times \text{样本股总股本})}{\sum(\text{样本股上一交易日收市价} \times \text{样本股总股本})} \quad (2-12)$$

其中:样本股中的B股在计算指数时,价格按上周外汇调剂平均汇率折算成人民币。

⑤ 中小板综合指数:在深圳证券交易所中小企业板上市的全部股票。中小板综合指数以2005年6月7日为基日,基日指数为1 000,2005年12月01日开始发布。

⑥ 创业板综合指数:在深圳证券交易所创业板上市的全部股票。创业板综合指数以2010年5月31日为基日,基日指数为1 000,2010年08月20日开始发布。

⑦ 深市基金指数:在深圳证券交易所上市的全部封闭式基金(不包含创新型基金)。深市基金指数以2000年6月30日为基日,基日指数为1 000,2000年7月3日开始发布。

基金指数以基金发行可流通份额为权数,自基日后,采用以下公式逐日连锁计算。

$$\text{实时指数} = \text{上一交易日收市指数} \times \frac{\sum(\text{基金实时成交价} \times \text{基金流通份额})}{\sum(\text{基金上一交易日收市价} \times \text{基金流通份额})} \quad (2-13)$$

⑧ 深证新指数:在深圳证券交易所主板、中小板、创业板上市的非ST且已完成股改的A股。深证新指数以2005年12月30日为基日,基日指数定为1 107.23,2006年02月16日开始发布。

中小板综合指数、创业板综合指数、深证新指数采用可流通股本数加权,自基日后,采用以下公式逐日连锁计算。

$$\text{实时指数} = \text{上一交易日收市指数} \times \frac{\sum(\text{样本股实时成交价} \times \text{样本股流通股本})}{\sum(\text{样本股上一交易日收市价} \times \text{样本股流通股本})} \quad (2-14)$$

深证系列综合指数均为实时计算,每个交易日集合竞价开市后用样本股的开市价计算开市指数,其后在交易时间内用样本股的实时成交价计算实时指数,收市后用样本股的收市价计算收市指数。样本股当日无成交的,取上一交易日收市价。样本股暂停交易的,取最近成交价。深证系列综合指数计算所采用的权数,来源于深圳证券交易所每日发布的发行总股本与流通股本。

(2) 深证成分股指数系列。深证成分指数系列包括三只相关联的指数：深证成分指数（399001）、深证成分 A 股指数（399002）、深证成分 B 股指数（399003）。深证成分指数为包含 40 只 A 股样本的价格指数；深证成分 A 股指数为包含 40 只 A 股样本的全收益指数，指数样本与深证成分指数相同；深证成分 B 股指数为包含 10 只 B 股样本的全收益指数。

深圳成分指数是深交所按一定标准选出 40 家有代表性的上市公司作为成分股，以成分股的流通股为权数，采用综合指数法编制而成，综合反映深交所上市 A、B 股的股价走势。深圳成分指数的基日是 1994 年 7 月 20 日，基日指数是 1 000 点，自 1995 年 5 月 5 日起正式发布。

深证 100 指数是对已经运作多年的深圳成分指数的改进和完善，因为深成指只选择了 40 家成分股，存在选样偏少、代表性不够等缺点，而深证 100 指数选择了 100 家公司入选成分股，成分股的流通市值和成交金额均占深市总流通市值和总成交金额的 40% 左右，代表性明显提高，可以更准确地反映深圳股市每日的波动情况，为市场提供了可交易的指数产品和金融衍生工具的标的物，满足证券市场进一步发展的需要。同时，深证 100 指数在指数设计上与上证 180 指数在编制方法和取样上基本一致，两者相互配合能够更完整地反映我国整体股市的运行全貌。深证 100 指数以 2002 年 12 月 31 日为基日，基日指数为 1 000，从 2003 年第一个交易日开始编制和发布。

深证 100 指数采用派氏加权法编制，采用以下公式逐日连锁实时计算。

$$\text{实时指数} = \text{上一交易日收市指数} \times \frac{\sum(\text{成分股实时成交价} \times \text{成分股权数})}{\sum(\text{成分股上一交易日收市价} \times \text{成分股权数})}$$

(2-15)

在式(2-15)中，子项和母项中同一成分股的权数相同，为该成分股的最新 A 股流通股数（以深圳证券交易所公布数据为准）。子项是成分股的实时流通市值，母项是成分股的上一交易日收市流通市值。

每个交易日集合竞价开市后用成分股的开市价计算开市指数，其后在交易时间内用成分股的实时成交价计算实时指数，收市后用成分股的收市价计算收市指数。成分股当日无成交的，取上一交易日收市价。成分股暂停交易的，取最近成交价。

10. 中证指数

我国的主要股价指数除了香港恒生指数、上证指数和深证指数外，还包括中证指数，后者由中证指数有限公司编制。中证指数有限公司由上海证券交易所和深圳证券交易所共同出资成立，是一家从事指数编制、运营和服务的专业性公司。股东会是公司最高权力机构。公司设立董事会，由 7 名董事和 2 名监事组成。中证指数有限公司依托沪深证券交易所的信息和技术资源优势，管理和发展中证系列指数、交易所系列指数以及客户定制类指数，正逐步成为国内规模最大、产品最多、服务最全、最具市场影响力的专业指数服务公司，针对公募基金和指数期货设计了丰富的指数衍生品。

中证系列指数包括中证规模指数、中证行业指数、中证风格指数、中证主题指数、中证策略指数、中证海外指数、中证基金指数、中证债券指数、中证客户定制指数、中证期货指数等。

以中证规模指数中的沪深300指数为例,该指数是由上海和深圳证券市场中选取300只A股作为样本编制而成的成分股指数。样本覆盖了沪深市场六成左右的市值,具有良好的市场代表性。沪深300指数是沪深证券交易所第一次联合发布的反映A股市场整体走势的指数。它的推出,丰富了市场现有的指数体系,增加了一项用于观察市场走势的指标,有利于投资者全面把握市场运行状况,也进一步为指数投资产品的创新和发展提供了基础条件。

中证100指数由沪深300指数成分股中规模最大的100只股票组成,综合反映中国A股市场中最具市场影响力的一批超大市值公司的股票价格表现。中证500指数由全部A股中剔除沪深300指数成分股及总市值排名前300名的股票后,总市值排名靠前的500只股票组成,综合反映中国A股市场中一批中小市值公司的股票价格表现。中证1 000指数由全部A股中剔除中证800指数成分股后,规模偏小且流动性好的1 000只股票组成,综合反映中国A股市场中一批小市值公司的股票价格表现。

思 考 题

参考答案

1. 什么是股份有限公司?它有哪些特征?
2. 简述股份有限公司的内部组织结构。
3. 试述股票及其特点。
4. 普通股的权利有哪些?它和优先股的区别是什么?
5. 什么是独立董事?股份有限公司引入独立董事制度的意义是什么?
6. 试述公司股权结构和公司治理的关系及类型。
7. 试述我国的股权结构及其问题。
8. 什么是股价指数?它有何作用?
9. 说明股价指数及其计算方法。
10. 简述世界主要的股价指数。
11. 选择A、B、C三种股票为样本股,某计算日,这三种股票的收盘价分别为8.00,9.00,7.60,当天B拆为3股,次日为股本变动日,次日收盘价分别为8.2,3.4,7.8,计算该日修正股价平均数。

第三章 债券

债券是历史上最早发行的证券,而且随着社会经济的发展,愈显其生命力。在现代经济社会中,债券的发行品种、规模和交易量都远远超过了其他证券,使之成为除股票之外另一类重要的证券投资工具。本章着重介绍债券的基本要素和种类;政府债券及准公债的性质和特点;公司债券和金融债券的种类;国际债券的特征及种类,重点介绍欧洲债券市场。

第一节 债券概述

一、债券的概念

债券是指政府、企业(工商企业和金融企业)为筹措资金而向社会发行的一种表明债权债务关系的借款凭证。

债券的本质是一种借款凭证,它反映一种特定的法律和信用的经济权利义务关系。债务人在取得借款使用权的同时,对债权人负有还本付息的义务;债权人则有权要求债务人履行义务,当债务人不履行义务时,债权人可以向法院起诉,要求赔偿他所受的损失。

债券还是一种融资手段和投资工具。债券属于表明票面金额的有价证券,对发行人而言,债券是一种融资手段;对购买者来说,债券是一种投资工具。就这一点来说,债券与股票有共同点,即它们都是有价证券,都是融资手段和投资工具。但它们之间有着本质的区别,主要有以下几点:

1. 性质不同

债券是一种发行者与投资者的债权债务关系的凭证,它体现的是发行者与投资者之间的债权债务关系;而股票是一种股份公司与投资者之间的所有权关系的凭证,它体现的是股东与股份公司之间的所有权关系。

2. 责任不同

债券持有人不能参与发行公司的经营管理活动,同时,对其经营状况不承担责任;而股票持有人——股东能通过一定形式参与企业的经营管理,并对企业的经营负有限责任。

3. 期限不同

债券必须有到期日；而股票只有发行日没有到期日，股东在一般情况下不能向股份公司退股。

4. 发行主体不同

股票只能由股份公司发行，而债券的发行主体并不限于股份公司。

5. 财务处理不同

公司发行债券所筹集的资金列为公司的负债，所需支付的债息作为公司的成本费用支出；而发行股票所筹集的资金则列为公司的资产，股票的股息红利则属于利润分配。

6. 收益不同

债券收益具有稳定性，其收益率事先确定，一般与企业经营状况无关；而股票收益具有不稳定性，其收益率与企业经营状况密切相关。从投资风险和收益来看，股票的风险大大高于债券，但收益也有可能大大高于债券。

7. 清偿顺序不同

当企业因经营不善破产倒闭或解散时，债券优先于股票清偿。

二、债券的基本要素

债券作为一种借款凭证和有价证券，必须具备以下五个基本要素：

1. 债券的面值

债券面值包括票面金额和币种。票面金额是确定计息、付息和还本的依据，它为整数（如百元、千元、万元等）。债券面值的大小，幅度相差很大，小的可以为几十元，大的可达十万、百万元。债券面值币种的确定主要依据发行者的需要、发行债券的地点、债券种类。一般在国内发行债券的币种是本国货币，在国外发行债券的币种是国际通货或所在国货币。

2. 债务人与债权人

债券作为借款凭证，要确定债权债务关系。债务人按法律程序发行债券，取得所筹资金在一定时期的使用权及利益，同时承担着举债的风险和按期还本付息的责任。而债权人具有定期转让资金使用权的义务和如期收回本金及取得利息的权利。

3. 债券的价格

债券作为可买卖的有价证券，必须具有价格。债券价格通常与债券面值不尽一致，它要受市场供求关系的影响，所以又称为债券行市。影响债券价格变动的主要因素有：①债券的收益率。收益率越高，债券价格就越高。②市场利率。市场利率上升，债券价格就下跌。③市场供求。市场对债券的需大于供，债券价格就上升。④发行者的信誉、经营状况等因素。债券价格仅仅是债券在市场上自由买卖的价格,当发行者在计息还本时,不是以债券的价格为标准,而是以债券的面值为标准。

4. 还本期限

债券票面上需注明其发行日期和偿还期限。债券的还本期限相差幅度较大,如短期债券有1个月或数月、1年,中期债券一般是3—5年,长期债券有十几年几十年不等。近年来,由于利率和汇率波动频繁、剧烈,风险增加,因而债券期限日渐缩短。但无论如何,债券应按事先的承诺如期还本付息,而不能受市场、物价水平、社会经济状况、汇率、利率等变化的影响。

5. 债券利率

债券票面应载明债券利率,它是债券年利息额与债券票面金额的比率,例如票面利率为10%,即表示每100元票面的债券,每年可得10元的利息;反之,年利息额为10元,票面金额为100元,则债券利率为10%。债券利率的高低,取决于债券的发行者、信用级别、偿还期长短、利息的支付方式以及市场状况。债券利率还有固定利率和浮动利率的区分。债券除了按票面价格发行外,还可以折价或溢价发行,通常债券票面利率和实际收益率是有差别的。

三、债券的特征

债券作为有价证券,除具有一般证券的收益性、风险性和变现性的基本特征外,还具有偿还性特征,而且在证券基本特征的具体表现形式方面,与其他有价证券有着明显的差异。

1. 收益性

债券的收益性表现为两个方面:一方面,表现为有明确的利息率和按期还本付息的保证;另一方面,表现为可在债券市场上根据行情卖出债券,收回投资并取得投资收益。投资收益的高低视债券的期限长短、风险大小及流动性强弱差异而不同。

2. 风险性

债券投资也存在风险,不论是固定利率债券还是浮动利率债券,市场利率的变动都会使其承担相对或绝对损失的风险。但与投资基金和股票相比,债券的投资风险是最小的。

3. 流动性

债券作为有价证券,大部分可在证券市场上作为投资商品自由买卖,当债券持有人需要资金时,可以向第三者出售债券,提前收回本金。因此,债券具有很好的流动性和兑现性。影响债券流动性的主要因素有三个:①债券发行者的资信状况;②债务期限的长短;③二级市场提供的交易条件的差异。当然,债券也可按契约承诺在一定条件下提前兑付。

4. 偿还性

债券反映的是债权债务关系,这种关系的建立必须基于以下前提:债券发行人按期清偿债务,债券持有者如期收回债务,这就形成了债券的偿还性特征。债务人负有按期还本付息的责任,即使在特定情况下发行的无限期公债,政府也须按期付息并在财政状况好转后偿还本金,这反映了债券的偿还性特征。

四、债券的种类

债券有很多种类,大致可以按以下方法分类:

1. 按发行主体分类

按发行主体分类,债券可分为:政府债券、金融债券、公司债券。政府债券是指各级政府或由政府提供信用担保的单位所发行的债券。金融债券是由金融机构发行的债券;公司债券是指以公司为主体发行的债券。

此种分类方法是最常用的,国外证券交易法就是采用这种方法将债券进行分类。上述三种债券各有特点,其中政府债券因政府作为借款人,其安全可靠性高,而利率一般低于其他两种债券。金融债券因其机构性质所致,安全性处于政府债券和公司债券之间,其利率水平一般低于公司债券,而高于政府债券。公司债券则由于企业以直接融资方式发行,安全性不如政府债券和金融债券,因而其利率水平一般高于政府债券和金融债券,但由于公司在发行债券时均有严格审核和财产抵押,所以事实上仍然是比较安全的。

2. 按计息方式分类

按计息方式分类,债券可以分为:附息债券、一次还本付息债券、贴现债券、累进利率债券。

(1) 附息债券。指附有各种息票的中长期债券。发行公司凭从债券上剪下来的当期息票支付利息。通常附息债券每半年为一个付息期,故具有复利特征。息票上载有应付利息的日期和金额,如未到期,息票不予支付;发行公司往往在到期前将息票款存入代理兑付点,投资人根据所剪息票,得到支付利息,故也叫剪息债券;息票一旦发出,本身也具有一定价值,因而也是一种可转让的证券,可以在证券市场上转让交易。此种债券大都为中长期政府债券和公司债券,在国外最常见。

(2) 一次还本付息债券。指在债务期间不支付利息,只有到债务期满后按规定的利率一次性向持有人支付利息并还本的债券。这种债券的利息一般按单利方式计算,是我国债券的常见形式,这与我国过去否定资本投资概念,不承认其在社会主义条件下的增值性有关。这种债券的收益要比附息债券低得多,所以,从维护投资者合法权益的角度来看,今后这种债券必将趋于减少。

(3) 贴现债券。也称"贴水债券""贴息债券""折价债券",它是按低于债券面值的价格发行,到期不另支付利息的债券。债券的发行价格与其面值的差额为预付利息,债券的利率不在券面上标明,而是根据当时的利率水平、通过发行价格来确定。因发行者需要预付利息,对发行者来说贴现债券的发行成本高于附息债券;而对投资者来说,贴现债券的优点是可预先得到利息,以进行再投资,同时,也可避免债券的利率风险。此种债券为国家债券常采用的一种形式,我国的一些公司债券或金融债券也采用贴现发行。

在国外,贴水发行的折现债券有两种,分别为贴现债券和零息债券(zero coupon

bonds)。贴现债券是期限比较短的折现债券。在国外,短期国库券(treasury bills)通常都是贴现债券。20世纪80年代国外出现了一种新的债券,它是"零息"的,既没有息票,也不支付利息。但实际上,投资者在购买这种债券时就已经得到了利息。零息债券的期限普遍较长,最多可到20年,它以低于面值的贴水方式发行,投资者在债券到期日可按债券的面值得到偿付。例如:一种20年期限的债券,其面值为20 000美元,而它发行时的价格很可能只有6 000美元。

(4)累进利率债券。它是指随着债券期限增加,其利率累进的债券。一般事先确定累进利率的档次,期限越长,利率越高。如3年期的累进利率债券,第1年的利率可以为9%,第2年则可以累进到10%,第3年则可以累进到12%。此种债券,1年到期时就可按1年期的利率领取利息,2年到期时,则可按2年期的利率领取利息,3年到期时,则可按3年期的利率领取利息。投资者可根据自己的需要,自主选择还本付息的期限,并享受不同期限的不同利率水平。发行此类债券可稳定债券持有人,鼓励投资者延长债券投资的期限。

3. 按债券利率在偿还期内是否变化分类

按债券利率在偿还期内是否变化分类,债券可以分为固定利率债券和浮动利率债券。

固定利率债券是指在发行时规定利率在整个偿还期内不变的债券;固定利率债券不考虑市场变化因素,因而其筹资成本和投资收益可以事先预计,不确定性较小。但债券发行人和投资者必须承担市场利率波动的风险。如果未来市场利率下降,发行人能以更低的利率发行新债券,则原来发行的债券成本就显得相对高昂,而投资者则获得了相对现行市场利率更高的报酬,原来发行的债券价格将上升;反之,如果未来市场利率上升,新发行债券的成本增大,则原来发行的债券成本就显得相对较低,而投资者的报酬则低于购买新债券的收益,原来发行的债券价格将下降。

浮动利率债券是指发行时规定债券利率随市场利率定期浮动的债券,也就是说,债券利率在偿还期内可以进行变动和调整。浮动利率债券通常是中长期债券。浮动利率债券的利率一般根据市场基准利率加上一定的利差来确定。如美国浮动利率债券的利率水平主要参照3个月期限的国债利率;而欧洲则主要参照伦敦同业拆借利率,该利率被认为是伦敦金融市场利率的基准。

浮动利率债券的种类较多,如规定利率浮动上、下限的浮动利率债券,规定利率到达指定水平时可以自动转换成固定利率债券的浮动利率债券,附有选择权的浮动利率债券,以及在偿还期的一段时间内实行固定利率,另一段时间内实行浮动利率的混合利率债券等。

由于债券利率随市场利率浮动,采取浮动利率债券形式可以避免债券的实际收益率与市场利率之间出现重大差异,使发行人的成本和投资者的收益与市场变动趋势相一致。但债券利率的这种浮动性,也使发行人的成本和投资者的收益事前带有很大的不确定性,从而导致较高的风险。

4. 按债券形态分类

按债券形态分类,债券可以分为实物债券、凭证式债券和记账式债券。

(1)实物债券。也称无记名债券,是指格式标准化的实物券面的债券。在其面上一般标明债券面额、发行年度、票面利率、期限、还本付息方式等。实物债券面值不等,从发行之日起开始计息,不记名、不挂失,可上市流通,是我国发行历史最长的一种债券。发行时通过各银行营业网点以及其他营业网点面向社会公开销售,投资者也可以利用证券账户委托证券经营机构在证券交易所场内购买。发行期结束后如需进行交易,可以直接到债券经营机构按其柜台挂牌价格买卖,也可以利用证券账户委托证券经营机构在证券交易所场内买卖。

(2) 凭证式债券。指不印制实物券面,而采用填制"收款凭证"的方式,通过部分商业银行柜台,面向城乡居民个人和各类投资者发行,是一种以收款凭证形式证明认购者债权的债券。从1994年开始发行,该债券在发行时由承销机构以特定的收款凭证来代替实物券,到期持券在指定兑现点取回本息。由于该类债券可以记名、可以预留印鉴,因此若投资者遗失债券,可以及时挂失,安全性好,但流动性差,不能上市流通。持券人如遇特殊情况需提前兑取现金,则在偿还本金的基础上,按实际持有天数及相应的利率档次计算,并按兑付本金的相应比率收取手续费。例如,凭证式国债在发行时就将持有不同时间提前兑取的分档利率做了规定,投资者提前兑取凭证式国债所能获得的收益是可以提前预知的,不会随市场利率的变动而变动,不必承担由于市场利率变动而带来的价格风险。

(3) 记账式债券。指发行者利用集中性的交易场所先进的电子交易系统所设置的电脑证券账户,在系统内发行的,以成交后的交割单替代实物券的一种债券。从1994年开始发行的该类上市券种,债券不需印制券面及凭证,发行和交易均采用无纸化形式,因此,只有该交易系统中电脑证券账户的持有者才能投资,发行后在该系统上市交易,该类债券具有发行成本低、发行时间短、发行效率较高、交易手续简便、流动性强的特点。可记名、可挂失、安全性较好,被越来越多的投资者所接受。

为了方便投资者,在通过证券交易所买卖记账式债券的基础上,我国现已开通网点更广泛的商业银行柜台记账式债券的交易。例如,柜台交易记账式国债的交易价格是由市场决定的,买卖价格(净价)有可能高于或低于发行面值。当卖出价格高于买入价格时,表明卖出者不仅获得了持有期间的国债利息,同时还获得了部分价差收益;当卖出价格低于买入价格时,表明卖出者虽然获得了持有期间的国债利息,但同时也付出了部分价差损失。因此,投资者购买记账式国债于到期前卖出,其价格是不能提前预知的,要承担一定的利率变动风险。

我国还存在一种凭证式国债(电子记账)品种,它是凭证式国债和记账式国债部分特征的结合体。该国债具有凭证式国债的部分特征,从购买之日开始计息,到期一次还本付息;投资者可以提前兑取,可以挂失和质押贷款,不能流通转让。同时,该国债具有记账式国债的部分特征,通过记账式国债柜台交易系统发行,投资者需要在银行开立二级债券托管账户,用于托管收购国债。

目前,中国债券市场包括银行间市场、交易所市场和商业银行柜台交易市场。从总量托管上来看,由于商业银行的参与,银行间债券市场是中国债券市场的主体,其债券存量和交易量占中国债券市场的90%以上。交易所债券市场是中国债券市场的重要组成部分,它的参与者既涵盖了各类机构投资者,又涵盖了个人投资者。交易所债券市场由两部分组成:其一是实行集中撮合交易的零售市场;其二是由固定收益平台和大宗交易系统构成的批发市场。商业银行柜台交易市场是银行间债券市场的延伸,也属于债券零售市场。

五、债券品种的创新

在成熟的国际债券市场上,债券品种已经变得越来越复杂。超越了传统债券的单一性,越来越多的创新性债券品种陆续出现,这些债券或者附有一重或多重选择权,或者基于各种基础资产,其性质和特点具有创新产品的典型特征。

1. 附权类债券

所谓附权类债券,即指附加一定权利的债券,被赋予某种期权的主体既可以是发债主体,也可以是投资主体,从而使债券发行主体或投资者拥有某种灵活的选择余地,增强该种金融工具对不同融资主体的灵活性,也增强对各类投资者的吸引力。

例如,在债券设计的过程中,不管发行主体身份如何,都可以被授予在某种条件下从市场赎回债券予以结清的选择权,增加发债人偿债的主动性。发行主体通常可以在其认为债券市价被低估时赎回,既可以节省偿债成本,也可以向市场发出该债券被低估的信号。当然,对于这种可赎回债券,发行主体也必须付出一定的成本,即以较高的利率来换取该项选择权。对投资者赋予的权利通常表现为可以享有提前要求偿付的选择权,也就是投资者有赎回自己投资的期权,当然,投资者也必须以较低的利率为代价。

附权类债券通常有以下几大类型:

(1) 参与公司债券,即投资者除可获得固定利息外,还可以参与公司红利分配的公司债。此类债券将公司债券和股票相结合,使发行公司可以降低发行成本。

(2) 可转换公司债券,即允许债券持有者在一定期间内按一定价格、一定比率和一定条件将债券转换成公司股票的公司债券,又称可转债。可转换公司债券在我国还分为两类:一类是可分离交易的可转换公司债券,属于附认股权证公司债的范围;另一类是不可分离交易的可转换公司债券。

(3) 附新股认购权公司债券,即附以债券发行后的一定时期内,以一定的价格认购一定额度该公司新股票权利的公司债券。此类债券的特点是,发行者可因此降低债券发行成本,投资者可因此获得一次选择的机会。它与可转换公司债券不同,可转换公司债券行使转换权以后,债权不复存在,转变为股票;而附新股认购权债券,行使认购权后,其公司债权仍然保留。此种债券有两种类型:分离型附新股认购权公司债券,即除公司债券外,所发行的新股认购权证券,可作为有价证券独立转让;非分离型附新股认购权公司债券,即不许单独转让认股权。

2. 债券回购交易

债券回购交易是指债券买卖双方在成交的同时就约定在未来某一时间以某一价格双方再进行反向交易的行为。目前债券回购有封闭式回购(债券质押式回购)和开放式回购(债券买断式回购)两种。

封闭式回购(债券质押式回购)是交易双方以债券为权利质押所进行的短期资金融通业务。在债券质押式回购交易中,资金融入方(正回购方)在将债券出质给资金融出方(逆回购方)融入资金的同时,双方约定在将来某一日期由正回购方向逆回购方返还本金和按约定回购利率计算的利息,逆回购方向正回购方返还原出质债券。

开放式回购(债券买断式回购)是指资金融入方(正回购方)将债券卖给资金融出方(逆回购方)的同时,与逆回购方约定在未来某一日期,由正回购方再以约定价格从逆回购方买回相等数量同种债券的交易行为。

开放式回购中债券的所有权发生了实质性的转移,资金融出方对债券有自由处置的权利,相对于封闭式回购,开放式回购的灵活性更大。开放式回购促进了市场的流动性并在客观上引入了做空机制,同时投资人也可以利用开放式回购进行短期融资,平衡头寸,并且便于控制风险。参与开放式回购的主要动机有:正常的机构资金管理,包括资金融入与融出业务;对冲避险、套利,包括现券对冲和回购套利、做空投机等。

(1) 以券融资(卖出回购)的程序。以券融资即债券持有人将手中持有的债券作为抵押品,以一定的利率取得资金使用权的行为。在交易所回购交易开始时其申报买卖部位为买入,这是因其在回购到期时反向交易中处于买入债券的地位而确定的。回购交易申报操作类似股票交易。成交后由登记结算机构根据成交纪录和有关规则进行清算交割;到期反向成交时,无须再行申报,由交易所电脑系统自动产生一条反向成交纪录,登记结算机构据此进行资金和债券的清算与交割。

(2) 以资融券(买入返售)的程序。以资融券即资金持有人将手中持有的资金以一定的利率借给债券持有人,获得债券抵押权,并在回购期满得到相应利息收入的行为。在交易所回购交易开始时,其申报买卖部位为卖出,这是因其在回购到期时在反向交易中处于卖出债券地位而定的。其交易程序除方向相反外其余均同以券融资。对于交易对手抵押的债券,目前交易所不直接划入以资融券方证券经营机构的债券账户,而由登记结算机构予以冻结。

3. 抵押支持类债券

随着商业银行住房抵押贷款、汽车抵押贷款等长期信贷品种和规模的逐年增加,银行业资金来源短期化和资金运用长期化的矛盾日益突出,银行面临越来越多的流动性问题。针对这一矛盾,在20世纪80年代信贷资产证券化开始出现并迅速发展,在此基础上派生出许多抵押支持类债券,主要包括转手证券、抵押支持证券、抵押担保证券、资产支持证券等。而所谓资产证券化是指已有的金融产品转化为另一种金融工具的过程或者是不标准的资产转变为标准的证券的过程。

信贷资产证券化将已经存在的信贷资产集中,进行结构性重组,并重新分割为证券,转售给证券市场投资者,而该信贷资产在原持有人的资产负债表上可以消失或者不消失。其实质是将贷款或应收账款转换为可转让的金融工具的过程,如将批量贷款进行证券化销售,或者将分散的且信用质量相异的资产重新包装为新的具有流动性的证券。资产证券化的核心在于对贷款中风险与收益要素的分离与重组,使其定价以及风险与收益重新配置更为有效,从而使资产证券化参与各方均受益。抵押支持类债券就是发行人以特定的资产组合为抵押发行的债务证券。

第二节 政府债券和政府机构债券

一、政府债券的功能与特点

政府债券又称公债,它是国家举借的债务;具体地说,政府债券是各级政府或其代理机构以政府名义发行的,并承担还本付息责任的各类债务凭证的统称。政府债券可依据不同标准划分为各种类型。按发行主体不同,可分为中央政府债券即国家债券和地方政府债券;按偿还期限不同,可分为短期公债、中期公债和长期公债;按发行地域不同,可分为国内公债和国外公债;按发行方式不同,可分为强制公债和自愿公债。

政府债券具有特定的功能,具体表现为:①它是平衡和调节政府财政收支,弥补财政赤字的重要手段。如发行国库券主要是为了调节国库短期收支差额,弥补财政收入不足;发行财政债券是为了平衡中长期的财政收支,弥补财政赤字。解决财政赤字问题有很多方法,如增加税收和透支等,但增税具有强制性,且增税的种类和金额如果过多过大,则易伤害生产者的积极性;采用透支的方法则往往需要增发货币,进而引发通货膨胀。而发行政府债券的方法则因其非强制性和收益性特征可以有效地避免上述方法造成的负面影响,起到其应有的作用。②它是国家筹集资金的重要手段。如国家建设债券、重点建设债券等是为某些重大建设项目而发行的,大量的资金集中到国家,成为国家可以直接支配的收入。地方政府也可以发行债券,用于地方市政建设、文教、环保等方面的资金投入。③它是政府对经济生活进行宏观调控的重要手段。如中央银行在公开市场上买卖政府债券,进行市场公开操作,能够有效地调节市场货币量,实现对宏观经济活动的调节。

政府债券的主要特点是:①安全性高。由于政府掌握了国家的资源和税收,还本付息按时可靠,债券持有人无需担忧到期的偿还能力,因而政府债券在各类债券中信誉最高,风险最小,素有"金边债券"之称。②流动性强。政府债券持有人在需要现金时,在期满前可在证券交易市场变卖,很容易出售。政府债券除了可以出售获得现金外,还可以作为抵押品,从银行获得贷款,日本国债的抵押代用率达95%,是有价证券中最高的。③收益稳定。对投资者来说,政府债券的实际收益要略低于其他债券的收益率,但人们对它的投资主要是为了定期获得固定收入。和股票、公司债券相比,它的收益是最稳定的,很少受经济波动的影响。④免税待遇。为鼓励购买政府债券,很多国家对政府债券的收入免交所得税,因而能在短时期内迅速而有效地筹集巨额资金。

二、我国的国债

1. 我国国债的发展历程

国债是中央政府为筹集财政资金而发行的一种政府债券,是中央政府向投资者出具的、承诺在一定时期支付利息和到期偿还本金的债权债务凭证。中华人民共和国成立以来,我国的国债经历了两个发展阶段。

第一阶段就是1950—1987年。在这30多年中,我国政府发行了各种形式的国债。1950年,中央人民政府发行了人民胜利折实公债,以支援人民解放战争,迅速统一全国,以利安定民生,恢复和发展经济。1954—1958年,共发行了5次国家经济建设公债,总金额35.39亿元,1958年以后,因贯彻不举债方针,20年内没有发行国债。进入20世纪80年代后,改革开放的方针实施,又恢复了国债的发行。1981年我国制定了第一个国库券条例。自此以后,我国每年都制定国库券条例,并且,国债的品种也日益增多,数量越来越大。1981—1987年,我国政府发行的国债总额达416.59亿元人民币。但是,这个阶段的国债,只有发行市场,并无流通市场,采用分配认购的方法,认购者一旦购买了国债,必须到期时才能兑付;而且债券期限较长,少则5年、长达10年,国债持有者若急需现金时,因不流通,则无法卖出兑现。同时,因人为的限制国债流通,还助长了地下流通市场的滋生。

第二阶段是1988年以后,其标志是1988年4月开始进行开放国库券转让市场的试点。试点分两批进行,首批试点在沈阳、上海、重庆、武汉、广州、哈尔滨和深圳七城市进行。1988年6月又批准54个城市进行试点。到1990年,我国的国债转让市场全面开放,初步形成了国债的流通市场。1991年以后,随着上海及深圳证券交易所的成立,国债的交易条件、交易规模、交易质量都显著提高。1993年10月,为发展和开拓国债市场,上海证券交易所推出了国债期货交易,但因发生一些严重的违规事件及国债期货交易的条件尚不成熟等原因,于1995年5月暂停。国债流通市场的发展,使我国的国债进入了一个新的发展阶段,国债市场作为证券市场的一个重要组成部分,在国民经济中发挥着积极的作用。

短、中、长期不同期限的国债结构,代表资金融通时间的长短。1981—1994年,我国国债的期限结构比较单一,全部是中期国债,期限在2—10年之间,没有10年以上的超长期国债和一年以内的短期国债。1994年,财政部首次发行了期限为半年和一年的短期国债共计130亿元,1996年又发行了期限为3个月的短期国债。至此,我国国债期限从3个月至10年的国债品种均有发行。

1996年,国债市场还出现了一些新变化:首先是财政部改革以往国债集中发行为按月滚动发行,增加了国债发行的频度;其次是国债品种多样化,对短期国债首次实行了贴现发行,并新增了最短期限为3个月的国债,还首次发行了按年付息的十年期和七年期附息国债;再次是在承购包销的基础上,对可上市的8期国债采取了以价格(收益率)或划款期为标的的招标发行方式;最后是以记账式国库券为主,逐步使国债走向无纸化。目前,全国银行间债券交易市场、深沪证交所国债市场和场外国债市场呈现出"三足鼎立"之势。

2. 我国早期国债的种类

(1) 国库券。它是国家为了调节国库收支差额而发行的一种政府公债。自改革开放以来,国家逐步扩大了地方及企业的财权,使中央财政资金相对减少,出现支大于收的情况。为平衡财政收支,从1981年开始,国家每年发行一次国库券,利率各年有所不同,到期连本金一次偿清,不计复利。国库券的发行对象主要是企事业单位和个人,按照不同对象,分别实行分配发行、适当认购和自愿认购的办法。我国发行的国库券多为中长期国库券。

(2) 国家重点建设债券。它属于国家债券之一,1987年由我国财政部委托银行代理发行。所筹资金用于能源、原材料、交通运输等重点建设项目的发展。它的期限为3年,发行对象主要是地方政府、机关团体、企事业单位及个人。单位认购利率为6%,个人认购利率为10.5%,采取平价发行,不计复利,到期一次还本付息的方式。

(3) 国家建设债券。它是由我国财政部发行,为筹集国家重点建设资金而发行的债券。财政部于1988年发行了国家建设债券,期限2年,年利率为9.5%,不计复利。由城乡个人、基金会组织、金融机构及企事业单位认购,该种债券不记名、不挂失、可以转让抵押。

(4) 财政债券。它是为弥补财政赤字,由财政部发行的债券。1988年发行了5年期和2年期财政债券,发行对象主要是各金融机构。以人民币为计算单位的债券收据,作为债权凭证,可以记名,可以挂失,可以抵押,到期一次还本付息。

(5) 特种定向债券。它是面向职工养老金、待业保险金管理机构以及银行等金融机构定向发行的一种国债。1998年8月向国有独资商业银行定向发行的2 700亿元特别国债。

(6) 附息国债。利息一般按年支付,到期还本并支付最后一期利息。我国于 1996 年 6 月 14 日首次发行了十年期附息国债(000696)。我国在 1996 年以前发行的国债都属于在存续期内不支付利息,到期一次还本付息的类型。

(7) 保值债券。1989 年我国发行了按物价波动计息的公债,期限 3 年,到期后一次还本付息,年利率按中国人民银行同期储蓄存款利率,加保值补贴率(根据物价波动水平确定),再加一个百分点利息,不计复利。不记名、不挂失、可以抵押、可以在证券交易所转让。但因保值债券采取了分期发行,并以代销单位日戳为准,使交易不便,导致流通性降低。

3. 我国国债的现状

当前,我国国债的分类主要包括以下几种:储蓄国债、记账式附息国债、记账式贴现国债。储蓄国债分为凭证式储蓄国债和电子式储蓄国债。凭证式储蓄国债是由财政部发行的,有固定面值及票面利率,以纸质收款凭证记录债权债务关系的国债;该国债从投资者购买之日起开始计息,可以记名、可以挂失,但不能上市流通,不可流通转让;若投资者购买凭证式储蓄国债后如需变现,可以申请提前兑取,除偿还本金外,还可按实际持有天数及相应的利率档次计付利息。电子式储蓄国债是指财政部在中华人民共和国境内发行,面向个人投资者销售的、以电子方式记录债权的不可流通人民币债券。该国债不可流通转让,但可以办理提前兑取或终止投资。2006 年 7 月首次发行。

据中国债券信息网统计,截至 2018 年 12 月 31 日,当年累计发行政府债券 77 062.65 亿元,其中,记账式国债 33 335.61 亿元,储蓄国债(电子式)2 075.37 亿元,地方政府债券 41 651.67 亿元。

三、地方政府债券

地方政府债券是指地方政府发行并承诺到期还本付息的债务凭证。由于其所筹集资金一般用于当地的市政建设,因而又称为市政债券。

地方政府债券的收益率、安全性不如国家债券,而且发行量较小,流通的领域通常为发行地及周围地区,因此,流动性也不如国家债券。但在有些国家如美国,购买地方政府债券可享受免税待遇,若商业银行和其他金融机构投资于地方政府债券,除免税外还可以优化资产负债结构、进行有价证券组合管理等,所以,地方政府债券还是深受投资者喜爱的。

地方政府债券的基本类型有以下几种:

1. 一般责任债券

发行此种债券所筹集的资金主要用于满足地方政府基本职能的需要。由于这些项目一般不收费或所收费用仅为成本的一小部分,本身不具有增值能力,所以此种债券的还本付息完全由地方政府的税收承担。它的安全性主要由地方政府的税收状况决定。

2. 收益担保债券

发行此类债券所筹集资金一般用于某项特定的公用事业,如铁路、桥梁、水电煤等项目,它的本金利息是从投资项目所取得的收益中支取,往往还加上地方政府的税收做额外担保。此种债券的资信度往往低于一般责任债券,但其收益率要高于一般责任债券。

我国的地方政府债券是指经国务院批准同意,2009年以后发行的,以省、自治区、直辖市和计划单列市政府为发行和偿还主体,由财政部代理发行并代办还本付息和支付发行费的可流通记账式债券。地方政府债券在2009年以前没有正式发行过。为了减缓由2007—2008年国际金融危机导致的国内经济下滑趋势,缓解地方政府财政收入偏紧的状况,财政部在2009年3月宣布发行2 000亿地方政府债券。

在我国,还存在地方融资平台,就是指地方政府发起设立,通过划拨土地、股权、规费、国债等资产,迅速包装出一个资产和现金流均可达融资标准的公司,必要时再辅之以财政补贴作为还款承诺,以实现承接各路资金的目的,进而将资金运用于市政建设、公用事业等肥瘠不一的项目。地方政府融资平台主要表现形式为地方城市建设投资公司(简称"城投公司")。其名称可以是城建开发公司、城建资产经营公司。根据审计署2011年6月27日发布的全国地方政府性债务审计结果显示,截至2010年底,除54个县级政府没有政府性债务外,全国省、市、县三级地方政府性债务余额共计107 174.91亿元,其中融资平台债务余额49 710.68亿元,占地方政府性债务余额的46.38%。

截至2018年7月末,全国地方政府债务余额171 557亿元,其中,一般债务108 481亿元,专项债务63 076亿元;政府债券166 463亿元,非政府债券形式存量政府债务5 094亿元。截至2018年7月末,地方政府债券剩余平均年限4.5年,其中一般债券4.5年、专项债券4.6年;平均利率3.46%,其中一般债券3.47%、专项债券3.43%。我国专项债有4个品种,分别是土地储备、收费公路、轨道交通、棚改专项债。

四、政府机构债券

公共机构债券一般是指政府有关机构以自己的名义,而不是以国家的名义发行的债券,也包括从政府得到发债特许的机构发行的债券,政府通常为债券提供一定程度的信用担保和监管。在我国,一些具有独立法人地位的国有独资公司,或者由国家机关改制形成,或者还承担着一些行政责任,但其共同特征为大多具有自然垄断地位,信用等级很高。虽然从理论上应该将其归为企业债券,但是实际上更类似于公共机构债券,如我国发行的三峡建设债券、铁路建设债券、电力建设债券、核电站债券和高速公路债券等。投资者认购该类债券也正是因为其发债主体背后所隐含的国家的支付责任。

第三节 公司债券和金融债券

一、公司债券

公司债券是由各类企业或股份公司发行并承诺到期还本付息的债务凭证,也称企业债券。公司债券是企业筹集长期资金的重要方式。在现代社会,越来越多的企业通过发行债券获得资金,究其原因主要有:①债券持有人与发债公司只存在债权债务关系,而不能介入和控制企业的经营活动。②有的国家如美国限制商业银行购买企业股票,而对购买公司债券不加限制。③发行债券成本较低,收益率较高,所以销售比较容易。④股票股息属公司收益,在分配前要上交所得税,而债券利息可列入生产费用,不但免交所得税,还可以转嫁给消费者。

公司债券与其他债券相比,具有如下特点:①收益率高。企业债券的利率一般高于政府债券和金融债券。②各公司发行各种不同期限的公司债券。如日本有 6 年、7 年、10 年、12 年和 15 年 5 种,选择弹性大,投资者可根据具体情况自由选择。③公司债券一般由一流企业发行,法律上有严格的管理,且公司债券的公募发行通常有抵押,故安全性、可靠性高。但由于公司的未来经营存在着较大的不确定性,因此也有可能使投资者损失利息甚至本金。④为了满足不同的发行目的与投资者的爱好,公司债券种类多样,如可转换公司债券,附新股认购权公司债券等,增加了投资的灵活性。

二、公司债券的分类

公司债券的种类很多,主要有以下几种:

① 信用公司债。即发行公司没有担保品和抵押品,只凭自己公司的信用而发行的公司债。一般来说,此种债券的发行量不大,发行期限也较短。

② 不动产抵押公司债。以土地、设备、房屋等不动产为抵押担保品所发行的公司债券。如果发行公司到期不能偿付债券本息时,债权人有权处理抵押品来抵偿。如果同一抵押品价值较大,可多次抵押,设立若干个抵押权,按发行程序分为第一抵押公司债和第二抵押公司债等,前者称优先抵押,后者称一般抵押。此种债券是公司债券中最重要的一种类型。

③ 流动抵押公司债。以各种动产或公司所持有的各种债券为担保而发行的公司债券。如果发行公司到期不能偿还本息,债权人有权处理抵押品,以抵偿债务。因考虑抵押品价值变化,抵押品的价值不能等同于发行债券的价值,必须打一定的折扣,有一个"垫头"。

④ 保证公司债。即以第三者对发行公司的债券作担保而发行的公司债。例如,母公司为子公司作担保,由子公司向社会发行的公司债。

三、我国的企业债券

企业债券是企业依照法定程序发行并约定在一定期限内还本付息的有价证券。我国于 1993 年 8 月出台了《企业债券管理条例》(2011 年 1 月 8 日进行了修订),同时废止了 1987 年颁布的《企业债券管理暂行条例》。对企业债券的发行采取严格的审批制,并在企业发债的资格、发债的规模、期限、利率、用途等方面作出了具体的规定,这在很大程度上起到了整顿企业债券发行市场的作用。从 1993 年到 1995 年,我国的企业债券市场大幅萎缩,几乎陷于停滞状态。到 1996 年又开始有一定程度的恢复,最初每年的发行量基本保持在二、三百亿左右,企业开始比较规范地操作。在这段时间里发行的支持国家重点建设项目的三峡债券、铁道部债券、中信债券等都很受市场的欢迎。据中国债券信息网统计,截至 2018 年 12 月 31 日,当年累计发行企业债券 1 845.89 亿元,其中,中央企业债券 76 亿元,地方企业债券 1 769.89 亿元。

1. 短期融资券

短期融资券是指企业和公司在全国银行间债券市场上发行的期限在 1 年以内的短期企业债券。企业债券与短期融资券虽然都是企业发行的债券,但企业债券的发行由国家发改委审批,流通于银行间和交易所债券市场,而短期融资券的发行由中国人民银行核准,只流通于银行间债券市场。

短期融资券发行条件。
(1) 在中华人民共和国境内依法设立的企业法人；
(2) 具有稳定的偿债资金来源，最近一个会计年度盈利；
(3) 流动性良好，具有较强的到期偿债能力；
(4) 发行融资券募集的资金用于本企业生产经营；
(5) 近三年没有违法和重大违规行为；
(6) 近三年发行的融资券没有延迟支付本息的情形；
(7) 具有健全的内部管理体系和募集资金的使用偿付管理制度；
(8) 中国人民银行规定的其他条件；
(9) 待偿还融资券余额不超过企业净资产的40%。

此外，对于超短期融资券，其发行条件具有以下特点：
(1) 发行期限在270天以下；
(2) 发行额度不受企业净资产40%的限制；
(3) 企业发行超短期融资券所募集的资金应用于符合国家法律法规及政策要求的流动资金需要，不得用于长期投资；
(4) 通过中国货币网和上海清算所网站（而非中国债券信息网）披露当期超短期融资券发行文件。

2. 中期票据

在成功推出短期融资券之后，中国人民银行又在2008年4月推出中期票据，允许非金融机构企业在银行间债券市场发行3—5年期限的企业债券。中期票据是银行间市场上流动性最高的债券品种之一。中期票据的期限多为1年以上、5年以下，发行和管理由中国人民银行负责，并且只在银行间债券市场流通。而企业债券的期限多为5年以上的长期，发行由国家发改委审批，可以在银行间债券市场和交易所债券市场流通。

中期票据发行条件：
(1) 具有法人资格的非金融企业；
(2) 具有稳定的偿债资金来源；
(3) 拥有连续三年的经审计的会计报表；
(4) 最近一个会计年度盈利；
(5) 待偿还债券余额不超过企业净资产的40%。

3. 企业债券

根据《企业债券管理条例》第3章第12条规定，企业发行企业债券必须符合下列条件：
(1) 企业规模达到国家规定的要求；
(2) 企业财务会计制度符合国家规定；
(3) 具有偿债能力；
(4) 企业经济效益良好，发行企业债券前连续三年盈利；
(5) 所筹资金用途符合国家产业政策。

4. 债务融资工具的比较

（1）监管机构不同：短期融资券和中期票据施行的是备案制度，只需在中国银行间债券市场交易商协会备案即可发行；而企业债券是由国家发展和改革委员会核准发行的融资工具，施行的是核准制度，需要从地方发改委至国家发改委进行层层审批。

（2）发行市场不同：短期融资券及中期票据，主要在中国银行间债券市场发行并交易，主要针对的是银行间债券市场的机构投资者；而企业债券是以中国银行间债券市场为主，证券交易所债券市场为辅。

（3）适用的法律法规不同：短期融资券及中期票据主要适用的是《银行间债券市场非金融企业债务融资工具发行注册规则》等7项自律规则；而企业债券主要适用的是《中华人民共和国公司法》《中华人民共和国证券法》《企业债券管理条例》《国家发展改革委关于推进企业债券市场发展、简化发行核准程序有关事项的通知》。

（4）提供服务的中介机构不同：为短期融资券、中期票据提供服务的一般是有中国银行间债券市场交易协会会员资格或者登记的中介机构，而为企业债券提供服务的中介机构为具有证券从业资格的中介机构。目前，短期融资券、中期票据的承销主要由银行来做，券商也具有承销资格。而企业债则只能由券商来担任主承销商。

银行间债券市场区别于交易所债券市场的最大不同在于它是以机构投资者为核心的场外交易市场，采用的是交易双方互相询价的报价驱动（quote-driven）的交易方式，比交易所市场采用的竞价撮合的交易方式更适合大宗交易。银行间债券市场的参与者由最初的银行扩展到了包括保险公司、城乡信用社、证券公司、基金以及非金融机构的企业法人等近万家机构投资者。在定价机制方面，逐步确立了以做市商为中心的询价机制，强化了做市商对提高市场流动性和价格合理性的义务。在交易平台硬件建设上，不断推出新举措，完善交易结算方式，为银行间债券市场的安全高效运作提供了技术保证。同时，中国人民银行推出新的债券品种，如央行票据、短期融资券、中期票据等，极大地丰富了该市场上债券的期限结构和信用结构。在债券交易方式方面，从单一的现券交易发展到现券交易、回购交易、债券借贷和远期交易的方式。

四、金融债券

1. 金融债券的功能

金融债券是由银行和非银行金融机构依照法定程序发行并约定在一定期限内还本付息的有价证券。

金融机构发行的金融债券和传统的存款相比，虽然两者都是筹资的方式，但它们有着显著的区别：①数量不同。金融债券的发行数额有一定限度，不准超计划发行；吸收存款则不受限制。②利率不同。金融债券利率高于同期存款利率。③金融债券不记名、不挂失，可以抵押转让；储蓄存款记名、挂失、不可转让。④使用范围不同。发行金融债券所筹资金主要用于特种贷款，只限于指定的范围使用；存款筹集的资金则没有使用范围限制。

金融债券具有显而易见的功能：其一，发行金融债券的主动权掌握在金融机构手中，属于主动筹资方式，它能迅速吸收大量的社会闲散资金，弥补了金融机构信贷资金的不足；其二，债券不必提前兑付，所以，筹集的资金具有较强的稳定性，金融机构既可用所筹资金扶持有发展潜力的企业,又可为自身和投资者开辟一条较好的获利渠道;其三,金融债券的发行,还扩大了金融机构的经营范围,促进了金融机构由管理型向服务型、经营型转化,使金融机构真正向企业化方向发展。

2. 我国的金融债券

金融债券从发行主体上分类,可以分为商业性金融机构发行的债券和政策性金融机构发行的债券。我国从1985年开始由国家专业银行发行金融债券,后来交通银行及其他金融机构也陆续发行了金融债券。而政策性债券则主要集中于政策性银行发行的金融债券,即由我国政策性银行(国家开发银行、中国农业发展银行、中国进出口银行)为筹集信贷资金,经国务院批准向国有商业银行、股份制商业银行、城市商业银行(城市合作银行)、农村信用社等金融机构发行的金融债券。政策性金融债券已成为我国债券市场中发行规模仅次于国债的券种。政策性金融债券的市场化发行,推出的券种按期限分有3个月、6个月、1年期、2年期、3年期、5年期、7年期、10年期、20期、30年期。按性质分有浮动利率债券、固定利率债券、投资人选择权债券、发行人选择权债券以及增发债券等。到目前为止,已发行的金融债券有以下几种。

(1) 累进利率金融债券。它是随债券期限延长,利率逐步累计上升的金融债券。如第1年按年息9%计息,第2年按年息10%计息,第3年按年息11%计息等。从出售债券之日起,按整年计息,不足整年部分不计息,超过5年部分不另计息。此种债券期限最短为1年,最长为5年。债券的期限是可以选择的,即在持券1年后,投资者即可兑付,如不兑付,下年的利率即可累进计算。

(2) 贴现金融债券。它是按债券发行章程规定扣除贴现利率后低于票面金额发行,到期以票面额偿付的债券。期限一般为3年。例如,发行的金融债券面额分别为100元、500元、1 000元,发行价格则分别为75元、375元、750元。债券到期按面额偿还,不再另支付利息,票面价格与发行价格的差额,即为投资者的利息收入。其优点是,投资者能事先得到利息,债券偿还时,整数偿还,较为方便。

(3) 次级债。所谓次级债务是指固定期限不低于5年(包括5年),除非银行倒闭或清算,不用于弥补银行日常经营损失,且该项债务的索偿权排在存款和其他负债之后的商业银行长期债券。次级债务计入资本的条件是:不得由银行或第三方提供担保,并且不得超过商业银行核心资本的50%。商业银行应在次级定期债务到期前的5年内,按以下比例折算计入资产负债表中的"次级定期债务"项下:剩余期限在4年(含4年)以上的,以100%计;剩余期限在3—4年的,以80%计;剩余期限在2—3年的,以60%计;剩余期限在1—2年的,以40%计;剩余期限在1年以内的,以20%计。

2003年12月,中国银监会发出《关于将次级定期债务计入附属资本的通知》,决定增补我国商业银行的资本构成,将符合规定条件的次级定期债务,计入银行附属资本。这使各商业银行有望通过发行次级定期债务拓宽资本筹措渠道,增加资本实力,有助于缓解我国商业银行资本先天不足、资本补充渠道单一的状况。

次级债属于债权融资。不是通过证券市场来公开融资,而是向机构投资者定向募集资金,从而补充银行的资本金。对于银行来说,通过次级债融资必须要考虑还本付息的压力,以增强自身的盈利能力。

据中国人民银行发布的 2018 年 7 月金融市场运行情况数据显示,2018 年 7 月,我国债券市场共发行各类债券 3.5 万亿元。其中,国债发行 3 373 亿元,地方政府债券发行 7 570 亿元,金融债券发行 4 246 亿元,公司信用类债券发行 5 861 亿元,资产支持证券发行 1 165 亿元,同业存单发行 1.2 万亿元。截至 7 月末,债券市场托管余额为 80.5 万亿元。其中,国债托管余额为 13.5 万亿元,地方政府债券托管余额为 16.6 万亿元,金融债券托管余额为 19.5 万亿元,公司信用类债券托管余额为 17.6 万亿元,资产支持证券托管余额为 2.2 万亿元,同业存单托管余额为 9.1 万亿元。

第四节 国 际 债 券

一、国际债券的特点

国际债券是指一国政府、企事业单位、金融机构或国际金融机构,在国际市场上以外国货币为面值发行的债券。发行国际债券对投资人和借款人都有吸引力。对投资人来讲,国际债券的资信高、安全可靠、获益丰厚;并且流动性较强,可在市场上随时出售债券变现。对借款人来讲,可筹到期限较长的资金;资金来源更加多样化;而且能扩大知名度,提高自己的声誉。正因为如此,国际债券业务发展非常迅速,并且具有良好的发展前景。

国际债券的特点是:①发行人和投资人分属于不同的国家。债券是卖给借款人国家以外的投资者,国际债券的发行人可以是各国政府也可以是各国的工商企业。②投资资金安全,收益率较高。发行国际债券的多为各国政府和资信度较高的国际金融组织、跨国公司、工商企业。借款人良好的信誉,对投资者来说比较安全、可靠。而且国际债券的利率一般高于国内债券。③流动性强,容易转手兑现。国际债券有一个发达的富有活力的二级市场,可以使债券持有人比较容易地转让债券取得现金。④国际债券的种类和货币选择性强。这突出地表现在欧洲债券上。欧洲债券市场可以发行多种类型、期限、货币的不同债券。发行人可根据需要自由选择债券的面值货币,如美元、日元、欧元等。投资者也可根据各种债券的收益情况、风险程度,选择购买任何一种债券。

二、国际债券的种类

国际债券主要有两大类:外国债券和欧洲债券。

1. 外国债券

它是指借款人在其本国以外的某一个国家发行的、以发行地所在国的货币为面值的债券。例如,我国在日本发行的日元债券,为外国债券。外国债券是传统的国际金融市场业务,早在 19 世纪就已存在。它的发行必须经发行地所在国政府的批准,并受该国金融法令的管辖。在美国发行的外国债券(美元)被称为"扬基债券";在日本发行的外国债券(日元)被称为"武士债券"。一般来说,外国债券对发行地所在国的要求较高,主要是因为:①政局比较稳定。这样可以保证投资或筹资的安全性。②资金充分。市场上资金充分,才能保证债券的顺利发行和销售。③完善的证券市场。这样才能体现债券的流动性特征。④货币比较坚挺。发行地所在国的货币坚挺,才能吸引筹资者。外国债券的发行人范围很广,可以是发达国家,也可以是发展中国家,还有些是国际金融组织。

2. 欧洲债券

它是指借款人在债券票面货币发行国以外的国家或在该国的离岸国际金融市场发行的债券;就是说,该种债券的发行人属于一个国家,而发行地在另一个或另几个国际金融市场,债券面值则用非发行地所在国货币表示。欧洲债券最早产生于20世纪60年代,源于欧洲国家在美国境外发行美元债券。但是20世纪70年代之后,因为美元汇率波动幅度增大,以德国马克、瑞士法郎和日元为计价货币的欧洲债券开始陆续出现,同时,发行地也突破了欧洲限制,在亚太、北美和拉丁美洲等地发行的欧洲债券逐渐增加。

欧洲债券的发行人通常是政府机构、大公司及国际金融机构,其发行地范围并不仅仅限于欧洲,它除了欧洲金融中心的债券市场以外,还包括东亚、东南亚、中东等地的国际债券市场。与外国债券不同,欧洲债券发行不受各发行国金融法律的管辖和约束,只需经债券发行人所在国批准即可。

三、我国的国际债券

从1982年起,我国陆续在东京、伦敦、法兰克福、新加坡、纽约以及我国香港等地发行国际债券。在20世纪80年代,仅在日本就发行了5 000亿日元的债券。我国国际债券的发行,开辟了一条利用外资的新渠道。

我国的第一笔国际债券于1982年1月29日由中国国际信托投资公司(中信公司)在日本债券市场发行,数额为100亿日元,属于私募债券,以日本野村证券株式会社、东京银行、大和证券株式会社为主筹募人来安排的。年利率为8.7%,期限12年,从1982年1月29日起计息,每半年支付一次;每张债券的本金原始票面面额为1亿日元,于1994年1月29日全部还清。

20世纪80年代,我国在日本发行的债券,规模最大的是在1986年4月23日,数额为500亿日元,期限12年,年利率5.3%,发行价格为100日元。进入90年代,我国又先后发行了数十次国际债券。1993年7月28日,中国国际信托投资公司在纽约成功发行了2.5亿美元的公募债券,期限为10年,票面利率为6.875%,发行价格为99.706美元。2007年7月,国家开发银行在中国香港发行了第一只以人民币计价的有价债券,标志着香港人民币债券市场发展的开端。次贷危机后,各国利率走低,境内机构纷纷在海外市场举债。2009年,人民币国债在中国香港发行,成为在国际市场发行的首例人民币主权债券。2012年中国香港的人民币债券发行主体扩容到境内非金融机构。境内企业可以通过直接发行、间接发行和红筹架构模式在境外发债。在债券品种上,中国香港"点心债"、中国台湾"宝岛债"、新加坡"狮城债"、韩国"泡菜债"等离岸人民币债券产品先后推出,离岸人民币债券市场得到稳步发展。根据国家外汇管理局统计,截至2017年末,境内主体境外债券余额达到3 380亿美元,约合2.2万亿元人民币,占我国外债总额的19.76%。

2005年9月28日,国际多边金融机构首次获准在华发行人民币债券,首发债券被命名为"熊猫债券"。即境外机构在中国发行的以人民币计价的债券,它与日本的"武士债券"美国的"扬基债券"同属于外国债券的一种。截至2017年末,我国债券市场累计共发行熊猫债券117期,发行总额为2 184.4亿元,市场余额为1 983.4亿元,发行人已经涵盖了国际开发机构、政府类机构、金融机构和非金融企业等不同主体类型。预计随着"一带一路"建设的深度推进,越来越多的"一带一路"沿线国家将导致在我国境内发行熊猫债的需求逐步上升。

目前,国外央行、境外机构投资者可以通过QFII(合格的境外机构投资者)计划、人民币合格境外机构投资者(RQFII)计划、银行间债券市场(CIBM)计划和"债券通"渠道进入国内债券市场。境外投资者可以在交易所市场开展现券交易,在银行间债券市场开展现券交易、债券借贷、债券远期、远期利率协议及利率互换等各类金融交易。截至2017年末,共有600余家境外机构获准进入银行间债券市场,数量同比增长了约50%。境外中长期机构投资者投资银行间市场的限额已取消,QFII和RQFII投资额度呈明显上升趋势。境外机构持有的境内人民币债券余额大幅增加,截至2017年末达到11 283.74亿元人民币。

2006年,我国推出合格境内机构投资者(QDII)制度,为境内机构和个人配置海外资产提供了渠道。2014年,人民银行正式推出人民币合格境内机构投资者(RQDII)制度,允许具有QDII资质的金融机构自主发行RQDII产品投资离岸人民币市场。此外,各地也陆续开展境内资金海外投资的试点工作,其中上海、青岛、重庆推出了合格境内有限合伙人项目(QDLP),深圳推出了合格境内投资者境外投资项目(QDIE)。目前,境外债券市场已是境内投资者进行海外投资的重要领域。境内投资者可以通过购买银行、保险公司、券商发行的投资境外债券市场的QDII、RQDII、QDLP和QDIE产品,或借助境内券商在境外分公司的交易平台投资境外债券,或利用已在境外的资金直接进行债券交易等。2016年以来,境内主体在境外发行的债券数量大幅增加,并带动以境内企业在海外发行的高收益债券为主要投资标的的QDII产品迎来了大发展。根据外汇管理局公布的《中国国际投资头寸表》,截至2017年末,我国海外债券资产投资规模达到1 896.15亿美元。①

思考题

参考答案

1. 什么是债券?它与股票的共同点和区别是什么?
2. 简述债券的基本要素。
3. 债券的基本特征有哪些?
4. 简述附权类债券和抵押支持类债券。
5. 简述债券回购交易。
6. 结合我国实际,说明政府债券的作用与特征。
7. 地方政府债券的基本类型有哪些?
8. 简述地方融资平台。
9. 简述各种债务融资工具的不同。
10. 什么是金融债券?它与存款的区别是什么?
11. 什么是公司债券?它有哪些特点?
12. 简述外国债券和欧洲债券。

---

① 张浩:"全面开放新格局下的中国债券市场国际化",《债券》,2018(7):30-37。

第四章 投资基金

在成熟的证券市场上,机构投资者均处于主导地位,我国证券市场的发展也将超常规发展机构投资者作为重中之重,本章主要介绍作为机构投资者的重要组成部分的投资基金的特点、类型及发展趋势,在借鉴国外经验的基础上,深入分析我国推出的 QFII、QDII 和 RQFII 等新形式的基金产品。

第一节 投资基金概述

一、投资基金的概念

在证券市场上,有这样一个专门的机构,它们通过向投资者发行股份或收益凭证募集资金,然后在金融市场上将其投资于各种有价证券,获得的收益,一部分分配给投资者,另一部分作为机构的服务费用。这类机构被称为证券投资机构或机构投资者。而这种由公众投资者共同筹集、委托专门的证券投资机构投资于各种证券,以获取收益的股份或收益凭证被称为投资基金。各国(地区)对投资基金的称谓有所不同,美国称为"共同基金""互助基金"或"互惠基金"(mutual fund);英国和我国香港地区称为"单位信托基金"(unit trust);日本、韩国及我国台湾地区称其为"证券投资信托基金"。虽然称谓不同,但它们的本质及运作原理是相似的。

投资基金和股票、债券一样,都是金融商品,在金融市场上都可以成为投资者选择的投资工具。作为有价证券,它们既具有收益的功能,又具有增值的功能。不过投资基金与股票、债券又有着很大的差别。

① 性质不同。股票、债券是直接投资工具,即使是通过经纪买卖,也是投资者进行直接投资;而投资基金却是一种间接投资工具,投资者通过购买基金份额,把资金交给专门投资机构,由其在金融市场上进行再投资,以获得收益和增值。

② 反映的权利关系不同。股票反映的是所有权关系;债券反映的是债权债务关系;而更多的投资基金反映的是信托契约关系。

③ 风险与收益不同。债券的利率是事先规定的,无论借款者的经营业绩如何,债券到期时借款者必须还本付息,因此,投资者面临的风险较小,相应的收益也低;股票的收益则因股份公司的经营状况不同而不同,因此,投资者面临较大的风险,相应的收益也高;而投资基金则由社会零星资金组成,由投资机构的专业人员集中管理、分散投资,从而减少了投资风

险。所以,投资基金的风险低于股票投资而高于债券投资,相应的收益低于股票投资而高于债券投资。

④ 投资周期不同。投资基金只适合于中长期投资,而不能像股票市场那样来回炒作,在几天之内,甚至一天当中就可完成一个投资周期。因为多数投资基金都需要加收首次购买费,一般为1‰—5‰,作为投资公司的佣金,所以,短期投资于基金的成本较大。

投资基金于1868年在英国最早出现,当时英国政府组建了"海外及殖民地政府信托"机构,发行信托凭证,向海外投资和扩张。1879年,英国颁布《股份有限公司法》后,投资基金由契约形态发展成为公司形态。第一次世界大战后,英国的投资信托业开始传入美国,并在美国流行。1921年出现了美国的第一个基金组织,1924年成立了第一家具有现代意义的开放式基金——马萨诸塞投资信托基金,但是20世纪30年代的世界经济危机使美国的投资基金行业受到了沉重打击,一直到20世纪80年代以后才获得空前发展。投资基金的出现和发展有其客观必然性,主要是中小投资者受资金数量的限制,无法实现分散投资来降低风险;个人投资者缺乏专业投资知识的,精力、能力又有限,在证券投资上容易遭受重大损失。而通过投资基金的投资方式,由富有经验的证券投资专家来操作,通过将基金分散投资于多种证券来减少风险,并获取较为可观的投资收益。正是利益的驱动,推动了投资基金的产生与发展。

目前,在世界各地基金发展速度是很快的。在金融市场较发达的美国,早在1940年就制定了《投资公司法》,为投资基金运作及管理提供了法律保障。美国投资基金的规模及种类是世界上最大最丰富的。中国大陆、中国台湾、中国香港以及韩国、新加坡、印度、泰国等国家与地区各类专业的投资机构和各类基金也发展迅速,具有一定规模。投资基金作为有效的投资工具,被许多国家与地区认可而加以大力发展。

二、投资基金的基本要素

投资基金的构成要素因其种类不同而有所不同,但一般来说,无论何种基金,都有管理公司、投资顾问、托管者和投资者等基本要素。这些要素都有自己独立的职能,但彼此之间又相互影响、相互依赖,它们有机的组合才构成了投资基金的运作。

1. 管理公司

管理公司是投资基金的主体,负责基金的管理运作。过去管理公司大多是从银行信托部或保险公司基金管理部门发展而来,而今则多为独立经营机构。管理公司都设有市场部、推广部、研究部和投资经理。投资经理是基金运作中的核心,由具有丰富经验和专业知识的人士担任,负责投资决策和基金的正常运作。

2. 投资顾问

投资顾问是从金融机构中派生出来的机构,现已成为金融市场的独立机构。投资顾问由具有一定学历、资历和资产的专家组成,通常对国内外经济和金融形势、产业发展、市场动态、上市公司业绩等方面有深入的调研,并在证券投资、基金管理、财务咨询及融资服务等方面有丰富的经验和声誉,因此能为投资者提供有关投资基金的各项咨询服务。此外,还可为客户安排私人信托、海外房地产投资、基金储蓄计划、机构公积金计划、拟定税务计划、管理投资账户等。总之,客户一切个人财物和投资安排,均可由投资顾问代为处理。正因为投资顾问具有上述作用,在当今的基金市场投资顾问扮演着重要的角色,投资者利用它的服务来进行基金投资。而基金管理公司,或者由于自身条件限制,如缺乏经验,缺乏信息;或者为提高声誉等原因也委托投资顾问为自己的代理人,协助推广基金,或提供市场分析,协助投资决策。

3. 托管人或受托人

托管人或受托人即负责保管基金,并对其进行财务核算的银行或信托公司、保险公司。托管人和受托人的法律及行政责任是一样的,区别是托管人适用于共同基金,而受托人适用于单位信托基金。托管人或受托人必须独立于基金管理公司,并且具有一定的资产和信用。它的职能除了负重要的法律责任外,更重要的是它要负担基金运作中一些具体的行政工作。如以自己的名义为基金资产申请登记注册;处理投资者认购基金的申请;处理单位持有人或股东赎回基金的申请;负责分派基金利息;在基金年报中,负责向基金持有人或股东提供书面报告;负责基金资产净值、基金股份的卖出价和买入价的计算;创造条件,确保基金当天交易的迅速交收;对基金管理公司遵守有关信托契约、基金说明书规定、投资和信贷规定及收费情况进行监督。应该认识到,将监管基金的责任赋予托管人(或受托人),能够更有效地保障基金资产安全和投资者的利益。各国都有法规规定,投资基金必须要设立托管人或受托人。

4. 投资者

即利用金融市场进行基金投资活动以求其资产保值和增值的基金持有者或股东。投资者可以是自然人,也可以是法人。这里所说的自然人是指进行基金投资的个人,即个人投资者。个人投资者投资基金的方式有两种:一种是资金少的人认购基金单位(或股票);另一种是资金多的人利用基金管理公司提供的投资组合服务或单位信托储蓄计划进行基金投资。而上述的法人则是指进行基金投资的机构,即机构投资者。机构投资者主要以自有资金或信托资金进行投资活动,其形式有投资公司、投资信托公司、保险公司、储蓄银行、各种基金组织和慈善机构等。各类机构投资者的性质不同,决定其投资于基金的目的与品种必然存在差异。

三、投资基金的特点

投资基金作为金融投资工具,越来越受广大投资者的青睐,因为和其他投资工具相比,它具有以下特点:

1. 多元化组合投资,可分散风险,提高收益率

投资基金一般都有组合投资、分散风险的原则。有些市场规定,投资组合不得少于20个品种。即使是单一市场基金也不准只购买一种股票,而且每一种股票购入都有一定比例限制,不得超过。投资基金把投资者不同数额的资金汇集成一笔巨额资金,因而有能力进行多元化组合投资,从而减少了风险,提高了投资收益率。即便是小额投资,由于投资基金的吸纳,也可分散风险,争取较为可观的收益率,这显示了投资基金的优点,是其他金融投资工具所难以具备的。

2. 专家经营管理,可避免盲目性和降低错误概率

投资基金募集的资金交由专业人员操作,他们与普通投资者相比,具有专业知识丰富、经验多、信息广泛的优势,能避免个人投资者的盲目性,犯错误的概率相对较小。

3. 流动性高,变现性好

投资基金的买入和卖出十分简便。对于封闭式基金来说,投资基金发行后能挂牌上市进行交易,投资者可以通过证券交易所完成买卖;对于开放式基金来说,投资者可以通过基金管理公司或者其代理机构买卖;部分创新型基金,也可以同时进行场外与场内交易。因此,投资基金具有较强的流动性和变现性。

4. 品种多样,选择性强

基金种类繁多,包罗金融市场上所有的金融产品。一般来说,无论投资者看好当今金融市场上哪一种金融商品走势,都可以通过设立的基金去投资。所以,投资者对投资基金选择的余地非常广阔,适合各种类型的投资者投资。

第二节 投资基金类型

一、投资基金的基本分类

1. 按投资基金的组织形态分类

按投资基金的组织形态不同,可将其分为契约型基金和公司型基金两种。

(1)契约型基金。契约型基金是基于一定的信托契约原理而设立起来的投资基金。它通过发行受益凭证来筹集资金,由委托者、投资者和受托者三方构成。委托者是投资基金的设定人,即设定、组织各种基金的类型,发行受益凭证,把所筹资金交由受托者监管和核算,委托者具有经营和运作基金的权利;投资者即受益凭证的持有人,他们购买了受益凭证,参加基金投资,成为契约当事人之一,享有获得收益等权利;受托者一般为信托公司或银行,根据信托契约规定,具体办理证券、现金的管理和会计核算业务。

(2)公司型基金。公司型基金是发起人根据公司法组织投资公司,通过向社会公众发行投资基金股份来创立的投资基金。基金发起人所组织的投资公司也称基金公司,其性质为股份有限公司,设有董事会和股东大会,投资者购买基金股份就成为该公司的股东,享有与股份相应的参与公司审议决策权、收益分配权和剩余资产分配权等。

公司型基金涉及投资公司、管理公司、保管公司和承销公司四方当事人。投资公司为基金的设立者,在基金创设完成后,还要负责制定基金的投资政策、管理证券资产以及聘用投资顾问和投资经理等工作。管理公司作为投资公司的投资顾问,负责向公司提供调查资料、办理管理事务,它必须按公司董事会研究确定的资产运用和证券买卖决策执行,而不能自行决策。这点与契约型基金不同。保管公司则由投资公司指定,负责对基金经理人的投资活动进行监督。为明确双方的权利和义务,投资公司与保管公司之间应有契约关系。承销公司则负责投资公司股票的承销业务。

公司型基金与契约型基金在内部结构上和有关当事人的权利义务有所不同。契约型基金是以一项"信托契约"的文件而建立的投资公司,它不设董事会,其资产由受托人持有,并以其名义注册和开立银行户头。受托人和投资者具有契约关系,在基金出了问题时,受托人对投资者负索赔责任。

而公司型基金的结构和股份公司一样,设有董事会,基金资产由公司拥有,而股东即投资者是公司资产的最终所有者。每个公司型基金都有基金经理(管理公司负责人)和托管人(保管公司负责人)各1名。基金经理负责基金资产的投资管理,而托管人则负责监督。托管人虽然也以其名义为基金资产注册,但托管人和投资者没有契约关系,如果公司型基金出了事,投资者有权直接向投资公司索赔。

但是,对于投资者来说,契约型基金和公司型基金的功能和运作并无多大区别。它们大部分都是股份不定的机构或公司,其资本额随着基金单位或股票的售出和偿付而增减;它们都是把投资者的资金集中起来由专业人士进行管理和投资;而且是每天报价,投资者可随时购买和赎回。

2. 按投资基金的受益凭证可否赎回分类

按投资基金的受益凭证可否赎回、买卖方式的不同,可将其分为封闭型基金和开放型基金。

(1) 封闭型基金。封闭型基金又称单位型基金,它是指基金设立时,以某一特定的货币总额为设定单位(如3 000万美元),待资金筹足后,便将其封闭起来进行单独运作。封闭型基金通过投资者购买基金单位进行经营,其单位总额是固定的,发行期满后基金就封闭起来,不再增加新的份额。封闭型基金具有基金数量固定、可靠,操作简便,管理容易的特点,在基金发展的初期较为常见。

(2) 开放型基金。开放型基金又称追加型基金,它是指基金设立时,对基金的规模和期限都没有固定的限制,可视经营策略和实际需要连续发行,投资者可随时购买基金证券或将所持基金证券转卖给发行者赎回现金。买入价格与卖出价格,按基金的净资产值计算。开放型基金有利于基金规模扩大,并具有较强的流动性和变现能力。

开放型基金与封闭型基金相比有以下不同:①投资目标市场不同。封闭型基金投资的多为市场规模小、开放程度较低、资金周转速度慢、灵活程度较低、不适应大规模短线投资的证券市场;开放型基金投资的多为规模比较大、开放程度比较高、资金周转速度比较快、筹资容易、能适应大规模短线投资的证券市场。②基金单位发行数量的限制不同。封闭型基金发行有数量的限制;而开放型基金则没有。③基金的买卖方式不同。封闭型基金有明确的经营期限,未到期时,持有者不能赎回基金份额,只能卖给第三者;而开放型基金保证随时赎回与购买基金份额。④基金单位买卖价格有所不同。两者除首次发行价(其售价通常都是按面值加1%—5%的首次购买费)方式一样外,以后再交易的计价方式不同。开放型基金的单位卖出价是根据资产净值加上首次购买费,买入价即赎回价,就是单位代表的资产净值,不受市场供求影响,不会溢价也不会折价。而封闭型基金单位买卖价则因其发行量固定而需求经常变动,常出现溢价或折价。当封闭型基金价格低于其净值时称为基金折价,当基金价格高于其净值时称为溢价。⑤基金单位交易的每手额度不同。封闭型基金每手交易额度比较大,它适合机构投资者和个别资金较多的个人投资者需要。而开放型基金每手交易额比较小,很适合小投资者需要,集资面比较广。⑥基金经理投资方式有所不同。封闭型基金由于不准投资者赎回基金,使基金经理掌握的资产比较稳定,可以进行长线投资。而开放型基金因允许投资者赎回基金,基金经理则需留一部分资金来应付赎回行为;而且投资组合中要有一部分可以随时出售的金融商品,以便应付大规模的赎回,这样,他就不能把全部资金都用作长线投资。

当然,开放型基金和封闭型基金也并非绝对不相容,只要投资者愿意,并经过董事会讨论通过,报请证券监管部门批准之后,封闭型基金也可以转变成开放型基金。

3. 按投资策略的不同分类

按投资策略的不同,可以将投资基金划分为积极成长型基金、成长型基金、收入型基金、平衡型基金、指数型基金。

(1) 积极成长型基金。积极成长型基金追求最大限度的资本增值,将资金投资于新型的有发展潜力的公司的股票,该类股票在高速成长过程中,一般不支付或少支付股利,将大量利润转入留存收益,支持公司的发展。该类股票的投机性较高,股价波动幅度大,容易造成本金的损失,是所有基金中风险最大的一类,但其预期收益率较高,为风险承受能力强的投资者所接受。

(2) 成长型基金。与积极成长型基金相似,成长型基金投资于注重资本增值而不是当前收益的股票,该类股票通常具有超过一般股票平均值的增长潜力但也有红利可得。成长型基金虽然获利能力较强,但损失本金的风险也较高,一般被用作长线投资工具。

(3) 收入型基金。收入型基金注重当前收入、保本和适当的资本增值,该类基金大多投资于高红利发放率的普通股票(如蓝筹股、公共事业类股票、金融类股票等)、优先股票、可转换公司债券和各种债券等。因此通常分为股票收入型基金和固定收入型基金,该类基金一般适合于保守的投资者。

(4) 平衡型基金。平衡型基金是收入型基金和成长型基金结合的产物,兼顾收入和成长的双重目标,将其资本比较均匀地投资在股票和债券两方面,在获取当前收益和长期资本增值的同时尽可能保持本金的稳定。与收入型基金相比,平衡型基金通常将资本总值的40%—60%投资在债券上。

(5) 指数型基金。指数型基金投资于该基金所对应的指数所包含的所有股票或债券,实质上是某指数的投资组合。它具有以下特点:

第一,指数基金的管理费较低。指数基金由于不需要聘请投资顾问对宏观经济、行业、证券市场和股票本身进行研究,只需要构造一个与指数收益率一致的投资组合即可,属于被动型基金。因此,管理比较简单,投资管理成本较低,向投资者收取的管理费也较低。指数基金的管理费率一般为每年0.2%—0.8%,而主动管理的基金管理费率一般为每年1.4%,有些主动管理的基金管理费率甚至高于这一比例。

第二,指数基金的交易成本较低。主动管理的基金,基金经理为了跑赢大盘需要经常性买入他们认为未来收益率高的股票,而卖出他们认为未来收益率低的股票,其投资组合的经常性调整会产生较高的调研与交易费用。而指数基金的投资组合比例一旦确定,不需要进行经常性的调整,因此其调研与交易成本较低。同时由于指数基金投资非常分散,因此当指数基金调整投资组合时,其买入或卖出股票所产生的市场影响成本(market impact cost)也比主动管理型基金低。

第三，指数基金投资回报稳定、风险较小。指数基金的收益率可基本保证与其目标指数一致，以机构投资者为主的市场中，指数基金可获得市场平均收益率。指数基金可以避免主动管理型基金由于基金经理的判断失误而带来的风险和由于投资过分集中而带来的非系统风险。

第四，指数基金具有高流动性的优点。由于指数基金的投资通常比较分散，因此其资产流动性较高，尤其适合大资金投资。而主动管理型基金一般投资相对集中，当基金遭遇投资者巨额赎回时，可能不得不将部分投资组合变现，而大量卖出某一证券可能会对其价格造成非常不利的影响，使基金投资者遭受损失。

第五，对于投资者尤其是机构投资者来说，指数基金是他们避险套利的重要工具。例如，投资者认为某股票近期内涨幅将超过某市场指数，他就可以买入该股票，同时卖空指数基金，从中获取套利收益。此外，对于海外投资者来说投资指数基金可得到一定的税收优惠。

4. 按投资计划所设定的证券投资内容是否可以变更分类

按投资计划所设定的证券投资内容是否可以变更，可将投资基金划分为固定型基金、半固定型基金和融通型基金。

（1）固定型基金。固定型基金是指基金按计划投资，其投资的证券资产编定后，不论其价格如何变化，投资管理运作者都不得通过出卖、转让等方式任意改变已编入的证券资产内容。该种基金的优点在于便于投资者了解基金的具体运作情况，其缺点在于投资管理缺乏灵活性，往往会失去一些获利时机。

（2）半固定型基金。半固定型基金是在一定条件和范围内（如事先赋予特定证券资产中有选择权），投资管理运作者可以变更编定的基金资产内容。其优点是具有投资管理的灵活性，但不能使投资者明确掌握基金的运作情况。

（3）融通型基金。融通型基金是指基金运作者可以根据市场情况自由决定基金资产的内容和结构。此种基金具有能避免损失和获得最大收益的优点，所以，虽然它是英国证券投资信托的传统产品，但在今天仍为世界各国所效仿。

5. 按投资基金的资金来源不同分类

按投资基金的资金来源不同，可将其分为国内基金和海外基金。

（1）国内基金。国内基金是指基金的投资资金来自国内投资者的基金。

（2）海外基金。海外基金又称离岸基金，它是指基金的投资资金来自海外投资者的基金。海外基金通常以"国家基金"的形式出现，即以某一特定的国家或地区为投资对象，是一种规定了偿还期的公司型投资信托。"国家基金"通过在海外发行受益凭证，把筹集到的资金交由指定的投资机构集中投入于特定国家的股票和债券，把所得的收益作为再投资或作为红利分配给投资者，它所发行的受益凭证则在纽约、伦敦等国际著名的证券市场挂牌上市。

6. 投资基金按投资地区不同分类

投资基金按投资地区不同，可分为区域基金和环球基金。

（1）区域基金。区域基金是指将资金投放在一定地区内的各个金融市场上的基金。这些地区往往是按照其地理位置和经济发展共同性而划分的,如北美经济区、西欧经济区、亚太经济区、东南亚经济区、拉美经济区等。该种基金的投资空间比环球基金小,但比单一市场基金大,既可避免环球基金回报率平均化削弱基金表现的缺陷,又可以分散一定的市场风险。当今世界基金市场上常见的区域基金有欧洲基金、北美基金、太平洋基金、远东基金、东南亚基金、东盟基金等。

(2) 环球基金。环球基金又称国际基金、世界基金,它是投资于全球各个金融市场的基金。它可以分为三大类:①国际股票基金。主要品种有优质股票基金、中小型股票基金、高技术产业股票基金、认股权证基金等。②国际债券基金。主要品种有美元债券基金、日元债券基金、欧元债券基金等。③环球商品基金。主要品种有黄金基金、能源基金、资源基金等。环球基金的特点是投资空间广,它以全球各个金融市场的金融产品为投资对象,因而能最大限度地分散市场风险。另外,因为它投资众多的市场,其收益率比较低,即使有一些市场的投资收益率比较高,但也会被其他市场的投资收益率平均化。

二、投资基金的具体品种

投资基金按投资标的不同,可划分为许多不同种类的品种。下面我们对主要品种做一介绍。

1. 股票基金

股票基金是以股票市场为投资对象的基金。股票市场和投资基金的关系十分密切,基金最初的投资对象便是股票,在今天,尽管新的金融投资工具不断涌现,但股票市场仍然是基金投资的最重要的领域,因为在世界各国的金融市场上,股票市场都占有极其重要的地位。首先,股票基金具有功能齐全的特点。它既能获取收益,又能获取增值;既有高风险品种(如新兴市场股票基金、中小企业股票基金、认股权证基金等),又有低风险品种(如国际股票基金、蓝筹股基金等)能适应多种投资者的需要。其次,股票基金为投资境外股票提供了条件。由于各国上市公司股票基本上是在本国的证券市场进行交易,个人投资者想投资境外股票时,不可能亲自直接到外国证券市场投资股票,这样成本太高,而通过基金可以投资任何国家或地区的股票。最后,投资于股票基金是利用股市波动,低买高卖,谋求资本增值,因此,基金对股市行情具有很大的影响。

2. 债券基金

债券基金是以债券市场为投资对象的基金。它的规模仅次于股票基金,类别有三种:一是按投资地区可分为国际债券基金、欧洲债券基金、美国债券基金、英国债券基金等;二是按币种可分为美元债券基金、欧元债券基金、日元债券基金等;三是按发行主体不同,可分为政府公债基金、市政债券基金、公司债券基金等。债券基金的种类不及股票基金的种类多,风险和收益也较股票低,属于收益型基金,适合长期投资。当然,在短期内由于受利率、汇率、债信的影响,债券基金的价格也会像股票基金一样出现波动。

3. 货币基金

货币基金是以银行存款、存款证、银行票据、商业票据、政府短期债券等货币市场工具为投资对象的基金。投资者的收益主要体现在这类项目上所获得的利息。货币基金的特点是：①没有首次认购费，只收取管理费，投资成本低，而债券基金要收取正常的每次认购费。②货币基金一般不规定经营期限，可以无限期延续下去。而且，它的单位价格一般固定不变，其收益通过利率来表示，而不是单位资产净值。③货币基金的资产较为庞大，可进行金融"批发"业务，能争取到银行较高的利率，而且可以每日计算复利。并由于资金多，可将其中一部分用于长期存款，赚取高息。④货币基金包括世界主要国家的货币，而且因免交首次购买费，投资者可以用很低的转换费用，在各种货币基金中自由灵活地转换。在众多的基金当中，货币基金具有避风港作用，因此又被称为停泊基金。

4. 专门基金

专门基金是以分类行业股票市场为投资对象的基金，也称次股票基金。它包括黄金基金、资源基金、科技基金、地产基金、小型公司基金等。专门基金的投资风险高，尽管不少专门基金是投资在环球或区域同一行业（或部门）的股票上，但毕竟是单一性股票，易受市场行情的影响。

5. 认股权证基金

认股权证是一种金融票据，持有人可凭此证在有效期内以一定的价格购买发行公司一定数量的股份。认股权证基金就是以认股权证市场为投资对象的基金。认股权证的作用是能使发行公司以较低成本筹得所需资金，有利于公司获利并带动股价。同正股相比，认股权证还具有自己的特点：①持有者无权获得派息，也无股东的其他权益，如投票权；②认股价固定，在有效期内任何时候认购正股，股价都不变；③有固定期限，过期作废；④具有放大作用或杠杆作用。在二级市场上，认股权证市场波动幅度比正股大，投资风险和收益也比正股大。正因为认股权证的上述作用和特点，才促使投资者利用这种工具投资获利。

6. 创业基金

创业基金也称风险基金，是以那些不具备上市资格的小型企业和新兴企业，甚至是仅仅以处在构思中的企业为投资对象的基金。这些企业具有增长潜力，但暂时缺乏发展资金。创业基金对这类企业的投资是过渡性的投资，投资的目的不是为控股来直接经营受资公司，而是通过资金的支持，使其得到发展，获得投资收益。一旦受资公司发展起来，股票上市，基金经理便在股票市场上出售所持有的该公司的股票，另寻新的投资对象。

7. 期货基金

期货基金是以各类期货市场为投资对象的基金。期货不仅有套期保值功能，而且是一种杠杆型投资工具，它采用按金（保证金）交易方式，以小博大，带有很大的投机性，既可使投资者获得高收益，又必须承担较大的风险。所以期货市场必然成为基金投资的对象，但对它的高风险特点，一般的基金市场管理当局对经营期货基金都有严格的规定，如投资期货的按金（保证金）不得超过资产净值的70%；未平仓的合约不得超过资产净值的5%；基金经理借贷不得超过资产净值的10%；期货基金经理必须具备管理期货基金所需的资格及经历；基金必须分散投资，必须在正式交易所投资；基金说明书必须写明该基金的内在风险及应付的管理、顾问及经纪费用,以维护投资者利益。

8. 伞型基金与基金中基金

伞型基金是指在一个"母基金"下,再设立若干成分基金或子基金,各项子基金的管理工作均是独立进行的,并且可以把投资从一个成分基金转移到另一个成分基金,不交或少交转换费。伞型基金实际上是基金管理公司稳定客户的一种经营方式,它的最大特点是方便投资者转换基金,并且不收或少收转换费,以此拉住顾客,不让他们转到其他基金管理公司旗下的基金。伞型基金的转换完全由投资者决定,基金管理公司无权干涉。并且为防止投资者频繁转换基金,便有了基金中基金。

基金中基金是以本身或其他基金的受益凭证为投资对象的基金。基金中基金同其他基金在组织结构和管理形式上一样,确确实实是一只基金,而且,它的转换由基金经理来决定,并且具有双重专业管理、双重分散风险的功能,但是基金中基金的投资者实际承担着双重投资成本。

三、投资基金的创新

投资基金的品种随着证券市场的发展和完善而不断扩展,越来越多的创新型投资基金陆续产生。

1. 交易所交易基金和上市开放式基金

为了融合封闭型基金和开放型基金的优点,各国对投资基金品种进行了创新和开发,具有代表性的包括交易所交易基金和上市开放式基金。

(1) 交易所交易基金(exchange-traded fund, ETF)。交易所交易基金是指代表一揽子股票的所有权,可以连续发售和用一揽子股票赎回的基金。它在交易方式上,兼具了封闭型基金和开放型基金的特点,为投资者同时提供了交易所交易以及申购、赎回两种交易方式。一方面,和封闭式基金一样,投资者可以在交易所买卖ETF,而且可以像股票一样卖空和进行保证金交易;另一方面,又和开放式基金一样,投资者可以申购和赎回ETF,但在申购和赎回时,ETF与投资者交换的是基金份额和一篮子股票,这一点不同于普通的开放型基金,普通开放型基金在申购和赎回时交换的是基金份额和现金。

ETF一般都设有申购和赎回数量的下限,达不到其下限的交易只能通过交易所进行。例如美国证交所1993年推出全球第一只交易所交易基金标准普尔存托凭证(Standard&Poor's Depositary Receipt, SPDR),其最低申购额为50 000个基金单位,也就是一个创造单位(creation units),在2002年8月7日,SPDR的交易价格为86.59美元,那么一个创造单位的价值就超过了400万美元。这种大额申购赎回机制,使得ETF面对的一般是机构投资者。因此,是否能够吸引机构投资者,将在很大程度上决定ETF能否成功,美国的发展过程已经证明了这一点。

另外,ETF通常采用完全被动式管理方法,以拟合某一指数为目标。通过跟踪某一指数,为基金持有者提供与该指数尽可能一致的收益率,如SPDR基金的拟和目标是S&P500指数。

因为ETF允许在二级市场进行交易,可以持续申购或者赎回,所以二级市场的交易价格与基金单位的净值相当接近,不像封闭式基金那样存在大幅的升水或折扣。当二级市场的交易价格大幅高于ETF净值时，投资者可以先从二级市场购买一揽子股票，再到一级市场申购基金单位，同时在二级市场出售基金单位，这样就存在无风险套利，使得交易价格与净值非常接近。

由于ETF结合了封闭型与开放型基金的优点，为投资者提供了最大的交易便利，更有灵活的交易方式和更低的交易成本可以应用于多种投资；同时它还具有高透明性，便于市场监管的特点。因此ETF很快为市场的各方参与者所接受，在美国市场取得了巨大成功。除美国、欧洲外，亚洲的日本、韩国、新加坡以及我国的香港、台湾地区也都先后推出了ETF产品，交易所交易基金在全球得到了迅猛发展，目前已成为全球基金业发展中越来越重要的组成部分。

ETF联接基金是指将其绝大部分基金财产投资于跟踪同一标的指数的ETF（即目标ETF），密切跟踪标的指数表现，追求跟踪偏离度和跟踪误差最小化，采用开放式运作方式的基金。ETF联结基金在银行渠道销售，最低申购份额只要1 000份，与普通开放式基金一样，是按照当日公布的单位净值以现金方式到银行柜台等渠道申购或赎回基金份额，为中小投资者参与ETF投资提供了明显的便利。通过联接基金，基金投资者在银行也可购买到类同于ETF基金的产品。

(2) 上市开放式基金(listed open-ended fund，LOF)。上市开放式基金是指在证交所发行和上市交易的开放式证券投资基金。上市开放式基金不但具有一般开放式基金长期投资的特征，还具有交易方式多样，结算效率高以及套利机会等优势，具体而言，它的主要特点有：

① 上市开放式基金本质上仍是开放式基金，基金份额总额不固定，基金份额可以在基金合同约定的时间和场所申购、赎回。

② 上市开放式基金发售结合了银行等代销机构与证交所交易网络二者的销售优势。银行等代销机构网点仍沿用现行的营业柜台销售方式，证交所交易系统则采用通行的新股上网定价发行方式。

③ 上市开放式基金获准在证交所上市交易后，投资者既可以选择在银行等代销机构按当日收市的基金份额净值申购、赎回基金份额，也可以选择在证交所各会员证券营业部按撮合成交的价格买卖基金份额。

④ 投资者可以通过跨系统转托管实现在证交所交易系统买卖和在银行等代销机构申购、赎回基金份额两种交易方式的转换。

LOF是一种可以在交易所挂牌交易的开放式基金。兼具封闭式基金交易方便、交易成本较低和开放式基金价格贴近净值的优点。其实质是解决了开放式基金上市交易的问题，LOF的投资者可以像买卖封闭式基金一样通过交易系统在股市买卖已存在的开放式基金份额，也可以通过基金的代销或直销网点进行申购赎回。而普通的封闭式基金只能在二级市场交易，开放式基金只能在一级市场赎回，LOF的推出，打破了两者间的鸿沟。

(3) 交易所交易基金与上市开放式基金的区别。交易所交易基金(ETF)与上市开放式基金(LOF)同是我国基金市场的重大创新举措，都具备开放式基金可申购、赎回和份额可在场内交易的特点，但两者存在本质区别，主要表现在：

第一，创新定位不同。LOF属于服务创新，是通过利用交易所网络为传统开放式基金品种提供另一发行、交易渠道；而ETF属于产品创新，是以追踪某一指数为目的，用一篮子股票申购、赎回且份额可在交易所交易的基金品种。

第二,申购、赎回标的不同。LOF 份额的申购、赎回均采取现金形式;ETF 份额的申购赎回往往是一篮子股票。

第三,基金投资策略不同。LOF 基金的投资没有特殊限制,基金投资策略上可以是主动型的、也可以是被动型的;而 ETF 是以追踪某一指数为目的的投资,投资往往限制于目标指数的成分股,通常采取被动式投资策略。

第四,环境依赖不同。LOF 对市场环境没有特殊的依赖,各类开放式基金都可采取 LOF 形式;而 ETF 是一类非常精致的跟踪某一指数的基金产品,其成功与否跟标的指数的市场认同程度、税收优惠政策、高效率市场套利机制、有效的流动性安排等市场环境紧密相关,对环境的依赖性很强。

2. QFII、QDII、RQFII 和 RQDII

为了体现投资基金国际性投资工具的特点,我国证券市场出现了 QFII、QDII 和 RQFII。

(1) QFII(qualified foreign institutional investors)。QFII 即"合格境外机构投资者"。QFII 制度是指允许经核准的合格境外机构投资者,在一定规定和限制下汇入一定额度的外汇资金,并转换为当地货币,通过严格监管的专门账户投资当地证券市场,其资本利得、股息等经审核后可转为外汇汇出的一种市场开放模式。这是一种有限度地引进外资、开放资本市场的过渡性制度。在一些国家和地区,特别是新兴市场经济的国家和地区,由于货币没有完全可自由兑换,资本项目尚未开放,外资全面介入有可能对其证券市场带来较大的负面冲击。而通过 QFII 制度,管理层可以对外资进入进行必要的限制和引导,使之与本国的经济发展和证券市场发展相适应,控制外来资本对本国经济独立性的影响,抑制境外投机性游资对本国经济的冲击,推动资本市场国际化,促进资本市场健康发展。

2002 年 11 月 8 日中国证监会和中国人民银行联合发布《合格境外机构投资者境内证券投资管理暂行办法》(以下简称《办法》),并已于 2002 年 12 月 1 日起正式实施,这一《办法》使得外资直接参与境内 A 股市场投资成为可能。《办法》第 3 条规定:合格投资者应当委托境内商业银行作为托管人托管资产,委托境内证券公司办理在境内的证券交易活动。第 19 条规定:合格投资者可以委托在境内设立的证券公司,进行境内证券投资管理。

在经纪业务方面,由于合格境外机构投资者不具有交易所 A 股会员资格,它们投资于 A 股必须通过国内证券公司来进行,因此,通过代理合格境外机构投资者的证券投资业务,国内证券公司经纪业务的规模可以进一步扩大。

瑞士银行有限公司、野村证券株式会社被获准成为首批合格境外机构投资者,分别获得了 6 亿美元和 5 000 万美元的投资额度,随后获得 QFII 资格的机构投资者还包括花旗环球金融有限公司 2 亿美元、摩根士丹利国际有限公司 3 亿美元、高盛公司 5 000 万美元、香港上海汇丰银行有限公司 1 亿美元、德意志银行 2 亿美元、ING 银行 1 亿美元和摩根大通银行 5 000 万美元,而且 QFII 的家数和规模不断扩大。QFII 的投资主要分布在股票、国债、可转债和基金方面。

截至 2012 年 5 月,共有 166 家境外机构获得 QFII 资格,分别来自 24 个国家和地区。其中商业银行 23 家,证券公司 13 家,资产管理公司 90 家,保险公司 11 家,养老基金、主权基金等其他类机构29家；国家外汇管理局已批准133家QFII累计251.93亿美元投资额度。还有33家获得QFII资格的境外机构正在申请首批投资额度102.5亿美元，37家已在境内投资运作的QFII在申请追加投资额度125亿美元。截至2012年5月，QFII持股市值占A股流通市值的1.1%，在证券投资基金、社保基金、保险公司、企业年金、信托和证券公司等机构投资者中排名第三。

QFII制度推出以来，境外机构申请QFII资格的意愿一直很强。挪威中央银行、加拿大年金投资计划、新加坡政府投资公司等机构都已经获得QFII资格并投资于境内资本市场；中国香港金管局、富达基金有限公司、高盛国际资产管理公司等37家机构正在积极申请追加投资额度；一些国际金融机构取得QFII资格后，同一集团内的其他机构也希望能够获得QFII资格投资境内资本市场。为进一步扩大对外开放，鼓励境外机构进入我国资本市场进行长期投资，证监会已允许同一集团内多家机构单独申请QFII资格。证监会批准了富敦资金管理有限公司等境外机构的QFII资格，与其属于同一集团的淡马锡富敦投资有限公司已于2005年获得QFII资格。自从2003年5月23日首个QFII瑞士银行(UBS AG)获得批准进入中国资本市场，截至2017年底，已有308家境外投资机构获批。

截至2018年5月底，QFII总额度为1 500亿美元，累计有287家机构获得了994.59亿美元投资额度。截至2018年一季度，外资(QFII＋RQFII＋沪深港通)持有A股的规模约1.2万亿元，相比2016年底的6 000亿元已经翻了一倍。

(2) QDII(qualified domestic institutional investors)。QDII即合格本地机构投资者，是允许在资本项目未完全开放的情况下，境内投资者往海外资本市场进行投资。QDII意味着任何往海外资本市场投资的人士，均须通过这类认可机构进行，以便国家作出监管。

截至2011年12月31日，共发行QDII基金51只，产品主要分为保险系QDII、银行系QDII及基金系QDII，三个系列各有不同。其主要区别在于，保险系QDII运作的是保险公司自己在海外的资产，一般不对个人投资者开放。银行系QDII以前只能投资境外的固定收益类产品，但银监会2010年5月发布规定，可以投资境外股票，于是收益率有了显著上升。总体而言，属于风险居中、收益也居中的QDII，认购门槛较高。基金系QDII，投资不受限制，可以拿100%的资金投资于境外股票，因此其风险和收益都比银行系QDII高得多。由于采用基金的形式发行，因此其认购门槛比银行系低得多，往往1 000元即可起步。

自2018年4月底QDII额度重启之后，连续3个月均有机构获得新增QDII额度。外管局数据显示，截至2018年6月底，153家金融机构合计获批1 033.33亿美元QDII额度，相比3月底899.93亿美元合计增加133.4亿美元。

(3) RQFII(RMB qualified foreign institutional investors)。RQFII是指人民币合格境外机构投资者，是指经中国证券监督管理委员会批准，并取得国家外汇管理局批准的投资额度，运用来自境外的人民币资金进行境内证券投资的境外法人。

2011年12月16日，中国证监会、中国人民银行、外汇管理局联合发布了《基金管理公司、证券公司人民币合格境外机构投资者境内证券投资试点办法》，允许符合一定资格条件的基金管理公司、证券公司的中国香港子公司作为试点机构，运用其在港募集的人民币资金在经批准的投资额度内开展境内证券投资业务，初期试点额度为人民币200亿元。此后，证监会批准了9家基金公司和12家证券公司的香港子公司的RQFII资格，外汇管理局批准了21家试点机构200亿元的投资额度，香港证监会批准了19份RQFII基金的申请。自从

2011年12月21日首个RQFII南方东英资产管理有限公司获得批准以来,截止到2017年底,已有226家投资机构获批。

2012年4月3日,经国务院批准,证监会、央行和国家外汇管理局决定新增RQFII投资额度500亿元,用于发行以内地A股指数为标的、以人民币计价、在香港联交所上市的ETF产品。第二批RQFII全部是ETF产品,投资标的选择大盘蓝筹、市场覆盖性好的指数,如沪深300、中证100、富时A50或MSCI中国A股指数;每个指数原则上只批准一只RQFII-ETF产品,RQFII的发展进入一个新的阶段。不少基金管理公司和证券公司都在对RQFII-ETF产品方案进行深入研究,并与香港证监会、联交所进行沟通,已有华夏、嘉实、易方达、南方4家RQFII正式向中国香港证监会递交申请。

截至2018年4月24日,RQFII累计批准额度达6 148.52亿元人民币。加上日方获准的2 000亿元额度,总额度超过8 100亿元。包括日本在内,中国的RQFII试点地区扩展至19个,此前获得RQFII配额的国家和地区包括新加坡、英国、法国、韩国、德国、澳大利亚、瑞士、加拿大、卢森堡、泰国、美国和马来西亚。

(4) RQDII(RMB qualified domestic institutional investors)。2014年11月,RQDII(人民币合格本地投资者)机制正式被推出。人民币合格本地投资者是指取得国务院金融监督管理机构许可并以人民币开展境外证券投资的境内金融机构。人民币合格本地投资者境外投资是指取得国务院金融监督管理机构许可的境内金融机构,以自有人民币资金或募集境内机构和个人人民币资金,投资于境外金融市场的人民币计价产品(银行自有资金境外运用除外)。其所涉及的金融机构仍延续合格境内机构投资者(QDII)制度下的四类机构:银行、证券、保险和信托。RQDII与QDII的区别主要体现在RQDII以人民币资金投资于境外人民币计价产品。

第三节 投资基金发展

1997年11月14日,《证券投资基金管理暂行办法》发布,从此我国证券投资基金业步入了规范化发展的轨道。1998年3月23日,两个完全按照新的基金办法成立的基金——基金金泰、基金开元分别在沪深两地上网发行。由此,我国的证券投资基金业真正迎来了发展的黄金时期。2004年6月1日正式颁布实施的《证券投资基金法》,作为发展我国基金业的根本性法规,对与基金业相关的各个方面都制定了具体的法律规范。2012年12月进行了基金法的修订,2013年6月1日起施行,2015年4月24日进行了修正。

一、我国基金业的发展历程

1. 关于封闭式基金

对于《证券投资基金管理暂行办法》颁布实施之前成立的投资基金,一般将其称为老基金,1998年起管理层开始对老基金进行清理整顿,经过四年的清理规范,大部分老基金被规范改制成29只证券投资基金,并陆续在二级市场挂牌交易。老基金的改制上市对于我国基金业的整体发展具有积极意义,改制后的基金与新基金一起走上健康发展之路。2002年9月2日基金融鑫作为我国最后一只由老基金清理规范而成的封闭式基金的成功上市标志着老基金已完成使命退出历史舞台,同时也标志着我国基金业进入了一个全新的发展阶段。截至 2002 年 9 月 30 日,我国共有封闭式基金 54 只,总规模达到 814 亿元,这也是我国封闭式基金数量和规模的最高峰值。到了 2003 年底,开放式基金已经在数量上超过了封闭式基金。

从国际市场上看,封闭式基金折价是一个非常普遍的现象,但其折价率一般在 10% 左右,我国封闭式基金的折价率明显偏高。一般来说,封闭式基金到期后有三种选择:一是转为开放式基金;二是到期清盘;三是重新扩募。就目前来看,扩募成功的可能性极小;而如果到期清盘,那么,54 只封闭式基金所持有的股票将会随着存续期的来临而被迫卖出,且退出股票市场,这势必会对股票市场的稳定造成一定的冲击;而如果到期转为开放式基金,则可以在市场上实现基金持有人、管理人"共赢"格局。2004 年出台的《证券投资基金法》对基金"封转开"的相关事项作出了明确规定。其中,第 65 条规定:"按照基金合同的约定或者基金份额持有人大会的决议,并经国务院证券监督管理机构核准,可以转换基金运作方式。"具体说,只要持有 33.33% 以上份额的基金持有人表决通过,并经证监会核准,封闭式基金即可实现向开放式基金的转型。

按照成立时间的先后和存续期长短,2006 年和 2007 年是我国封闭式基金到期的第一个高潮,共有 19 只到期,总规模约 115 亿份;2008 年有 7 只到期,总规模约在 50 亿份左右;另一个到期的高潮在 2014 年,有 14 只基金到期,总规模约 370 亿份。截至 2012 年 2 月,伴随逐步"封转开",我国封闭式基金的数量已只剩下 25 只。例如,首只"封转开"基金,基金兴业存续期由 2006 年 11 月 14 日到期调整为无限期。同时,华夏基金向上证所申请终止或提前终止基金兴业的上市交易。在终止上市以后,原上市份额将批量转托管至中登公司,并可以通过"上证基金通"系统办理基金的申购赎回。

2018 年 7 月 26 日,我国基金市场上最后一只传统封闭式基金——银河基金管理有限公司旗下的基金银丰产品结束了封闭期为 15 年的交易,这标志着传统封闭式基金彻底退出历史舞台。

在传统封闭式基金渐行渐远的同时,创新型封闭式基金悄然崛起。2007 年,首批创新型封闭式基金大成优选、国投瑞福分级基金的发行打破了封闭式基金的单一格局。其中,大成优选的"救生艇"条款、国投瑞福的分级概念是重要创新元素。分级基金分为稳健的 A 类份额和激进的 B 类份额,前者是为满足固定回报客户,后者则是针对超额收益的客户。近年来,分级股基、分级债基、封闭债基等创新产品陆续出现。创新型封闭式基金可以通过多种策略衍生出形式多样、能满足不同风险收益偏好的基金产品。继封闭式主动型分级基金推出之后,银华深证 100 分级、双禧中证 100 分级等一批被动型分级产品踊跃出现,并发展成为交易型基金中最活跃的品种之一。截至 2012 年 3 月 31 日,国内分级基金已达到 39 只。

2. 关于开放式基金

开放式基金正在日益成为我国证券投资基金市场的主流。2001 年 9 月 21 日,我国第一只开放式基金"华安创新"募集满 50 亿份基金单位,正式宣告成立;同时,在股票基金的基础上,南方宝元债券基金的发行突破了原有基金全为股票基金的局面;而随着货币基金、保本基金、混合基金、指数基金的出现,我国开放式基金的品种逐渐丰富。在开放式基金发展的十年间,基金管理的资产净值合计从 2001 年 9 月 30 日的 84.89 亿元发展到 2011 年 9 月 30

日的20 138亿元，共计增加了236.23倍。截至2018年3月底，我国共有开放式基金4 531只，净值116 474.62亿元，远远超过封闭式基金554只，净值7 189.02亿元的规模。在所有的开放式基金中，包含股票基金817只，净值7 848.07亿元，混合基金2 212只，净值17 143.39亿元，货币基金348只，净值73 218.83亿元，债券基金1 017只，净值17 353.98亿元，QDII基金137只，净值910.35亿元。

3. 关于基金管理公司

据统计，1998年基金管理公司成立了5家，1999年发展到10家，2001年有易方达等四家基金管理公司获证监会批准设立，基金规模快速扩容。2001年，证监会推行"好人举手"政策，要求基金公司的主发起人必须主动"举手"，将相关账户、资料交有关部门监管一年，才能获得基金公司的发起资格。自中国证监会正式发布《外资参股基金管理公司设立规则》以来，合资基金成为市场的热点，大量券商和基金管理公司与外资合作，如国泰君安证券和德国安联集团（ALLIANZAG）共同发起国联安基金管理有限公司、美国AIG携手华泰证券进军中国基金市场、富国基金管理公司吸收了加拿大蒙特利尔银行参股。

截至2011年12月31日，已发行基金的66家基金管理公司旗下共有基金914只。基金管理公司管理的基金资产份额总规模为26 464.65亿份，比上年底增长了9.17%；管理的基金资产净值总规模为21 879.79亿元，比上年底减少了13.20%。2011年度，共有63家基金管理公司新设立基金211只，首次募集规模为2 771.68亿份，比上年度减少了10.59%。

截至2018年3月底，我国境内共有基金管理公司116家，其中，中外合资公司45家，内资公司71家；取得公募基金管理资格的证券公司或证券公司资管子公司共13家，保险资管公司2家。以上机构管理的公募基金资产合计12.37万亿元。

二、我国基金业的发展前景

自1998年以来，我国将"大力发展机构投资者"作为发展证券市场的基本指导思想。虽然我国基金业已有较大的发展，但总体规模仍然偏小，各基金管理公司管理的基金数量还有限，因为加入世贸组织以后，国内基金业要直面海外成熟市场的挑战与竞争，因此，一方面要不断提升各基金管理公司的竞争力；另一方面更要大力进行基金产品的创新，这不仅是我国基金市场发展的必然，也是基金业未来发展的推动力量。

1. 证券投资基金成为信托理财的主要形式

在发达国家，证券投资基金的资产总量超过商业银行的资产总量，证券投资基金成为信托理财的主要形式。

目前，我国证券投资基金的资产总量与商业银行居民储蓄存款总额的比率保持在3%左右，这一比率明显偏低。在发达国家，大多数家庭都持有共同基金，比如在美国，基金的资产规模早在1997年就已超过了商业银行的储蓄存款总额。这也预示着我国的证券投资基金有着良好的发展前景。

2. 我国金融体制和融资体制改革需要大力发展基金行业

我国货币政策传导机制不畅，货币政策所要求的通过适度货币供给，支持经济增长的政策目标难以通过商业银行传递到经济运行中，其部分原因就是由于银行存差较大。因此，在我国金融发展中，直接融资的比重会逐步上升，间接融资的比重会逐步下降。股票和债券作为直接融资的主要形式必然会有较大的发展，我国的证券市场也将进一步扩展，而投资基金作为证券市场上的重要投资主体，具有巨大的发展潜力。

3. 投资者获利的需要

从闲置资金寻求投资渠道、追求获利的角度来看，通过某种集合投资的方式将投资者的资金聚集起来，由专业机构进行投资和管理是未来发展的必然趋势。随着我国经济的发展、居民收入水平的提高，适合各种不同投资者投资需要的集合投资方式会成为市场的主角，有很大的发展空间。

思考题

参考答案

1. 什么是投资基金？它和股票、债券的联系和区别表现在哪些方面？
2. 简述投资基金的构成要素及其功能。
3. 投资基金具有哪些特点？
4. 契约型基金和公司型基金的主要区别是什么？
5. 开放型基金和封闭型基金的主要区别是什么？
6. 什么是指数型基金？它有哪些特点？
7. 交易所交易基金与上市开放式基金的区别主要有哪些？
8. 试述 QFII 和 QDII 存在的意义。
9. 什么是 RQFII，其发展的意义是什么？
10. 什么是货币基金？它有哪些特点？
11. 试述我国投资基金的发展历程和发展前景。
12. 试述封闭式基金未来发展的路径。

第五章 证券产品创新

证券市场的发展日新月异，证券的品种也层出不穷。本章重点分析证券产品的创新，力图揭示在金融工程基础上的证券产品创新思路；同时从 ADR、可转换证券、权证等创新产品入手，分析我国证券产品创新的突破口。

第一节 证券产品创新思路

证券市场的发展日新月异，证券的品种也层出不穷。这些创新产品的特征和价格的决定，与基础的普通股和债券相比较，均要复杂许多。但是通过总结，不难发现，证券产品创新的思路大致可以归类于将若干种简单的证券进行重新组合，从而构造出层出不穷的各种产品。

出于更好地满足投资者和发行者在规避政府的法规限制、降低交易和监管费用、避免和减轻税收负担等各方面需要的目的，证券产品创新成为市场上的永恒主题。由于复合证券的整体价值要高于成分中各简单证券价值的总和。因此，无论对发行者，还是对投资者来说，复合证券的推出均具有较高的经济效益。

一、证券产品创新的促发因素

1. 规避政府的法规限制

证券市场的稳定和有序发展关系到一国整体经济的良性运作，因此几乎每个国家的政府都通过法律和各种规章制度监督证券市场的全方位发展。对证券市场开放程度相对较低的国家来说，限制更多。例如，大多数国家均通过法律规定禁止外国投资者直接购买本国上市公司的股票，或者禁止本国公司直接在海外发行股票和上市交易，但是对债务融资却通常不加限制。有鉴于此，有些公司便采用向境外投资者发行可转换公司债券的方式筹集资金。可转换证券这种新型的证券产品便由此生成。

2. 降低交易和监管费用

高昂的交易和监管费用也是促发证券产品创新的主要因素。某些证券交易的性质同商业银行的业务有些类似，经常存在信用风险，交易双方为了在支付有限的监管费用的前提下，消除潜在的信用风险，则需要借助于一些创新的证券产品。期货契约和各种抵押证券就在此基础上产生。

3. 避免和减轻税收负担

对于投资者来说，对其利息所得进行征税会直接降低投资者的收益率，因此如果能够不扣缴利息所得税，就会在同样的条件下，增强该类证券对投资者的吸引力。离岸债券便针对这一原则创新产生，由于其不扣缴利息所得税，受到投资者的普遍欢迎。

二、证券产品创新的思路

证券产品创新是证券市场面临的一项重要任务，它关系到证券市场的可持续发展。如何针对投资者和发行者的市场需求，提出合适的、有效的新产品开发方案是发行主体和监管机构面临的重大挑战。而证券产品创新的思路主要源于以下四个方面：

1. 仿制新产品

产品的基本原理和性质特点是仿照市场上已有的新产品，只是有局部的改进和创新。

2. 改进新产品

对老产品的功能、结构和性质等方面作出改进，使之更能满足投资者和发行者的需要。

3. 换代新产品

采用新科技或新技术手段，使证券产品特性有重大突破。如网上证券交易的出现。

4. 全新新产品

应用新原理、新技术和新手段创造出前所未有的产品。随着科学技术的突飞猛进，证券产品的全新创造速度明显加快。ETF和投资型保单联结基金就属于全新新产品。

三、证券产品创新的原则

证券产品的创新具有较高的失败率，这主要是由于证券产品的研发技术要求较高，同时对市场的分析和预测要求非常严密。因此，在进行证券产品创新的过程中，应遵循以下原则：

1. 适应市场需求，开发适销对路产品

证券产品创新的关键在于如何将发行者和投资者的需求完美契合。投资者的目的在于一定的风险条件下，收益最高；或者一定的收益条件下，风险最小。而发行者更关心的是如何低成本地筹集大规模的资金。两者看似矛盾，因此关键在于如何找到两者最佳的契合点。在满足投资者需求方面，发行主体可以将客户关系同信息技术结合，针对客户需要构造证券产品。通过整合客户、产品、关系等信息，按照可支配资金量、文化程度、社会阶层、盈利贡献等要素对客户细分，定位合适的目标市场，有针对性地设计差别化、满足不同层次客户，特别是优质客户需求的新产品，通过交叉销售、低成本渠道转移、合理定价等方法，增强客户的购买力和提高发行主体的盈利水平。

2. 量力而行，明确开发方向

任何机构不可能对市场上所有具有需求的证券产品进行统一开发。只有那些既具有市

场需求,又对本机构有利的项目,才是新产品的开发方向。

3. 加强调研,密切关注证券业发展动向

证券业发展突飞猛进,全球化、一体化、自由化是今后包括证券业在内的整个金融业发展的必然趋势。如何面对金融业混业经营的发展前景、突破现有的制度框架,是我国证券市场主体必须思考的严峻问题。只有加强调研,认真分析并明确所面临的机遇和挑战,才能在激烈的市场竞争中,占得先机,立于证券产品创新的潮头。

四、证券产品的生命周期

对证券业来说,其产品非常特殊,如果从产品种类的角度来看,通常无法预知某个证券产品种类确切的生命周期。众所周知,基本的证券产品种类寿命周期大多都很长,它们伴随证券业本身的兴起和发展,生命周期几乎是永恒的。伴随企业和居民对资金余缺管理不断增强的需要,证券公司的承销、并购、经纪、投融资等产品大类只会随着经济发展而不断扩展。不难想象,如果证券公司所有的这些基本证券产品都衰退,那么整个证券业也将不复存在,经济的发展就会停滞甚至倒退。因此,对证券产品生命周期的分析,也只能着眼于具体的、细分的产品品种,它们的寿命周期是不同的。对证券业来说,承销、并购和基金管理等业务开展得如火如荼,但是其中的某项业务品种也许可能被客户抛弃,比如,在经纪业务中,大量的自助委托已经取代了递单委托成为投资者首选的委托方式,而随着网上交易的普及,计算机终端委托可能最终也要被市场所淘汰。因此,对证券产品生命周期的分析,应集中于对产品品种的生命周期的判断和管理。因为对于任何一种证券产品品种而言,其都拥有或长或短的存续期间,有的生命周期很长,并可能一直存续;有的却已经是明日黄花,很难再现。当市场上出现创新机会时,发行主体迅速利用机会创造新的证券产品,而当新的产品问世时,其他主体会立刻模仿并推出自身的证券产品。随着该种产品市场交易量的逐步扩大,市场趋于饱和状态,原有的降低成本或者规避风险功能越来越低,最后导致该产品交易量逐渐萎缩。随着证券市场开放程度的逐渐提高,国内外证券市场的不完全因素创造了大量的套利机会,新的套利机会的出现必然促使证券产品不断创新。各国的股票、债券、期货、期权等证券产品将更加紧密地联系在一起,并相互竞争,为投资者提供更多的可选择机会。

第二节 证券产品创新的种类

一、可转换证券

1. 可转换证券定义和种类

可转换证券是指在一定条件下可以兑换成其他证券的证券,它是一种具有双重性质的金融工具。可转换证券主要包括可转换优先股和可转换公司债券。

2. 发行可转换证券的意义

可转换证券主要在 20 世纪七八十年代才流行起来,它的产生对发行公司和投资者都具有一定的意义。

第一,可转换证券本身的优势有利于公司对其顺利发行。由于可转换证券在一定条件下可以转换,其作为双重性质金融工具能够具有不同性质金融产品的特点,使投资者投资更为方便灵活,适应了广大投资者更广泛的需求,增加了可转换证券的吸引力,从而便于发行公司的顺利发行。对可转换优先股(公司债券)持有者来说,投资者可以根据股市动向以及公司经营状况,确定是否转换,灵活性强。如在公司业绩不良时,不行使转换权,从而享受稳定的股息(利息)收入;相反,在公司业绩良好时,可行使转换权,这样既可以获得表决权及参与公司经营决策,参与公司的分红,又可以在普通股价格上扬时获得较大收益。可见,可转换证券在涨势中可享受溢价收益,在跌势中可保本付息,是一种进可攻、退可守,"上不封顶,下有保底"的投资工具。

例如,一位投资者花 1 000 元购买了 10 年期的可转换公司债券,利率为 5%。在到期前的任何时间,该债券可转换为 24 股股票。在投资者购买该债券时,股票价格为 25 元。其后的第一年,股票价格上升为 30 元,第二年为 40 元。在这两年中,该投资者每年得到的利息为 50 元。在第三年,股票的价格涨到每股 50 元。该投资者将这 1 000 元的债券转换为 24 股股票,并在市场上出售,得到 1 200 元。则其盈余为 200 元(1 200－1 000)。

第二,鉴于此类证券对投资者的吸引力,发行公司可以以较低的利率发行,从而降低发行公司的发行成本。以可转换公司债券为例,由于其可以在将来转换为普通股,因而投资者愿意接受比直接发行的债券低的利率,这使公司可以以较低的成本筹集资金。票面利率是可转换公司债券投资价值的保底价值指标,从目前国际市场上来看,票面利率明显低于银行利率。票面利率的高低虽然影响可转换公司债券的投资价值,但投资人更关心可转换公司债券能否有足够的转换为股票的获利空间,能否顺利地实现转换。当时机不能满足转换条件时,票面利率可以为投资者带来基本的投资回报,但回报极其有限。例如,我国证券市场上发行的民生银行和上海机场可转换公司债券的票面利率只有 0.8%,低于当时的活期存款利率,只具有象征意义。

第三,可转换证券可以使发行公司在证券转换时获得转换溢价,同时可以扩大股东基础,使公司获得更为广泛的资金来源。由于转股价格通常较高,可以使发行公司只需发行较少的股份便可筹集同样数量的资金。同时,向不能投资于本国股市的外国投资者出售可转换证券,不仅可以解决外国投资者投资于本国股票的问题,也扩大了公司的资金来源。

第四,可转换证券集安全性和投机性于一身,满足了投资者更广泛的投资需求,使其通过购买可转换证券,根据证券收益等自由决定是否转换,可选择不同的投资者身份。对投资者来说,可转换证券的收益来源于两个方面:从发行到转换前的一段时期,该类证券提供了稳定的券息收入和还本保证;而在投资者行使了转换权之后,则可以获得股本增值所带来的风险收益。因而,这种具有双重收益的金融工具吸引了那些既想得到稳定收益又不希望错过股票升值的潜在收益的投资者。

第五,可转换证券可以使投资者更好地管理投资风险。投资者通过根据公司不同经营状况采取不同的投资方式来对风险进行管理,实现以较低的风险获得较高的收益的目标。

3. 可转换证券的特点

可转换证券从其定义来看,即可看出其三大特点:①可转换性。可转换证券从其名称即可看出其独有的特点——可转换性。它在规定的期限内,可以由一种证券转换为另一证券,正是由于这一点,可转换证券才吸引了众多的投资者。转换前的证券性质:可转换证券在转换前一直都保持着发行证券的性质,如可转换公司债券,其在转换前具有债权性,像所有普通的公司债券一样,可转换公司债券也有债券必备的利率和期限等因素,投资者可以依据利率获取利息,只是可转换公司债券由于自身可转换的优势,可以以较普通公司债券低的利率发行给投资者。转换后的证券性质:可转换证券在一定条件下可以转换成规定的其他种类证券,在完成证券的转换之后,其所具有的则是转换后的证券的性质。也以可转换公司债券为例,在其转换为普通股票之后,则其具有的性质由债权转变为股权,投资者由原先纯粹的公司债权人转变为公司的股东,享有同其他普通股东同等的权利,可以参与公司的红利分配和企业的经营管理。②多选择性。可转换证券在规定的期限内赋予投资者多重选择。第一,投资者认为时机成熟,可以行使转换权;第二,投资者可以放弃转换权,一直以转换前的证券的形式持有;第三,投资者可以将可转换证券在二级市场出售转让。③风险性。虽然对发行主体和投资者来说,可转换证券都具有非常重大的意义和可观的收益,但是,并非意味着其没有风险。从投资者的角度来看,风险来源于投资者对转股和持券的选择是否恰当。如果投资者转股后,没有及时抛售,股票价格长时期大幅下跌,将给投资者带来收益的不确定性;相反,在投资者选择持券后,股票市场行情上升,溢价收入幅度较大,也会使投资者的潜在收益无法实现。当然,对投资者来说,可以确定的损失还包括从认购开始的整个持券期间市场利率与可转换证券票面利率的利差。从发行主体的角度来看,风险主要来源于通过可转换证券募集的资金所投资的项目是否成功以及未来证券市场行情的好坏。如果项目成功,证券市场恰逢牛市,则投资者行使转换权,不会给发行主体带来风险;相反,遭遇熊市,投资者不行使转换权,也不会让发行主体措手不及。如果项目失败,证券市场恰逢牛市,投资者行使转换权,可以使发行主体减轻还本付息的负担;相反,若遭遇熊市,投资者不行使转换权,则会让发行主体雪上加霜。可见,无论是对投资者,还是对发行主体来说,必须在对公司进行充分了解并考虑到二级市场除权除息效应的影响基础上,才能对其进行投资和运作。

4. 可转换证券的要素

(1) 转换比例。转换比例指一个单位可转换证券由转换前证券转换成转换后证券的数量,以可转换公司债券为例,其是指一个单位的债券转换成的股票数量。转换比例的高低对单位可转换证券的面值有着影响。当转换价格确定时,转换比例越高,则单位可转换证券的面值越大;反之,则越小。

(2) 转换期限。转换期限指证券发行公司受理一种证券转换成另一种证券的期限。以可转换公司债券为例,通常包括四种设置类型:①发行日起,到期日止。②发行日起,到期前的某一日止;这两种转换期限限制较小,使投资者选择余地很大,但由于发行时的转换价格通常较高,故在可转换证券发行后即行使转换权的情况较少。③发行后的某一日起,到期日止。④发行后的某一日起,到期前的某一日止。这两种情况给可转换公司债券的持有者一定的转换限制,从而使持券人不能过早地将债权转换成股权。且以后面两种类型最为普遍。

(3) 转换价格。转换价格是指可转换证券由一种证券转换为另一种证券的价格。例如可转换公司债券,转换价格即是在债券发行时确定的将债券转换成基准股票的每股价格。转换价格与转换比例是构成单位可转换证券面值的主要因素。转换价格的高低,直接对可转换证券的发行造成影响。如转换价格过高时,可转换证券对投资者的吸引力就减少,从而增大发行难度;而若转换价格过低时,则使可转换公司债券过早过快地全部转换成股票,使公司股权被严重稀释,损害了老股东的利益。转换价格一般是同股票价格相比较而制定出来的,通常的转换价格是股票价格附加5%—50%的溢价水平,溢价水平的高低代表公司未来增长预期、利润回报和过去的经营业绩。和股票一样,公司的经营业绩是影响可转换证券价值的最本质的因素。

(4) 强制赎回。一般情况下,可转换证券的发行人拥有强制赎回证券的权利。例如,一些可转换公司债券在发行时附有强制赎回条款,规定在一定时期内,若公司股票的市场价格高于转股价达到一定幅度并持续一段时间时,发行人可按约定条件强制赎回债券。而约定强制赎回的目的在于防止市场利率下降使公司遭受较高利率的损失;为保护原有股东的利益,不让可转换证券持有者过多地享有公司效益增大所带来的回报;希望加快转换进程,促使投资者尽快行使转换权。

(5) 回售条款。通常可转换证券的投资者还享有将证券回售给发行人的权利。例如,一些可转换公司债券附有回售条款,规定当公司股票的市场价格持续低于转换价格并达到一定幅度时,债券持有人可以把债券按约定条件出售给债券发行人。这样的约定有利于保护投资者的利益,是投资者向发行公司转移风险的一种方法。

(6) 强制转股规定。可转换公司债券的发行人在特定的条件下可以强制将债券转为股票。其具体规定由可转换公司债券的发行人决定,并在可转换公司债券的招募说明书中详细公告,投资者对此应仔细阅读。强制赎回条款和强制转股规定是对可转换公司债券发行人有利的,而回售条款对可转债持有人有利。

5. 可转换证券在我国的发展

可转换证券在我国的发展以可转换公司债券为主。我国可转换公司债券的发展起步于20世纪90年代初期。1992年,深圳宝安公司发行宝安A股可转换公司债券,此后,又陆续有若干家公司发行B股可转换公司债券。但由于当时还没有正式的有关可转换公司债券融资的相关文件,早期我国的可转换公司债券发展的并非一帆风顺,深圳宝安可转换公司债券的最终转换率仅为发行总额的2.7%,最后不得不筹集大量资金清偿债券。之后,我国可转换公司债券的发展基本处于停滞状态。直到1997年3月,《可转换公司债券管理暂行办法》出台,三家非上市公司(南宁化工、吴江丝绸和茂名石化)先后发行可转换公司债券,使可转换公司债券市场重现生机。2000年,虹桥机场和鞍钢新轧发行可转换公司债券,这是继深宝安以后上市公司第一次被允许发行可转换公司债券。2001年4月,中国证监会颁布了《上市公司发行可转换公司债券实施办法》和3个配套的相关文件,标志着中国可转换公司债券发展步入了一个新的阶段,大量上市公司将发行可转换公司债作为融资的重要手段之一。

从发行规模来看,2010年以后,我国可转换公司债券市场的规模出现了大的飞跃,发行可转换公司债券的上市公司也开始以蓝筹公司为主角。2010—2016年,我国可转换公司债券的发行规模合计达到2 470.37亿元,其中2010年达到创纪录的717.30亿元。2017年上半年,可转换公司债券发行额达到326.51亿元。

据Wind数据显示,截至2018年4月,A股通过发行可转换公司债券融资546.05亿元,接近2017年全年602.72亿元的水平。具体来看,1—4月,分别有17家、2家、6家,以及3

家上市公司成功发行可转换公司债券,依次实现融资343.48亿元、50亿元、91.27亿元和61.3亿元。

二、存托凭证

存托凭证是指某国上市公司为使其股份在外国流通,将一定数额的股票托某一中间机构(通常为银行)保管,再由保管机构通知外国银行在当地发行代表该股的一种替代凭证。存托凭证主要以美国存托凭证(American depository receipt,ADR)形式存在,即主要面向美国投资者发行并在美国证券市场交易。1927年,英国法律禁止本国企业在海外登记上市,英国企业为了获得国际资本,引入ADR这一金融工具。具体做法是,由美国一家商业银行作为存托银行,外国公司把股票存于该银行的海外托管银行,该存托银行便在美国发行代表该公司这些股票的可流通票证。存托凭证形式还有全球证券存托凭证(GDR)、国际证券存托凭证(IDR)以及欧洲证券存托凭证(EDR)。但直到今日,面向美国投资者发行的美国存托凭证(ADR)仍然占据主要的地位。根据2017年3月纽约梅隆银行(BNY MELLON)发布的《2016年存托凭证市场回顾》显示,2016年全球存托凭证交易总量达到1521亿次,交易总值达到2.9万亿美元,截至2016年底共计有3492个存托凭证计划。

美国存托凭证主要可分为两大类,即有担保的美国存托凭证和无担保的美国存托凭证两种。有担保美国存托凭证与无担保美国存托凭证最主要的区别点在于存券银行是否与发行公司签订存券协议。有担保的ADR,顾名思义,就是这类存托凭证通过发行公司与存券的银行签订存券协议,明确双方的权利与义务,以便发行公司从总体上掌握存托凭证的数量及其他要素。无担保的ADR则没有签订存券协议,存券银行不是通过发行公司而是自行向投资者存券,目前最主要的存托凭证为有担保的美国存托凭证。

1. 存托凭证的优势

存托凭证的产生,满足了外国投资者投资于非本国股票的需求,其产生以来,发展迅速,有着自身的优势。

(1) 存托凭证的市场容量大,筹资能力强。美国存托凭证主要有利于美国投资者投资于非本国的股票,美国是一个证券市场高度发达的国家,市场规模大,市场化水平很高,国外的公司在美国上市,采取美国存托凭证的形式,可以充分利用美国发达证券市场市场容量大的优势,迅速地满足其筹集大量外汇资金的需求。因此,美国存托凭证受到外国公司的普遍欢迎,成为他们在美国市场融资所采用的主要形式。

(2) 存托凭证上市手续简单,发行成本低。在美国证券市场发行股票上市,对外国公司而言,需要经过烦琐的程序,并且外国公司必须要达到在美国证券市场上市的严格要求,这一切都将增加上市公司的成本,减缓上市的速度。而采用美国存托凭证的形式上市,这些手续都可以得到简化,从而极大地降低上市公司的上市成本,并且使上市进程加快。

(3) 提高知名度,为日后在国外上市奠定基础。外国公司在美国上市条件不成熟的情况下,利用美国存托凭证的形式,可以使美国投资者先认识企业,加深印象,提高公司的国际知名度,从而为日后上市夯实了股东基础,有利于公司日后在美国发行上市股票。

(4) 避开直接发行股票债券的法律要求。美国对直接投资于外国公司的股票有许多的法律规定,如美国的互助基金就规定不能直接投资于外国公司的股票,这使外国公司在美国上市遇到了一些困难,减少了股东基础。但如果采用美国存托凭证的形式,则可以绕过这些法律障碍,顺利地在市场上筹集到大量的外汇资金。

2. 存托凭证的运作

美国存托凭证有如此多的优势,使美国各证券交易所存托凭证的交易量不断上升,这使许多外国公司乐于采取美国存托凭证的形式进行筹资。美国存托凭证的运作方式如下:

(1) 美国存托凭证运作的有关业务机构。

首先,由存托凭证的定义可以看出,存券银行作为美国存托凭证的发行人和美国存托凭证市场中介,为美国存托凭证投资者提供所需的一切服务,在存托凭证运作中发挥了举足轻重的作用。其次,是发行存托凭证的海外公司,只有海外公司发行存托凭证,才能谈到存托凭证的运作。再次,涉及的业务机构还有托管银行,托管银行是由存券银行在基础证券发行国安排的银行,一般是存券银行在当地的分行,负责保管美国存托凭证所代表的基础证券;根据存券银行的指令领取红利或利息用于再投资或汇回美国存托凭证发行国,并向存券银行提供当地市场信息。最后,还包括存券信托公司,指美国的证券中央保管和清算机构,负责美国存托凭证的保管和清算。

(2) 美国存托凭证的发行。其过程如下:①美国投资者委托美国经纪人以美国存托凭证形式购入非美国公司证券。②美国经纪人与基础证券所在地的经纪人联系购买事宜,并要求将所购买的证券解往美国的存券银行在当地的托管银行。③当地经纪人通过当地的交易所或场外市场购入所指示的证券,该证券既可以是已经在二级市场上流通的证券,也可以是非美国公司一部分以美国存托凭证形式发售的证券。④将所购买的证券存放在当地的托管银行。⑤托管银行收到相应的证券后,立即通知美国的存券银行。⑥存券银行即发出美国存托凭证交与美国经纪人。⑦经纪人将美国存托凭证交给投资者或存放在存券信托公司,同时把投资者支付的美元按当时的汇价兑换成相应的外汇支付给当地的经纪人。

(3) 美国存托凭证的交易。美国存托凭证是可转让凭证,其代表了外国公司的有价证券。存券凭证的交易主要由存券银行代投资者在存托凭证的流通市场上进行交易,而存托凭证的股息和红利则通过存券银行在当地的托管银行收取并发放给投资者。

我国已有相当多的企业在国外发行了存托凭证,其中以美国存托凭证形式发行的占大多数。这样不仅使中国的优秀企业在国外发行和上市,而且让国外的投资者对中国的企业有了更多的认识、了解和投资。

3. 关于 CDR

CDR 是英文 China depository receipt 的缩写,即中国存托凭证,或称中国预托凭证。中国存托凭证是海外公司在境内筹资上市的一种方式,投资者购买中国存托凭证就相当于购买海外公司的股票。中国存托凭证的构想主要来自美国存托凭证,成为早年在境外(中国如香港)上市的红筹企业回归 A 股,以及近期又在召唤"独角兽"企业(一般指 10 亿美元以上估值,并且创办时间相对较短的公司)回归的绝佳想法之一。

2018 年 3 月 30 日,国务院办公厅转发了中国证监会《关于开展创新企业境内发行股票或存托凭证试点的若干意见》,这成为中国证券市场开放与创新的又一标志性举措,也引起了广泛的讨论。6 月 6 日,中国证监会发布中国存托凭证(CDR)共包括 9 个文件在内的实施细则。但由于2018年上半年股票市场整体表现低迷,中国存托凭证发行工作暂缓,等待市场和宏观环境回暖再做推进。包括小米、阿里巴巴、京东在内的首批发行中国存托凭证企业,其保荐工作被搁置。

一般认为,中国存托凭证的对象是海外上市的互联网、大数据、云计算、人工智能、软件和集成电路、高端装备制造、生物医药等新经济企业,具体分为三类:一是已在境外上市的试点红筹企业;二是尚未境外上市的主营业务收入不低于30亿元,估值不低于200亿元的试点企业;三是尚未境外上市的拥有自主研发、国际领先、能够引领国内重要领域发展的知识产权或专有技术,具备明显技术优势的高新技术企业,还特别提出了对国家创新驱动发展战略有重要意义,且拥有较强发展潜力和市场前景的企业可以特殊处理的表述。

海外上市的中国新经济"独角兽"们并不符合A股IPO(initial public offering,首次公开募股)的现有规定。像BATJ(百度、阿里、腾讯、京东)这样的巨头很多采用了VIE(variable interest entities,可变利益实体又称协议控制)架构,普遍存在AB股的安排,即同股不同权,有的企业甚至至今没能实现盈利。相比修改新股发行制度或者让企业改变股权架构,发行CDR可以绕过这些法律和政策障碍,更快、更低成本地实现公司A股交易。

最可能率先回归A股的新经济企业主要包括两类:一是已经在境外上市的、拥有超大市值的企业,大家耳熟能详的就是BATJ了;二是还没有在境内外上市,但同样有着VIE架构等问题的独角兽公司,比如滴滴、蚂蚁金服等。对这两类企业来说,发行中国存托凭证进入A股市场都被认为是共赢模式。

作为一种制度创新,未来首批中国存托凭证怎么发,投资者门槛如何界定等,还需持续地观察。包括汇率制度、管辖权、法律适用、对中国存托凭证相关的投资者保护等细节问题也都有待监管层一一解决。

存托凭证的灵活交易特性在于存托凭证与其对应的基础股票之间有很强的关联性,理论上支持存托凭证的投资者能够在存托凭证与基础股票之间自由转换。但中国存托凭证的发行从理论构想到实践,摆在当前最大的障碍是在我国资本项目下不能自由兑换,中国存托凭证与境外上市的基础股票之间不能随时互换互通,这将可能会导致人为的市场分隔和投机套利。

三、权证

1. 权证的定义

权证是指标的证券发行人或其以外的第三人发行的,约定持有人在规定期间内或特定到期日,有权按约定价格向发行人购买或出售标的证券,或以现金结算方式收取结算差价的有价证券。权证是证明持有人拥有特定权利的契约。权证中约定的证券通常被称作"标的证券"(或"基础证券"),即发行人承诺按约定条件向权证持有人购买或出售的证券。

2. 权证的种类

(1) 按照未来权利的不同,权证可分为认购权证和认沽权证。认购权证是指发行人发行的,约定持有人在规定期间内或特定到期日,有权按约定价格向发行人购买标的证券或以现金结算方式收取结算差价的有价证券;认沽权证是指发行人发行的,约定持有人在规定期间内或特定到期日,有权按约定价格向发行人出售标的证券或以现金结算方式收取结算差价的有价证券。

(2) 按照行权模式的不同,权证又可分为欧式权证和美式权证。欧式权证是指仅在到期日或之前数日可以行使约定权利(简称"行权")的权证;美式权证是指在到期前或相当一段时期内随时可以行权的权证。

(3) 按照发行人的不同,还可分为公司权证和备兑权证。公司权证是指标的证券发行人发行的权证;备兑权证是指标的证券发行人以外的第三方(如大股东、券商等金融机构)发行的权证。

(4) 按结算方式,可分为现金结算方式和证券给付结算方式。权证行权采用现金结算方式的,权证持有人行权时,按行权价格与行权日标的证券结算价格之差额同行权比例的乘积扣减行权费用,收取现金。前款中的标的证券结算价格,为行权日前十个交易日标的证券每日收盘价的平均值。权证行权采用证券给付方式结算的,认购权证的持有人行权时,应支付依行权费用、行权价格及标的证券数量计算的价款,并获得标的证券;认沽权证的持有人行权时,应交付标的证券,并获得依行权费用、行权价格及标的证券数量计算的价款。

3. 权证的要素

(1) 认购(沽)数量。认购(沽)权证一般要规定可以认购(沽)股票的数量,通常可以采用每一单位认购(沽)权证可以认购(沽)公司发行的普通股股票的股数或可以认购(沽)公司发行普通股的金额来确定。

(2) 认购(沽)价格。认购(沽)价格是认购(沽)权证要素中的一个主要方面。认购(沽)权证的价格一般较公司普通股的市场价格要低(高),其认购(沽)价格的确定一般以认股权证发行时公司的股票价格为基础,也有以公司股票价格的较小幅溢价(折价)发行的情况。

(3) 认购(沽)期限。公司在发行认股权证时,一般要规定一个认购(沽)期限,即认购(沽)权证的有效期。在认购(沽)期限内,认购(沽)权证的持有人可以随时认购(沽)股份,超过认购(沽)期限,则认购(沽)权证失效。认购(沽)期限一般多为3—10年,不同国家、地区市场的差异很大。

认股权证的发行主要采取两种方式。通常的方式为公司的新股或债券发行之后发行认股权证。发行公司一般将认股权证会同新股或债券凭证一并交给投资者,且投资者无需为认股权证支付任何款项,从而可增强公司股票或债券对投资者的吸引力。另一种方式则指单独发行认股权证。这种方式通常针对公司的老股东进行,主要的做法是上市公司按照老股东持股的数量,按照一定的比例发放认股权证,这可以看作公司对老股东的一种回报。

权证的交易方式与股票交易有相似之处,其既可以在场内交易,也可以在场外交易。权证的交易量最低为一手,按卖出者报卖出价,买入者以报买入价方式进行交易;交易双方成交后,在规定一日内办理交割手续;交易双方在进行交易时必须支付佣金、印花税、交易征费和特别征费等费用。

4. 权证的价值

权证主要是由于其确定的认股(沽)价格和市场上股票的价格之间存在差异而具有了自身的价值。影响权证价格的主要因素有标的证券价格、标的证券价格波动性、权证剩余期限及其行权价格、市场利率等。

（1）标的证券价格。由于权证是以标的证券为基础而产生的衍生产品，标的证券价格也就成了确定权证发行价格及其交易价格走势的最主要因素。标的证券价格越高，意味着认购（沽）权证持有人执行权证所获收益越大（小）；因此，在其他条件不变的情况下，标的证券价格越高的认购（沽）权证，其发行或交易价格往往越高（低）。

（2）权证行权价格。在其他条件不变的情况下，权证所约定的行权价格越高的认购（沽）权证，其发行或交易价格往往越低（高）。

（3）权证剩余期限。权证的剩余期限即该权证距到期日的时间，权证剩余期限越长，权证的时间价值越高，因此，在其他条件不变的情况下，权证价格一般也就越高。

（4）标的证券价格波动性。标的证券价格波动性越大，标的证券价格出现异常高（低）的可能性越大，那么权证处于价内的机会也就越多，因此，在其他条件不变的情况下，权证发行价格或交易价格一般也就越高。

（5）无风险利率。无风险利率的高低，决定着标的证券投资成本的大小。无风险利率越高，投资于标的证券的成本越大，因而认购权证变得较具吸引力，而认沽权证的吸引力则相应变小；在其他条件不变的情况下，认购（沽）权证的发行或交易价格就会越高（低）。

权证是一种有价证券，其具有投机价值，由于权证的投机价值较大，在我国曾经发生过权证被严重炒作的情况。因此，加强对权证的监督与管理也是证券市场建设的重要方面。

思 考 题

参考答案

1. 简述证券产品创新的促发因素。
2. 简述可转换证券定义和种类。
3. 试述发行可转换证券的意义。
4. 简述可转换证券的特点。
5. 试述可转换证券的要素。
6. 试述存托凭证的优势。
7. 试述存托凭证的运作过程。
8. 什么是权证？其种类有哪些？
9. 试述影响权证价格的主要因素。

第二篇
证券市场

第六章 证券市场概述

证券市场是各类有价证券发行与流通的场所,商品经济和信用形式的发展是证券市场产生和发展的重要原因。与借贷市场和商品交易市场相比,证券市场有其自身的特点。随着证券市场的产生与发展,其在社会经济生活中的功能和作用日益显著。

第一节 证券市场的特点与分类

一、证券市场的概念

证券市场是有价证券发行与流通以及与此相适应的组织与管理方式的总称。证券市场作为资本市场的基础和主体,通常包括证券发行市场和证券流通市场。在发达的市场经济中,证券市场是完整的市场体系的重要组成部分,它不仅反映和调节货币资金的运动,而且对整个经济的运行具有重要影响;它是包括证券投资活动在内的证券供求交易的网络和体系,有着广泛的外部联系和复杂的内部结构,是金融市场的一个组成部分。

证券市场上的交易对象是各种证券。证券是各类财产所有权或债权凭证的统称,如股票、公司债券、公债券等。一般来说,证券本身并无价值可言,但证券所代表的内容却是有价的。例如,股票是代表股份资本所有权的证书,股票持有人可以根据持股面额每年从股份公司取得一定的股息或红利;债券是一种债权凭证,持有人可以按期取得利息,到期时可以从债券发行人收回本金。证券市场反映了证券交易者之间的买卖关系,是现代市场经济的一个重要范畴。

二、证券市场的特点

总体上看,证券市场具有四个基本特征。①证券市场的交易对象是股票、债券等有价证券,不是普通的商品。②证券市场上的股票、债券等有价证券具有多重功能,它们既可以用来筹措资金,解决资金短缺问题;又可以用来投资,为投资者带来收益;还可以用于保值,以避免或减少价格上涨带来的货币贬值损失。此外,有价证券还能用于投机,获取差价收益。因此,它们具有筹资、投资、保值和投机等功能。③证券市场上证券价格的实质是对所有权让渡的市场评估,或者说是预期收益的市场货币价格,与市场利率密切相关。④证券市场的风险较大,影响因素复杂,具有波动性和不可预测性。

由于证券市场的交易对象是各类有价证券,因而,证券市场不仅与商品市场有区别,也和借贷市场有区别。

1. 证券市场与商品交易市场的区别

（1）交易空间不同。商品交易市场一般都有固定的交易场所。而在证券市场中，除了证券交易所外，场外交易则没有固定的交易场所。

（2）交易对象不同。商品交易市场的交易对象是具有使用价值的商品，人们是为消费而购买它。证券市场上的交易对象是各类有价证券，证券本身不能供人们消费，它只是一种经济权益凭证。

（3）交易方式不同。商品交易市场上的买卖双方一般都直接见面，不需委托经纪人代为办理。而证券市场上的买卖双方，一般不直接见面，需要委托经纪人代为办理。

（4）交易次数不同。商品市场上的交易，大多是一次性交易。经过交易，商品进入生产领域或消费领域。在证券市场上，同一证券往往要经过多次交易。

（5）交易关系不同。商品交易市场上出售者与购买者的关系既简单又短暂，钱货两讫后买卖关系就此结束。证券市场上的关系则要复杂得多。如果证券的出售者是发行人，则交易后双方关系并未结束，出售者还须按期向购买者支付股利或利息；如果出售者不是发行者，则交易后双方的关系虽然结束，但发行者与证券购买者的关系也随之建立。

2. 证券市场与借贷市场的区别

（1）交易性质不同。借贷市场上的资金供求交易，只是借与贷的关系；而证券市场上的交易是买与卖的关系。

（2）承担的风险不同。借贷市场上的投资者是以存款方式，通过银行向筹资者投资，投资风险由银行承担，资金供求双方形成一种间接的金融关系；而证券市场上的投资者以购买证券方式向筹资者投资，风险自负，形成一种直接的金融关系。

（3）收益来源不同。借贷市场上的资金供给者的收益来自利息；而证券市场上资金供给者的收益不仅来自利息或股息，还有可能来自证券价格波动的差价收益。

（4）双方关系的确定性不同。在借贷市场上，借款合同一经签订，债权人与债务人固定不变；在证券市场上，由于证券的可转让性，导致资本所有者和债权人可变性大大提高。

三、证券市场的类型

证券市场按其职能、对象、交易场所，可以分为不同的类型。

1. 按基本职能不同划分

按基本职能的不同，证券市场可以分为发行市场和流通市场。证券发行市场又被称为初级市场或一级市场，是新发行的股票、债券等证券的转让市场。在发行市场上，证券发行者为扩充经营资本，按照一定的法律规定和发行程序，向投资者分销新证券；它与证券流通市场不同，并没有一个特定的市场；有时证券的出售是在发行者与投资者之间直接进行的，但更多的则是通过证券经营机构来进行的。因此，证券发行市场是由发行者、证券经营机构和投资者三者构成的。

证券流通市场也称为次级市场或二级市场，是现有证券买卖的市场。证券经过发行市场后，拥有证券的投资者向另一个投资者转让，并且重复多次在投资者之间不断买卖的场所就是证券流通市场，它由证券交易所市场和场外交易市场两部分组成。通过证券流通市场，各类有价证券得以顺利流通,并形成一个公正、合理的价格,以实现货币资本和证券资本的相互转化。

证券的发行市场和流通市场之间存在着密切的联系。一方面,发行市场是流通市场存在的基础和前提,发行市场的规模决定了流通市场的规模,影响着流通市场的成交价格。没有发行市场,流通市场就会成为无源之水、无本之木;发行市场规模过小,容易使流通市场供需脱节,造成过度投机。但另一方面,流通市场的交易规模和成交价格,又决定或影响着发行市场的规模、发行价格和时机等。没有流通市场,证券就会缺乏流动性,其对投资者的吸引力就会降低,发行的证券就会无人问津,发行市场也难以存在和发展。因此,发行市场和流通市场是相互依存、互为补充的整体,证券市场就是在这两个子市场的相互依赖、相互牵制的过程中发挥作用的。

2. 按交易对象的不同划分

证券市场按交易对象的不同划分,可分为股票市场、债券市场和基金市场等。股票市场是进行各种股票发行和买卖交易的场所,属长期资金市场。按其基本职能划分,又可分为股票发行市场和股票流通市场。公司发行股票必须得到证券主管机关的批准:新设立的股份公司发行股票可直接到发行市场销售,也可委托证券公司办理;如果是老公司发行增资股票,一般先向原股东招股,然后才向市场销售。

债券市场是进行各种债券发行和买卖交易的场所,又可分为债券发行市场和债券流通市场。债券发行市场是债券的发行市场,政府、银行和工商企业等为筹集资金,根据有关法律规定,可委托证券公司向社会发行债券,发行对象一般为社会企业、团体和个人。债券流通市场是债券买卖转让的场所。债券流通市场的交易活动并不增加社会投资额,但可使债券具有流动性和变现能力,可以推动各类新债券的发行,活跃债券市场。

基金市场就是基金发行和流通的市场。封闭型基金在证券交易所挂牌交易,是一个集中的交易市场;开放型基金只能卖回给基金管理公司,因此是一个分散的交易市场。

按交易对象分,证券市场还包括认股权证市场等。

3. 按交易场所的不同划分

证券市场按交易场所可以分为交易所交易市场和场外交易市场。交易所交易市场是在证券交易所进行证券交易;交易所交易必须根据国家有关证券的法律规定,有组织地、规范化地进行证券交易;交易所有严密的组织、严格的管理,并有进行集中交易的固定场所。场外交易市场是指在证券交易所以外,利用各种手段进行交易所形成的市场,根据具体交易品种和交易手段的不同,又可以分为多种市场;一般来说,场外交易市场只有松散的联系,没有证券买卖的集中地点,在场外交易市场进行交易的证券大多是没有在证券交易所挂牌上市的证券。

在传统意义上,场外交易市场是一个没有组织的市场,但是,美国的纳斯达克(NASDAQ)市场却是一个通过电子计算机网络联结起来的交易系统,是一种有组织的场外交易市场。

此外,按照投资者范围的不同,证券市场可分为国内证券市场和国际证券市场等。

四、证券市场的组成要素

总体上看,证券市场由三个方面的要素组成:一是市场参加者,包括资金需求者和资金供给者。具体来说,包括个人、企业、金融机构、中央银行、政府部门等,必须注意资金需求者和供给者只是相对的,它们随时可以改变身份。二是金融工具,证券市场的交易活动实际上是通过买卖有关金融工具完成的。证券市场上流通的金融工具主要有股票、债券和基金等。三是证券市场组织形式,有证券交易所集中交易方式和分散的场外交易方式。证券交易所是一个证券公开拍卖的场所,通过证券交易双方公开竞价成交。场外交易方式也叫柜台交易方式,是一种通过分散在各个证券经营机构柜台进行交易的证券市场。

证券市场是证券发行与交易的场所,在具体的证券市场运作过程中,证券市场必然涉及以下组成要素:

1. 金融工具

作为交易对象的证券即金融工具是证券市场的客体。证券的存在是证券市场存在的必要前提,离开了证券,证券市场就无从谈起。

2. 证券商

证券市场成员中的中介人是证券市场重要的主体。在自发性的证券市场上,不一定需要作为市场成员的中介人。但是,在现代化的证券市场上,这种中介是必不可少的,因为他是沟通筹资者与投资者的桥梁。中介人的存在,有利于提高发行证券的信用,使证券能为公众所接受。

证券市场的中介人是指各类证券商,所谓证券商是指符合法律规定条件,并依照法定程序获准经营证券业务的经济实体。在我国是指证券公司、信托投资公司、基金管理公司等。

按证券商所进行的业务的不同,可将证券商划分为三类,即证券承销商、证券自营商和证券经纪商。

证券承销商是指依照与发行公司签订的协议,以包销或代销方式向社会投资者发行证券的证券经营机构。证券承销商一般应有较丰富的经验和知识,且有良好的业务网络,其人员应有很高的素质;否则,难以保证证券发行的成功。在进行证券承销时,签订发行合同的证券承销商往往需要联合其他证券承销商组成承销团或承销辛迪加,共同进行承销业务。其中,牵头的为主承销商,其他的为副承销商或分销商,各承销商之间也要以合同明确其权利义务关系。

证券自营商是指在证券交易中自行买进或卖出证券并独立承担证券风险的证券商,他们以自己拥有的资金在证券交易市场买进或卖出证券,以赚取买卖差价。

证券经纪商是指经证券投资者委托,在证券交易市场进行证券买卖的证券商。根据证券交易所的规定,只有交易所的会员才能在交易大厅进行证券交易,所以,非会员的证券投资者若想在证券交易所买卖证券,就必须通过可以进入证券交易所交易大厅的证券经纪商。就一般情况而言,证券经纪商必须符合以下条件:①持有许可证。经纪商必须得到有关证券管理机关的批准,领取许可证,才能在证券交易所从事证券买卖或代理买卖活动。②依法纳税。③经纪商对自己的行为承担法律责任。

在现实生活中,一个证券商有可能同时分饰三个角色,同时进行上述三种业务。目前,我国的证券公司承担上述的承销、自营及经纪业务。

3. 发行主体

发行主体是证券市场的基础,如果没有发行主体的存在,证券发行和交易就不可能存在。我国目前证券市场的发行主体主要有政府及其分支机构、公司企业和金融机构。

4. 投资者

证券投资者是证券市场的主体,如果没有证券投资者,证券就不可能售出,也就不存在证券的买卖行为,作为证券买卖活动的证券市场也就无从谈起。目前,我国证券市场上的投资主体主要是机构投资者和个人投资者。机构投资者主要是企事业单位和社会团体;个人投资者就是从事证券投资的社会公众。

五、证券市场运行的形式

证券市场运行形式是由证券市场的性质决定的,而运行形式又使证券市场的性质得以表现。

1. 金融交易采取证券买卖的形式

在证券市场上,资本的交易是通过证券买卖的形式进行的。在以证券为媒介的交易中,发行主体出售证券,投资者购买证券。当证券持有者希望重新拥有货币资本时,就可以在证券市场上抛出证券,以换回货币资本;同样,当货币资本拥有者希望拥有证券时,就可以在证券市场上购入证券。

2. 利息采取利率的表现形式

在证券市场上,证券投资的收益是通过证券的全部收益与证券价格比率的形态来表现的。不同形式的证券,利息通过利率表现的方式不同,如债券的利息通过政府债利率、金融债利率、企业债利率来表现;股票的股利通过股利率来体现。这就使得利率体系更加多样化,更富有机动性。

3. 资本的转换与集中

由于证券市场具有良好的流动性,所以生息资本可以通过证券的流通维护其流动性,或转换成长期债券,或转换成股份公司的自有资本。这种转换最终形成了在长期内发挥职能作用的巨额产业资本,同时,又促进了自有资本和他人资本这两种形态资本的集中。

第二节 证券市场的功能

随着证券市场的发展,其在社会经济生活中的功能与作用日益显著。证券市场的功能保证了证券市场的运行能够和经济发展有机统一,相互促进。但是,证券市场的功能能否得到有效发挥,还取决于宏观经济环境、投资者的市场行为、证券市场监管等诸多因素。如果不具备其中某些因素,证券市场的功能不仅不能发挥,还有可能对经济造成破坏。

一、证券市场的功能

证券市场是市场经济中一种高级的市场组织形态,是市场经济条件下资源合理配置的重要机制。世界经济发展的历史证明,它不仅可以推动本国经济的迅速发展,而且对国际经济一体化具有深远的影响。证券市场的功能是指证券市场客观具备的功效与能力。证券市场的功能主要包括以下几点:

1. 资金融通的功能

资金融通的功能,即容纳和调剂社会资金的功能。证券市场以其特有的方式,在地区、产业、企业与居民间进行资金余缺的调剂,不断解决资金供求之间经常出现的矛盾。在证券市场上进行证券投资,一般都能获得高于储蓄存款利息的收益,且具有投资性质,所以,能吸引众多的投资者。对于证券发行者来说,通过证券市场可以筹集到一笔可观的资金,用这些资金或补充自有资金的不足,或开发新产品、上新项目,有利于迅速增强公司实力。要在较短的时间内迅速筹集到巨额资金,只有通过证券市场这个渠道才能实现。

2. 合理配置资源的功能

证券市场的产生与发展适应了社会化商品经济发展的需要,同时也促进了社会化大生产的发展,它的出现在很大程度上削弱了生产要素部门间转移的障碍。因为,在证券市场中,企业产权已商品化、货币化、证券化,资产采取了有价证券的形式,可以在证券市场上自由买卖,这就打破了实物资产的凝固和封闭状态,使资产具有最大的流动性。一些效益好、有发展前途的企业可根据市场需要,通过控股、参股方式实行兼并和重组,发展资产一体化企业集团,开辟新的经营领域。在市场经济条件下,资本存量与增量的配置是以利润率为导向的。利润率高的行业或企业便会扩充其资本存量与增量;而利润率低的行业或企业便会发生资本存量的萎缩,或者向前者转移。其转移机制是通过股票所有权的转让,使企业的产权从一个行业或企业转向利润率高的行业或企业,从而提高资源的利用效果。另外,在证券市场上,通过发行债券和股票广泛吸收社会资金,其资金来源不受个别资本数额的限制,这就打破了个别资本有限从而难以进入一些产业部门的障碍,有条件也有可能筹措到进入某一产业部门最低限度的资金数额。这样,证券市场就为资本所有者自由选择投资方向和投资对象提供了十分便利的活动舞台,而资金需求者也冲破了自有资金的束缚和对银行等金融机构的绝对依赖,有可能在社会范围内广泛筹集资金。随着证券市场运作的不断发展,其对产业结构调整的作用将大大加强,同时得到发展的产业结构又成为证券市场组织结构、交易结构、规模结构的经济载体,促进证券市场的发展。这种证券市场与产业结构调整的关系,就在于它使资产证券化,从而有助于生产要素在部门间的转移和重组。

3. 积累财富的功能

证券市场在积累财富方面发挥的功能,主要包括两个方面。一是证券市场为个人或家庭的财富积累创造条件。家庭或个人购买能够带来利息和红利的有价证券,就能实行保值和增值,从而真正达到积累财富的目的。当然,购买有价证券也会遇到风险,蒙受损失。二是证券市场为整个社会财富的积累创造条件。证券市场可以最大限度地动员社会暂时闲置的资本,并可把短期的资本转化为长期资本,这样便可为最大限度地资金投入创造条件,从而促进财富的快速积累。

4. 调节经济运行的功能

从宏观经济角度来看,证券市场不仅可以有效地筹集资金,而且还有资金"蓄水池"的作用和功能,这种"蓄水池"是可调的,而不是自发。各国中央银行正是通过证券市场这种"蓄水池"的功能来实现其对货币流通量的宏观调节,以实现货币政策目标。

经济运行是个动态的过程,有时出现"过热",有时出现衰退。这两种情况都会影响一国经济发展,影响社会稳定。这就需要国家运用财政政策和货币政策等手段去干预和调节。其中货币政策的"三大法宝",即存款准备金、再贴现和公开市场业务是调节经济的有效手段,而运用最为频繁的公开市场业务发生作用的前提是具有较发达的证券市场。当社会投资规模过大、经济过热、货币供给量大大超过市场客观需要量时,中央银行可以通过在证券市场上卖出有价证券(主要是政府债券),以回笼货币,紧缩投资,平衡市场货币流通量,稳定币值;而当经济衰退、投资不足、市场流通因货币供给不足而呈现萎缩状态时,中央银行则通过在证券市场上买进有价证券(主要是政府债券),以增加货币投放,扩大投资,刺激经济增长。

5. 信息传递功能

进入证券市场的投资者来自四面八方、各行各业,各种有关政治、经济和社会的信息,都在证券市场上迅速地扩散传播。这些信息高度灵敏地影响着证券价格,影响着股票市场动态。反过来,人们也根据股票市场观察政治、经济和社会动态。正因为如此,人们把股票市场看作经济的"晴雨表"。

6. 有利于证券价格的统一和定价的合理

证券交易价格是在证券市场上通过证券需求者和证券供给者的竞争所反映的证券供求状况所最终确定的。证券商的买卖活动不仅由其本身沟通使买卖双方成交,而且通过证券商的互相联系,构成一个紧密联系的活动网,使整个证券市场不但成交迅速,而且价格统一,使资金需求者需要的资金与资金供给者提供的资金迅速找到出路。证券市场中买卖双方的竞争,易于形成均衡价格,这比私下成交公平得多。证券价格的统一、定价合理是保障买卖双方合法权益的重要条件。

二、证券市场的作用

证券市场对经济发展的影响很大,总体上看,证券市场对经济发展既有积极作用,也有消极作用。证券市场产生什么样的作用,取决于经济环境、市场参与者的行为模式以及市场管理的完善程度。

1. 证券市场的积极作用

在现代市场经济条件下,无论对于宏观经济运行,还是对于微观经济活动,证券市场都发挥着多方面的积极作用。

(1) 为筹措长期资金提供重要渠道。在市场经济条件下,社会再生产特别是扩大再生产的顺利进行,离不开充分足够的长期资金供给。作为生产主体的企业,自企业外部融通资金,主要有两条渠道：一是向银行借款；二是在证券市场上发行证券。在多数情况下,银行提供的贷款期限较短,适宜于解决短期资金周转的需求。虽然有的银行也发放长期贷款,但其数量有限,条件苛刻,在使用中又往往受到银行的某些限制。发行证券则不同,在发行股票的情况下,企业筹集到的是自有资金,除非企业破产停办,否则这笔资金就可以一直由企业掌握使用。在发行债券的情况下,债务期限完全可以由企业根据自己的实际需要确定,并且在运用资金时一般也不会受债权人的限制。就政府而言,筹集资金的基本渠道是税收,但在政府职能不断扩大的情况下,仅靠税收往往也不能满足其支出的需要,因而必须采用财政信用方式即发行债券筹集资金。

(2) 有利于提高企业的经济管理水平,促进企业的发展。企业的股票或债券是否有吸引力,主要取决于证券的增值水平,而证券的增值是与公司的经营状况直接相关的。因此,企业要提高证券增值率,使证券具有吸引力,就必须改善公司的经济管理机制,提高公司经营管理的科学性和有效性,提高企业的经济效益；否则,经营不善,公司盈利减少,股票或债券就会因增值乏力而失去吸引力。

(3) 调节社会资金的流向,促进社会资金分配的合理化。市场对经济结构的调节作用是通过商品价格的变化来实现的。证券市场上的商品——有价证券的价格,取决于股票的股息、红利和债券的利息。投资人选择不同筹资人所发行的股票或债券,主要是看其收益水平和风险的高低。生产经营能适应市场需求的企业,它所发行的证券的一般收益较大而风险较小,能对投资人产生较强的吸引力；而投资人大量购买这类企业的证券,结果便使社会资金流入那些符合经济发展需要的、经济效益高的产业部门；反之,那些生产经营不适应市场需求的企业,要么不具备发行证券的条件,要么证券发行不顺利,难以通过发行证券筹集资金。此外,政府在证券市场上发行债券,由于风险小、收益稳定,因而能对投资者产生较大的吸引力,大量购买的结果,也会使社会资金的流向趋于合理。证券市场的这种自发调节作用,可以减少社会资金的盲目使用,使有限的资源得到合理配置。

(4) 有利于减少投资风险,创造相对稳定的投资环境。基于证券市场信息传递的功能,社会公众可以从中为证券投资搜集各类信息,及时作出正确的决策,减少投资风险,确保投资收益。同时,由于证券经纪人和专业投资者的出现,使得证券市场上投资决策的准确度大大提高,提高了有效投资的概率。证券市场上众多的各类股票、债券等有价证券,为广大投资者提供了选择余地,并使投资组合等分散风险的投资技术得以应用,大大降低了投资风险。

(5) 有利于资金在国际流动,促进国际经济技术交流和世界经济的发展。随着社会经济的发展,资本的国际流动已成为各国企业发展的重要组成部分。因此,国际证券市场也在日益扩大,在国际金融领域内处于举足轻重的地位。通过在国际证券市场上的证券流通,一方面为西方发达国家的资本开辟了新的投资途径；另一方面也可以使发展中国家能够利用外国投资进行本国的经济建设。

(6) 灵敏地反映经济发展动向,为进行经济分析和宏观调控提供依据。证券市场的动向不仅反映着证券发行与交易活动本身的具体状况和趋势,而且全面反映着经济运行的态势,可以说,它是经济运行态势的"晴雨表"。这就为企业、投资人确定筹资或投资策略,特别是为政府分析经济形势,对国民经济运行实施宏观调控,提供了重要的依据。在国外,经济分析家判断经济形势的总体优劣时,就往往把证券市场作为主要观察对象,以证券价格指数作为重要领先指标。

(7) 为中央银行进行公开市场业务创造条件,有助于经济的稳定。

2. 证券市场的消极作用

证券市场对经济发展不仅具有积极作用,在某些情况下,也会产生一些消极影响,这些影响主要体现在以下三个方面:

(1) 加剧投机和欺诈行为。对于股票发行者来说,他不仅通过股票价格总额和实际资本之间的差额来获得差额利润,而且利用上市时资本高估等手段掠夺普通股东。在证券市场监管不完善的情况下,市场上可能会出现投机盛行的情况。

(2) 形成金融寡头的统治。证券市场容易成为大财团控制和掠夺中小投资者的工具。在某些情况下,一些人可以运用所掌握的股票控制和支配比自有资本大几倍、几十倍的资本,渗透到交通、能源等各个行业,最终形成金融寡头的统治。

(3) 加剧经济的波动性。证券市场的运行往往受到政治、经济、军事等因素的影响,引起股票市场的大幅度的涨落。股票市场的剧烈起伏,反过来又会影响经济的稳定。当股票市场涨落失控时,就会引起公众心理恐慌,引发股票市场危机,进而导致经济的波动。

因此,在发挥证券市场的积极作用,为经济发展服务的同时,应加强证券市场的监管,以抑制其消极影响。

第三节 证券市场的主体

证券市场主体是指在证券市场上参与证券买卖行为的证券投资者。证券投资过程实际上是证券投资者一系列投资活动的综合,而不同类别投资者的投资行为有较大的差别。这些差别主要是由于个人禀赋、经历、经验、知识、性格、资金来源与规模,以及投资的动机与目的等因素的不同造成的。按照不同的标准,证券市场主体可以分为不同的类别,但一般来说,证券市场主体由个体投资者和机构投资者组成,其中机构投资者又包括投资基金、社保基金和保险基金等,他们对证券市场的影响要远远大于个人投资者。

一、个人投资者与机构投资者

由于存在资金规模、投资水平和目标方面的区别,个人投资者和机构投资者在投资行为方面表现出不同的特征。

1. 个人投资者

居民个人作为证券投资的主体就称其为个人投资者,也称散户投资者。居民个人买卖证券是对其剩余、闲置的货币资金加以运用,实施个人资产组合调整的重要手段。居民拥有的剩余资金,除保持一部分现金以用于交易性需求和预防性需求外,大部分用于购买金融资产，以实现资产的保值和增值。居民的大部分剩余资金通过购买金融资产流入金融市场，成为政府和企业筹集资金的重要源泉。一般来说，居民个人是一个国家中最大的净资金供应者。

证券资产在个人整个金融资产中所占的比重，受到各种因素的影响和制约。人们在各种金融资产中进行选择，必须以资产的三性即流动性、安全性和收益性作为准则。此外，还会受到其他方面因素的制约：①收入水平。个人收入水平的高低不仅决定了他们购买金融资产的能力，而且还影响着他们购买金融资产的动机和目的。人们用于购买证券的货币数量随着收入水平的提高而增加，并且其增长幅度往往高于收入的增长速度。②证券供应。证券供应的规模制约着证券投资的规模，随着我国证券市场的迅速发展，居民的投资意识也不断增强。③证券流通市场状况。只有证券流通市场法规健全、秩序良好、交易方便，才会吸引更多的人参与证券投资。

2. 机构投资者

如果参与证券投资的主体是法人实体，就称为机构投资者。按照参与证券投资的动机和目的的不同，机构投资者还可分为以下两种类型：

(1) 一般的机构投资者。一般的机构投资者如证券投资信托机构、保险公司、养老基金组织和一些商业银行等。它们往往有稳定的证券投资资金，以纯粹的投资为目的，持续地或经常地从事证券投资活动，其主要目的是为了获取证券投资的收益。

(2) 特殊的机构投资者。这类机构投资者主要不以直接获取证券投资收益为目的，不把证券投资作为固有的业务，而是因为某种特殊的目的而进行证券买卖。属于这类机构的有生产型公司企业、政府部门、中央银行及一些商业银行等。它们买卖证券，或是为了协作联合，兼并其他企业；或是为了进行公开市场操作，调节货币供给；或是为了辅助产业；总之，是出于投资或投机以外的特殊目的。

中央银行经常在证券市场上进行大规模的证券买卖，目的是为了调节市场货币供应量，稳定金融市场，这就是通常所说的中央银行的公开市场业务，它是中央银行实现货币政策目标的一个重要手段，其目的显然不是为了获取收益。那些以相互持股为目的的企业和金融机构也是特殊机构投资者。它们相互持有股份带有两方面的目的：一是为了加强企业集团的联合，控制某一行业的产品生产和流通，以获取高额利润；二是为了摆脱资本市场的约束，增强自己的资本势力，确保其经营者的地位。

3. 个人投资者和一般机构投资者的比较

总体上看，个人投资者和一般机构投资者存在以下区别：

(1) 从资金实力方面看，机构投资者按照各自的业务性质，从社会吸收闲散的资金，能够聚集起巨额的资金，因此资金实力雄厚，这是一般个人投资者所无法比拟的。

(2) 从收集和分析信息的能力来看，个人投资者由于受各方面条件的限制，其收集和分析信息的能力较弱。而机构投资者一般设有收集、分析信息的专门机构，拥有一批富有经验的证券投资分析专家和专门的管理人员，使证券投资建立在对经济形势和市场状况科学分析与研究的基础上。

(3) 从投资方针、策略来看，由于个人投资者的资金绝大部分是自己的剩余闲置资金，因此可以采用灵活的投资方针策略,风险承受能力强的可以采用激进型投资方针策略,风险承受能力弱的可以采用稳健型的方针策略。而机构投资者的资金大部分来源于居民、企事业单位的零散资金,如存款、养老金、保险金和信托金等,是对居民和企事业单位的负债,随时需要还本付息或其他支付。因此,机构投资者在证券买卖方面往往采用稳健的投资方针策略,以最大限度地避免投资风险,确保证券资产的安全性。它们一般购买收益稳定、风险小的证券,并进行组合投资。

(4) 从分散投资的能力方面来看,个人投资者由于投资资金少,往往只能购买一两种或几种证券,难以进行有效的分散投资;而机构投资者拥有雄厚的资金实力,可以把资金分散到众多的证券品种上,达到分散投资、转移风险的目的。同时,机构投资者具备比较完善的信息和分析预测条件,也使它们能有效地分散投资。

(5) 从证券买卖的市场性方面来看,个人投资者买卖证券的数量一般较小,因此买进卖出都比较容易。而机构投资者资金庞大,往往进行大规模的买卖,这可能产生两种情况:一是难以按一定价格买卖较大数量的证券,因为在它们所报出的价位上,交易对手未必有足够的证券或资金,从而使交易无法实现;二是大规模地买卖证券,会影响证券市场原先的供求关系,引起证券价格的较大波动。

二、投资基金

在机构投资者中,投资基金是其中最为重要的一种。在所有的投资基金中,以公众的社会保障资金为来源的社保基金和以保险人投保资金为来源的保险基金是其中两个特别的组成部分,以下再简单介绍这两种投资基金:

1. 社保基金

社保基金的建立是社会保障体系有效运行的基础,而基金的投资与保值增值同样是社会保障体系有效运行的重要组成部分。要保证社会保障基金的购买力水平,不断地增强社保基金的支付能力,必须要实现社会保障基金的保值与增值。社会保障基金的建立与功能的有效发挥,要求有一个稳定而有效的资金筹集体系,即通过建设社会化的、法律化的资金组织渠道来组建一个基金系统,而作为基金体系,它的有效运作还需要使这个基金融入金融体系,能够通过金融化的运作形成保值与增值的功能。这是社会保障基金运作与传统财政收支账户的根本区别。社会保障基金是在安全与保证支付的前提下来从事基金的金融运作的,社会保障基金的性质既不同于财政预算资金,也不同于金融性资金。其资金的来源是一种基金的性质,筹集用于专门的项目。而且基金的筹集与基金的使用在时间和年代上有差异。社保基金不是商业性的储蓄资金,基金的运作也不以盈利为目的,它的基金性质要求其运作具有高度的安全性,并具有较高的资金流动性要求。从基金投资运作的角度看,它是以基金的增值与盈利为目标的,在保证资金安全运行的前提下,社会保障基金的投资运作是金融化的,但其在金融资金运作体系中,也具有特殊性。因为相对于社会保障基金的整体功能,其投资与增值功能是从属性的。与其他投资基金相比,安全性是社会保障基金运作的首位目标,增值是次位的目标。社会保障基金的投资运作不能离开这个基本的目标。

众所周知,任何投资和金融活动都会带来相应的风险,风险的程度和投资收益要求是正相关的。对较高收益率的要求必然要求承担较高的风险。不同的投资人和机构对风险的承受能力是不同的。非金融性的投资人和投资性的金融机构的风险承受能力是以其全部资本为限的,而银行等存款性金融机构的风险承受能力要低得多,因为其资本的比例较低。而相对于商业性的金融机构,社会保障基金是非商业性的机构,基金来源于社会统筹,担负着社会保障的职能,因而其风险承受能力比金融机构还要低,其对资金的安全性要求更高。这个安全性要求既包括了资金运用的安全保障,也包括了资金的流动性要求。因为资金的损失不是涉及个别机构的资产,而是整个社会保障体系的安全与稳定问题。显然,安全问题是对社保基金投资入市的最大限制。

投资的风险与收益的要求一直是并存的,不承担风险的资金是不可能获得任何实际收益的,社会保障基金如出于安全性的考虑不介入风险性的投资,则不可能获得任何的收益,资产保值也就不可能。银行存款和国债认购等投资渠道的名义收益率极低,考虑到通货膨胀因素和利率波动因素,基金连保值的难度都很大。但是,社会保障基金投资入市,成为证券市场主体,必须要解决基金的收益和投资风险之间的矛盾。社保基金投资入市的基本思路是要在风险得到有效控制的前提下使基金资产获得最大限度的增值。客观地说,投资领域的风险是无处不在的,要回避风险是不可能的,即使是银行存款也存在着一定的风险。因此,从这一角度来看,社保基金的投资是要在风险得到有效控制的条件下,寻找一个有效的投资途径。这包括了基金投资的组织管理体系的建设,投资渠道的选择,投资形式与投资方式的选择,投资的监督和管理体系的完善。

此外,由于社保基金自身的特点,社保基金的投资还应尽量遵循社会性和多样性原则。投资应当能够实现相应的社会效益,并实现不同资产间的合理分散,保证流动性和安全性。在金融市场发展程度和国家政策法规的制约下,社会保障基金必须在保证安全性的情况下进行投资,这就使得社保基金的投资活动面临许多约束。总的来说,社保基金的投资决策必须以安全性为核心,在此基础上,最大限度地满足流动性和盈利性的要求。

我国在社保基金入市方面较为慎重。在2012年3月召开的两会上,养老金双轨制遭到质疑,养老金入市与否再引争议;3月20日,养老金入市问题尘埃落定,广东千亿养老金确定入市。2015年3月,经国务院批准,广东省确定将1 000亿元职工养老保险结余基金委托全国社会保障基金理事会投资运作,分批划转,第一批100亿元已划转到位,其余基金正在归集。2015年8月17日,国务院印发了《基本养老保险基金投资管理办法》,管理办法自印发之日起施行。管理办法规定,投资股票、股票基金、混合基金、股票型养老金产品的比例,合计不得高于养老基金资产净值的30%。同时,国有重点企业改制、上市,养老基金可以进行股权投资。养老保险基金是群众的养命钱,实现安全高效的保值增值对每个人都具重要意义。

2. 保险基金

保险基金是指保险公司所持有的投保人的投保资金中暂时不需要偿付的部分所形成的基金。一般来说,保险公司可以根据过去理赔的概率计算出它们需要以高流动性资产形式持有的部分,剩余部分就可以进行投资。在保险资金的投资中,其中很大一部分可以以基金形式投资证券市场,保险基金也就成为证券市场主体之一。一方面,保险基金入市,不仅可以扩大保险基金的投资领域,增加投资选择,还能有效地提高保险基金的投资收益,分散投资风险,保证保险基金的安全性和流动性;另一方面,保险基金金额巨大,它们对证券市场的影响也很大。

从西方国家保险公司资金运用的实践看,根据世界经济合作与发展组织(OECD)对保险公司的资金运用分类,即房地产、抵押贷款、股份、固定收益债券、抵押贷款以外的贷款和其他投资方式六类,OECD国家保险公司的资金运用以固定收益债券(包括国债、企业债、金融债券等)为主,比例一般在20%—40%,很少有超过70%的;股份投资(包括股票和实业投资等)一般在10%—30%,产险投资于股份的比例相对于寿险要高一些。以美、日、英三国为例:美国寿险投资于股票的比重1997年达到23.3%,日本1994年为26.6%,英国1996年为43.5%。各国保险公司持上市公司股票占整个股票市场市值比重:美国29.4%,欧洲40%,日本50%。以上数据表明,由于股票和债券具有较高的投资收益率,保险资金入市是提高保险资金投资绩效的必要途径。

从西方发达国家证券市场来看,保险基金是推动股市长期发展的重要力量。以美国为例,在20世纪90年代以前,美国保险资金投资股市不到保费的10%,即相当于我国目前的水平,其间,股市指数上升缓慢,从20世纪50年代中期到80年代初期,年均增长只2%左右。20世纪90年代后,随着一系列投资型保险品种的推出,美国保险公司的保费大幅度增长,保费入市比例亦大幅度增加,保险基金的大规模入市对美国股票市场的繁荣产生了促进作用,道琼斯指数年均上涨幅度达16%左右。一个健康发展的证券市场是保险基金直接入市的前提,保险资金直接入市是证券市场发展的必然趋势,但是,保险基金入市,必须要有健全完善的证券市场法规和经验丰富的证券监管。

成熟保险业的保险资金主要运用于债券和股票。保险资金运用应坚持安全性、收益性、流动性、多样性的国际通行原则。以此为标准,保险资金进入股市的收益性和流动性是没有问题的,关键在于安全性。股市是高风险的市场,这是人们所公认的。然而,任何投资,风险和收益总是共存的,不能盲目追求高收益,忽视高风险,也不能因为有风险而放弃大好的投资机会。在认清风险的基础上,理性投资股市,进行合理的投资组合,将在一定程度上分散风险,提高收益。以安全为第一要务的保险资金,应当选择恰当时机入市,稳健操作。

在保险基金入市方面,我国于2008年制定了《保险保障基金管理办法》(下简称《办法》)。该《办法》指出,保险机构投资者应具备长期投资和价值投资的理念,必须在可投资的股票范围之内投资股票,明确禁止投资ST公司、最近一年度被出具拒绝表示意见或者保留意见审计报告、业绩严重下滑等7类上市公司的股票。《办法》还规定,保险机构投资者不得持有一家上市公司30%以上的A股;上市公司直接或间接持有保险机构投资者10%以上股份的,保险机构投资者不得投资该上市公司或者关联公司的股票。

3. 私募基金

私募基金(privately offered fund)是通过非公开方式、向社会特定公众募集资金并成立运作的投资基金。其方式基本有两种:一是基于签订委托投资合同的契约型投资基金,二是基于共同出资入股成立股份公司的公司型投资基金。

(1) 私募基金的发展及其特点。私募基金在国际上发展迅速,其形式多样,主要是对冲基金(hedge fund),即为投资者设计的合伙制私募发行的投资工具。对冲基金因其合伙私人投资性质,在运作上无须满足政府关于投资基金投资运作的监管要求。一般而言,外部有债权人(贷款银行)的监督,内部有合伙投资人的监督。对冲基金发展至今全球已超过4 000种,总规模超过4 000亿美元,虽数量与规模还比不上共同基金,但发展势头强劲。

与公募基金相比,私募基金主要有以下特点:

第一,由于私募基金是向少数特定对象募集的,因此其投资目标可能会更有针对性,更能满足客户特殊的投资要求。

第二,政府对私募基金的监管相对宽松,因此私募基金的投资方式更加灵活。

第三,私募基金不必像公募基金那样定期披露详细的投资组合,因此其投资更具隐蔽性,受市场追踪的可能性较小,投资收益可能会更高。

此外,私募基金内部治理结构也有较大特点。私募基金一般实行合伙人制,能有效降低所有权与经营权分离下的委托代理风险。合作制的私募基金是由有限合伙人与一般合伙人组成。有限合伙人(委托人)是真正的出资人;一般合伙人由投资专家组成,投入的主要是人力资本及少量现金。当基金盈利时,有限合伙人将获得收益分配的较大部分;当投资失败时,一般合伙人的出资将首先受到损失。一方面,丰厚的投资收益分配成为激励一般合伙人的巨大动力,另一方面,对一般合伙人而言,首先承担损失的责任可缓解委托代理问题。

(2) 私募基金与公募基金的区别。私募基金与公募基金的最大区别在于募集方式,即是对特定投资者发布投资意向书,还是面向所有投资者公开发布招募书。此外,私募基金与公募基金在发起人和投资人关系以及监管法规方面也有区别。第一,发起人和投资人的关系方面。由于私募基金面向特定投资者,满足特定基金投资群体特殊的投资需求,基金发起人必然推出为某些定向客户定制的基金产品。投资者可以与基金发起人协商并共同确定基金的投资方向及目标,而不是由基金发起人单方决定,私募基金更注重特定投资者的需求。第二,监管法规方面的差异。一般来讲,公开募集资金面向广大的普通投资者,国家法律法规为保护众多的中小投资者的利益,对公开募集行为(无论是股票还是基金)都实施更为严格的监管措施及更详细的信息披露要求。而私募基金由于投资者只是部分特定的群体,可以是个别协商的结果,一般法规要求可以不如公募基金严格详细,如单一股票的投资限制放宽,某一投资者持有基金份额可以超出一定比例,对私募基金规模的最低限制更低,不必定期公布投资组合,等等。

三、机构投资者对证券市场和企业治理的影响

机构投资者作为一种特殊的投资者对证券市场和上市公司会产生独特的影响。作为证券市场主体,机构投资者必然也要以利润最大化作为自己的经营目标,在这一点上,机构投资者和其他市场主体没有本质的区别。但是,由于机构投资者必须向其收益人保证一定的收益,它们在具体的投资策略上还是具有一些独特之处。一般来说,机构投资者不以追逐市场短期收益为目标,而且由于其资金庞大,它们难以像其他市场主体那样在证券市场频繁买卖,只能以追求稳定的长期收益为目标。因此,机构投资者对市场的影响在很大程度上受市场的规范程度、上市公司能否向投资者提供稳定的长期收益等因素影响。如果证券市场法制不健全,或者法律法规没有得到有效的实施,机构投资者就很可能利用自己的资金实力雄厚、信息收集和分析能力强等优势,损害收益人和证券市场其他投资者的利益。同样,如果上市公司无法向投资者提供稳定的长期收益,那么在盈利的压力下,机构投资者也会参与到

市场的短期投机交易中去，它们的加入将加剧市场的波动性，提高市场风险。相反，如果证券市场法律法规健全，实施状况良好，同时上市公司能够向投资者提供稳定的长期回报，那么在获取稳定的长期收益的动机下，机构投资者将采取长期投资策略，它们的市场行为反而能够提高证券市场的稳定性。

20世纪80年代以来，在美国，机构投资者开始改变过去不积极参与公司经营管理的做法，积极介入公司的生产经营管理，从而引发了所谓的"共同基金革命"。"共同基金革命"的发生标志着机构投资者理念的改变，从而揭开了机构投资者积极市场行为的新篇章。

机构投资者介入企业治理的前提是社会各界对机构投资者市场作用的看法发生了改变。在很长的一段时期里，由于机构投资者的资金实力雄厚、专业知识丰富，人们认为，机构投资者持有太多的公司股票、参与企业经营管理，将导致机构投资者在企业治理中以股票赢利的短期目标取代企业赢利的长期目标，从而侵犯其他投资者的利益。因此，美国很早就通过了一系列法律限制机构投资者持有过多的企业股票、禁止其参与企业的经营管理。如1906年禁止长期以来涉足公司治理的人寿保险公司持有股票；1940年的投资公司法要求机构投资者持有的股票必须分散化，持有单一公司股票不得超过全部社会股份的50%；1979年的雇员退休收入保障法规定，养老基金不得将10%以上的资产投向交纳养老费的公司，否则将失去免税待遇。进入20世纪90年代以来，越来越多的机构投资者逐渐改变从短期投机中牟利的做法，成为积极股东。在这种情况下，针对机构投资者介入企业经营管理的一系列限制性规定开始放松。

机构投资者的介入也是建立在资本市场结构改变的前提之上的。在美国，机构投资者已成为资本市场的主导力量，他们持有的股票占总量的50%以上。由此产生了两个后果：①当机构投资者介入企业经营管理时，他们的对手也是拥有强大实力和专业知识的机构投资者，而不是中小投资者，这样，他们通过操纵企业股价、获取短期利润的可能性就大为降低；②当企业股价下跌时，持有大量股票的机构投资者就不能像中小投资者那样简单地抛出股票，因为这样将引起股价大跌，导致机构投资者损失惨重。因此，机构投资者实力增强使得积极介入企业治理成为机构投资者的最优选择，特别是在企业重组的关键时期，积极介入是保护机构投资者自身利益的最好选择。

机构投资者积极介入企业治理也是企业发展的要求。20世纪80年代后期以来，发达国家资本市场上针对经营不善的公司的敌意接管逐渐减少，但公司仍为委托-代理问题所困扰。在这种情况下，机构投资者积极介入企业的经营管理，对改善企业内部治理、减少企业经理层的机会主义行为有不可替代的作用。

企业重组是对企业原先的生产、管理资源的优化组合，通常采用的方式是收购和兼并（merger & acquisition）。重组过程是企业生产方式发生改变的过程，从而也将影响分配方式，势必造成各方利益的直接冲突。各方利益的相互冲突、相互影响最终将形成一个新的治理结构。在此过程中，如果某一方的应得利益不能得到切实保障，所形成的治理结构必然是不完善的。作为企业的一个重要的利益相关者，投资基金拥有企业所不具有的信息、知识甚至资金优势，重组过程中，机构投资者的积极介入对保护机构投资者自身利益、完善企业治理结构有着极其重要的作用。

思考题

1. 什么是证券市场？证券市场有何特点？
2. 证券市场有哪些类型？
3. 什么是证券商？证券商是如何分类的？
4. 简述证券市场的功能。
5. 简述证券市场的作用。
6. 证券市场投资主体主要包括哪些？
7. 投资基金对证券市场的稳定性和上市公司的经营管理有什么影响？
8. 保险基金入市应遵循的原则是什么？

第七章 证券发行市场

为了筹集资金等目的,就需要发行各类证券,从而也就产生了证券发行市场。证券发行市场是新证券以包销或者承购等方式易手的市场。为了保证新证券的顺利发行,必须解决证券发行条件、发行方式、发行价格等问题。此外,为了使证券市场有序运行,有必要对证券进行评级,以满足投资者和中介人的需要。

第一节 证券发行的相关理论

一、资本结构与企业价值

证券发行市场的发展可以对发行证券的企业产生一定的影响,从前面的分析,我们知道发行证券除了可以增加企业的资金总量外,还可以对企业的资金运用效率产生积极的影响。但是,企业发行证券的数量却存在一个适度规模,过多或过少的证券发行都不利于企业价值最大化目标的实现。资本结构理论从不同方面说明了企业应当发行多少证券以及发行何种证券,因此,资本结构理论实际上也是证券发行市场得以不断发展的理论基础。

企业经营的目标是实现企业价值的最大化。关于资本结构与企业价值之间的关系,西方已经形成若干理论,可区分为早期资本结构理论和现代资本结构理论。

1. 早期资本结构理论

资本结构的理论研究始于20世纪50年代初期,并形成三种见解,即净利说、营业净利说和传统说。净利说认为,利用债务可以降低企业资本成本,因此,企业采用负债筹资总是有利的。当公司加大财务杠杆程度,可降低其资本成本,并且会提高公司的市场价值。营业净利说认为,不论财务杠杆如何变动,综合资本成本都是固定的,同时企业的价值也是固定不变的。其假定前提是加大成本较低的负债资本同时会增加自有资本的风险,从而使自有资本成本上升,所有者是以固定的资本成本来估价企业的营业净利的。传统说是一种折中理论,按照折中理论,企业在一定限度负债时,自有资本和负债的风险都不会显著增加,所以股权资本成本和债务资本成本在某个范围内是相对稳定的,一旦超出这个范围,则开始上升,因此,企业存在最佳资本结构。

2. 现代资本结构理论

这三种理论都是建立在对企业所有者行为假设的基础之上的,许多学者在一定的理论基础上重新研究了企业资本结构问题,其中最有影响的就是由莫迪格良尼和米勒开创的现代资本结构理论,他们使资本结构研究成为一种严格的科学的理论。

1958年,莫迪格良尼和米勒联合发表了一篇论文《资本成本、公司财务和投资理论》。他们于该文中论证,在一定的严格假设下,由于所得税法允许利息费用在税前扣除,故公司的价值会随负债的持续增加而不断上升。该文设定及其后发展的假设主要有:①公司筹资时没有交易费用或佣金;②投资者无须交纳个人所得税;③投资者与公司的借款成本相同;④税息前利润不受负债的影响。显然,这些假设并不完全成立,由此导出的结论也不完全符合现实的情况。

为了解决上述问题,莫迪格良尼和米勒及其后续支持者通过研究,一一放松以上假设,并引入现实的因素,如财务危机成本和代理成本,从而进一步发展了莫迪格良尼和米勒的MM定理。

最初的MM定理提出了如下假设条件,其中一些后来有所放宽。

(1) 企业的经营风险是可以衡量的,有相同的经营风险的企业即处于同类风险级。

(2) 现在和将来的投资者对每一个企业未来的息税前利润(earnings before interest and tax, EBIT)估计完全相同,即投资者对公司未来收益和这些收益风险的预期是相同的。

(3) 股票和债券在完全资本市场上交易意味着没有交易成本,而且投资者可同公司一样以同等利率借款。

(4) 企业和个人的负债没有风险,所以负债利率为无风险利率。此外,无论公司举债多少,这个条件都不变。

(5) 所有现金流量都是固定年金,即企业的增长率为0,预期EBIT固定是指投资者预期的EBIT固定不变,但实现的EBIT可以不同于预期的EBIT。

在这些假设条件下,莫迪格良尼和米勒提出了无公司税的MM定理。当不存在公司税时,企业的价值独立于其负债,企业如果筹集资金并没有实际的影响,因此,企业的资本结构不会影响企业的价值和资本成本。

但是,无税收条件下的MM定理与现实情况相去甚远,莫迪格良尼和米勒对此进行了修正,考虑了存在公司税的情况。在公司税的影响下,负债会因为利息可以在税前支出而增加企业价值,对投资者来说也意味着更多的可分配经营收入,企业可以通过调整自己的资本结构实现企业价值最大化,企业存在最优资本结构。因此,企业可以通过在股票发行市场筹集资金,调整自己的资本结构。在莫迪格良尼和米勒之后,又有许多经济学家从不同角度发展了资本结构理论,证明了证券发行市场可以提高企业的价值。

二、资本结构与公司治理

关于资本结构对公司治理结构影响的问题,中外经济学家都做了大量的分析,这一方面的理论也不断地推陈出新。由于资本结构的调整实际上就是融资方式的选择,因此,资本结构理论和融资结构问题实际上是两个紧密联系的问题。

其后的西方学者们又对信息不对称情况下,企业融资方式选择的问题做了进一步的讨论。根据他们分析角度的不同,该理论可以分为以下几类。

1. 从公司控制权角度分析的理论

从公司控制权角度来看,股东和债权人各有优势。因此,在成本最小化的驱动下,通过不同的渠道进行融资的公司,必定面临不同的治理结构调整方式。哈特(Hart)和摩尔(Moore)研究发现,相对于股权融资而言,在到期时,债务融资更易于进行重新安排(renegotiations)。这样,如果将来公司在偿还能力方面出现问题时,经理人就可以通过债务的重新安排渡过危机,而无须变更公司的管理权或所有权。但是,戴蒙德(Diamond)指出,尽管债务融资更易于重新安排,却必须向银行支付一定的中介费用(intermediate cost);也就是说,公司通过债务融资未必能获得足够的好处,经理人对债务融资的偏好将大大降低。

吉尔森(Gilson)、科斯(Kose)、郎(Lang)、拉詹(Rajan)、博尔顿(Bolton)和沙夫斯坦(Sharfstein)从公司重组的角度分析了这一问题。银行一般都具有足够的人力、物力和财力,可以对公司的内部信息进行充分的了解,因此,当公司出现问题时,银行是更好的重组者。另一方面,大多数中小股东对公司的内部信息不太了解,由于资金以及专业知识的不足,他们收集信息的成本高于收益。另外,大多数股东存在强烈的"搭便车"心理,而不愿花费资金和精力收集信息,这导致了他们不能很好地参与公司重组。

另外,阿吉翁(Aghion)和博尔顿(Bolton)提出了一个模型,用于解释债务契约中的破产机制的特征。Harris和Riviv考察了投票权的经理控制,企业的负债-股权比率及兼并市场三者之间的关系。他们证明,一般来说,负债比例的增加更有利于避免股权收购。斯图兹(Stulz)和伊斯雷尔(Israel)也分别用类似的方法分析了资本结构对兼并的影响。

2. 从公司自身性质角度分析的理论

还有一部分学者从公司自身的角度研究了企业的融资偏好(financial preference)。他们根据公司的规模,风险的大小和创立时间的长短,来考虑企业融资偏好的问题。有学者认为,不同公司的债务融资和股权融资的比率也不同,成熟、安全的公司倾向于股权融资,而新创立的、高风险的公司偏好于债务融资[彼德森(Petersen)和拉詹(Rajan)]。

博尔顿(Bolton)和弗雷塔斯(Freixas)的研究也证明了这一结论,并指出公司偏好债务融资的原因是,银行在帮助这些公司渡过财务危机方面有一定的特长。他们的研究是建立在股东、债权人和公司非对称信息、不考虑税收的前提下,当市场均衡时,公司既发行股票、债券,也向银行借款。他们主要强调了银行作为金融中介的作用。由于银行本身面临资金成本问题(他们试图通过证券化方式使之达到最小化),金融波动性给公司带来的成本极高,为了避免这种中介成本,公司会利用债券和股票融资。但债券意味着一种低效的流动性成本,而股票则有信息扩散成本。公司利用股票融资时,没有破产成本,但对品质良好的公司来说,信息扩散成本较高;利用债务融资时,信息扩散成本低,但如果公司债务过高,会有流动性风险及破产风险。如同债务融资一样,利用银行贷款融资也会有破产风险,但没有流动性风险,银行贷款的缺点就是它的中介成本。

彼德森(Petersen)和拉詹(Rajan)认为,由于新创立的公司或风险性的公司收益流不稳定,投资于这类公司的风险较大,因而它们对投资者的吸引力不大,主要通过债务方式进行融资。债务融资为主也使公司经营管理受到制约,进而对治理结构产生很大的影响。戴蒙德(Diamond)、贝赞可(Besanko)、卡纳塔斯(Kanatas)、霍姆斯特姆(Holmstrom)和蒂罗尔(Tirole)的研究发现,相对于股东而言,银行可以更好地监督公司项目选择的正确性,具有项目过滤（project screening）方面的优势，从而可以减少公司投融资决策方面的失误，提高公司价值。

伯格洛夫还从公司资产的性质（如流动性、稳定性）结合控制权角度研究了这一问题。伯格洛夫认为，公司融资方式的选择实质上就是法人治理机制的选择，经理人进行内部融资时，为使投资者同意把资本投入到这家公司，他必须对投资者作出承诺，如保证在将来某个时间支付投资者若干报酬或归还本金，为了提高承诺的可信程度，经理人必须采取以下行为之一：①承诺在特定状态下外部投资者对公司的特定资产或现金流量具有所有权；②放弃一部分投资决策权，将之转让给外部投资者。这两种选择代表两种不同的融资模式，即保持距离型融资和控制导向型融资。在保持距离型融资模式下，公司控制权的分配与公司能否实现一定的经营目标相联系。当公司不能实现目标时，控制权自动转移给投资者。在控制导向型融资模式下，当经营者与股东目标有重大偏离并出现严重低效率时，退出机制就会生效。这两种融资模式相应地形成两种不同的法人治理机制，即目标型治理和干预型治理。

3. 从信息传递角度分析的理论

罗斯（Ross）和亨克尔（Heinkel）分别假设公司的未来收益服从连续型和离散型的分布，公司经理人了解这种分布，而作为外部人的投资者则不了解，他们只能通过内部人的行为来获取有关的信息。一般来说，破产的概率同公司的质量负相关而同负债水平正相关，破产将给经理人带来损失，因而经理人将不会盲目增加负债。这样，在低质量的公司无法通过更多的债权融资来模仿高质量公司的情况下，外部投资者把较高的负债水平作为高质量的一个信号。因此，从这个角度来说，公司价值和公司的资产负债率正相关。

利兰德（Leland）和派尔（Pyle）则结合经理人的风险偏好来讨论这一问题。他们假定经理人是风险规避者，且了解有关公司未来收益的信息。如果经理人与投资者共同投资这一项目，那么在均衡状态下，经理人的股份将完全揭示其所拥有的内部信息。投资者可以认为，经理人所占股份越大，表明经理人对公司的前途看好，因而公司价值也越大。

迈耶斯（Myers）和梅吉拉夫（Majluf）认为，公司通过证券渠道融资将会增加公司的信息扩散成本（informational dilution cost）。公司向股东传递信息主要包括两类成本：①直接成本，即传递信息过程中的各种开支，如相关的办公、人力等支出；②间接成本，即公司按一定的规范向公众发布会计信息时，可能泄露公司经营秘密而带来的成本。一般来说，股权融资带来的信息扩散成本高于债权融资的成本，这种成本上的差异必然影响公司的价值，改变经理人、股东和债权人对公司剩余索取权的分配，进而影响到公司的治理结构。他们还认为，由于逆向选择问题的存在，经理人只会在股价高估时才发行股票，而此时投资者又不愿购买，因此，发行股票时总是存在问题。

李（Lee）、塔科尔（Thakor）和沃拉（Vora）对包括筹资在内的更广泛的公司行为进行了分析，证明由于存在信息不对称的问题，公司的股东与经理人对公司的产品以及盈利分布比债权人更为了解，因此，公司的资本结构与债务期限可以向债权人揭示有关信息，从而降低他们获得信息的难度。他们的模型是根据均衡条件下三个结论获得的：①公司将最大化它所出售的股票、债券的收入与初始投资之间的差额，并以此确定最优的债权股权比例和债务期限结构；②公司的最优政策可以使各种期限的债券价格能弥补债券投资者所承担的风险；③股票价格等于给定的、可观测的公司债务政策下及股东充分信息条件下在完全竞争市场中的期望价格(即理性预期价格)。他们的模型不涉及信息生产(information produce)问题，所有的市场参与者均可从可观测到的其他参与者的市场行为中获取信息，因而，不存在"搭便车问题"(free-rider)。这个模型解释了在面临公司产品信息不对称时，市场参与者决定其行为的一个机制。这个机制集合了信号(signaling)和成本高昂的过滤(screening)方法，股东搜集公司未来盈利分布的信息，并利用这种信息确定债券估价方案。有了这种方案，公司最优债权股权比例和债务期限结构又向那些有远见的股东揭示了公司的盈利分布。

4. 从经理人激励角度分析的理论

这一分析角度主要强调资本结构与经营者行为之间的关系。詹森(Jensen)和麦克林(Meckling)的论文考虑了当公司的经理人与外部股东的利益不一致时，外部股东应当如何行动。他们认为，代理成本的产生是由于经理人不是公司的完全所有者，不同的融资契约与不同的代理成本相联系，资本结构的选择是为了最小化代理成本。格罗斯曼(Grossman)和哈特(Hart)建立了一个正式的代理模型来分析债务融资是如何缓和经理人和股东之间的冲突。他们将债务视为一种担保机制，能够促使经理人多努力工作，少个人享受，并且作出更好的投资决策。这样，债务在一定程度上的增加可以降低由于所有权与控制权分离而产生的代理成本。

迈耶斯(Myers)讨论了公司股权对公司的委托-代理关系的影响。投资者拥有公司资产的要求权，但他无法阻止公司经理人侵占公司的资产。他假设投资者在任何时候都可以在市场上抛出公司股票，撤出投资。为了吸引股东继续投资，公司必须向股东支付一定的红利。在公司红利支付问题上，公司有两种选择(两种模型)：合伙人模型和公司模型。前者指公司必须在现期支付足够的红利，使股东有兴趣继续投资，因此，这一模型主要强调当期红利；第二个模型指公司支付的红利不必很高，只要足以使股东对未来的红利有一个良好的预期，这一模型主要强调未来红利。迈耶斯(Myers)把第二种情况称作"跨期约束"，并在此框架下进行分析，得出结论：①外部股东的行为主要取决于"跨期约束"；②那些对公司内部人努力及风险承担依赖较大的公司可降低外部投资者的讨价还价能力(bargaining power)。债券合同必须对公司未来的资产价值有明确的了解，而股权却不必这样。

5. 从外部条件变动角度的分析及理论(如通胀、税收)

国外学者还从通货膨胀和税收的角度进行了分析。霍克曼(Hochman)和巴曼(Palman)认为通货膨胀通过三种效应对公司价值产生影响：①贬值效应。通货膨胀将使公司资产的实际价值减少，而公司的税收仍按贬值前的历史价值征收，因而公司的实际利润会下降，公司将减少投资。②利息效应。由于费雪效应的作用，通货膨胀发生后，公司负债的实际利率将下降，公司从利息庇护中将获得更多的实际利益，因此，利息效应将使公司增加投资。③资本利得效应。指公司出售资产时，资本利得税影响公司收益的效应，由于该效应只有在公司出售资产时才出现，而且影响较小，因此多被忽略。霍克曼和巴曼假定，各公司的税率相同，个人所得税实行累进制，公司既可发行股票，又可发行债券进行融资，而个人只持有其中的一种。此时，若费雪效应成立，即便是在股权融资的条件下，通货膨胀也会提高公司的投资需求；当股票的实际回报率与通货膨胀无关时，即使是在债务融资条件下，通货膨胀也会抑制公司的投资需求。霍克曼和巴曼由此得出结论，在通货膨胀条件下，资本结构对治理结构的影响与公司初始的资本结构无关。

绍尔(Schall)分析了通货膨胀导致的税收扭曲对公司行为的影响。通货膨胀发生以后，在实际收入不变的情况下，公司的名义收入提高，公司债务的利息庇护(tax shelter)将发生变化，股东的红利收入、资本利得税也会上升。除此之外，通货膨胀还将改变股东对公司业绩的评估，影响股东的投资行为。所有这些变化，都会通过各种途径改变公司经理人、股东和债权人的行为，进而对公司的治理结构产生影响。

资本结构理论经历了不同的发展阶段，资本结构理论对企业融资行为的结论也不相同。最初的资本结构理论认为资本结构对企业价值没有影响，因此是否发行股票并不重要。但是，现代资本结构理论在考虑了税收、信息不对称等方面的因素后，发现资本结构对企业价值和内部治理都有影响，因此，证券发行市场的存在就不仅仅关系企业融资问题，还会影响企业的经营管理。

第二节 证券发行的方式和程序

一、证券发行方式

证券发行方式多种多样，不同的发行方式会对证券的销售产生不同的影响。所以，适当的发行方式对于能否及时筹集足够的资金而言是非常关键的。

1. 按发行对象的不同划分

按发行对象的不同，证券发行可以分为公募发行和私募发行。

(1) 公募发行。这是指公开向不特定的投资者广泛募集资金的证券发行方式。我国的公开发行类似于公募发行。公募发行有如下特点：①发行的证券数量大、金额高，由于是在市场上公开发行，投资者众多，因而筹资潜力大，而且有利于提高筹资主体在社会上的知名度；②往往采用间接发行的方式，委托证券公司代理发行；③发行的证券流动性高，一般可以在证券流通市场上转让；④筹资成本高、发行过程复杂，因为要做广告宣传，还要支付给证券公司代理发行手续费等，所以筹资成本相对较高。此外，公募发行往往需要筹资者准备众多的文件和资料，并公开自己的有关信息，发行过程比较复杂。

(2) 私募发行。私募发行是指向特定投资者募集资金的一种证券发行方式。如有些筹资者向内部人员发行证券，或向市场、技术关联的单位发行证券。私募发行有如下特点：①发行的证券数量少、金额小；②一般不通过证券公司，由筹资主体自己解决销售；③私募发行的证券一般不允许上市转让，证券的流动性差；④由于有确定的投资者，所以筹资主体不担心发行失败；⑤由于自营发行证券，可以节省广告宣传费用和证券公司代理手续费，所以发行成本相对较低；⑥私募发行时，为鼓励购买，往往向内部投资者提供特殊优惠的条件，如较高的利息等。

2. 按发行主体的不同划分

按发行主体的不同，证券发行可以分为直接发行和间接发行。

(1) 直接发行。这是指证券发行者不委托其他机构,而是由自己组织认购、进行销售,直接向投资者发行证券筹措资金的行为。直接发行有如下特点:①发行量小,筹集资金的规模有限;②社会影响不大,难以提高筹资者的知名度;③不需向社会公众提供有关资料;④由于筹资主体自己办理发售,可以省去委托证券公司发行的手续费等费用;⑤投资者大多是与发行者有业务往来的机构。直接发行方式也有明显的缺点,主要是自己负担发行证券的责任和风险,得不到证券公司的帮助,若发行不成功,影响资金筹集及其生产经营的顺利进行。

(2) 间接发行。间接发行是指证券发行单位委托中介机构代理出售证券的发行方式,又被称为委托代理发行。根据证券发行机构所承担的发行责任的大小不同,可分为包销发行、代理发行和承销发行。

① 包销发行。包销发行是指证券发行单位与证券发行受托机构签订购买合同,由证券发行受托机构将所发行的证券全部买下,然后再转售给社会众多投资者的发行方式。包销发行有如下特点:第一,发行风险全部由发行受托机构承担;第二,发行单位可以及时、全额取得所筹资金;第三,发行单位的信誉一般较高;第四,社会影响比较大,可以进一步树立筹资主体的形象;第五,因发行受托机构在向社会发行前,已经将款项全额划给发行单位,构成先垫付资金,所以发行的手续费较高。

② 代理发行,也称代销。它是指受托者只代理发行证券单位发售证券的一种发行方式。发售到约定期时,受托方要将收入的资金或连同未销出去的证券全部交还给证券发行者。代理发行有如下特点:第一,证券公司不承担任何风险,而由筹资主体自行负担;第二,如果筹资主体知名度不高或信誉不够好,有可能发售不畅,筹资单位就不能及时筹足资金;第三,由于证券公司不承担风险,因此,发行手续费比其他方式都要低;第四,发行的社会影响大。代理发行比较适合于那些信誉好、知名度高的大中型企业,它们的证券容易为社会公众所接受,且发行成本低。

③ 承销发行,又称促销或助销发行方式。它是指证券发行的受托机构,对在规定的发行期内不能全部发行的剩余部分由自己收购的一种发行方式。这种发行方式有如下特点:第一,发行单位的筹资金额有保证,不会因发行额不足而产生筹资款不足的情况;第二,证券发行风险由发行受托机构承担;第三,社会影响大,有助于提高筹资主体的信誉;第四,发行机构只有在社会公众购买量不足时才可以购买剩余的证券,而不得预留部分证券自行购买;第五,发行风险由发行受托机构承担,因此手续费较代理发行方式高。

3. 根据证券发行价格确定方式的不同划分

根据证券发行价格确定方式的不同,证券发行可以分为议价发行和投标发行。

(1) 议价发行。这种发行方式是指证券的发行者和推销者就证券的发行价格、手续费等事项充分商讨后再发行或推销的一种发行方式。这种方式可以兼顾多方面的利益,一旦各方的利益在商讨后的办法中得到兼顾,便可以根据详细的办法来执行发行或推销计划。

(2) 投标发行。投标发行又称为竞价销售或投标销售。具体方法是证券发行单位在发行证券前,向证券公司、银行、财务公司等金融机构发出通知或说明书及投标申请书,说明该单位将发行某种证券,欢迎投标;在通知或说明书上标明证券的种类、金额、面额、销售的条件等内容;愿意参加证券承销的证券公司等机构在投标的申请书上填注证券的投标价格,由证券发行单位在规定日期当众开标,并经公证,出价最高者获得总经销的权利;然后中标者与发行者签订购买合同。

4. 按发行保证的不同划分

按发行保证的不同，证券发行可以分为信用担保发行、实物担保发行、证券担保发行和产品担保发行。担保发行是指发行证券单位为了提高证券信誉，增加投资人的信心，提高证券的吸引力，采用某种方式承诺，保证到期支付证券收益的一种发行方式，担保发行主要适用于债券的发行，一般有以下几种形式：

(1) 信用担保发行。信用担保发行是指发行债券者没有任何担保品，仅凭信用发行债券。它包括自身信用担保发行和保证人信用担保发行两种。

(2) 实物担保发行。实物担保发行是指发行债券者用自己的实物作抵押或补偿，保证债券到期还本付息的发行方式。发行者一旦到期不能或无法按约支付债务时，必须用担保实物进行补偿。

(3) 产品担保发行。产品担保发行是指用发行者的产品作为发行债券的担保品来保证债券本息偿还的发行方式。

(4) 证券担保发行。证券担保发行是指发行者用自己所持有的其他单位或政府的证券作为担保品来发行债券。

二、股份公司的增资方式

已成立的股份公司为筹措资金而发行股票，称为增资。增资发行股票时，一般有以下三种方式：

1. 有偿增资

有偿增资是指股份公司发行新股时，要求投资者按规定价格缴纳现金或实物购买股票的一种增资方式，具体形式有三种：第一，股东配股，即公司按原持股比例给原股东分配新股购买权，或将其转让给他人。第二，第三者配股，即公司向特定人员分配新股购买权的增资方式。这些特定人员一般包括公司的董事、员工、贸易伙伴，以及与公司业务有关的各方，如公司顾问、往来银行等。采用这种方式增资，通常是为了谋求在股东以外筹集资金。第三，公开招股，即股份公司可以向社会公开发售新股票的办法来实现增资的方式。国内企业发行了A股的公司再发行B股，或已发行了H股的公司再发行A股，都属于这类。

2. 无偿增资

无偿增资是指股份公司把法定准备金或将公司的积累与红利转入资本金，从而完成增资的方式。这种增资方式与有偿增资不同，公司的实际总资本并未增加，只是对资本结构做了账面调整。无偿增资通常有两种。第一，积累转增资，即将公司的公积金转为资本，按比例转赠给老股东。积累转增资可以进一步明确产权关系，有助于投资者正确对待股票投资，弱化股息、红利分配中的攀比意识，提高对企业经营与积累关系的认识，从而形成企业积累的内外动力机制。各国公司法都规定，法定公积金可以转为股本，也可用来弥补亏损，但不得作为红利分配。第二，红利转增资，即将当年应分配给股东的红利转为增资，用新发行的股票代替现金作为股利派发给股东。用红股代替现金派发股利，对于公司来说，可以把股利转为资本，加快公司发展速度；对个人来讲，可以免缴个人所得税。

3. 搭配增资

搭配增资即有偿增资和无偿增资的搭配,它是指股份公司向原股东配予新股时,原股东只需缴纳部分现金或实物,即可取得该公司一定数额的股票,其缴现金或实物不足部分用公司公积金抵充。这种增资方式有助于促进缴纳股金,以便迅速完成增资计划。我国上市公司常常在送股的同时配股,也属于搭配增资。

三、证券发行程序

证券发行者必须符合国家一系列的规定,满足作为发行人的资格,才能发行证券。在证券发行过程中,发行者必须按一定的程序进行发行工作。

1. 证券发行的一般程序

证券的发行,不是无约束的行为,它必须按照一定程序进行。从我国证券发行过程看,证券发行一般有以下基本程序。

(1) 证券报批前的准备工作。证券报批前的准备工作主要是财产重估与资信评级、起草发行证券所需的文件(如发行证券的可行性研究报告、发行证券的章程等)。

(2) 证券发行的核准。

(3) 签订发行协议。

(4) 销售相应证券。

2. 股票发行程序

根据《中国证监会股票发行核准程序》规定,股票发行程序如下(以人民币普通股即 A 股为例)。

(1) 报送相关文件。根据 2013 年 6 月修订的《中华人民共和国证券法》第 12—25 条规定:设立股份有限公司公开发行股票,应当符合《中华人民共和国公司法》规定的条件和经国务院批准的国务院证券监督管理机构规定的其他条件,向国务院证券监督管理机构报送募股申请和下列文件:

① 公司章程;
② 发起人协议;
③ 发起人姓名或者名称,发起人认购的股份数、出资种类及验资证明;
④ 招股说明书;
⑤ 代收股款银行的名称及地址;
⑥ 承销机构名称及有关的协议。依照法规定聘请保荐人的,还应当报送保荐人出具的发行保荐书。

法律、行政法规规定设立公司必须报经批准的,还应当提交相应的批准文件。

公司公开发行新股,应当向国务院证券监督管理机构报送募股申请和下列文件:

① 公司营业执照;
② 公司章程;
③ 股东大会决议;
④ 招股说明书;

⑤ 财务会计报告；

⑥ 代收股款银行的名称及地址；

⑦ 承销机构名称及有关的协议。依照法规定聘请保荐人的，还应当报送保荐人出具的发行保荐书。

（2）预披露。发行人申请首次公开发行股票的，在提交申请文件后，应当按照国务院证券监督管理机构的规定预先披露有关申请文件。

（3）审核。国务院证券监督管理机构设发行审核委员会，依法审核股票发行申请。发行审核委员会由国务院证券监督管理机构的专业人员和所聘请的该机构外的有关专家组成，以投票方式对股票发行申请进行表决，提出审核意见。国务院证券监督管理机构依照法定条件负责核准股票发行申请。国务院证券监督管理机构或者国务院授权的部门应当自受理证券发行申请文件之日起三个月内，依照法定条件和法定程序作出予以核准或者不予核准的决定，发行人根据要求补充、修改发行申请文件的时间不计算在内；不予核准的，应当说明理由。

（4）公告募集文件。证券发行申请经核准，发行人应当依照法律、行政法规的规定，在证券公开发行前，公告公开发行募集文件，并将该文件置备于指定场所供公众查阅。发行证券的信息依法公开前，任何知情人不得公开或者泄露该信息。

3. 债券发行程序

（1）公募债券发行的一般程序。

① 发行人决定发行债券。

② 发行人选定主要受托公司，与受托公司商订发行计划并签订协议。

③ 由主要（或牵头）受托公司代发行人申请资信评级，向政府主管机关申请发行债券。

④ 经批准后，主要受托公司安排登记代理、支付代理和认购代表。

⑤ 发行人与登记代理、支付代理和认购代表签订协议。

⑥ 认购代表向投资者介绍情况，进行宣传。

⑦ 投资者认购债券。

⑧ 认购代表收缴债款，并开出收据。

（2）私募债券发行的一般程序。

① 发行人作出发行债券的决定。

② 发行人选择认购债券的主筹募人。

③ 主筹募人对发行人信用进行调查或通过信用评级机构进行证信，决定接受委托并签订协议。

④ 主筹募人负责认购和分销债券。

4. 基金的发行程序

① 基金管理公司向证券主管机关提出申请。

② 证券主管机关批准。

③ 发布基金发行的公开说明书，说明基金的性质、基金管理公司和基金托管人的名称、地址，基金的投资范围、投资政策及投资限制，基金收益分配的项目、时间及支付方式等

内容。

④ 发行基金。

四、证券发行的保荐人制度

在证券发行过程中,为了降低上市公司信息不透明给投资者带来的风险,证券监管部门采用了许多方法,保荐人制度就是其中比较成功的一种。

1. 保荐人制度及其作用

所谓保荐人制度是指一种企业上市制度。保荐人(sponsor)实质上类似于上市推荐人,其主要职责就是将符合条件的企业推荐上市,并对申请人适合上市、上市文件的准确完整以及董事知悉自身责任义务等负有保证责任,保荐人的责任原则上随着股票上市而终止。我国香港推出创业板后,保荐人制度的内涵得到了拓展,保荐人的责任被法定延续到公司上市后的两年之内。从职责来讲,保荐人应承担的职责远重于上市推荐人。保荐人要对企业进行上市前的实质性审查和上市后的持续辅导,使之符合目标市场上市规则的要求。保荐人在这过程中承担着完全的保荐责任。

在持续监管的作用之下,保荐制的实施将形成良性竞争的机制,也将直接提高证券公司的整体素质。在保荐制下,责任意识强、信用好、业绩佳的保荐机构和保荐代表人得到激励,而不符合要求的保荐机构和保荐代表人不受欢迎以致被淘汰,这会使证券市场的环境更加健康,使资源配置有更高的效率。各国保荐制的实践已充分表明,这一制度在提高上市公司质量、保护投资者合法权益等方面效果相当明显。

按照保荐制要求,企业发行上市的保荐责任明确到了具体的工作过程和各个环节,明确到了具体的机构和个人,可谓条条切中要害。在保荐制下,保荐机构和保荐代表人在新股发行过程中充当信息中介作用,必将以其信誉为发行人作出符合上市条件的保证,如果弄虚作假,将受到制度的严惩。

2. 保荐人制度类型

不同国家和地区证券市场的发展程度和特点都有所不同,他们所采用的保荐人制度也存在明显的区别。从全球范围看,英国的"终身"保荐人制度、美国的"什锦"保荐人制度和中国香港地区的保荐人制度具有一定的代表性。为了进一步揭示保荐人制度的运作模式,以下将对英国、美国和中国香港地区的保荐人制度进行简单说明(见表7-1)。

表7-1 世界上主要的几种保荐人制度类型的简要情况

主要类型	实行市场	特　色
"终身"保荐人制度	英国AIM	终身服务的特征相当显著,实施的基础比较牢靠,涉及领域非常广泛,有利于稳步发展
"什锦"保荐人制度	美国纳斯达克	标准化的制度安排,实施强调"标准化、专业化、协同化",有利于规范
其他保荐人制度	中国香港地区的联交所和创业板	加大了保荐人的责任,通过在主板市场与创业板两大市场上实现联动,有利于创新

(1) 英国另项投资市场(alternative investment market，AIM)的"终身"保荐人制度。该市场中,保荐人和经纪商为保障投资者利益发挥了巨大的作用。

① 持续聘任保荐人是企业上市的先决条件。伦敦证券交易所接受企业的上市申请后,主要考虑两方面的问题,即发行人能否遵守市场规则,投资者能否自由地买卖交易。为此,AIM 设立了两个重要的角色:保荐人和经纪商。所有寻求 AIM 上市的企业必须首先聘请保荐人和经纪商各一名,保荐人主要就上市规则向发行人提供指导和咨询意见,经纪商的职责是专注于提供和支持企业股票的交易便利,保荐人和经纪商可以由同一家公司兼任。聘请保荐人是 AIM 上市审核标准的先决条件之一,任何企业都不能例外。

针对 AIM 市场普遍存在的高收益与高风险的特征,英国监管机构要求在 AIM 上市的企业必须实行终身保荐人制度。终身保荐人制度是指上市企业在任何时候都必须聘请一名符合法定资格的公司作为其保荐人,以保证企业持续地遵守市场规则,增强投资者的信心。保荐人的任期以上市企业的存续时间为基础,企业上市一天,保荐人就要伴随左右一日。如果保荐人因辞职或被解雇而导致缺位,被保荐企业股票交易将立即停止,直至新的保荐人正式履行职责,才可继续进行交易。如果在一个月内仍然没有新的保荐人弥补空缺,那么被保荐企业的股票将被从市场中摘牌。

② 保荐人职责在企业上市前后侧重点不同。AIM 保荐人的职责范围在相关法规中有原则性的界定,主要包括:就 AIM 市场规则规定的上市企业董事应尽的职责和义务对董事进行辅导,确保董事已经获得足够的培训并清楚自己的责任;尽其所能对发行人的各个方面的情况进行适当和仔细的尽职调查;确认发行人和拟发行的股票符合 AIM 市场规则,向交易所作出书面声明;就上市企业董事的职责和义务持续地提供咨询和指导,保证发行人上市后任何时候均符合 AIM 市场规则;当决定终止担任保荐人时,须按交易所要求的形式和时限通知交易所;对照上市公司申请文件中或公开发表的任何盈利预测、估算和前景计划,定时检查企业的实际交易活动和财务状况;当上市公司制定的盈利预测与企业的实际表现出现重大差异时,协助董事来决定是否将这类情况予以披露。

由此可见,AIM 保荐人在企业上市前后从事的保荐工作侧重点有所不同。企业申请上市前,保荐人要对发行人的质地和条件作出实质性审查。首先要评估和判断发行人已经符合上市标准的有关要求并以书面形式向交易所予以确认,申请程序才可能继续下去;其次要保证公司的董事已就其责任和义务获得咨询和指导并符合有关的 AIM 市场规则。在这一阶段,保荐人扮演了"辅导者"和"独立审计师"的角色。为了向伦敦证券交易所负责,保荐人一般要对发行人的情况作出详细的尽职调查,调查内容包括发行人的资产与负债、财务状况、盈利情况、业务发展前景、发行人董事的详细情况、与发行人有关的任何人士在上市前的 12 个月内是否收受价值超过一万英镑的费用、股票或其他好处等。有时伦敦交易所还向 AIM 上市公司提出一些参考性指引,以鼓励企业在市场上有更好的表现。保荐人同样有义务依据监管机构的这些要求向发行人提出合适的建议,协助企业作出有利于上市申请的决策。

企业完成上市以后,保荐人的工作就转向指导和督促企业持续地遵守市场规则,按照要求履行信息披露义务。此外,保荐人还可以代表企业,与交易所和投资者之间进行积极的沟通联络。保荐人凭借自身的专业经验,可以较好地处理与监管者和投资者的关系,提高企业的公众形象,改善企业股票的市场表现。在此阶段,保荐人又同时担当起企业"董事会秘书"

和"公关专家"的职责。

虽然企业上市后保荐人的工作范围扩大了,但有一点是必须明确的,即保荐人的核心职责在于辅导企业的董事遵守市场规则,履行应尽的责任和义务。尤其是在信息披露方面,保荐人对企业的指导和监督,将直接关系到 AIM 的市场运行质量和投资者的切身利益。因此,可以说,"辅导者"和"独立审计师"的职能是保荐人制度的本质和关键所在。

③ 保荐人资格及惩罚措施。符合资格的保荐人必须是依据《1986 年金融服务法案》注册的公司,或者是伦敦证券交易所接纳的正式会员。保荐人还要符合具备有关的资格和从业经验这一要求。例如,保荐人必须在任何时候保证拥有四名具备相关资格的项目人员,项目人员必须通过专业资格考试(特别豁免的除外),资格标准由交易所制定或在特殊情况下专门知会有关的申请人。准保荐人必须向交易所申请注册并完成登记成为保荐人名册中的合法成员,保荐人可以由股票经纪商、银行从业人员、律师、会计师或其他在公司财务方面有丰富经验的金融专业人士担任。

AIM 市场规则规定,当出现以下情况时,交易所将对保荐人实行制裁:第一,如果保荐人违反其职责、行为不谨慎或其行为和判断可能导致有损于市场的完整性及声誉时;第二,拥有符合保荐人资格和具有相当从业经验的项目从业人员少于 4 名。这时,交易所将采取以下相应的制裁方式:予以谴责;取消保荐人资格;公开发布制裁的决定及其理由。

被制裁的保荐人则拥有以下权利:就有关的制裁决定获得交易所的提前通知;就其违规行为或事件,以书面形式向交易所作出解释;制裁措施生效后,交易所可以就此向有关当事人作出一定的咨询和说明;交易所可以书面形式作出说明,解释导致作出制裁决定的对保荐人不利的一些理由。

(2) 美国纳斯达克市场的"什锦"保荐人制度。美国纳斯达克市场的"什锦"保荐人制度包括:强制性的法人治理结构、同业审查计划、自愿选择基础上的理事专业指导计划、承销商、做市商和分析师的专业服务,以及监管机构实质性的审查制度。这一套制度安排对保荐人的市场功能加以分解,通过相互间的功能互补和密切配合,成功地分散和控制了创业板市场的发行人风险,有效地保护了投资者的合法权益。

① 强制性的法人治理结构标准。"什锦"保荐人制度中最为关键的就是"强制性的法人治理结构"和"理事专业指导计划",它们内化了保荐人制度的核心功能,对纳斯达克市场的繁荣作出了极大的贡献。

1997 年 8 月,纳斯达克市场对上市规则进行了修改,对定性和定量两类上市标准的要求都作了强化。这无疑提高了纳斯达克市场的上市条件,对于改善上市公司的质地和营运,防范和化解创业板市场的运行风险起到了积极的促进作用。1999 年 12 月,美国证券交易委员会(SEC)批准了有关纳斯达克公司独立董事和审计委员会的上市标准修正办法,其目的在于加强审计委员会的独立性,强化审计委员会、外部董事和管理层应担负的责任和义务。

② 理事专业指导计划。"什锦"保荐人制度的另一个亮点,是交易所向所有上市公司提供的"理事专业指导计划"。上市后,公司可以获得纳斯达克一名理事的全面指导,理事一般对发行人所处行业拥有丰富的经验和专业知识,就公司股票的表现解答问题,在总体上指导公司的市场运作事宜。此外,理事可以帮助发行人就加强与投资者的关系来制定各种切实可行的计划,向发行人介绍相关行业的发展情况以及法规的变化情况。这项服务类似于保荐人在企业上市后从事的主要保荐业务活动之一,即成为上市公司的市场顾问,处理与交易

所和与投资者的交流沟通事宜。

③ 纳斯达克监管机构对发行人的实质审查。一般情况下,对发行人的上市条件进行实质性审查的职能是由保荐人来承担的,而在纳斯达克市场上则由市场监管者来承担。市场监管者一般会对发行人的以下几个方面进行重点审核:股东的利益和控制权,如股权稀释、表决权等是否符合要求;是否具备合法存续的资格,涉及销售收入、潜在的产品和服务等情况;是否有内部人特权,如股票期权、贷款和其他财务协议等;董事会的组成情况是否规范。

④ 纳斯达克中介机构所提供的服务。在纳斯达克市场,承销商、做市商和分析师所提供的市场服务实际上执行了保荐人的研究支持职能。发行人在聘请承销商时,一般要考虑承销商是否准备并且有足够的实力参与到企业上市后的事务中去,提供上市后的一系列服务,这类服务正是其他创业板市场保荐人的职责之所在。承销商可以协助上市公司掌握融资技巧,选择潜在的收购目标,物色战略合作伙伴。具有雄厚研究实力的承销商可以通过发表各种研究报告,扩大上市公司的知名度和声誉。做市商也须提供全面的服务,包括发表所代理股票的研究报告,通过零售渠道和机构交易商撮合股票的买卖,就首次公开发行股票或后续融资等活动向发行人提供有益的企业财务顾问意见等。

(3) 中国香港地区创业板保荐人制度。中国香港地区在主板市场和创业板市场上均实行保荐人制度,不过两者略有不同。在联交所的主板上市规则中,关于保荐人的规定类似于上交所对于上市推荐人的规定。主要职责是将符合条件的企业推荐上市,并对申请人申请上市、上市文件等所披露信息的真实、准确、完整以及申请人董事知悉自身应尽的责任义务等负有保证的责任。尽管联交所建议保荐人在发行人上市后至少一年内还要继续维持对发行人的服务,但保荐人的责任原则上随着股票上市而终止。中国香港地区推出创业板后,保荐人的责任被法定延续到发行人上市后的两个完整的会计年度之内。这是中国香港地区主板市场与创业板市场保荐人制度最大的区别所在。

中国香港联交所设立了一份符合资格的保荐人名册。准保荐人必须促使联交所确信其具备所需要的经验和专业才能,可以履行保荐人应尽的职责,保荐人必须持续符合有关资格准则。联交所一般每年对名册上保荐人的资格进行一次年审,若年审中发现有保荐人不符合有关资格准则,即摘牌除名。

① 中国香港地区的创业板保荐人的资格准则。一般来说,保荐人要列入中国香港地区的创业板保荐人名册而不被除名,必须符合下列各项规定:保荐人必须是有限公司;保荐人必须是证券及期货事务监察委员会公布的注册投资顾问或证券交易商或必须由证监会宣布为获得豁免权的证券交易商;保荐人必须在提出申请日期之前的五年内具有相关的企业财务(融资)经验。当然,在特殊情况下,例如,准保荐人需要令联交所满意其在申请日期前超过五年的期间,拥有曾经保荐首次公开招股公司上市的实际经验以及在这方面具备所认可的专业知识,联交所可以保留豁免或放宽对从业经历要求的酌情权。

准保荐人必须具有一定的资金实力。准保荐人必须具备不少于1000万元港币的实缴股本和(或)不可供分派的储备,而扣除少数股东权益后的有形资产净值也不得少于1000万元港币,且必须是全年没有产权负担的资产(即这些资产必须是没有用作抵押的资产)。

另外,保荐人只有在过去五年内不曾受到公开谴责,才能不被除名。

② 中国香港地区的创业板保荐人的一般持续责任。准保荐人一旦获准列入联交所的保荐人名册中,就必须根据其在申请成为保荐人的申请表格中所作的承诺,严格执行以下一

般持续责任。

保荐人必须遵守《创业板上市规则》中所有适用于保荐人的全部规定;就资本规模而言,准保荐人扣除少数股东权益后的有形资产净值不得少于1 000万元港币,且必须是全年没有产权负担的资产。

保荐人如果获悉下列情况,必须立即通知联交所:保荐人不再符合《创业板上市规则》中关于保荐人的有关规定;在保荐人向联交所提供有关其申请列入创业板的保荐人名册或任何此后要求复核的任何资料中,已经在任何重大方面出现变化或在任何重大方面产生误导;保荐人必须将拟采取的补救行动告知联交所,并须遵守联交所为补救行动而制定的任何宽限期。

如果保荐人没有获得其所属集团内的公司或联交所接纳的获许可机构提供的不少于1 000万元港币的无条件和不可撤销的担保,那么对于保荐人的负债来说,联交所保留(如果适用)披露其少于1 000万元港币和(如果适用)少于500万元港币的除少数股东权益后的有形资产净值的权利。这样做的目的就是为了促使保荐人在宽限期内及时采取补救措施,重新达到该指标的最低限额,以便能够开展新的保荐业务,继续履行保荐职责。

如果保荐人获悉其不再符合《创业板上市规则》中有关保荐人的资格准则及条件,就不可以再为任何新申请人或上市发行人担当新的保荐角色,也不可以持续作为保荐人向任何新申请人提供意见。

保荐人一般持续责任的其他事宜主要有以下几点:保荐人必须指定其两名执行董事,随时作为就有关保荐人事项与联交所联系和沟通的主要渠道;保荐人须继续聘用足够数量的职员,以确保其随时可以妥善地履行其作为保荐人应尽的责任;保荐人必须按照联交所要求的方式和期限向联交所提供有关保荐人、保荐人所代表的发行人或与创业板有关的任何其他事项的资料。

③ 中国香港地区的创业板保荐人应履行的道德诚信义务。中国香港地区的创业板保荐人应履行的道德诚信义务包括:

如果出现任何实际或潜在的利益冲突,造成妨碍或可能妨碍保荐人以专业或公正的方式向新申请人或上市发行人提供符合资格的意见时,保荐人则不可以代表新申请人或继续代表任何上市发行人。

当发生下列两种情况时,保荐人必须在提交上市申请时,向联交所填报和呈交一份利益声明,详细说明保荐人、董事和雇员和该上市发行人以及该项上市申请或交易中的一切利益:新申请人首次申请上市;在《创业板上市规则》第6.01条所述期间内,上市发行人的上市申请涉及的任何有关上市文件。

3. 我国内地股票市场保荐人制度

2003年12月28日中国证监会发布了《证券发行上市保荐制度暂行办法》,该《暂行办法》的出台标志着我国内地保荐人制度的正式确立。自2006年开始实施的新《证券法》也以法律的形式对保荐人制度进行了确认。自2004年2月至2009年6月这段时间,《证券发行上市保荐制度暂行办法》是调整保荐人制度的主要法律规范,它在调整保荐人与发行人、证券市场服务机构等主体之间的权利义务关系发挥着基础作用。但是,随着我国证券市场的发展,《暂行办法》已经不能适应我国证券市场的发展,在内容上存在疏漏和模糊之处,存在对保荐人及保荐代表人的资格要求不高,不能确保保荐人能有效了解发行人真实情况,进而无法为社会公众提供准确的信息等弊端,制约了证券保荐制度功能的发挥。在总结我国以往保荐工作经验和兼顾证券市场发展的基础上,证监会对《证券发行上市保荐制度暂行办法》进行修改,自 2009 年 6 月 14 日起开始施行《证券发行上市保荐业务管理办法》(2017 年 12 月 7 日修订),原有《证券发行上市保荐制度暂行办法》被宣布废止。《证券发行上市保荐业务管理办法》对保荐人与保荐代表人提出了更严格的要求,增加了保荐人与发行人、证券市场中介机构在工作上的协调等方面的要求。

根据《证券发行上市保荐业务管理办法》第 9 条,证券公司申请保荐机构资格,应当具备下列条件:(1)注册资本不低于人民币 1 亿元,净资本不低于人民币 5 000 万元;(2)具有完善的公司治理和内部控制制度,风险控制指标符合相关规定;(3)保荐业务部门具有健全的业务规程、内部风险评估和控制系统,内部机构设置合理,具备相应的研究能力、销售能力等后台支持;(4)具有良好的保荐业务团队且专业结构合理,从业人员不少于 35 人,其中最近 3 年从事保荐相关业务的人员不少于 20 人;(5)符合保荐代表人资格条件的从业人员不少于 4 人;(6)最近 3 年内未因重大违法违规行为受到行政处罚;(7)中国证监会规定的其他条件。

2012 年,国务院印发《关于取消和调整一批行政审批项目等事项的决定》,取消一批专业技术人员资格考试认可和认定事项,其中包括证监会的保荐人代表人资格准入。此后,转而由证券业协会对保荐代表人考试及相关后续事项进行自律管理,不再具有行政性质。

2013 年底,证监会发布的《关于进一步加强保荐机构内部控制有关问题的通知》中,对保荐人建立健全内部问核机制进行了明确,具体涉及问核的内容、程序、人员和责任。

2015 年 11 月,证监会重启 IPO,除了通过简化发行条件、突出审批重点等措施完善新股发行制度外,还将保荐机构的先行赔付机制纳入新股发行责任体系中,目的在于有效落实中介机构责任,遏制欺诈行为,强化对投资者的保护。

第三节 证券发行价格及机制

一、股票发行价格

1. 股票发行价格的种类

股票发行价格是新股票发售时的实际价格。股票的发行价格一般有以下几种:

(1)面额发行。面额发行又称平价发行、等价发行,是以票面金额为发行价格发行股票。面额发行可以准确确定每一股份在公司所占有的比例,而且发行价格不受市场行情波动的影响。由于市价往往高于面额,因此,以面额发行能使认购者得到因价格差异而带来的收益,故投资者乐于认购,这就保证了股份公司能顺利地实现筹资的目的。其不足之处在于,发行价格与流通价格不能联系在一起,不能反映股票市场情况。一般在新公司成立及向老股东配股时采用这种方法。目前,面额发行在发达的证券市场上用得很少,多在证券市场不发达的国家和地区采用。

(2)时价发行。时价发行是以股票在流通市场上的价格为基准而确定的发行价格。按时价发行新股,一般是经营业绩较好的公司,其股价在证券市场上具有看涨趋势。时价往往高于票面价格,两者的差价称为溢价。

时价发行虽然以股票流通市场当时价格为基准,但也不完全一致。在确定价格时,还要考虑股票销售的难易程度、对原有股票价格是否有冲击、当时股票市场行情趋势及公司的利润预测等因素,因此,时价一般低于股票市场价格的5%—10%。目前,在欧美各国的企业采用时价发行者居多。

(3) 中间价发行。中间价发行是指采取时价和面额的中间值作为新股票的发行价格。这种价格通常在市场价格高于面额、公司需要增资但又需照顾原有股东的情况下采用,实际上是将溢价收益一分为二,一部分归股东直接所有,成为股东收益;一部分为公司占有,用于扩大再生产。因此,中间价发行多用于股东分摊方式,不改变原有股东构成。

时价发行和中间价发行也合称溢价发行。

(4) 折价发行。折价发行是指按股票面额打一定的折扣作为发行价格。其折扣的大小,由发行公司同证券承销商双方协商而定,它主要取决于发行公司的业绩。如业绩好,则其折扣低;如业绩差,同时又是新设立的股份公司,不为公众所了解,股票推销完全依赖证券商,则其折扣较高。

股票发行价格的确定主要取决于各国证券市场惯例,作为大多数国家所能接受的习惯是:股票公开发行时,宜采用时价发行;向公司老股东分摊时,宜采用中间价发行。

2. 股票发行价格的确定方法

股票发行价格的确定是否合理对于股票的顺利发行以及保证股票交易市场的稳定是至关重要的。从各国(地区)经验看,股票发行价格的确定方法主要有以下几种。

(1) 议价法。议价法是由股票发行公司与承销商议定发行价格和承销价格。发行价格是公众购买股票时应支付的价格,承销价格是指承销商支付给发行公司的价格。发行价格与承销价格之间的差额就是承销商所得的报酬,此项报酬的高低取决于承销商之间竞争的激烈程度。一般情况下,此项差额与发行价格之比通常为1%—3%。

发行公司和承销商在议定发行价格时,主要考虑二级市场上股票价格的高低(可采用平均市盈率计算)、市场利率水平的高低、发行公司的未来前景、发行公司风险水平等因素,并根据这些因素进行加权平均。

以我国台湾地区为例,新上市或上柜股票发行价格的常用计算公式为

$$P = A \times 40\% + B \times 20\% + C \times 20\% + D \times 20\% \tag{7-1}$$

其中P表示发行价格;A表示公司每股税后纯收益与类似公司最近三年平均本益比的积;B表示公司每股股利与类似公司最近三年平均股利率的商;C表示最近每股净值;D表示预计每股股利与一年期定期存款利率的商。

议价法的价格确定较为合理,它综合考虑了多种因素,但它要求较为完善的会计审核制度、合理的市场利率水平和较正常的二级市场股价水平。

(2) 竞价法。竞价法是指股票发行公司将其股票发行的有关资料向一定范围的股票承销商公告,各承销商根据各自情况拟订各自的标书,以投标方式相互竞争股票承销业务,出价最高者中标,该出价就成为股票的发行价格。

竞价法显然对发行公司较为有利,而对承销商来说,竞争压力很大,从而迫使他们提高

服务质量、降低成本、提高竞争能力。

二、债券的发行价格

1. 债券发行价格的种类

债券发行价格是指投资者认购新发债券时实际支付的价格。债券发行价格有以下三种形式：

① 平价发行，即债券发行价格与票面名义价值相同。
② 溢价发行，即发行价格高于债券的票面名义价值。
③ 折价发行，即发行价格低于债券的票面名义价值。

2. 债券发行价格的确定

发行债券时，通常先决定年限和票面利率，然后再根据当时的市场利率水平进行微调，决定发行价格。债券票面利率一经确定，在到期之前便不能变动，而市场利率则是不断变动的，因此，债券的票面名义价值与其发行价格一般来说也是不一致的。把到期偿还的债券票面名义价值以市场利率换算成现值，再根据债券票面利率各期所发放的利息总额以市场利率换算成现值，再将两个现值相加，所得金额就是债券的发行价格。

一般说来，票面利率大于市场实际利率，债券便以溢价发行；票面利率小于市场实际利率，债券便以折价发行；票面利率等于市场实际利率，债券便以平价发行。

三、基金发行价格

基金发行价格是指基金受益凭证在发行市场出售的价格。基金受益凭证不能溢价或折价发行，其发行价格通常是按基金单位金额和发行手续费确定，即

$$发行价格 = 基金单位金额 + 发行手续费 \tag{7-2}$$

$$发行手续费 = 基金单位金额 \times 发行手续费率 \tag{7-3}$$

四、证券发售机制及其比较

所谓发行市场上证券发售机制，是指 IPO 定价、分配和出售给投资者的整个过程。

1. 证券发售机制简介

全球范围内 IPO 发售机制主要有以下几种：累计订单询价机制(bookbuilding)、固定价格机制(fixed price)、投标或拍卖机制(tender or auction)以及混合发售机制(hybrid)等。

累计订单询价机制以美国的包销方式(firm commitment)最为典型。主要特点包括：定价过程中的路演和征求订单机制；承销商自由分配股票的权力；发售对象主要为机构投资者；正式发售前最终确定发行价格。它通常包括确定价格区间、累计订单询价和稳定价格(pricing support)三个步骤。

固定价格机制，又称为公开发售机制(public offer)，可以根据承销商有无分配权分为三种，即承销商有完全的分配权、部分的分配权或完全没有分配权，但通常承销商无分配权。其主要特点为承销商与发行人事先根据一定的标准确定发行价格，之后，再由投资者进行申购。承销商和发行人在定价时并未充分获取相关的定价信息和市场需求信息。

投标或拍卖机制(以下均称为拍卖机制),可以根据投标人最终所付价格分为歧视价格拍卖(discriminatory auction)(投标人最终所付价格为自己所出的价格)和统一价格拍卖(uniform price auction)(所有投标人最终所付价格为同一价格)两种形式,前者曾在巴西、日本等国使用,后者则曾在法国、澳大利亚等国使用。另外,许多国家还使用了肮脏拍卖(dirty auction)(最终成交价格低于市场出清价格),如比利时、法国和英国。拍卖机制中价格的确定是在收集信息之后进行的,股份的分配则根据事先规定的规则在现有的投标基础上进行,因此,承销商和发行人的影响力在几种发售机制中是最小的。

混合机制由前三种基本发售机制结合而来,也就是在一次 IPOs 过程中分别对不同的份额(tranche)采用不同的发售机制。根据三种基本发售机制的不同组合可以分为累计订单询价/固定价格混合机制、累计订单询价/拍卖混合机制以及固定价格/拍卖混合机制三种。其中,累计订单询价/固定价格混合机制使用最为广泛。在这一机制下,累计订单询价机制用以确定发行价格,并向本地机构投资者与外国投资者发售一部分股票,另一部分额度则用固定价格发售给本地小投资者,他们并不参与 IPOs 的价格形成过程。

2. 证券发售机制的比较

对任何一种发售机制,都可以从三个方面加以全面分析和把握,即发行价格决定机制、发行数量决定机制及证券分配机制。上述三个方面决定了一种发售机制最为本质的特征,可以相对全面地刻画一种发售机制的基本特点以及它与其他发售机制的本质区别和联系。以下对三种基本发售机制进行比较(见表 7-2)。

表 7-2 基本发售机制比较

	发行价格决定机制	发行数量决定机制	分配机制
累计订单询价机制	信息收集后确定	信息收集后确定 通常承销商还可以行使绿鞋期权(green shoes options),从而使得发行数量可以更好地反映市场需求)	承销商拥有完全分配权
固定价格机制	信息收集前确定	信息收集前确定	承销商无分配权 (通常情况)
拍卖机制	信息收集后确定	信息收集前确定	承销商无分配权

(1) 分配机制。在发售机制三个方面中分配机制最为重要,分配机制是发行价格、发行数量决定机制能否高效运行的基础。固定价格机制下股票的分配一般要受到所谓"公平规则"的约束,承销商不得任意分配,投资者通过摇号或抽签的方法决定所获份额。拍卖机制中分配则取决于事先确定的拍卖规则和投标人所出的价格,而不能考虑某一投标人和拍卖人过去的关系。累计订单询价机制同其他发售机制的关键区别就在于该机制赋予承销商自由分配股票的权力。正是由于承销商拥有自由分配股票的权力,才使得承销商可以通过选择合适的规则,将不同的报价和购买意向同股票分配数量相联系,以诱使投资者揭示自己真实的认购意向和所获信息,从而更有效地进行价格发现,降低股票折价程度,提高 IPOs 的效率。

(2) 发行数量决定机制。在固定价格机制和拍卖机制下,发行数量均事先确定,且一般不允许修改,因此,无法将发行数量同市场需求建立联系。在累计订单询价机制中,承销商只是依据一定的原则初步确定一个价格区间,然后进行路演和询价过程,在充分收集信息后,最后确定发行数量和发行价格。因此,承销商可以根据投资者的认购意向,在不同的发行数量和发行价格的组合中进行选择,从而最大化发行收入。同时,一般情况下承销商还可以行使绿鞋期权(green shoes option,源自最初使用这一制度安排的公司名称),又称为超额配售权(over-allotment option),即承销商可以在既定的发行规模外额外发行一定数量的股份,通常不超过发行数量的15%。通过这一制度安排,可以使发行数量最大限度地反映市场需求。同时,它还是一种价格稳定(pricing support)制度,即股票上市后如果抛售压力很大,承销商可以回购这一部分股票,从而保证上市后市场价格不低于发行价格。

(3) 发行价格决定机制。任何一种发售机制所面临的最大挑战都是价格发现,即在怎样的价格水平上出售股票。在固定价格机制下,发行价格根据一定的公司估值方法事先确定,并不进行股票市场价格发现过程。主要有两个原因导致 IPO 市场效率降低:其一,知情投资者(informed investor)和不知情投资者(uninformed investor)之间的逆向选择[罗克(Rock),1986];其二,投资者的羊群效应[韦尔奇(Welch),1992]。Rock 认为,市场上存在知情投资者和不知情投资者两类投资者,知情投资者对股票的真实价值具有完全信息,因此知情投资者将只认购发行价格小于或等于公司真实价值的证券,于是发行价格大于公司真实价值的证券(溢价证券)将只由不知情投资者购买。此时,不知情投资者将面临一个"胜者的诅咒"(winner's curse),即他们更有可能被分配到溢价证券。在此状况下,不知情投资者将退出发行市场。由于单独知情投资者的需求不足以吸纳全部发行证券,因此,为保证发行成功,发行者必须执行整体的低定价均衡,对不知情投资者的信息劣势进行补偿,以确保不知情投资者参与发行。在这一市场结构下,为保证发行成功,发行者必须确定一个足够低的价格,以吸引最初的投资者作出投资决定。由于"胜者的诅咒"和"羊群效应"的存在,固定价格机制一般都导致比较大的发行折价。

在累计订单询价机制下,由于承销商完全拥有分配股份的权力,承销商可以根据发行者的需要确定最优的信息收集数量(决定邀请多少机构投资者参与发行),将市场准入限制在一些具有长期合作关系的机构投资者身上,通过分配股份防止一定的投资者在抑价最大的一些 IPO 中得到过多的收益,从而避免不知情交易者面临"胜者的诅咒"。当然,承销商为了诱使知情投资者透露其所拥有的真实信息,需要通过分配一定的证券或适当的低定价作为补偿。但研究表明,在累计订单询价机制中,为收集真实信息所付代价要小于在固定价格机制下为克服投资者的羊群效应所付代价。如果承销商不能进行差别定价,则意味着承销商必须给所有投资者提供同样的低定价折扣,当仅有部分投资者需要补偿时,这是缺乏效率的;同样,不能自主进行股票分配限制了承销商与知情投资者形成有价值的长期关系;最坏的情况是同时禁止差别定价和自由分配,如固定价格机制,使得承销商不能采取任何措施来补偿投资者的信息搜寻,因此,也就不会有进一步的真实信息提供,这导致了完全的"胜者的诅咒"和更低的发行收入。

拍卖机制虽然是一个市场化程度很高的发售机制,并在许多领域被广泛应用,但在 IPO 领域的应用却日益减少。许多学者认为,由于评估 IPO 价值相对困难,在统一价格拍卖下容易引发"搭便车"(free rider)行为。在统一价格拍卖中,出一个很高的价格意味着在市场出清价上获得股票分配是有保证的。一小部分"搭便车"者可能不是大问题,但是太多的人采用这种策略就可能导致超额认购和严重溢价,从而扭曲定价过程。如果采用歧视价格拍卖,则类似于固定价格机制,易于发生"胜者的诅咒"问题而导致投资者减少他们的出价。对于前者,累计订单询价机制中承销商要求投资者必须对每一个发行项目进行独立评估才给予分配股份,从而拒绝那些想要"免费搭车"的投资者;对于后者,承销商可以通过与知情投资者的长期合作加以克服。有两个非常重要的原因导致拍卖机制的运用逐步减少:第一,发行者/承销商在累计订单询价机制下对信息的获取有实质的控制权,可以针对具体的待发行公司状况、发行条件等因素决定在本次发行中最优的信息获取数量,而在拍卖机制下却只有很少或基本没有控制;第二,在累计订单询价机制下的期望股票销售量要大于拍卖机制,因为在拍卖机制下有更大的可能性导致申购不足。

累计订单询价机制同其他发售机制的关键区别是承销商拥有较大的自主权力:以自由分配股票做保证,能够针对具体情况作出不同的选择。由于IPO发售和定价过程的高度不确定性和复杂性,如果不考虑承销商的道德风险,这种可以进行个案安排的制度必然效率要高于只能对所有情况执行同样规则的制度安排。由于这一发售机制赋予承销商较大的权力,如果没有完善的管制手段和监管措施,自然易于产生承销商与机构投资者、发行公司管理层之间的勾结。近期,美国证券交易委员会(SEC)对各大投资银行的调查和处罚都与这一原因有关。但是这一道德风险的出现,并没有根本否定累计订单询价机制。针对不断产生的问题,SEC和相关机构也在不断寻求更为有效的管制手段和监管措施。正是通过这一互动的过程,才使得发售机制和相应的监管措施不断演进,逐步逼近更为有效的制度安排。

五、中国股票市场新股发行定价机制

中国新股定价机制的变迁经历了一个逐步演变的发展过程,主要分为行政定价阶段、市场化过渡的定价阶段、询价制阶段三个阶段。

(1)行政定价阶段(1992—1999年)。这个阶段,中国的IPO定价方式带有明显的行政化色彩,发行价格主要由中国证监会根据"IPO发行价格=每股税后利润*市盈率"这一公式进行定价,且每股税后利润和发行市盈率都由政府统一制定。其中又分为两种模式:一是固定价格模式,1992年至1995年正处于证券市场创立初期,IPO价格由中国证监会决定,上市公司没有定价权。二是相对固定市盈率定价模式,1996年至1998年,IPO发行价格采用相对固定的市盈率与每股税后利润的乘积,市盈率通常控制在12—15倍。也就是说这一阶段IPO价格主要是由中国证监会决定,上市公司没有发行定价权。假如定价过高,那么IPO就会首日破发,如果定价过低,IPO就会出现首日超额收益。

(2)向市场化过渡的定价阶段(1999—2004年底)。自1999年《中华人民共和国证券法》正式实施以来,中国新股发行市场化定价改革的进行发展迅速,先后出现了由承销商和发行公司协商确定的上市价格上网定价、向二级市场配售和向法人配售等新的定价方式。其中1999年3月—2001年6月IPO定价采用累计投标定价模式,规定IPO发行价格由上市公司和承销商协商确定,这种方式跟后来的询价制度很相似,但是由于当时的市场环境尚不规范,上市公司和承销商在确定IPO发行价格方面缺少经验,这种方式随着重回控制市盈率模式的到来而告终。2001年下半年,受国有股减持的影响,二级市场中的IPO纷纷跌破发行价格,因此,2001年7月—2004年12月,中国证监会又重新推出控制市盈率的定价方

法,将发行市盈率控制在 20 倍以内。所以,这个时间段 IPO 定价方式实际上是向市场化过渡,但是改革的太急躁,政府就不得不重新介入 IPO 的定价。

(3) 询价制阶段(2005 年 1 月至今)。询价制阶段又可以分为两个时期,一是从 2005 年 1 月—2009 年 6 月,可称为旧询价制阶段,2004 年 12 月 11 日,中国证监会发布《关于首次公开发行股票实行询价制度若干问题的通知》,标志着我国 IPO 定价方式正式迈向市场化阶段;二是 2009 年 6 月至今为新询价制阶段,2009 年 6 月 10 日,中国证监会发布了《关于进一步改革和完善新股发行体制的指导意见》,进一步推进了新股发行制度市场化改革过程,优化了市场价格发行功能,强化了买卖双方的内在制衡机制。

第四节 证券评级

为了保障证券市场活动的有序进行,同时也为了给证券投资者提供选择投资对象的参考,许多国家都实行了证券评级制度,对证券发行主体或证券的资信进行评级。所以,证券评级实质是对证券质量的一种评价制度。

一、证券评级的概念

证券评级是指专门的、不属于政府部门的证券评级机构用某种标志来表示拟发行或已经发行证券的质量级别的活动。证券评级包括以下三个部分:

① 债券评级,指证券评级机构就某一特定债券对债务人信誉进行的一种评价。在证券市场较为发达的国家,除了信誉很高的中央政府外,地方政府债券和公司债券发行者都自愿向证券评价机构申请评价,以便较顺利地推销债券。

② 优先股评价,指证券评级机构对优先股发行者支付股息的能力与意愿的一种评价。

③ 普通股编列,是证券评级机构按照各种股票的收益和红利的不同水平对股票进行编类排列。

二、证券评级的作用

证券评级制度最早起源于美国。1909 年,美国市场分析专家约翰·穆迪在《铁路投资分析》一文中,首先运用了证券评级的方法,并取得了较好的效果。1916 年,穆迪出版公司首先从事了证券信用登记确定业务,接着一些证券公司也先后对各种证券进行评级。从那以后,证券评级的方法也推广开来,并为许多国家所采用。现在,无论在国际金融市场,还是在主要发达国家的国内金融市场,发行有价证券一般都要经过国际知名的证券评级机构的评级。证券评级的作用是多方面的,概括起来主要有以下几点。

① 评级有利于提高发行者的经济地位和社会知名度,从而能够在一定程度上降低证券发行者的筹资成本,方便其证券的销售和流通,吸引投资者的兴趣和注意力,踊跃投资。

② 评级有利于银行、保险公司、投资公司及广大个人投资者正确合理地选择投资对象与投资组合,提高投资的安全性和收益性,及时地分散投资风险,提高证券投资的收益。

③ 证券经纪行可以利用评级结果,作为投资决策的参考,并可以为顾客提供证券投资的咨询服务。

三、证券评级的程序

证券评级必须遵循法定的程序。一般来说,证券评级要经过如下一些程序。

① 由证券发行者向证券评级机构提出证券评级的申请,并根据评级机构的要求,对本公司的财务状况和经营状况提供详细的书面说明。

② 证券评级机构的分析人员,对申请进行证券评级公司的经营状况和财务状况进行各种形式的调查与分析,在获得真实资料与情况后,按一定的方法进行评级,分析人员得出初步意见后,交由公司常设的评级委员会讨论投票。

③ 证券评级机构将评级结果以书面的形式通知证券发行者,并汇集一批申请评级企业评级结果汇编成册,公布它们的信用等级。

④ 在证券发行者首次申请评级,并被公布评级结果后,证券评级机构将根据各申请评级的证券发行者的财务状况和经营活动的变化,按月或季不断调整其证券等级。

四、证券评级的依据和证券等级

1. 债券评级的依据及其级别

发行债券是一种重要的筹资手段,国家、地方政府和企业,原则上都可以使用。但是,在实际经济生活中,并不是所有的国家、地方政府和企业都可以举债的。这种情况实际上关系到发债资格和债券资信问题。

(1) 一般债券发行者的资格和信用。债券发行者的资信与债券的资信是密不可分的,是一个问题的两个方面。债券发行主体和债券的资信包括两方面内容。一方面是发债主体的历史、业务范围、财务状况、经营管理水平和效益等;另一方面是债券的名义利率、发行价格、偿还期限。如果两方面情况俱佳,就意味着发债主体还债能力强,债券的安全性好,因而发债人和债券的资信就高;反之,就低。

用上述标准来观察,一般来说,国债的信用比地方债券、公司债券的信用要高,因为国家一般不会发生付息、还本方面的问题,它还拥有征税与发行钞票的权力。经营水平高、财务状况好、资产充实、盈利能力强的优质大公司的债券比一般公司债券的信用要高。从不同经济、政治情况的国家来说,经济发达、政治稳定的国家的债券资信比其他国家要高。

(2) 债券资信评级。为了使债市有序的发展,为了给债券投资者提供选择参考,许多国家都实行了债券评级制度,对债券发行主体或债券的资信进行评级。

对国家在国际市场上的举债或债券的资信评级,国际通行的发债资格的评级标准内容,一般包括政局稳定情况、经济实力、外债占经济总量和外汇收入的比重、还本付息能力、外债资金的使用效率等。

对发行公司债券的企业或债券的资信评级标准内容,一般包括企业的净资产、自有资本、经济效率情况和利息支付及还本能力等。

(3) 债券评级的依据。债券评级的依据主要包括以下三个方面:①违约可能性,即债务人根据发行债券时规定的条件按时还本付息的能力和意愿;②债券的性质和条款;③在企业破产、重组或根据破产法或影响债权人权利的其他法律而进行其他安排的情况下,该债务人向债权人提供的保障以及它的相对地位。

(4) 债券级别的划分。美国穆迪公司和标准普尔公司分别将长期债券划分为如下十个等级,以下将以穆迪公司的划分为例进行说明(表 7-3)。

表 7-3 债券级别及其含义

评级公司	高品质级		投资级		次标准级		投机级		
穆迪公司	Aaa	Aa	A	Baa	Ba	B	Caa	Ca	C
标准普尔公司	AAA	AA	A	BBB	BB	B	CCC	CC	C

Aaa 级:高质量债券。投资风险最小,利息支付有充足的或极其稳定的利润作保证,本金是安全的。即使为还本付息提供保证的因素可能发生变化,这些变化也是可预见的,并且不会损害这类债券稳固的发行地位。

Aa 级:以各种标准衡量都被认为是高质量的。和 Aaa 级债券一起构成所谓的高等级债券。但利润保证不如 Aaa 级债券充足,为还本付息提供保证的因素波动比 Aaa 级债券大。

A 级:中上等级债券,具有许多优良的投资品质。有足够的因素保证本金和利息的安全,但有可能在未来某个时候还本付息的能力会下降。

Baa 级:中等级别的债券。具有既不高又不低的保证程度。利息支付和本金安全现在是有保证的,但提供保证的因素也许会消失,或在相当长远的一些时间里具有不可靠性。事实上,这类债券缺乏优良的投资品质,或具有某些投机性质。

Ba 级:被认为具有投机性质的因素,不能认为将来状况是有良好保证的。还本付息的保证是有限的,一旦经济情况发生变化,其还本付息的能力可能削弱。这类债券具有不稳定的特征。

B 级:一般缺乏值得投资的品质,还本付息或长期内履行合同中其他条款的保证都是极小的。

Caa 级:信誉不好的债券,有可能违约,或者现在就存在危及本息安全的因素。

Ca 级:具有高度的投机性,经常是违约的,或有其他明显的缺点。

C 级:最低等级的债券,前途无望,根本不能用来作真正的投资。

2. 优先股评级的依据与级别

(1) 优先股评级的依据。优先股评级的依据包括以下三个方面:①支付的可能性,即发行者按时支付优先股股息的能力和意愿;②优先股的性质和条款;③在公司破产、重组或影响优先股持有人权利的其他安排时,该优先股的相对地位。

(2) 优先股级别的划分。优先股分为十大等级,各大级别的含义如表 7-4。

表 7-4 优先股级别及其含义

符号	说明
AAA	最高级,优先股发行者支付股息和履行其他义务的能力极强
AA	高质量的固定收入证券,履行优先股义务的能力虽不及 AAA 级优先股,但也是很强的
A	履行优先股义务的能力较强,但不利的经济条件或变动的环境较易削弱发行者履行优先股义务的能力

(续表)

符号	说　　明
BBB	有足够的履行优先股义务的能力,但与 A 级优先股相比,不利的经济条件或变动的环境更易削弱发行者履行优先股义务的能力
BB	投机程度最低
B	投机程度高于 BB 级
CCC	投机程度较高
CC	股息的支付曾经被拖延,但现在正在支付的优先股
C	不支付股息的优先股
D	不支付股息,发行者还拖欠该企业债务工具还本付息的优先股

3. 普通股编列的依据及其类别的划分

普通股跟其他证券不同,它没有事先规定股息或红利的多少,因而不存在违约风险。因此,只需对普通股进行编类排队。编列的主要依据是普通股股息、红利增长情况以稳定程度,过去若干年的信息资料以及企业的大小等。据此把普通股编列为:

A^+——股东收益最高;

A——股东收益较高;

A^-——股东收益略高于平均水平;

B^+——股东收益相当于平均水平;

B——股东收益略低于平均水平;

B^-——股东收益较低;

C——股东收益最低;

D——股东无收益或负收益。

五、证券评级的主要方法

证券评级是一项极其复杂细致的技术工作,它主要是通过公司资产流动性的分析、负债比率分析、金融风险分析和资本效益分析这四个方面的判定和比率来进行的,并对证券发行公司的市场地位、产品地位、金融地位进行具体分析,研究它的经济实力和管理质量,最后确定其级别。

六、证券评级的局限性

证券评级在诸多方面起着积极作用,但也存在如下的局限性:

(1) 证券评级需要考察众多的经济因素,而这些因素是在不断变化的。因此,证券评级的动态性与评级者的静态分析方法的结合,就决定了证券评级本身有预测的性质。

(2) 证券评级的依据,如最重要的统计资料,主要来源于公司过去的业绩记录,这就在一定程度上影响了评级的有效性。在当代经济迅速发展的情况下,许多历史上实力雄厚的大公司,也会因各种各样原因而衰弱或破产,而许多很有发展前途的行业或企业,正是从最初的高度不稳定状态中发育成长起来的，但它们的统计资料记载的内容就不一定很好了。

（3）管理对所有的公司，特别是产业公司来说是非常重要的。其重要性往往超过公司的资产，甚至过去的盈利。但评级者对管理价值的估计常常是一个推测，缺少深入细致的研究。

（4）由于需要评级的证券非常多，工作量也非常大，故评级机构对每一次评级是否都能够客观地考察到所有应考虑的因素值得怀疑。

正是由于证券评级存在上述局限性，故投资者进行证券投资时，应根据所掌握的信息及资料，进行通盘考虑和全面分析，而不一定仅依赖于评级机构的证券评级结果。

七、证券评级机构

证券评级机构是指专门从事证券投资研究、统计咨询和质量评估的公司。它是独立的私人企业，不受政府控制，同证券交易所、证券投资机构也没有联系。因而，他们的评级结果就比较客观。又由于该机构聚集了大量的证券分析、市场研究、会计、统计、法律等方面的专家，又采取严格审核的评级程序，因此，仅就评级技术而言，他们所提供的证券评级的准确性和权威性是有保证的。

思 考 题

参考答案

1. 发行证券对融资主体有什么意义？
2. 证券发行有哪些方式？
3. 什么是保荐人制度？试简述英国、美国和中国香港地区的保荐人制度的特征。
4. 保荐人制度有何特点和优点？
5. 我国实施保荐人制度有何作用？
6. 证券发售机制有哪些？其主要内容是什么？
7. 简述累计订单机制、固定价格机制和拍卖机制的区别。
8. 股票发行价格的种类及其确定方法是什么？
9. 什么是证券评级？其作用是什么？存在哪些局限性？
10. 债券、优先股的级别是怎样划分的？

第八章 证券流通市场

证券交易市场,也称二级市场、次级市场,是指对已经发行的证券进行买卖、转让和流通的市场,它主要由证券交易所和场外交易市场所组成。证券流通市场具有提供流动性、资金期限转化、维持证券合理价格及资金流动导向等功能。证券交易所是证券流通市场的核心,新发行的证券要进入证券交易所必须经过证券上市这一环节。要保持上市证券的质量,必须对上市证券的条件及程序等作出严格的规定。

第一节 场内交易市场

场内交易市场即证券交易所市场。证券交易所是固定的有组织地进行证券交易的场所,它是由证券交易所组织的集中交易市场,有固定的交易场所和交易活动时间,在多数国家它还是全国唯一集中性的证券交易场所,因此,也是全国最重要、最集中的证券交易市场。证券交易所与一般的市场不同,交易所本身并不参与证券交易,既不买证券,也不卖证券,只是一个公开的有价证券有组织的拍卖市场。交易所设有交易场地,备有各种服务设施(如行情牌、电视屏幕、电话、电子计算机等),还配备了训练有素的管理和服务人员,并有较严格的交易规章,以保证证券交易的顺利、有序、安全、高效进行。

一、场内交易市场发展简介

交易所是商品经济高度发展的产物,是社会化大生产的必然结果,也是商品信用制度发展、商品交换内在矛盾运动的必然趋势。世界上最早的证券交易所是 1613 年在荷兰的阿姆斯特丹建立的证券交易所。巴黎证券交易所正式建立于 1724 年,其后 1773 年英国伦敦证券交易所成立,1792 年美国纽约证券交易所成立,1879 年日本东京股票交易所创建。早期的证券交易所的业务主要是债券交易,自 19 世纪 70 年代后,由于股份公司的广泛发展,股票才成为证券交易所的主要交易对象。当今世界上影响最大的证券交易所是纽约证券交易所,以及东京、伦敦、巴黎、法兰克福、苏黎世等地的证券交易所。

中国第一个证券交易所是 1918 年成立的北平(北京)证券交易所,上海华商证券交易所是 1920 年由上海股票商业公会改组而成的。汉口、天津等地的证券交易所是 1934—1935 年设立的,这些证券交易所成立的时间都不长。香港的股票交易所是 1891 年创办的,1980 年四家交易所合并成立的香港联合证券交易所,在国际股票市场上有较大的影响。

民国时期,是中国近代证券市场发展史中内容最丰富、变化最复杂的重要时期。这一时期,中国近代证券市场走完其形成、发展和衰亡的全过程。第一次世界大战前后,由于中国近代产业经济的发展和政府公债的大量发行,证券数量和品种迅速增加。而证券发行规模的扩大,又进一步推动了证券交易市场的形成和发展。证券交易市场承接晚清的发展,迅速突破"茶会"和"公会"的松散组织形式,步入有组织的证券交易所时代,证券交易形式也由现期交易的单一形式,发展为现期、定期和便期等多种交易形式。但1921年金融风潮的爆发,使产业证券市场再次跌入低谷,公债市场取而代之,后来居上。这种公债唱"独角戏"的市场状况一直持续到1939年2月。当公债市场开始衰落的时候,股票市场却在20世纪40年代初的上海租界悄然复苏并迅速繁荣。然而,此时出现和发展的股票市场,不是产业经济发展的产物,而是社会游资投机需要的结果,与产业经济联系很少。从此,中国股票市场开始走上脱离产业经济的畸形发展轨道。抗战中期出现的通货膨胀到南京国民政府后期发展为恶性通货膨胀,一方面,使政府前期举借的内债轻而易举地全部还清,然而政府却因此彻底失去民心和信用;另一方面,通货膨胀速度愈快,投机利润也就愈大,股票市场也就发展愈快。在此背景下,中国股票市场出现了短暂的"繁荣"。但是恶性通货膨胀最终导致社会经济的全面崩溃。随着南京政府的倒台,畸形发展的股票市场也走到了尽头。

二、证券交易所的特征

证券交易所接受和办理符合有关法令规定的证券上市买卖,投资者则通过证券商在证券交易所进行证券买卖。证券交易所的产生与发展,促进了证券交易公开、公正、公平地进行。

证券交易所不仅是买卖双方公开交易的场所,而且为投资者提供多种服务。交易所随时向投资者提供关于在交易所挂牌上市的证券交易情况,如成交价格和数量等;提供发行证券企业公布的财务情况,供投资者参考。交易所制定各种规则,对参加交易的经纪人和自营商进行严格管理,对证券交易活动进行监督,防止操纵市场、内幕交易、欺诈客户等违法犯罪行为的发生。交易所还要不断完善各种制度和设施,以保证正常交易活动持续、高效地进行。一般来说,交易所市场具有如下特征:

1. 公平性

证券交易所本身既不持有证券,也不参与证券买卖,更不能决定证券价格。在证券交易过程中,买卖双方一般都不直接参与交易,主要是通过证券交易所的经纪人代理买卖,或者成为交易所的会员,才能进入交易所进行自营或代客买卖证券;而证券价格是由经纪人根据委托人限定的价格范围通过激烈竞争而形成的。因此,证券交易所只为买卖双方创造成交条件,提供服务,并对双方进行监督;或者说,证券交易所为证券买卖双方提供一个公平地进行交易的有效率的市场,以保证交易合理,资金和证券的转移及时、准确。

2. 公开性

为便于投资者作出投资选择和证券持有者对证券转移作出决定,以及为交易者随时掌握证券行情,证券交易所对证券发行者的信息披露作出了一定的要求,即要求他们进行初始信息披露和持续信息披露。所谓初始信息披露是指证券交易所要求所有申请上市的发行者必须真实公布其经营情况和财务状况,并符合上市标准,才允许在交易所内挂牌,进行公开买卖;持续信息披露指证券交易所要求已经上市的公司必须继续提供公司的经营信息,交易所对公司所披露的信息的充分性和及时性都作出了一定的规定。

定期与不定期的信息披露也是信息披露的一个重要方面。证券交易所会经常公布各种证券行情状况的统计表,即时传送证券行情,提供公开的信息。在交易所市场中,除了交易所定期与不定期进行信息披露之外,证券交易所还要求上市公司定期与不定期地进行信息披露。定期信息披露是指上市公司必须定期发布年报、半年报和季报,公布公司的经营信息;不定期的信息披露是指上市公司在发布年报、半年报和季报之外,还不定期地向市场公布一些突发事件。因此,证券交易所市场是买卖完全公开的市场。

3. 组织性

证券交易所必须按照有关法令,经政府特许才能成立。它有严密的组织性,有专门的立法和规章制度及运行程序,并对证券上市的审批、进场交易的人员、成交单位、成交金额和成交后的结算等都有严格的规定。此外,对交易所内部人员利用内部情报进行非法交易、操纵价格、垄断、欺诈等行为,也订有严厉的措施予以制裁。

三、证券交易所的职能

证券交易所应当创造公开、公平的市场环境,提供便利条件,以保证证券交易的正常进行。交易所市场是证券流通市场的最重要的组成部分,也是交易所会员、证券自营商或证券经纪人在证券市场内集中买卖上市证券的场所,是二级市场的主体。具体说,它具有固定的交易场所和固定的交易时间。接受和办理符合有关法律规定的证券上市买卖,使原证券持有人和投资者有机会在市场上通过经纪人进行自由买卖、成交、结算和交割。证券公司也是二级市场上重要的金融中介机构之一,其最重要的职能是为投资者买卖股票等证券,并提供为客户保存证券、为客户融资融券、提供证券投资信息等业务服务。

根据我国证监会发布的《证券交易所管理办法》的规定,我国证券交易所的职能有以下几点:

(1) 提供证券交易的场所、设施和服务;
(2) 制定和修改证券交易所的业务规则;
(3) 审核、安排证券上市交易,决定证券暂停上市、恢复上市、终止上市和重新上市;
(4) 提供非公开发行证券转让服务;
(5) 组织和监督证券交易;
(6) 对会员进行监管;
(7) 对证券上市交易公司及相关信息披露义务人进行监管;
(8) 对证券服务机构为证券上市、交易等提供服务的行为进行监管;
(9) 管理和公布市场信息;
(10) 开展投资者教育和保护;
(11) 法律、行政法规规定的以及中国证监会许可、授权或者委托的其他职能。

四、证券交易所的组织形式

证券交易所是证券交易集中性的高度组织化的中心市场。证券交易所采取什么组织形式,各个国家(地区)是不同的,从世界各国(地区)证券交易所创建以来的历史和演进过程来看,证券交易所有两种组织形式。

1. 公司制证券交易所

公司制证券交易所是由股东出资组成的,以营利为目的的股份有限公司。交易所的股东可以是银行、证券公司、投资信托机构及各类其他公司。交易所的股东不一定参加证券交易所的证券交易。

(1) 公司制证券交易所的特点:

① 公司制证券交易所是以营利为目的的公司法人,是独立的经济实体。交易所本身不参加证券交易,只是为证券商提供集中交易证券的场所、设施和服务,保证证券交易的顺利进行。

② 只有经注册的证券商才能进入证券交易大厅直接参加证券买卖。证券商要与证券交易所签订合同,并缴纳营业保证金。

③ 公司制证券交易所的最高权力机构是股东大会。股东大会的常设机构是董事会,董事会是交易所的最高决策机关,它由股东大会选举产生。董事会聘请总经理和副总经理负责交易所的日常管理。此外,还设立监事会,负责监督董事和经理。监事会也由股东大会选举产生。

④ 公司制证券交易所有权向证券发行公司收取证券上市费,并向证券商收取成交费等其他费用。

(2) 公司制证券交易所的优点:

① 公司制证券交易所易取得社会的信任。按照有关规定,公司制证券交易所要对证券交易所内的证券交易负有担保的责任,因而必须向国库缴纳营业保证金。如果交易中由于一方违约而给另一方造成损失,交易所要给予赔偿。这种担保责任及营业保证金制度,对证券买卖双方来说,都是十分有利的。

② 有利于国家进行宏观调控。国家只要拥有该证券交易所的一定股份,就可选派代表作为交易所的股东,参与交易所的管理与控制,使交易所成为贯彻国家经济政策与金融政策的场所。

当然,公司制证券交易所也有缺点。由于交易所的主要收入是按成交金额抽取佣金,故交易所为增加收益,往往推波助澜,助长证券投机,干扰市场的正常运行。

2. 会员制证券交易所

会员制证券交易所是一个由会员自愿出资共同组成,不以营利为目的的社团法人。目前,世界上许多著名的证券交易所都采取会员制证券交易所形式。

(1) 会员制证券交易所的特点:

① 会员制证券交易所是不以营利为目的的社团法人。

② 会员制证券交易所由会员组成,会员主要由经纪人会员、自营商会员和专业股票商会员组成。只有会员才能进入证券交易大厅直接参加证券交易活动。

③ 会员制证券交易所的最高权力机构是会员大会。会员大会的常设机构是理事会,它是交易所日常活动的最高决策机关,由会员大会选举产生。大部分理事是从会员中选举产生,也有极少部分理事是从非会员中选举产生的。

④ 会员需缴纳会费,但收取费用较低。

⑤ 会员制证券交易所强调自律性原则的管理方式。所谓"自律性"是指证券交易所自行确定规则的方式实现对证券交易所的管理,政府和立法机关则不多加干预。

(2) 会员制证券交易所的优点

与公司制证券交易所相比,会员制证券交易所有如下优点。

① 有助于规范投资者的行为。由于交易中一切损失均由买卖双方自负,可以促使投资者在进行证券买卖时慎重选择,提高责任感,从而养成注重信用的习惯,防止越轨行为。

② 只限于本所会员进场交易,可以避免经纪人在所内囤积居奇、垄断价格、把持操纵等违法行为的发生。

根据 2014 年修订后的《中华人民共和国证券法》及其相关法规规定,我国证券交易所实行会员制,是为证券集中交易提供场所和设施,组织和监督证券交易,实行自律管理的法人。进入证券交易所参与集中交易的,必须是证券交易所的会员。证券交易所的财产积累归会员所有,其权益由会员共同享有,在其存续期间,不得将其财产积累分配给会员。证券交易所的设立和解散,由国务院决定。

五、证券交易所的组织管理

作为一个重要的证券交易市场组织形式,证券交易所在组织管理方面也具备其他交易市场所具有的特征。

1. 证券交易所的管理机构

证券交易所是由交易所的股东或会员大会选出一个权力机构进行管理,权力机构下设若干个职能部门处理日常事务。但是,由于各国情况不同,证券交易所的组织形式又有股份制和会员制的差别,各国和地区证券交易所的管理机构的设置和名称就不一样。如有的是股东大会选出董事会管理;有的是会员大会选出理事会为权力机构进行管理。证券交易所的权力机构,瑞士和中国香港地区称证券交易所委员会,英国和荷兰称理事会,美国的纽约证券交易所的权力机构是董事会。虽名称有别但其职能相同,机构也大同小异,以会员制为例,证券交易所的内部组织结构是:①会员大会,主要任务是选举理事会,提出经营管理方针,凡经批准并在交易所登记的会员都可参加会员大会;②理事会,其主要职责是制定经营管理方针、任命或解聘经理、审核会员资格、审定财务报告、处理交易纠纷等;③总经理是负责组织、指挥、协调交易所的一切日常业务的最高层管理者;④交易所服务部;⑤证券上市部;⑥投资者情报服务部;⑦监事室或稽核室等。

荷兰的阿姆斯特丹证券交易所理事会,下面直接设立日常业务执行委员会、内务委员会、准许证券开拍委员会、开价委员会及仲裁委员会 5 个职能部门。

2. 证券交易所的时间组织和空间环境设置

证券交易所作为有价证券常设的有组织的中心交易市场是繁忙、喧嚣而有序的。为使交易迅速而有序进行,它有严格的时间组织和科学完备的空间设置及设备。

从证券交易所的时间组织上看,开市和闭市也很严格。交易所一般将开市叫作开盘,闭市叫作收盘。每天第一笔交易称开盘(开市),最后一笔交易称收盘(闭市),一天两盘,早市和晚市(也有叫前市和后市),如东京证券交易所假日一般休业,平常每天开两盘交易,上午盘称早市是9—13点,下午盘称晚市,从13点到15点。星期六只开上午盘,每月的第三个星期六全天休市。上海证券交易所每周一至周五开市,每日分前、后市,9点30分—11点30分为前市,13点—15点为后市。法定节假日不开市。证券交易所如遇特殊情况可以关市暂停营业,如1987年10月19日的"黑色星期一",世界股市价格狂跌,一片惊恐,香港联交所为防止狂跌风潮袭击的危害,决定关市3天以避风险和灾难。

在空间环境组织和设备上,一般有宽敞的交易大厅,厅内设有许多组交易柜台,有的按行业、产业分类专项股票、债券交易柜台,日本东京证券交易所有14个分类交易柜台,纽约证券交易所有19个,还设有经纪人席、监理交易席、清理交易席等;交易大厅四周上空是完备灵通的电视电传网络系统,能及时地把场内交易情报传出和把外面的信息传入。总之证券交易所是一个空间组织设置得非常科学、紧凑、严密,设备齐全完备、效率很高的证券交易的中心市场。

3. 证券交易所的权力

证券交易所不同于一般企业,不能随意集资成立。各国(地区)的证券交易所都是按照法律规定并经过政府严格审查,获准后建立起来的。交易所在营业中,依照交易所法的规定,具有如下权力:

① 对交易过程进行监督,并有对交易中的违约行为的经纪人进行处分的权力。处罚的办法主要是纠正犯规违约行为并处以罚款。严重违约者将被处以停业整顿和"市场禁止进入"。

② 有仲裁、调解权。在交易过程中,经纪人之间、经纪人与委托人之间发生争议时,对不需去法庭的争议,交易所仲裁会可以进行调解、仲裁。经仲裁后,交易双方不得再有争议,理屈一方应缴仲裁费。若双方各执一词,仲裁费共同负担。

③ 制订和执行交易规则和制度。为保障交易所依法有秩序的交易,证券交易所必须制订交易细则并严格执行。如果发生不正当的交易行为,将给予惩罚。如中止会员资格、限制进入市场、停止交易、罚金、除名、停职等。

证券交易所在进行有效的管理中,一般坚持下列原则:①完全公开原则。即向投资者提供发行证券的公司的全面、正确的资料,如公司的资本结构、资金运用、资产负债、损益、财产目录、成本、开支等,以利于投资者的决策选择。②信用原则。为防止欺诈、垄断、操纵及其他违法行为发生,交易双方和交易所本身要受政府的监督和管理。③场内交易原则。即交易所会员必须在交易所内,进行上市证券集合竞价交易。

六、证券上市及其标准

1. 证券上市

证券上市是指证券发行人经批准后将其证券在交易所挂牌交易。某种有价证券一旦获准在证券交易所上市或挂牌买卖,就是上市证券或挂牌证券,该种有价证券的发行公司就是上市公司。证券上市是连接证券发行市场和证券交易所的中间环节。

2. 证券上市标准

证券上市标准是指由证券交易所对申请上市公司所规定的条件或要求。某种证券在符合证券交易所规定的上市条件时,才能获准上市。在证券交易和证券交易所产生和发展的过程中,证券交易所在不同时期规定的证券上市条件不完全相同,但它们始终都是证券交易所在协调上市公司和证券投资者相互关系的过程中,逐步发展起来的。从发展历史看,证券上市条件或标准在不断提高。

从证券上市条件看,一般包括如下内容。

(1) 上市公司资本额的规定。公司资本有注册资本、实缴资本、实有资本等多种不同含义。在证券上市条件中,公司资本一般是指公司实有资本或有形净资本。各国证券法和证券交易所都规定公司资本额的最低数额,不足最低资本数额的公司将不被接受上市。

(2) 上市公司的盈利能力。盈利能力是指公司申请证券上市前若干年的公司税前利润。公司盈利能力的高低往往标志着公司证券上市后的交易活跃程度,也意味着证券投资者投资收益的高低。

(3) 上市公司的资本结构。资本结构主要指自有资本和借入资本的构成和比例。各国证券交易所一般会对资产规模和负债率作出规定。

(4) 上市公司的偿债能力。偿债能力是反映公司经济实力和发展前途的综合指标。偿债能力的高低直接关系到证券交易的活跃程度及债权人、股东的权益。

(5) 上市公司的股权分散状况。股权分散状况表现为持有公司证券的人数和社会公众持有公司证券的总和。公司股权分散必须达到一定比例或数值,这对于保证证券特别是股票有足够的流动性,避免持有人直接影响或操纵股票交易价格,具有十分重要的作用。

(6) 上市公司已开业时间。开业时间是上市公司获准成立的时间。刚成立的公司往往将主要精力集中在如何开展业务方面,其证券市值、盈利能力、偿债能力都无法充分反映出来。为了保证证券投资者的利益,促进公司健康发展,各国证券交易所都要求申请上市公司必须具有一定的经营时间。

七、证券退市

退市是上市公司由于未满足交易所有关财务等其他上市标准而主动或被动终止上市的情形,即由一家上市公司变为非上市公司。退市可分主动退市和强制退市,并有复杂的退市的程序。

主动退市是指公司根据股东大会和董事会决议主动向监管部门申请注销《许可证》,一般有如下原因:营业期限届满,股东大会决定不再延续;股东会决定解散;因合并或分立需要解散;破产;根据市场需要调整结构、布局。

强制退市是指在上市公司的经营状况、财务状况、股票交易状况触发一定条件或出现一些情形后,由交易所依法对上市公司作出终止上市的决定。

主动退市是指公司可以随时向交易所提出重新上市申请,强制退市公司在交易所规定的间隔期届满后,才可向交易所提出重新上市申请。

我国证券监管部门于 2014 年出台《关于改革完善并严格实施上市公司退市制度的指导意见》,初步形成包括重大违法强制退市在内的多元化退市指标体系以及较为稳定的退市实施机制,对于进一步健全完善资本市场基础功能,实现上市公司退市的市场化、法治化和常态化具有重要意义。2018 年,证监会对上述意见的个别条款进行修改,强化沪深证券交易所对重大违法公司实施强制退市的决策主体责任,明确规定"上市公司构成欺诈发行、重大信息披露违法或者其他重大违法行为的，证券交易所应当严格依法作出暂停、终止公司股票上市交易的决定。证券交易所应当制定上市公司因重大违法行为暂停上市、终止上市实施规则"。

第二节　场外交易市场

场外交易市场是指在证券交易所外进行证券买卖的市场，它主要由柜台交易市场、第三市场和第四市场组成。它与交易所共同构成一个完整的证券交易市场体系。

一、场外交易市场简介

场外交易市场实际上是由千万家证券商行组成的抽象的证券买卖市场。在场外交易市场内，每个证券商行大都同时具有经纪人和自营商双重身份，随时与买卖证券的投资者通过直接接触或电话、电报等方式迅速达成交易。作为自营商，证券商具有创造市场的功能。证券商往往根据自身的特点，选择几个交易对象。作为经纪商，证券商替顾客与某证券的交易商行进行交易。在这里，证券商只是顾客的代理人，他不承担任何风险，只收少量的手续费作为补偿。

场外交易市场在证券流通市场的地位，并不是在所有的国家都一样，场外交易市场在美国比在任何国家都发达。其主要原因是美国的证券交易委员会对证券在交易所挂牌上市的要求非常高，一般的中小企业无法达到。这样，许多企业的证券不可能甚至不愿意在交易所挂牌流通，它们的证券往往依靠场外交易市场，所以比其他国家的都要发达得多。欧洲国家，如英国，则有所不同，其场外交易市场远不如美国场外交易市场那样发达。原因很简单，就是交易所非常发达，在交易所交易的股票不仅包括所有上市的股票，也包括许多非上市的中小企业的股票。总之，场外交易市场具有三个特点：①交易品种多，上市不上市的证券都可在此进行交易；②场外交易市场是相对的市场，不挂牌，自由协商形成的价格；③场外交易市场是抽象的市场，没有固定的场所和时间。

二、场外交易市场的组成

场外交易市场没有固定的场所，其交易主要利用电话进行，交易的证券以不在交易所上市的证券为主，在某些情况下也对在证券交易所上市的证券进行场外交易。场外交易市场中的证券商兼具证券自营商和代理商的双重身份。作为自营商，他可以把自己持有的证券卖给顾客或者买进顾客的证券，赚取买卖价差；作为代理商，又可以客户代理人的身份向别的自营商买进卖出证券。近年来，国外一些场外交易市场发生很大变化，它们大量采用先进的电子化交易技术，使市场覆盖面更加广阔，市场效率有很大提高。这方面，以美国的纳斯达克市场为典型代表。国外各种场外交易市场有一个共同特点，就是它们都是在国家法律限定的框架内，由成熟的投资者参与，接受政府管理机构的监管。目前，我国的证券市场还处于发展初期，法律不健全，监管力量和监管经验不足，缺乏成熟的理性投资者，应该首先办好证券交易所市场，而不能盲目发展其他非交易所市场，以免引发市场风险。根据场外交易市场交易方式、交易对象和交易主体的不同，场外交易市场可以分为不同的类型。

1. 柜台交易市场

柜台交易市场又称店头市场,它是通过证券公司、证券经纪商的柜台进行证券交易的市场。柜台交易市场是证券流通最早形成的市场。早在股票、债券等有价证券产生之时,就有了柜台交易市场。因此,柜台交易市场比证券交易所的历史悠久得多。

证券交易所产生并迅速发展后,柜台交易市场之所以依然能够存在并进一步发展,其原因有以下几点:

① 证券交易所的交易容量有限,而且存在严格的上市条件,使许多证券不能进入证券交易所内买卖。但客观上,这些证券需要流动,需要有可以进行买卖的交易场所,这就要求柜台交易市场作为证券交易所的一种补充而存在。

② 柜台交易市场的交易比较简便、灵活,既没有交易所那样烦琐的上市程序,也不需填写复杂的委托书,而且可以随时在众多的证券交易柜台网点进行证券买卖,这在很大程度上弥补了证券交易所市场的不足,满足了投资者的需要。

③ 随着现代技术的发展,柜台交易市场的交易方式、交易设备、交易程序也在不断改进,其交易效率与证券交易所不相上下。

柜台交易与证券交易所相比,主要有以下特点:①交易对象不同。柜台交易市场主要交易对象是未上市的证券,而证券交易所则以挂牌上市的证券为交易对象。②交易的分散程度不同。柜台交易活动不是由一个或少数几个统一的机构来组织,而是由很多各自独立经营的公司分别进行的。因此,这些交易活动分散于各家证券公司,而无一个集中交易的场所。它的证券交易不是在固定的场所和固定的时间内进行,而是主要通过电话成交。③确定交易价格的方式不同。柜台交易市场采用协议价格成交,即参加交易双方的经纪人或自营商,或是客户与自营商之间直接讨价还价,先报价、后还价,协商定价,而股票交易所的证券价格则是公开拍卖的结果。

2. 第三市场

第三市场是指在柜台市场上从事已在交易所挂牌上市的证券交易所形成的场外交易市场。第三市场的交易原属于柜台市场范围,近年来,由于交易量增大,其地位日益提高,以至许多人都认为它实际上已变成独立的市场。第三市场产生于 20 世纪 60 年代的美国,它主要是为适应大额投资者的需要而发展起来的,至今已形成一个比较完整的、新型的证券买卖市场。第三市场的出现是与证券交易所固定佣金制密切相关的。固定佣金制使证券交易的成本非常昂贵,而交易所之外的证券商则不受证券交易所佣金的约束,因而,大量上市证券交易都在交易所之外的第三市场进行。一方面,机构投资家买卖证券的数量往往以千万计,如果将这些证券的买卖由交易所的经纪人代理,这些机构投资家就必须按交易所的规定支付相当数量的标准佣金。机构投资家为了减低投资的费用,于是便把目光逐渐转向了交易所以外的柜台市场。另一方面,一些非交易所会员的证券商为了招揽业务,赚取较大利润,常以较低廉的费用吸引机构投资家,在柜台市场大量买卖交易所挂牌上市的证券。正是由于这两方面的因素相互作用,才使第三市场得到充分的发展。第三市场的交易价格,原则上是以交易所的收盘价为准。

第三市场并无固定交易场所,场外交易商收取的佣金是通过磋商来确定的,因而使同样的股票在第三市场交易比在股票交易所交易的佣金要便宜一半,所以第三市场一度发展迅速。直到1975年,美国证券交易管理委员会取消固定佣金比率,交易所会员自行决定佣金,投资者可选佣金低的证券公司来进行股票交易,第三市场的发展才有所减缓。

第三市场交易属于场外市场交易,但它与其他场外市场的主要区别在于第三市场的交易对象是在交易所上市的股票,而场外交易市场主要从事上市的股票在交易所以外的交易。

投资者如果想买卖某些公司发行的、没有在股票交易所登记上市的股票,可以委托证券商进行。他们通过电脑、电话网或电报网直接联系完成交易。在场外交易市场买卖股票有时需付佣金,有时只付净价。场外交易市场的股票通常有两种价格:①公司卖给证券公司的批发价格;②证券公司卖给客户的零售价格。在这种市场上,股票的批发和零售价格的差价不大,但当市场平淡时,差价就要大一些,一般来说,这种差额不得超过买卖金额的5%。

3. 第四市场

第四市场是指投资者和筹资者不经过证券商,彼此之间利用电子计算机网络进行大宗股票交易的场外交易市场。这是近年来国际上流行的场外交易方式。第四市场是投资者直接进行证券交易的市场。在这个市场上,证券交易由买卖双方直接协商办理,不用通过任何中介机构。同第三市场一样,第四市场也是适应机构投资家的需要而产生的,当前第四市场的发展仍处于萌芽状态。由于机构投资者进行的股票交易一般都是大数量的,为了保密,不致因大笔交易而影响价格,也为了节省经纪人的手续费,一些大企业、大公司在进行大宗股票交易时,就通过电子计算机网络,直接进行交易。第四市场的交易程序:用电子计算机将各大公司股票的买进或卖出价格输入储存系统,机构交易双方通过租赁的电话与机构网络的中央主机联系,当任何会员将拟买进或卖出的委托储存在计算机记录上以后,在委托有效期间,如有其他会员的卖出或买进的委托与之相匹配,交易即可成交,并由主机立即发出成交证实,在交易双方的终端上显示并打印出来。由于第四市场的保密性及其节省性等优点,对第三市场及证券交易所来说,它是一个颇具竞争性的市场。

第四市场的吸引力在于:

① 交易成本低。这是因为买卖双方直接交易而不需要中间人,即使有时需要中间人安排,其佣金也比其他市场小得多。

② 可以保守交易秘密。由于第四市场是买卖双方通过电讯手段成交的,没有采取公开方式,因此不易暴露目标。

③ 不冲击股票市场。由于第四市场所进行的一般都是大宗证券的买卖交易,如果在证券交易所市场公开进行,可能会给证券流通市场的价格造成很大的影响,不利于证券市场的稳定。

④ 信息灵敏,成交迅速。第四市场充分利用了电子技术,可以广泛搜集和储存大量信息。通过电子计算机的自动报价系统,把分散的场外交易行情集中地反映出来,有利于客户的选择决策,一旦合意便可迅速成交。

三、我国场外交易市场的组成

我国的场外交易市场是随着我国股份制改革的发展而产生的。早在1986年8月,沈阳就开设了股票柜台市场。同年9月,中国工商银行上海信托投资公司静安证券部也开设了股票柜台交易市场。20世纪90年代初,全国各地的股票(股权证)交易场所及证券交易中心纷纷建立,如山东淄博柜台市场、四川乐山柜台市场、武汉证券交易中心、沈阳证券交易中心和天津证券交易中心等。为了促进股份制改造和证券市场的完善,中国证券市场研究设计中心和中国证券交易系统有限公司在北京于1992年7月和1993年4月先后开办了全国证券交易自动报价系统(securities trading automated quotations system,STAQ)和全国电子交易系统(national electronic trading system,NET),进行法人股流通的试点工作,形成了法人股的交易市场。到1998年清理整顿前,全国已设立股票(股权证)交易场所41家,挂牌公司520家,投资者人数约340万人。

由于缺乏有效的监管,当时场外交易市场投机严重。1997年亚洲金融危机爆发后,为了防范金融风险,1998年,证监会对场外交易市场进行了清理整顿,关闭了所有地方股票柜台交易市场和包括STAQ和NTE在内的各地的证券交易中心。2001年10月证监会下发《关于规范上市公司非流通股协议转让活动的通知》,2003年证监会办公厅下发《关于处理非法代理买卖未上市公司股票有关问题的紧急通知》,严厉打击沪、深两市以外的地下场外交易活动。

为妥善解决原STAQ、NET系统挂牌公司流通股的转让问题,2001年6月12日经中国证监会批准,中国证券业协会发布《证券公司代办股份转让服务业务试点办法》,同年7月16日,第一家股份转让公司挂牌。后来,为解决退市公司股份转让问题,2002年8月29日起,从沪、深交易所退市的公司也纳入代办股份转让试点范围。

此后,我国场外交易市场的发展又出现了新趋势,开始出现了三个层次的场外交易市场。第一层次是经过制度改革完善后的"新三板",主要将为科技创新型企业服务。第二层次是区域性股本转让市场,旨在为小微企业提供股份转让服务,支持地方实体经济。其服务的企业并不局限于高新技术产业,也包括传统产业企业。第三个层次是地方性产权交易场所。

第三节 新兴流通市场

随着现代科学技术的发展,证券流通市场也出现了一些新的变化。从西方主要发达国家证券流通市场的发展情况来看,创业板市场和网络市场构成了流通市场的两个重要组成部分。

一、创业板市场

严格地说,创业板市场是与主板市场相对的概念,它是与场外交易市场并没有必然的联系。但是,在创业板市场的发展过程中,大多数国家的创业板市场都采用了场外市场的交易模式,因此,我们在这一节对创业板市场做一介绍。

创业板市场又称另类股票市场。在国外,对创业板市场的内涵尚没有规范的定义。就其广义上来说,凡属与针对大型成熟公司的主板市场相对应,面向中小公司的证券市场都是创业板市场;就其狭义上来说,则仅指针对中小型公司和新兴企业,协助高增值成长公司及科技公司集资的市场。

1. 创业板市场的特征

就狭义的创业板市场而言,其有如下特征:

第一,前瞻性市场。创业板市场对公司历史业绩要求不严,过去的表现不是融资的决定性因素,关键是公司是否有发展前景和成长空间,是否有较好的战略计划与明确的主题概念,市场认同的也是公司的独特概念与高成长性。以纳斯达克市场的@Home Network公司为例,该公司于1996年7月发行,其主要业务是利用公司在技术上的突破通过自己的网络提供因特网服务,使下载信息的速度大大超过传统的拨号方式。独特的概念刺激了投资者的需求,公司因此扩大了发行规模,并将发行价提高至9—11美元。发行日公司股票涨幅超过130%,市值达15亿美元,随后,超过20亿美元。但是,公司第一季度只有8万美元的收入,开支却达1 100万美元。显然投资者购买的是一家"概念"公司,而不是一家盈利丰厚的成熟公司。从这个意义上来讲,创业板市场并非只是主板市场之外的一个市场,它具有很强的针对性,主要是吸纳那些能提供新产品与新服务,或公司运作有创意,具有较大增长潜力的公司。

第二,上市标准低。因为创业板市场是前瞻性市场,因此,其上市的规模与盈利条件都较低,大多对盈利不做较高要求。如美国纳斯达克小盘股市场仅需要10万股,中国香港创业板也仅要求公众持股的最低量为3 000万港元,并且均不要求有盈利记录。

第三,高风险市场。创业板市场是高风险市场。与主板相比,创业板市场上公司规模小、业务属于初创时期,有关企业业务属于新兴行业,缺乏盈利业绩,面临技术风险、市场风险、经营风险以及内幕交易和操纵市场风险都很大,上市公司破产倒闭的概率比主板要高。

第四,针对熟悉投资的个人投资者与机构投资者。由于投资高风险的特性,创业板市场主要针对寻求高回报、愿意承担高风险、熟悉投资技巧的机构和个人投资者,包括:专项基金,如小盘股基金、高科技、电信或生物科技等行业基金;创业投资公司;共同基金;有经验的私人投资者。

2. 创业板市场的组织模式

国际上创业板市场的运作通常采用两种模式:

(1)非独立的附属市场模式。即创业板市场作为主板市场的补充,与主板市场组合在一起共同运作,使用共同的组织管理系统和交易系统,甚至采用相同的市场监管标准,所不同的是上市标准的差异。

(2)独立模式。即创业板市场与主板市场分别独立运作,拥有独立的组织管理系统和交易系统,并且大多数采用不同的上市标准,采用的监管标准也有所不同。

3. 创业板市场与主板市场的主要区别

创业板市场与主板市场的区别有以下几点。

(1)主体资格的区别。与主板市场相比较,创业板市场上市公司除了要符合《公司法》和《证券法》的相关要求外,公司章程还必须要符合创业板上市规则的有关要求。

(2)股本规模的区别。一方面,创业板市场上市公司一般处于初创阶段,资本金规模较小,所以对其股本规模要求比主板上市公司降低,以便为企业资本规模的扩大和业绩的增长留下空间;另一方面,由于创业板上市公司成长迅速,对融资的频率要求高,因此,可能缩短其再次发行的时间间隔,如取消主板市场对增资发行所需求的一年间隔期,有助于保证股本与业绩的同步良性增长。

(3) 经营记录的区别。由于营运记录对于投资者分析企业状况、预测发展前景来说是必不可少的,主板市场上市条件中,要求申请上市的企业有3年以上的经营记录。而创业板上市的公司通常创立时间短、营运记录有限,因此,对创业板市场上市公司的经营记录一般为两年。创业板市场选择上市时更侧重于公司的发展潜力,而不同于主板市场所要求的经营现状。中国香港创业板对上市公司盈利没有要求,正是考虑到新兴企业在创业初期少有或几乎没有盈利的实际情况,美国纳斯达克市场虽然上市标准有三套,但总体上对盈利也基本不作要求。因此,未来国内创业板市场也不会将上市公司盈利记录作为基本条件。此外,公司主营业务应突出,不宜多元化经营。与主板市场相比较,创业板市场上市公司要求有高度集中的业务范围、严密的业务发展计划、完整清晰的业务发展战略和较大的业务增长潜力。

(4) 股权结构的区别。由于创业板市场上市公司规模相对较小,对发起人数量及持股比例不必像主板市场那样严格。如美国纳斯达克等海外创业板市场对上市公司发起人数量不作明确限定,中国香港创业板市场只要求社会公众股东比例不低于15%。这就使得创业板市场股份集中度相对较高。股份集中度提高形成三方面市场影响:一是市场炒作变得容易,提高了市场投机成分;二是企业购并更为方便,资本运作空间大;三是企业的退出难度下降,一旦丧失上市资格,摘牌的后果对市场影响较小。

4. 我国创业板市场上市要求

目前,发行人申请股票在深圳创业板上市,应当符合下列条件:

(1) 股票已公开发行;(2)公司股本总额不少于3 000万元;(3)公开发行的股份达到公司股份总数的25%以上;公司股本总额超过四亿元的,公开发行股份的比例为10%以上;(4)公司股东人数不少于200人;(5)公司最近三年无重大违法行为,财务会计报告无虚假记载;(6)交易所要求的其他条件。

二、网络市场

随着信息技术的不断进步和互联网的广泛使用,网络技术在证券交易中得到了广泛应用。众多的网络交易联结成了一个统一的整体,即网络市场。

网络市场具有许多优点。例如,在网络市场上进行交易不受地域限制,极大地提高了投资选择的自由度;网上交易安全可靠,可降低投资者的操作风险;网络市场资源丰富,可提高证券市场信息的流通速度;在网络市场交易可以大大降低交易成本;网上交易的互动性更强,使投资者有一个较好的投资顾问,并快速便利地以相对低廉的交易成本完成整个交易;网络市场在信息披露与股东行使权利、上市公司与股东交流方面具有得天独厚的优势;网络市场的发展有利于券商争取更多的客源。

美国网络证券市场的发展在全球居于领先地位。早在1994年,以查尔斯·斯沃伯公司为代表的贴现经纪商开始了网上证券经纪业务。由于互联网的迅猛发展,通过互联网进行金融交易的系统和网站越来越多。1998年12月17日,纳斯达克-美国证交所和中国香港联交所在网上发布信息,双方联合为投资者建立了一个网站,通过该网站,投资者可以进行网上证券交易。

我国内地网上证券交易起步较晚,明显落后于发达国家,甚至与一些发展中国家和地区相比,也存在较大差距。我国券商发展出5种自己的网上交易模式:

1. 以证券公司下属网上交易中心(券商独立网站)模式

在这种模式下,证券公司的交易和服务网站是隶属于证券公司的一个服务部门(中心)。这一模式的优点在于证券公司可以直接将其在传统市场上的服务通过网站提供给网络客户,证券公司的服务优势可以充分地发挥出来;其缺陷在于专用网站的建设需要大量资金投入,中小券商难以承受。

2. 纯粹的金融证券服务类网站

这些网站上的证券交易是各证券公司营业部租用网上交易平台来实现的。这一模式的优点在于网站建设的规模和技术优势得以充分体现;其缺陷在于证券服务的内容和专业水平的信任度会受到客户的质疑。

3. 商业银行的银证通服务类网站模式

这是指商业银行利用其现有的服务网络设施建立的网上交易平台。其优点在于网络证券服务与网络银行服务紧密结合,专业网站建设的规模优势得以充分体现;但其缺陷同样在于证券服务的内容和专业水平的信任度会受到质疑。

4. 证券公司与IT公司合资组建网上证券委托通道

该网站可以经营证券经纪业务,但网站的股东及其持股比例都有一定的规定。这种模式的优点是证券在拥有控股地位的前提下,可以充分利用专业网站的资源。

5. 证券公司收购网上委托交易通道

这种模式可以使网站进入原本不能进入的证券业务领域,同时为证券公司提供了进入网络证券市场的捷径。

三、三板市场

三板市场,即代办股份转让业务,是指经中国证券业协会批准,由具有代办非上市公司股份转让业务资格的证券公司采用电子交易方式,为非上市公司提供的特别转让服务,其服务对象为中小型高新技术企业。三板市场能够发挥证券公司的中介机构作用,充分利用代办股份转让系统现有的证券公司网点体系,方便投资者的股份转让,为投资者提供高效率、标准化的登记和结算服务,保障转让秩序,依托代办股份转让系统的技术服务系统,避免系统的重复建设,降低市场运行成本和风险,减轻市场参与者的费用负担。三板市场的正式名称是"代办股份转让系统",于2001年7月16日正式开办。作为中国多层次证券市场体系的一部分,三板市场一方面为退市后的上市公司股份提供继续流通的场所;另一方面也解决了原STAQ、NET系统历史遗留的数家公司法人股的流通问题。

但是,我国三板市场创建后,挂牌的股票品种少,且多数质量较低,转到主板上市难度也很大,长期被冷落。为了改变我国资本市场柜台交易落后局面,同时为更多高科技成长型企业提供股份流动的机会,2006年初,北京中关村科技园区建立新的股份转让系统,因与"老三板"标的明显不同,被称为"新三板"。截至2011年末,新三板挂牌公司已突破100家,涵盖了软件、生物制药、新材料、文化传媒等新兴行业。新三板市场对挂牌企业没有明确的财务指标要求,满足了以高新技术为主导、处于成长阶段的企业的需求。

2012年,经国务院批准,决定扩大非上市股份公司股份转让试点,首批扩大试点新增上海张江高新技术产业开发区、武汉东湖新技术产业开发区和天津滨海高新区。2013年12月31日起,股转系统面向全国接收企业挂牌申请。截至2017年末,全国中小企业股份转让系统(新三板)挂牌公司总数11 630家,挂牌公司总市值达到4.94万亿元。

四、科创板市场

科创板全称科学技术创新板块,是由国家主席习近平于2018年11月5日在首届中国国际进口博览会开幕式上宣布设立的,是独立于现有主板市场的新设板块,并在该板块内进行注册制试点。设立科创板,可以进一步落实创新驱动发展战略,增强资本市场对提高我国关键核心技术创新能力的服务水平,支持上海国际金融中心和科技创新中心建设,完善资本市场基础制度。

科创板主要服务于符合国家战略、突破关键核心技术、市场认可度高的科技创新企业。重点支持新一代信息技术、高端装备、新材料、新能源、节能环保以及生物医药等高新技术产业和战略性新兴产业,推动互联网、大数据、云计算、人工智能和制造业深度融合。

在科创板设置了多元包容的上市条件,允许符合科创板定位、尚未盈利或存在累计未弥补亏损的企业在科创板上市,允许符合相关要求的特殊股权结构企业和红筹企业在科创板上市。

在科创板试点注册制,上交所负责科创板发行上市审核,中国证监会负责科创板股票发行注册。中国证监会将加强对上交所审核工作的监督,并强化新股发行上市事前事中事后全过程监管。

2019年3月22日,科创板首批受理企业面世。2019年7月22日,25家企业首批脱颖而出成功发行上市。科创板正式开市,中国资本市场迎来了一个全新板块。从7月22日,到8月2日,10个交易日内,25只股票全部完成股价翻倍,累计涨幅最高的是安集科技,达到431.26%。

五、我国证券市场的开放

1. 沪港通

沪港通,即沪港股票市场交易互联互通机制,指两地投资者委托上交所会员或者联交所参与者,通过上交所或者联交所在对方所在地设立的证券交易服务公司,买卖规定范围内的对方交易所上市股票。沪港通由中国证监会在2014年4月10日正式批复开展试点,2014年11月17日,沪港通正式开通。

沪港通包括沪股通和港股通两部分。沪股通是指投资者委托联交所参与者,通过联交所证券交易服务公司,向上交所进行申报,买卖规定范围内的上交所上市股票;港股通是指投资者委托上交所会员,通过上交所证券交易服务公司,向联交所进行申报,买卖规定范围内的联交所上市股票。中国结算、香港结算相互成为对方的结算参与人,为沪港通提供相应的结算服务。

2. 深港通

深港通是深港股票市场交易互联互通机制的简称,指深圳证券交易所和香港联合交易所有限公司建立技术连接,使内地和香港投资者可以通过当地证券公司或经纪商买卖规定范围内的对方交易所上市的股票。2016年12月5日,深港通正式启动。

启动深港通,是内地与香港金融市场互联互通的又一重大举措,具有多方面的积极意义。(1)有利于投资者更好地共享两地经济发展成果。将进一步扩大内地与香港股票市场互联互通的投资标的范围和额度,满足投资者多样化的跨境投资以及风险管理需求。(2)有利于促进内地资本市场开放和改革,进一步学习借鉴香港比较成熟的发展经验。可吸引更多境外长期资金进入A股市场,改善A股市场投资者结构,促进经济转型升级。(3)有利于深化内地与香港金融合作。将进一步发挥深港区位优势,促进内地与香港经济、金融的有序发展。(4)有利于巩固和提升香港作为国际金融中心的地位,有利于推动人民币国际化。

3. 沪伦通

沪伦通是指上海证券交易所与伦敦证券交易所互联互通的机制。符合条件的两地上市公司,可以发行存托凭证(DR)并在对方市场上市交易。

2018年10月12日,证监会正式发布《关于上海证券交易所与伦敦证券交易所互联互通存托凭证业务的监管规定(试行)》,自公布之日起施行。

思考题

参考答案

1. 什么是证券交易所?它具备哪些特征?
2. 证券交易所有哪些组织形式?公司制和会员制证券交易所各具有哪些特点和优点?
3. 什么叫证券上市?证券上市有哪些标准?
4. 场外交易市场包括哪些具体形式?
5. 柜台交易市场具有哪些优势?
6. 试论述我国场外交易市场的组成。
7. 什么是创业板市场?创业板市场有哪些类型?
8. 创业板市场和主板市场存在哪些主要区别?
9. 网络证券市场有哪些优势?
10. 请谈谈对创业板市场的认识。
11. 什么是沪港通、深港通和沪伦通?

第九章 证券交易

证券市场的良性运作,少不了证券交易活动。证券的正常流通,保证了证券发行市场的持续,而证券交易有不同于一般的商品交易,它需要有一整套的交易程序和方式,在严密的组织下实施。为了保证证券交易的公开、公平和公正,需要有完整的证券法规进行监管,整个证券交易活动都是有序地进行的,因此,有必要了解证券市场的交易程序。随着经济的发展,证券市场的功能不断完善,交易方式也在不断地变化革新。目前,证券交易方式从交易地点、合约内容、交易形式、交割方式、交易费用、交割期限、交易目的、参与者身份等方面都存在区别,可大致分为现货交易、信用交易、远期交易、期货交易、期权交易等。其中后三种交易方式是从前两者派生出来的全新交易工具,在近 30 年里发展迅速,被称为衍生金融工具,成为证券市场发展最快、影响最为广泛的交易方式。

第一节 证券交易程序

从事证券交易,一般的程序要经过开户、委托、竞价、成交、清算交割、过户等环节。

一、开户

1. 开户的概念

所谓开户,一般包括两层含义:一是开设证券交易专用账户,作为投资者买卖证券、实行清算交割的专户。从事股票交易者通常要在证券公司登记开设股票账户,我国证券交易已经完全实行无纸化,从交易至交割都由电脑完成,所有的手续都以电子划账方式进行,每个投资者必须要有一个账户,才能大大简化交易手续,提高交易效率。目前,投资者买卖上海证券交易所的证券可直接向中央登记公司或向当地证券登记公司开户,个人投资者可以开设 A 类账户,机构投资者则必须开设 B 账户。深圳股的投资者一般可以直接在证券经纪商处开户。证券账户的开设必须由本人持身份证到有关开户点,填写股东开户登记表,经证交所审核无误后发放股东账户卡,每一位投资者只能在一个证交所申领一个账户,重复申领者视为无效。

开户的另一层含义为开设资金账户。由于投资者从事证券交易都是间接进行,必须通过证券中间商,因此,投资者必须选定一家或数家证券公司为其经纪商作为从事证券交易的委托人。为方便投资者与经纪商之间进行资金结算,就必须开设专门的资金账户。投资者须在资金账户中存入资金,才能进行证券买卖委托。当投资者买入证券时,证券经纪商代为从账户中划出相应的资金与中央登记公司进行清算交割;当投资者卖出证券时,所得资金又由证券经纪商代为转入。投资者可以随时支取资金账户中的余额,也可随时增加资金。

2. 开户的主要内容及类型

个人投资者在开户时要提交居民身份证及复印件若干份、开户人的姓名、性别、年龄、职业、文化程度、家庭住址、联系电话等,开设资金账户还需留存密码、印鉴样卡或签名样本,如需委托他人交易,则要办理书面委托书并经公证机关公证。

机构投资者开户则必须提供营业执照副本及复印件、企业法人代表的姓名、性别、年龄、企业资产状况证明及资金来源证明,并留存企业法人签署的委托具体操作人的书面委托书。

(1) 证券交易账户的类型。目前国内从事证券交易的账户大致有股票账户、债券账户及基金账户三类。

① 股票账户。指投资者在证券交易所开设的具有买卖股票功能的专用账户。股票账户为证交所登记发放,不同的证交所不能通用,要在几个证交所从事交易,必须分别开户。股票账户可以从事证交所开办的大部分交易活动,除股票外,也可以交易证交所挂牌的债券和基金等。根据投资者的国籍,目前国内股票账户分设 A 股账户和 B 股账户,两者不可通用。根据交易者的个人或法人身份,还分成 A 类和 B 类账户。

② 债券账户。指专门从事债券交易活动的专用账户,但只能用于债券交易,不得从事股票交易。

③ 基金账户。指专门从事投资基金交易而设立的专用账户,以方便普通投资者从事基金的交易。

(2) 资金专用账户的类型。资金专用账户可分为现金账户与保证金账户两类。

① 现金账户。这是为现货交易方式进行证券投资的客户开立的账户,投资者必须以现款的清算日结清买入证券的全部价款,而出售证券则必须在委托指令发出时即将所售证券冻结,待确定成交后即可在交割所售证券后划入全部券款。现金账户的投资者必须在交易前存入足额的资金,资金不足,券商没有义务为其代垫差额。有的券商要求投资者在现金账户中至少保留一定数额的余额作为交易保证金。

② 保证金账户。这是以保证金交易方式进行证券投资的客户开立的账户。投资者开设这种账户的最大特点是可以通过交付一定的保证金向券商或其他机构进行融资或融券交易。根据投资者与券商之间达成的协议,投资者在法定保证金比例规定下按照双方商定的比例进行融资、融券,当保证金不足时,投资者应及时追加;否则,券商可以将客户名下的证券资产作为抵押物而自行处置,即实行强行平仓手段以挽回券商损失。保证金账户的开设必须要求投资者有足够的信用记录和良好的资产状况,以避免由于交易风险过大而招致损失。我国在商品期货交易中推行这种保证金账户制度,国债期货交易也实行过保证金账户制度。由于保证金交易风险巨大,故受到证券管理机构的严格限制。

二、委托

投资者开立账户后,即可进行证券交易。由于投资者无法直接进场交易,故其买卖证券的业务均要通过中间商——证券商来代理。投资者将证券交易的要求告知券商,券商受理后代为进场申报,参加竞价成交,这一指令的传递过程被称为委托。

1. 委托的方式

投资者为买卖证券而向券商发出的委托指令可以通过多种形式进行。

(1) 递单委托。递单委托是一种当面委托方式。由投资者填写委托单,携带身份证、股东账户卡和资金账户卡等证件亲自到代理商的营业部,在柜台直接向公司业务员递交、业务员经审核确认后签章接收,然后,由公司报单员通过电话将指令转至场内代表(红马夹),由场内代表将指令输入证交所电脑主机,经撮合即可成交。递单委托是一种较为传统的委托方式。对于初涉股市的中、小投资者,不熟悉交易过程,面对面的服务方式可以当面由券商接单人员解答疑问,进行必要的指点,受到投资者的欢迎。但是递单委托手续烦琐,时间长,指令输送环节多,容易引起差错,效率不高。委托单的填写要求较为详细,若有差错则无法作为交割凭证,接单业务员要验查三证,然后才能签章确认,接待一位投资者往往要花几分钟的时间,对于行情瞬息万变的证券市场,自然很不方便,现在这种方式已极少采用。

(2) 自助委托。自助委托是相对于柜台递单委托而由投资者自己亲自输送委托指令的交易方式。国内证券经纪商在1992年就尝试开办各种自助委托业务,至今已广泛推广,极大地方便了广大投资者。目前,使用最普遍的自助委托方式是电脑终端(手机移动端)委托和电话委托。

① 电脑终端(手机移动端)委托。投资者经输入个人密码,即可接通个人账户,然后根据屏幕菜单提示,输入相应的资料与数据,待确认后即可进入证券公司主机,然后由报单员向场内交易员报送,场内交易员输入交易所主机,完成整个委托过程。电脑终端(手机移动端)还可以显示证券交易的行情及盘内委托状况,对于投资者作出买卖判断有一定的帮助。电脑终端(手机移动端)委托可以使用多台终端,容纳多位投资者同时委托,减少了中间环节,降低了差错概率,大大提高了交易效率。电脑终端(手机移动端)委托除了输送委托指令、查看行情外,还可以提供查看资金、股票余额、成交结果以及撤单等功能。

② 电话委托。电话指令是利用电话专线,通过语音提示,指导投资者输入委托指令。电话委托的所有过程均由证券公司的电脑主机控制,安全可靠,差错率极低。投资者只要拥有双音频电话即可由电话机的键盘输入指令,即使远在外地,也可用长途电话进行委托,方便程度相当高。同时,各种股市即时行情服务媒介提供各种形式的数字、图文信息传送,极大地方便了投资者。

目前,沪、深两地证交所均已推广了场外报单方式,证券公司的主机可以直接接驳证交所主机,投资者的委托指令只要证券公司的主机确认接收,不需要再经由报单员、场内交易员输入主机这一环节,而可直接进入证交所主机,场内交易员实际上成为象征性的了。场外报单从接受委托到进场、成交、回报只要三秒钟即可,效率提高了几十倍,且差错率几乎为零。证券商的外界设备目前都由电话委托和电脑终端委托承担。

③ 其他委托方式。除了上面几种方式外,投资者也可通过电报、电传、信函等方式进行委托。一般这些方式都由异地投资者采用,且多限于机构投资者。这些方式的共同点是时效性差,无法抓住市场行情,往往会错失买卖的有利时机。

目前,因特网上进行交易委托也已成为现实,通过电脑联网,投资者的电脑与服务商的服务器连在一起,可以享受服务商提供的各种信息服务,包括即时行情、走势分析、成交概况等即时资料;更重要的是,还可以进行场外报单,完全做到了在家开大户室。

2. 委托的内容

证券交易委托应提供以下内容:

(1) 投资者的股东账号:凭此账户证交所主机可以进入投资者个人的子目录数据资料库。

(2) 投资者的资金账号:以供证券代理商办理交易资金的转入和转出手续。

(3) 委托交易的类别:即买入还是卖出的证券。

(4) 买卖证券的上市交易所类别:目前国内投资者可以买卖上海和深圳证交所的证券。由于不少投资者同时拥有两地账户,在同一家证券公司开户时往往使用一个资金账户,故委托时须选择。

(5) 买卖证券的代码:明确交易的具体对象的身份。

(6) 委托价格:一般自助委托要求以限价进行委托,投资者要明确其希望成交的价格(买入价和卖出价)。递单委托有的还允许市价方式委托。市价委托是投资者要求经纪商按当前市场成交价成交其委托,这是投资者为保证其委托成交的一种手段,但事实上证交所主机目前并无市价委托这一设置,而只能由场内交易员根据申报即时证券显示行情代为申报交易价格。由于投资者递单委托与场内申报有一个时间差,在行情变动突然时往往与投资者期望有一定差异,有时甚至会十分巨大,给投资者带来不必要的损失,故使用市价委托须十分谨慎。

市价委托还有一种特殊的限制形式,即"停止损失委托指令",这是投资者委托经纪人在证券市场价格上升或下降到某一指定价格时立即按照市价买进或卖出相应证券。这种委托即停止损失购买或出售指令,目的在于保障投资者既得的账面收益和限制可能受到的损失。

(7) 委托数量:一般以"手"(100 股)为一交易单位,大于 100 股则必须是其整倍数。由于投资者在持股期间因配股、送股等原因可能会有不足 100 股的零股出现,现沪、深两地证交所都允许投资者持有零股与整手股同时委托卖出,但投资者在买入委托时不得进行零股委托。

(8) 委托有效期:指委托指令生效的期限,一般可分为"当日有效""当周有效""当月有效""撤销前有效""一次成交有效""立即成交有效"等。"当日有效"指指令发出后直至当日收盘,其间成交视为有效,国内券商目前基本上采用当日有效方式;"当周有效"指委托指令持续至本周的最后一个交易日收盘,其间成交一律有效;"当月有效"类同;"撤销前有效"指客户的指令自发出后除非有新的指令发出撤销以前的委托,否则原指令始终有效,不过证券商保留指令也有一定的期限,一般不超过 6 个月;"一次成交有效"指投资者的委托在一次成交中若不足委托数量,则其余部分不再保留指令;"立即成交有效"指投资者的委托在申报进主机的瞬间如不立即成交,则委托自动失效。

(9) 交割方式:指证券成交后与投资者办理交割的约定方式,若以委托日为 T,则以 T+n 来表示。当日交割为 T+0,次日交割为 T+1,一般证券市场都有规定的普通日进行交割。我国目前在证券交易中采用 T+1 方式,国外也有采用 T+3 方式的。投资者也可以与券商协商特殊日交割,若不注明均视作普通日交割。

3. 委托双方的责任

委托双方在委托确认有效时即形成一种受法律约束的委托与受托关系。作为受托人的证券商，则要根据投资者的要求，在规定的期限，将投资者的委托指令以最快的速度进行申报，券商不得以任何理由延迟客户的委托申报，若因券商的过失造成客户损失的，要负相应的赔偿责任。作为投资者，在委托指令发出后，不管行情变化如何，都应对原委托的成交结果予以承认，并履行相应的交割清算责任，如因委托人违约或过失造成券商损失的，也要负赔偿责任。

三、成交

证券买卖双方通过中介券商的场内交易员分别出价委托，若买卖双方的价位与数量合适，交易即可达成，这个过程称为成交。

1. 证券成交规则及成交方式

证券买卖的基本规则是价格优先与时间优先。

所谓价格优先原则就是指较高买入价申报比较低买入价申报具有优先权；较低卖出价申报比较高卖出价申报具有优先权。

时间优先原则是指在具体申报时，申报在先的委托排列在前，申报在后的委托排列在后。在较原始的唱报竞价时代，场内经纪人提交申报严格按照时间顺序排队，以保证成交秩序。在中介经纪商接受柜面客户委托时，则按接单时间先后决定申报进场的顺序。在成交时，若出现同一价位有两个以上的申报者，申报时间在前者优先。

综合以上原则，在证券成交时，若买卖双方价位出现差异，但符合成交要求的，应以"主动买（卖）盘"确定成交价。在某些证交所里还实行市价优先、客户优先和数量优先原则，但有些做法无法保护中小投资者利益或有悖三公原则，故不值得提倡。

2. 证券的竞价

在高度组织化的证券交易所内，证券买卖双方通过公开竞价方式成交。这种公开竞价的过程完全透明，在时间优先、价格优先的原则下，任何一家证券商的客户委托都须经过这种方式申报，经各会员证券商代表其客户出价，直到出现双方接受的价格，否则竞价过程继续进行。

竞价曾有过许多方式，目前，证交所使用最普遍的是"集中申报，连续竞价"和"集合竞价"方式。

（1）集中申报，连续竞价。这是指在证券交易所的开市时间里，各会员证券商分别代理其客户就某一证券进行集中的买入和卖出申报，只要出现买入价和卖出价一致的机会，即可成交一笔，然后竞价继续进行。这样连续不断的持续竞价，构成了连续市场。这种竞价具体又可分为"口头竞价""看板竞价"等形式。

① 口头竞价。证券经纪商在接到客户委托申报指令后必须跑至买卖相应证券的对方经纪商柜台前唱报要价，且买卖价格一经唱出，不得撤销。在多名竞价者同时唱报竞价时，买方的后手价格不得低于前手叫价，同样卖方后手叫价不得高于前手叫价，使竞价能够顺利进行。由于证交所内人声嘈杂，唱报竞价难免受到干扰，故有的证券交易所采用手势相辅，

以掌心朝向表示买、卖，手指配合则表示具体数量。目前东京证券交易所实行手势竞价方式，而美、英等国的证交所仍采用口头唱报竞价方式。

② 看板竞价。看板竞价即买卖交易双方的出价必须写在证交所大厅内的一块巨大的看板上。看板上分成多个格子，可同时进行多种证券的竞价。一般看板上的出价都是可擦拭的，当新的出价出现时，即擦去旧价补上新价，直到买卖双方价位相同成交。

③ 电脑竞价。电脑竞价即买卖双方将委托申报价格指令输入电脑终端，各证券商的委托指令在进入证交所电脑主机时自然按时间顺序排列申报。电脑主机在接受委托申报后，即按券种分类，每种证券类别中则按价位排列，在相同价位即可成交。成交的委托当即可在席位终端上显示，剩余的仍为成交委托可继续参加竞价，直到由电脑撮合成交。电脑竞价由于信息处理量大，可以允许证券商在开市期间代理客户的任何有效申报，而不必做到买入申报必须高于前手、卖出申报必须低于前手的规则，客户则能在较大范围内自主决定委托价格，以确保成功。

(2) 集合竞价。这是目前国内沪、深股市产生开盘价格的方式。在股市开盘前，由券商将接受的客户开盘竞价指令统一输入证券交易所电脑主机，其后由电脑进行撮合，当某一券种在某一价位上买卖数量相等时，则此价位即为开盘价，凡开盘申报的买入价高于集合竞价价格者，均可以此价格成交，低于此价格买入者不得成交，但可参加正式开盘后的连续竞价；凡开盘申报的卖出价低于集合竞价价格者，均可以集合竞价价格成交，高于此价格的卖出者也不得成交，要参加下阶段的连续竞价。

3. 证券成交结果

证券经场内竞价，若价位与数量合适，即可成交。但由于场内竞价为连续进行，相当激烈，行情波动变化较快，客户委托申报的结果可能出现全部成交、部分成交或者不成交等几种情况。

(1) 全部成交。全部成交指客户的委托全部得到满足，但由于价位和数量关系，成交价格可能有以下几种情况。

① 以同一价位全部成交。客户申报的委托正好有对应的申报全部匹配，委托可以全部以所申报的价位和数量成交。

② 以不同价位全部成交。客户委托由于数量较大，无法一下子找到相应的接受方，而只能与两个以上的对方客户撮合成交，在允许的价格范围内，出现不同成交价位是很正常的。

(2) 部分成交。部分成交即客户的委托由于数量较大无法找到合适的对手全部撮合成交。由于场内竞价现在采用电脑连续竞价，速度、价位变化相当快，成交撮合并不会一一对应寻找合适对手进行。同一客户的委托与多位对手撮合的情况是很正常的。这样，由于客户的委托无法在同一价位区即时全部成交，价位已经发生了变动，客户的委托只能在剩余的交易时间里等待价位复归。有时价位可能再也没有回到原来位置，则剩余部分就无法在当日成交。

(3) 不成交。由于客户的委托价位不合适，在终场收盘前始终没有撮合，就无法成交。卖出者申报价位高于最新价，且申报后的最高价也没有达到该价位，或者是在该价位有先于其申报且数量较大，无法全部满足，则该申报者也就没有机会成交。若买入者的申报低于最新价,申报后的最低价也没有达到该价位或同价位上有先申报者封住,就没有机会撮合成交。

四、清算交割与过户

证券成交后,买卖双方必须交收证券、结清价款。

1. 清算与交割

清算是指证券买卖双方结清价款的过程。证券的出售方应收取价款,证券的买入方则必须付清价款。

交割是指买卖双方交付实际成交的证券的过程。经过了清算与交割,证券交易的全过程就基本完成。

(1) 清算与交割的方法。清算与交割的方法包括如下两种形式。

① 实物交收。实物交收指成交双方在清算交割时当面点交证券实物。证券的卖出方必须按成交的数量付清成交的证券实物,而买入方则在点收实物或者办理记名证券的背书转让后付清相应的价款。这是实物证券清算交割的一般方式。实物交收并不需要参加交易的客户亲自出面,只要双方的经纪商出面办理即可。在实行实物交收的证交所,客户的证券都托管在经纪商处,所有的清算交割工作都由证券商代理。

② 无纸交收。在证券无纸化条件下,证券的交易过程中没有实物可供流通。每个客户都在中央登记清算公司有专门的数据库,记录其证券持有的状况。证券交易成交后,交易双方不须交付实物券种,只要在双方的账户上做相应的增减即可,而价款也可直接在资金账户中划转。也有交易所实行证券商托管制度,此时交割清算名义上只要各证券商与中央登记清算公司清算交收即可,然后再与各自的客户办理清算。

(2) 清算交割的形式。目前,证券交易基本上采用二级交割清算方式,即中央登记清算公司与各自券商实行一级交割清算,券商则再与投资者实行二级交割清算。

这种交割形式便于进行集中清算。所谓集中清算交割是券商将每个交易日的净额进行清算即可,而不必将买入与卖出的所有证券进行实际上的分别交收。这种制度大大简化了交割清算手续,提高了工作效率,使交易时间大大缩短。与此相对应的则称为个别交割制度,即买卖双方必须面对面逐笔交割清算,交易成本极高。随着证券交易的规模越来越大,这种方法已经无法生存。集中交割由中央登记清算公司作为交割中介,大大提高了效率,使券商只要统一与登记公司进行交割清算即可,券商之间并不需要直接发生关系。在无纸化交易条件下,券商只要将证券与资金的收付净额与中央登记清算公司进行划拨,并同时将证券与资金变动资料与证券交易所清算部门的数据库进行对接变更即可。

2. 过户

过户是指买入股票的投资者到证券发行机构或指定代理机构办理变更股东名簿。投资者在买入股票时,必须办理相应的手续,以正其名,才算是真正意义上的股东。另外,在股票遗失的情况下,申请挂失并补发股票都是以登记名簿为准的。在无纸化交易时,过户只存在形式上的意义,这一手续已在清算交割时由券商代为办理了,投资者不需要亲自去有关机构办理手续。

在公司分配或召开股东大会时,需要对股东名册进行重新清理,以免重复或遗漏。在无纸化交易时,每笔过户都由电脑完成,故清理较为简便,除权的登记是以前一交易日收盘资料为准,清理完了后即可将股东名册交付证交所。传统的登记工作则需费一定时日,需要实现公告,冻结股东名册,其间不能办理任何过户手续,交易要受到一定影响。

过户手续是股票交易的最后一个环节,办理结束后整个交易过程即告完成。

第二节 现货交易与信用交易

一、现货交易

现货交易亦称现金现货。它是指证券的买卖双方,在谈妥一笔交易后,马上办理交割手续的交易方式,即卖出者交出证券,买入者付款,当场交割,钱货两清。按照传统的思路,交易都是一手交钱、一手交货,买卖双方议定价格后,同时进行实物交割与价款交割。买方在收进证券的同时必须付清应付的价款,卖方则在付出证券的同时收取相应的价款。一旦交易达成,即使没有交割,双方也不能悔约,违者将视作犯规而受到证券监督部门的处罚。现金交易是证券交易中最古老的交易方式,最初证券交易都是采用这种方式进行。后来,由于交易数量的增加等其他多方面的原因使得当场交割有一定困难。因此,在以后的实际交易过程中采取了一些变通的做法,即成交之后允许有一个较短的交割期限,以便大额交易者备款交割。各国对此规定不一,有的规定成交后第二个工作日交割;有的规定长一些,允许成交后四五天内完成交割。究竟成交后几日交割,一般都是按照证券交易所的规定或惯例办理,各国不尽相同。

现货交易是证券市场中最传统的一种方式。与商品交易一样,证券交易同样也是以一定的价款买卖某种商品——特殊的金融商品。

但是随着证券市场的飞速发展,实物交易最终变成象征性的。证券买卖双方都不一定对所交易的证券有实际需要,他们只是想拥有一种能够带来收益的工具,对于证券本身,变成了一种单纯的象征符号。于是证券交易出现了无纸化倾向,买卖双方的交易通过一种记账的形式来进行,所谓"实物",并不一定非要在交易中出现。但是形式上交易仍然保留了交割这一手续,以明确所谓"商品产权"的转移。

现货交易的特征可以归纳如下。

① 交易双方都围绕着某一"商品"进行议价,尽管这"商品"可能并不在交易中出现。

② 卖出方应是"商品"的实际拥有者,他不能出售不存在的东西。

③ 买入方必须即时按议定价格付出交易的"商品"价款,成交和交割基本上同时进行。

④ 交易的目的是实现"商品"的实物转移。现货交易是实物交易,即卖方必须实实在在地向买方转移证券,没有对冲。

⑤ 在交割时,购买者必须支付现款。由于在早期的证券交易中大量使用现金,所以,现货交易又被称为现金现货交易。

⑥ 交易技术简单,易于操作,便于管理。

这种特性使现货交易受到很大的局限性,主要表现在以下几个方面。

① 交易双方必须保证使"商品"所有权发生转移。
② 交易是及时的,双方只能就目前的市场行情议价。
③ 作为投机者来说,并不关心所交易"商品"的实质,买入的目的就是为了将来的卖出,只要那种"商品"确实能代表那么多价值。这与纸币的功能是一致的。
④ 交易者只有等待行情上涨才能获得资本升值的利益,否则无法盈利。这种单方向的交易限制了交易者的积极参与。
⑤ 买方必须有足够的资金才能参与交易。尽管这笔资金可能并非投资者自己的,可能是融资借入,但在交割时买方必须一次付清相应的款项。

20 世纪 70 年代以后,主要发达国家证券市场开始出现从传统的"商品交易"衍生出来的衍生工具交易,证券市场进入了前所未有的发展阶段。

二、信用交易

在常规的现货交易中,交易双方必须实际拥有证券或现金,交易才可能成功,交易水平被严格限制在现有的资金与持券规模上,这使得部分投资者,特别是投机者的入市愿望受到抑制。在这种情况下,为了满足不同市场参与者的需求,信用交易方式开始得到运用。

1. 信用交易的概念

所谓信用交易,又称保证金交易或垫头交易,是投资者通过交付一定的保证金从证券经纪人那里取得信用,借入资金或证券入市操作,并在规定时间里偿还所借资金或证券、支付利息的一种交易形式。投资者只要支付一定的保证金,就可从证券经纪商那里借到几倍于保证金的资金或自己并不曾购入过的证券。通过这种方法,投资者可以扩大其投资规模,同时还可进行原本不能进行的反向操作。这是因为信用交易可从两个方向进行,即可进行保证金买空和保证金卖空交易。各国因法律不同,保证金数量也不同,大都在 30% 左右。一些股票交易所,又把这种交付保证金,由证券公司或金融机构垫款,进行证券买卖的方式,称为保证金交易。

保证金买空是指投资者预期证券行情将要上涨,故准备入市持仓,因资金不足而向证券经纪商交付一定比率的保证金而获得资金贷款,并委托经纪商代理买入某种证券,待行情上涨后再委托经纪商卖出证券,所得差价部分用以支付贷款手续费和利息后即为投资收益。这种以小博大的操作称为"多头",受到投资者的欢迎。但是,"多头"交易也有风险,一旦行情判断有误,证券价格不涨反跌,当投资者的保证金无法维持最低比率且无力追补时,经纪商为保护本身利益会采取强行平仓措施,卖出投资者手中的证券了结。此时,投资者所付的保证金在支付经纪商手续费和利息后可能荡然无存,血本无归。

保证金卖空是指投资者预期行情将要下跌,但手中没有证券,则可向经纪人交付一定比率的保证金而借入一定数量的证券委托其卖出,待行情下跌时再买回同种证券归还经纪商,同时从所赚差价中支付手续费和利息,剩余即为投资收益。这种保证金卖空交易称为"空头"。做"空头"交易如果失误,行情不跌反涨,则投资者只能高价从市场上买回与所借证券的种类和数量相同的证券以偿还经纪商。如果买回证券所支付的金额比借入时证券的价值高,信用交易就出现了亏损,如亏损部分使保证金无法维持最低比率,经纪商也会采取强行措施了结,除非投资者继续追加保证金。

可以发现,"多头"和"空头"虽然可以以小博大,获取巨大的利润,但一旦失误,其损失将会非常之大,所以各国证券监督部门对信用交易采取严格的监管措施。

2. 信用交易中的信用关系

信用交易中的信用关系具有双重意义,一方面是投资者向经纪商取得证券抵押贷款;另一方面经纪商也可向商业银行或其他金融机构取得证券再抵押贷款。

证券抵押贷款是在保证金买空过程中投资者以买进的证券作抵押而取得经纪商贷款,加上投资者向经纪商支付的保证金,实际上经纪商获得了双重抵押。这样,经纪商的利益可以确保无虞,即使投资者投资失败,经纪商也不会遭受损失。投资者对自己融资买入的证券实际上并没有支配权,一切都必须委托经纪商代理办理。

证券再抵押贷款是指当经纪商资金有限或不足时,向投资者的贷款就需向商业银行和其他金融机构进行再贷款,或从同业拆借市场拆得资金。这种再贷款所支付的抵押就是投资者抵押给经纪商的证券。由于再抵押贷款的利率通常要比投资者抵押贷款的利率略低,因此,经纪商愿意从事这种业务。

通过抵押与再抵押,经纪商及商业银行等机构可以不承担风险,避免因投资者投资失败带来的损失。

3. 信用交易中的保证金

保证金是证券管理机构规定投资者在信用交易时必须按一定的比率向证券经纪商交存的资金,形式可以是现金,也可以是其他资金,如不动产、有价证券等。这是为了保证证券经纪商免受投资者失败遭受损失的一种财产保障措施,同时,经纪商通过对投资者保证金账户的清算可以避免投资者遭受无限损失。

保证金一般有两种形式,即现金保证金和权益保证金。现金保证金是投资者为取得贷款而交纳的现金,权益保证金则是投资者向证券经纪商支付的非现金抵押品。抵押品可以是各种票据、有价证券,也可以是不动产,由证券经纪商根据其市场价格决定贷款的数额。一般情况下,证券经纪商可按抵押证券市值的 50% 提供贷款,或按不动产市值的 40% 提供贷款。

保证金与投资者买卖证券市值之比称为保证金比率。保证金比率有法定保证金比率、保证金维持率以及保证金最低维持率之分。法定保证金比率由中央银行决定,投资者在投资前必须按法定保证金比率向证券经纪商缴足保证金。作为一种政策工具,中央银行通常通过调节法定保证金比率决定投资者的融资规模、控制市场投资规模。这一做法以美国为代表,1934 年,美国国会通过法案规定保证金比率在 40%—100% 之间波动,一般情况下为 50%左右。

投资者在缴纳法定保证金融资买入证券后,随着市场行情的变化,购入证券的市场价格会有所升降,对应的保证金比率也会因之发生变化。在市值变化时,保证金比率相应地发生改变,这称为实际保证金维持率,经过计算和控制,经纪商可以随时了解投资者的盈亏状况,并及时告知客户。对保证金实际维持率,证券经纪商都会设定一个最低限度,这是信用交易融资的预警信号,一旦临界,经纪商应及时向投资者发出警报,促使投资者采取措施。若投资者认为行情终究会向自己有利的一方反转而愿意继续持筹观望,则必须追加保证金。当投资者无力追加或对行情发展不抱希望时,可通知经纪商平仓;而当投资者未采取任何措施时,经纪商告知客户后可以出售其账户内的证券以抵补融资金额、手续费和利息。

4. 保证金交易

保证金交易分为买空和卖空两种形式。

(1) 保证金买空交易。在一般情况下,如果市场行情看涨,投资者可以买入股票并持有,等股票价格上升后抛出获利。如果某投资者在某股票10元/股时买入1 000股,共支付10 000元,在股价升至12元股时抛出,不考虑手续费和佣金等,则投资者每股获利2元,涨幅20%,合计盈利2×1 000＝2 000元,收益率为2 000/10 000＝20%,与股价的涨幅是相同的。如果是做保证金交易,投资者按25%的比率支付保证金进行融资,支付10 000元为保证金后可借得30 000元,若还是原来的条件,则可购得10元/股的股票4 000股,同样升至12元/股时抛出,可得资金为12×4 000＝48 000元,若不考虑利息与手续费,偿还实际借款30 000元后,获利8 000元,收益率为8 000/10 000＝80%。与做现货交易相比,获利翻了四倍,不再与股价上涨幅度相同。显然,这种以小博大的方法可使投资者以有限的资金获取尽可能多的利润,其获利能力为保证金比率的倒数。但这只是在行情如愿上涨时的结果,如果判断失误,行情不涨反跌,则投资者的损失扩大倍数也是同样的。

市价变化是每时每刻都在发生的,信用交易的保证金比率也会随购入股票的价格的涨跌而发生变化。证券商一般在每个营业日结束后,计算每一个保证金账户的抵押证券市值与保证金的实际维持率。

保证金实际维持率＝(抵押证券市值－融资账户余额)/抵押证券市值×100%

例如,某投资者以本金10 000元作为保证金向证券经纪商融资贷款30 000元,共买入股票4 000股,每股10元,耗资40 000元。则保证金实际维持率为

$$\text{保证金实际维持率} = (40\ 000 - 30\ 000)/40\ 000 \times 100\% = 25\% \quad (9\text{-}1)$$

若买入的股票价格上涨20%,使抵押证券市值升至48 000元,而贷款账户余额仍维持原有规模,则实际维持率为

$$\text{保证金实际维持率} = (48\ 000 - 30\ 000)/48\ 000 = 37.5\%$$

此时保证金实际维持率高于法定保证金比率,投资者有两种选择:提取现金或追加购入股票而不须增加保证金。此时投资者若提取现金只能是超额部分而不是全部账面盈利。此时,投资者可提取的最大金额为

$$\text{超额提取数} = \text{账面盈利} \times (1 - \text{法定保证金比率}) \quad (9\text{-}2)$$

在本例中,按法定保证金比率25%计算,投资者也只能提取账面盈利的四分之三,即6 000元。

投资者进行信用交易,盈亏主要受证券价格变化与保证金比率两个因素影响。投资者的获利与证券价格上涨比率成正比,与保证金比率成反比。信用交易中,投资者的盈利表现为

$$\text{盈利} = \text{资本} - \text{本金} = \text{抵押证券市值} - \text{融资金额} - \text{本金}$$

$$收益率 = 盈利 / 本金 \times 100\% \tag{9-3}$$

在本金不变的情况下,买入股票后盈利越大,收益率也就越大。保证金交易对投资者的盈亏有杠杆作用,其结果会被调节放大(如图9-1)。

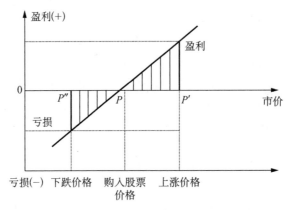

图 9-1 保证金的杠杆作用

可以看出,在购入股票的市价上升后,投资的收益呈扩大趋势,而股价下降后的亏损也呈扩大趋势。

下面假设在本金 10 000 元,融资购买股票在不同保证金比率时的收益变动(见表9-1)。

表 9-1 保证金比率与股票投资的收益

证券价格(元)	涨幅(%)	保证金比率25%,融资30 000元		保证金比率40%,融资15 000元	
		盈利(元)	收益率(%)	盈利(元)	收益率(%)
10	0	0	0	0	0
12	20	8 000	80	5 000	50
14	40	16 000	160	10 000	100
16	60	24 000	240	15 000	150
18	80	32 000	320	20 000	200

其中,收益率 $\alpha = R/M$,R 为证券上涨幅度,M 为法定保证金比率。

可以看出,信用交易的收益率与保证金比率成反比,股价升幅越大,杠杆作用就越明显。作为一种投资手段,信用交易可以使投资者以较小的投资获得较大的收益。上例中,如进行现货交易,则股价上涨幅度与收益率相等,而在信用交易下则被放大;如操作失误,则投资者的亏损程度也会放大相应的倍数。在低保证金比率下,这种杠杆作用十分巨大。在市场低迷时,保证金买空交易有助于激活市场,形成上升行情,但过多地买空会导致虚假需求,使股价人为地抬升,造成泡沫经济,对整体市场发展极为不利。因此,证券管理机构对信用交易管理十分严格。

(2) 保证金卖空交易。保证金卖空交易是指投资者在手中没有股票时,因判断市场行情将要下跌而准备先卖出从证券商那儿借来的股票,等证券价格下跌时再买回来获取差价。证券经纪商可将名下其他投资者托管的证券借到该投资者名下卖出,投资者等股价下跌时再通知经纪商代为购买所卖股票归还经纪商,以结清"空头"部位,经纪商把股票再还至原持有人名下,完成全部交易过程。

卖空交易一般应遵循以下几条规则:

① 为稳定市场,防止出现行情大幅波动,保护投资者利益,在市场价格下跌时禁止进行卖空交易。而当股票或行情正在上升时,可以进行卖空,以增加供给,平抑股票价格。

② 卖空者所借证券主要为证券公司名下保证金买空者的抵押证券,也可以是公司自营的库存证券,甚至是公司借入的证券,一般并没有时间限制,除非公司全面清仓。

③ 卖空期间,如果上市公司有分红派息行为,由卖空者对出借人给予补偿,即卖空者不享有借入证券的分红派息权。

④ 在投资者操作失误时,卖空者会遭受损失,若卖空者无力偿还债务,证券公司就会有很大的风险。因此,除了交纳保证金外,卖空者所得证券价款必须存入证券经纪公司卖空者专用账户,直至归还了所有债务后方可以提取现金。

保证金卖空交易的收益率也可以用证券下跌幅度比法定保证金比率得到

$$\alpha = D/M \tag{9-4}$$

其中,D 为证券下跌幅度,M 为法定保证金比率。

卖空者盈亏可分析如图 9-2。从图 9-2 中可以看到,卖空者在价格上涨时,其亏损会被放大,而在价格下跌时,盈利将被放大。理论上,这种盈利直至价格下跌至 0 时为止。

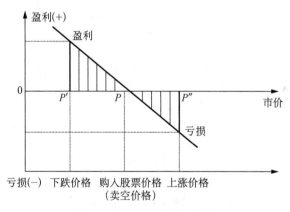

图 9-2 保证金的杠杆作用

保证金卖空交易也有保证金实际维持率问题。在卖空交易中,保证金的实际维持率可以按以下公式计算

$$\text{保证金实际维持率} = \left(\text{卖空时证券市值} + \text{原始保证金} - \text{计算时证券市值}\right) / \text{计算时证券市值} \times 100\% \tag{9-5}$$

以上例某投资者自有资金 10 000 元,进行保证金卖空交易为例,如果该投资者从证券经纪商那儿借入某股票 4 000 股,并以市价 10 元/股全部卖空。当股价跌至 8 元/股时,他的盈利为 8 000 元,保证金账户总金额为 18 000 元。他的保证金实际维持率为

保证金实际维持率 = (10×4 000+10 000−8×4 000)/(8×4 000)=56.25%

此时保证金实际维持率已经大大超过法定保证金比率,投资者可以从账户中提取现金。

若法定保证金比率为 25%，则可提取现金的数额为

$$超额提取数=账面盈利\times(1+法定保证金比率)$$
$$=(10-8)\times 4\,000\times(1+25\%)$$
$$=8\,000\times 125\%$$
$$=10\,000(元)$$

投资者可以从保证金账户中提取 10 000 元，另外 8 000 元要作为保证金，这样保证金的实际维持率可保持在 25% 的水平上，符合法定要求。

若股票价格不跌反升至 12 元，则实际维持率为

$$实际维持率=(10\times 4\,000+10\,000-12\times 4\,000)/(12\times 4\,000)$$
$$=16.67\% < 50\%$$

因此，若操作失误，保证金实际维持率必然低于法定保证金比率。当低于最低维持率时，经纪商要向投资者发出追加保证金的通知，如果投资者届时不追加保证金，则证券公司为维护自身利益会强行补仓。

保证金卖空交易主要为投资者所利用，在一定程度上活跃了市场交易。套利者也大量利用卖空交易，在国际证券市场上该交易所占比重较大。这种方式也常被投机者利用进行哄抬或肆意打压股票价格，从中谋取暴利。这种行为损害了其他投资者的利益，影响了证券市场的健康发展，因此，各国证券管理部门对卖空交易都进行了严格限制。

第三节 证券期货交易

期货是相对于现货而言的一种交易方式，交易双方约定在将来某个时候按成交时约定的条件进行交割。期货在成交时并没有发生真正的商品和价款转移，而是双方约定在未来某个时间履行协定，进行交割。期货交易达成的协议就是期货合约，而期货合约本身也可以在市场买卖。期货合约在商品品种、规格、质量、数量、交货地点、结算方式等方面都以标准化方式进行规范。由于期货交易的清算交割要在远期进行，因此，交易双方都有可能在合约到期之前进行相反的操作，从而免除到期交割实物的义务。目前，期货交易有 98% 的合约都会在到期前进行反向操作，最终的结算只要按两次交易的差价进行即可，不需实物交割。期货交易实际上可使合约与商品发生分离，从而使合约成为独立的交易对象。参与期货交易的买者并不需要合约规定的商品，而卖者也不真正拥有合约规定的商品，他们交易的目的只是为了获取交易的差价。如果没有在合约到期前进行反向操作，则买卖双方必须承担合约规定的义务，买方到期必须按合同规定的价格与数量买入指定的商品；卖方则必须承担按协定价格与数量出售指定商品的义务。现代期货已经发展成为以期货合约交易为主的新的交易方式，应用更加广泛，金融期货尤其发展迅猛，在现代经济生活中发挥着重要作用。

一、期货交易过程及交易要素

1. 期货交易过程

期货交易首先由买卖双方各自向期货经纪公司下达交易订单，由经纪公司派驻交易所

场内代表在交易大厅进行叫价,辅以一定的手势。双方交易员喊价相同、数量相配即可成交,场内交易报告员会马上将价位写在报价板上,同时由通信系统将结果传至国内甚至国际上主要期货市场。场内交易员将记录的每一笔交易的价位、交易对象、交易数量和合约时间传回经纪公司,并由客户确认,然后按规定办理各种财务手续。

2. 期货交易要素

期货交易要素主要包括交易所、交易规则、期货合约和期货交易保证金。

(1) 交易所。期货交易所与证券交易所一样,有固定的交易地点、严格的交易时间和高度规范化的交易体系。期货交易所创造高度竞争的市场环境,使期货交易实现公平、公正、公开,并使得期货交易可以连续而活跃地进行。交易所只制定交易规则,不参与交易,更不拥有商品和期货合约,也不参与价格的形成。期货交易所设有管理机构,以理事会形式管理交易所事务,其成员由选举产生;下设各专门委员会,负责日常行政事务,入会员资格审核、仲裁、交易活动管理、监督和控制、合约管理、结算等。

(2) 交易规则。具体交易规则如下。

① 证券期货交易的价位。期货交易中最小的报价单位称价位(min tick)。证券期货交易中价位按品种类型不同有所差异,如 IMM 上,90 天国库券 1 点合 25 美元,10 年期国库券 1/32 点合 31.25 美元。

② 涨跌停板。涨跌停板即交易中行情较前收盘价格的上涨与下跌的最大限定幅度,此时必须停止交易。这种上、下限波动幅度分别被称为涨停板和跌停板。由于涨跌停板时市场处于单边市状态,或者买者大大多于卖者,或者卖者大大多于买者,这样,交易实际上就无法继续下去,第二天开盘后往往会延续上一天的走势继续上升或者下跌。当出现停板时,交易所有权把有限的成交量以先报先成交的方法分配给经纪商,再由其通知客户;当价格连续几天出现停板时,交易所有权扩大停板的幅度,以增加成交量,使急于平仓或补仓的投资者也有机会结算。IMM 在连续两天同一方向停板时,第三天将会把限度扩大至原幅度的 150%,第四天则扩至 200%,连续四天同一方向停板,第五天全部取消,第六天恢复原幅度。期货市场有时因投机者操纵或突发消息甚至谣言,都会引发行情大幅波动,采用涨跌停板制度则可以使投资者有充分时间证实消息与传闻真伪,考虑对策,避免不必要的损失。

③ 仓位。期货交易中,每当交易者买入或卖出一笔期货合约,称为"建仓",经纪人要给客户开设相应的账户进行记载。此时,交易者并不实际收受合约或实物,他们处于纯买入或卖出地位。合约到期前,交易者可以用两种方法结束交易,一是进行实物交易,但这只占交易的 2% 左右,更多的交易者是做一笔内容、数量、期限相同但方向相反的交易结清差价,称为"对冲"。交易者结束交易,称为"平仓"。在交易的某一时点上,交易者处于纯买入地位时,称为"多头"(long position),此时买进期货合约数多于卖出数;反之,则称为"空头"(short position)。这两种状态都属于未平仓,也叫"持仓"。

(3) 期货合约。期货合约是期货交易商向对方承诺在一确定远期按约定的价格交收标准数量的某一特定商品或证券而达成的书面协议。期货合约的单位是"手"或"口"。期货合约具有法律效力,违者将受到有关部门的制裁,将被强制以交收日价格清盘,承担违约造成的一切损失,并支付罚金。

期货合约具有以下特征:

① 期货合约具有统一的交易品种。每份期货合约所规定的内容都具有标准化的品种规格,沿用国际公认的标准。如金融期货所涉及的证券、货币等都有规定的利息率、汇率基础,任何一地的交易所都具有规定的执行标准。

② 标准的交易单位。每一份金融期货合约所标明的交易数量是由交易所或交易者协会预先统一规定,每次买卖都限于标准交易单位的倍数,而不得自由分割。这样大大方便了交易,提高了交易效率。如CBOT指数期货合约的交易单位为250美元×指数点;CBOT抵押证券期货合约单位为100 000美元面值;CBOT30天期利率期货合约的单位为5 000 000美元等。

③ 标准的交割月份。期货合约交割时一般都是指定月份,从1—12月甚至当月都有。这种交割月份也是事先规定的,不可任意更改。

(4) 期货交易保证金。为了降低期货交易的风险,保证期货交易的正常进行,参加期货交易者必须在成交后通过经纪人向交易所交纳一定数量的保证金,以防止交易者在出现亏损时不能偿付现象的出现。

保证金可以是现金,也可以是有价证券,具体水平由交易所确定,依合约性质、对象、价格变动幅度、客户资信状况以及交易目的而有所不同,其金额为期货合约价值的1%—18%,一般为5%—10%。交易双方都必须交纳保证金,因为双方都有可能出现亏损。在初次交易时,交易者交纳原始保证金,以后每天随清算状况调整保证金数量。当交易者的保证金率不足维持最低水平时,交易所清算部门会发出追加保证金的通知,如不能及时补足,将被强制平仓。

交易所并非仅对参与交易者亏损使保证金不足维持最低要求才发出追加要求,大部分交易所直接根据每一会员在期货合约中所处的多头或空头地位状况来确定保证金总额。某些清算公司为保险起见,甚至在客户所持合约可以相互抵冲的情况下,还对客户所处多头或空头地位情况额外提出交纳一定比例的保证金。

当交易者保证金不足而无法补交时,清算所可以强制平仓而交易客户不得有异议。因此,期货交易不存在交易不足的信用风险,而只有价格波动带来的市场风险。

3. 证券期货交易的主要类型

证券期货交易是金融期货交易的一个重要组成部分,证券期货交易主要包括利率期货和股票指数期货。

(1) 利率期货。利率期货合约是按照事先商定好的期货价格,在将来某一时间实施利息资产交割的标准化合约。

早在20世纪70年代初,IMM就开始进行利率期货交易,最初进行的是1年期短期国库券期货交易,其后各地交易所开始将可转换定期存单(CD)、欧洲美元定期存单、英镑定期存单、长期国债期货、3个月商业票据、拆放利率等上市交易。20世纪80年代,里根政府放松金融管制政策,导致美元利率大起大落。在期货市场利用期货保值交易原理实施对冲以避免利率波动带来的损失的做法开始被广泛接受,利率期货交易急剧膨胀,迅速增长。

利率期货合约的内容主要有以下几方面。

① 交易标的。各种利率标的期货的交易与相应的现货市场交易密切相关,各种有价证

券、票据的期限、利率都不相同,增加了不同的利率期货合约间的套利交易的麻烦。世界各地开设利率期货的交易所都普遍采用一种转换系数,把不同交易单位的合约转换为可交易的标准价值。

② 合约规模。合约规模一般以证券的本金面值计算。伦敦金融交易所(LIFFE)中,英国3月期欧洲美元定期存单100万美元;日本政府债券1亿日元,息票利率6%;各期政府担保债券5万英镑,息票利率9%。在美国芝加哥商品交易所(CBOT)中,美国90天欧洲美元定期存单、国库券100万美元。

③ 最小变化值。以利率基点(basic point)变化百分率表示,如0.01%、1/32等,变化值与利率基点变化百分率的转换关系为

$$变化值 = 名义合约价值(合约规模) \times (期限(天)/年(天)) \times 基点百分率 \quad (9-6)$$

④ 合约期。各地差不多相同,均为3月份、6月份、9月份和12月份4种。

⑤ 最后交易日。期货合约的最后交易日由交易所统一规定,种类较多。

⑥ 交割。银行定期存单、商业票据、银行存兑汇票等以现金形式实施交割,而国库券、债券等则以实物交割。具体交割方式差异较大,有采用联邦电子账户系统过户,也有实物实际交割的。

(3) 股票指数期货。1982年2月,美国堪萨斯农产品交易所(Kansas City of Trade)设立了堪萨斯价值线综合指数期货(Kansas value composite index futures)。价值线指数由阿诺德·伯恩哈德公司编制,由1 700种股票按几何平均法编制,报价时以指数乘以固定乘数500美元,即为合约价值。价位变动的最小单位为一个指数点的0.05,换算成美元价值25美元。同年4月,美国商业交易所(CME)开办了标准普尔500种股票指数期货合约,计算方法与价值线指数相同。5月份,纽约证券交易所(NYSE)推出由1 525种股票编制的综合指数期货。其后,各国(地区)证券市场陆续开办了指数期货交易,迄今已有11个国家和地区的23个交易所有此项业务,范围遍及全球。

股票指数期货利用原有的股票指数进行计算,相当方便。股票指数交易综合了市场上有代表性的股票,交易者等于参与了股市操作,而不必为考虑买卖何种股票而花费精力。股票指数交易可以在不增加市场压力、不花费交易成本的情况下,在空头市场上保障其资产投资组合的价值,更便于进行短期投机活动,以少量资金获取巨大的利润。

4. 证券期货交易的参与者

证券期货交易的参与者没有严格的限制,金融机构、工商企业、基金组织甚至个人,都可以参加期货交易。根据参与者的目的,可以划分为套期保值者和投机者两类。

(1) 套期保值者。套期保值者是指那些为减少在企业经营过程中因商品价格波动所带来的商业风险而在期货市场进行方向相反、数量相等的交易者。套期保值者一般都是生产者、中间商和最终消费用户,他们在现货市场上是实实在在的参与者,只从事与其经营相关的期货交易。通过参加期货交易,使其需要保值的证券价格基本锁定,如果未来价格对其不利,期货交易可使其避免因价格变动带来的损失;如果未来价格变动有利,期货交易反而会使其丧失可能的获利时机。市场变化难以预测,套期者的目的仅在于保值,而不是通过市场变化获利。

（2）投机者。投机者与套期者的看法是完全不同的,他们不是为规避风险,而是主动承担风险,以获取额外的收益。投机者的目的就是获利,他们根据自己的预测,买进或卖出没有实际交易基础的期货合同,以期在价格的频繁波动中获取利润。投机者并没有现实的证券资产需要保值,他们几乎都会在合约到期前进行对冲,以获取差价,而当其预期落空时,带给他们的就是实实在在的亏损。当投机者预测价格会上涨,就买进证券,做多头交易,希望以后能以更高的价格卖出获利;当预测价格会下跌时,他们就卖出证券,做空头交易,希望以后能以更低的价格买进。投机者对行情的判断是关系到其切身利益的,投机者尽可能地收集信息进行分析。投机者一般都是期货交易所的会员,根据其持有合约的长短,可以分为以下几类:

① 期货头寸交易者(position trader)。期货头寸交易者又称期货部位交易者或长线交易者,一般持仓期在数日乃至数周才进行对冲平仓。头寸交易者要关心几日、几周乃至几月的行情走势,持仓量大、时间长,是专业的投机者,市场上大部分交易者都属于这一类。

② 日交易者(day trader)。日交易者一般在开盘时进场交易,收盘时平仓了结,通常情况下绝不隔日持有证券。日交易者一般交易量较大,故其活动有助于增加市场流动性,减少价格波动。

③ 抢帽子者(scalper)。又称短线炒手,其做法是随时关注行情变动,不断地买进卖出,以博取小额差价。只要盈利超过手续费,抢帽子者就愿意投入交易。这类交易填补了交易厅内订单的时间差,增加了市场的流动性,使订单在较小的价格变动区间内迅速成交,减缓了价格波动。从某种程度上看,抢帽子者对活动市场气氛还是有促进作用的。在成熟的市场里,抢帽子者并不能对市场走势产生根本性影响。

二、我国证券期货的发展

1. 国债期货

我国的国债期货交易试点开始于1992年,结束于1995年5月,历时两年半。

1992年12月,上海证券交易所最先开放了国债期货交易。上交所共推出12个品种的国债期货合约,只对机构投资者开放。但在国债期货交易开放的近一年里,交易并不活跃。从1992年12月28日至1993年10月,国债期货成交金额只有5 000万元。

1993年10月25日,上交所对国债期货合约进行了修订,并向个人投资者开放国债期货交易。1993年12月,原北京商品交易所推出国债期货交易,成为我国第一家开展国债期货交易的商品期货交易所。随后,原广东联合期货交易所和武汉证券交易中心等地方证交中心也推出了国债期货交易。

1994年第二季度开始,国债期货交易逐渐趋于活跃,交易金额逐月递增。1994年结束时,上交所的全年国债期货交易总额达到1.9万亿元。1995年以后,国债期货交易更加火爆,经常出现日交易量达到400亿元的市况,而同期市场上流通的国债现券不到1 050亿元。由于可供交割的国债现券数量远小于国债期货的交易规模,因此,市场上的投机气氛越来越浓厚,风险也越来越大。

1995年2月,国债期货市场上发生了著名的"327"违规操作事件,对市场造成了沉重的打击。1995年2月25日,为规范整顿国债期货市场,中国证监会和财政部联合颁发了《国债期货交易管理暂行办法》；2月25日，中国证监会又向各个国债期货交易场所发出了《关于加强国债期货风险控制的紧急通知》，不仅提高了交易保证金比例，还将交易场所从原来的十几个收缩到沪、深、汉、京四大市场。

一系列的清理整顿措施并未有效抑制市场投机气氛，透支、超仓、内幕交易、恶意操纵等现象仍然十分严重，国债期货价格仍继续狂涨，1995年5月再次发生恶性违规事件。

1995年5月17日下午，中国证监会发出通知，决定暂停国债期货交易。各交易场所从5月18日起组织会员协议平仓；5月31日，全国14个国债期货交易场所全部平仓完毕。

2012年2月13日，我国启动国债期货仿真交易。根据中国金融期货交易所5年期国债期货仿真交易合约规则，5年期国债期货合约代码TF，标的面额为100万元人民币、票面利率为3%的每年付息一次的5年期名义标准国债。报价单位为百元人民币，以净价方式报价。最小变动价位为0.01元，合约交易报价为0.01元的整数倍。交易单位为"手"，1手等于1张合约。合约月份为最近的三个季月（季月是指3月、6月、9月、12月）。每日价格最大波动限制为上一交易日结算价的±2%，最低交易保证金为合约价值的3%。手续费标准为不高于成交金额的万分之零点一。

2013年，中国证监会（证监函〔2013〕178号）已正式批准中国金融期货交易所上市5年期国债期货合约，5年期国债期货合约自2013年9月6日（星期五）起上市交易。该国债期货合约的具体条款如下：

(1) 交易单位：国债期货合约，每份价值100万；
(2) 最小变动价位：最小变动价位是0.005元；
(3) 每日价格波动限制：涨跌停限制为上一交易日结算价的±2%；
(4) 交易时间：交易时间为上午9:15—11:30，下午13:00—15:15，合约最后交易日的交易时间为上午9:15—11:30；
(5) 最后交易日：合约最后交易日为到期月份的第二个星期五；
(6) 交割安排：最后交割日为最后交易日的第三个交易日，采取实物交割的交割方式。

2. 股指期货

中国证监会有关部门负责人2010年2月20日宣布，证监会已正式批复中国金融期货交易所沪深300股指期货合约和业务规则，至此股指期货市场的主要制度已全部发布。2010年2月22日9时起，正式接受投资者开户申请，沪深300股指期货合约自2010年4月16日起正式上市交易。

沪深300指数期货合约以沪深300指数为标的，其合约基本要素如表9-2所示：

表9-2 沪深300指数期货合约基本要素

合约标的	沪深300指数
合约乘数	每点300元
报价单位	指数点
最小变动价位	0.2点

(续表)

合约月份	当月、下月及随后两个季月
交易时间	上午:9:30—11:30,下午:13:00—15:00
每日价格最大波动限制	上一个交易日结算价的±10%
最低交易保证金	合约价值的8%
最后交易日	合约到期月份的第三个周五,遇国家法定假日顺延
交割日期	同最后交易日
交割方式	现金交割
交易代码	IF
上市交易所	中国金融期货交易所
合约标的	沪深300指数

三、证券期货的套期保值

套期保值是指保值者通过期货交易的盈亏来冲销其资产价值变动的行为,是转移风险的重要手段。证券持有者在资产交易的一定时期里可能有一定的资产增值或盈利,这种增值或盈利来自资产市场价格的上升,故而这种能够增值或盈利是不稳定的。市场价格如在今后一段时间里持续上升,则这种增值或盈利还可能增加,这种变动对证券持有者而言是有利的。但是市场价格也可能反向下跌,则原有的增值或盈利极有可能减少甚至消失,这对证券持有者来说是极为不利的。如果市场价格变动有可能对现货价格带来不利影响时,为保证既得的盈利或增值,有必要在期货市场进行相反的操作,以求在现货价格受到影响时可利用期货价格上的获利来进行弥补。保值者的主要目的不是盈利,而是使已有的证券实现保值,利用套期转移价格风险。当然,如果现货价格不断上升,则期货市场就会出现亏损,从而冲抵了现货价格上升带来的收益。套期保值者必须要对价格走势、基差变化进行预测和计算,在进行套期决策后,还必须确定合适的套期保值结构,如期货合约的种类、期货合约的数量以及期货交割的月份等。

套期保值者利用期货交易来保值时,必须掌握基差的变化。基差变小,说明期货合约价格可能被高估,最终必然要回归,是最佳的卖出时机。一般而言,期货套期保值的多空部位可通过以下情况来确定。

进行空头套期保值时,应掌握以下时机:
① 证券现货价格不变,期货合约价格下跌;
② 证券现货价格上升,期货合约价格原地盘整;
③ 证券现货价格上升,期货合约价格下降;
④ 现货与期货价格同时上升,但现货价格涨幅较期货大;
⑤ 现货与期货价格同时下跌,但期货合约价格跌幅更大;
⑥ 现货价格从期货价格下方向上突破并继续上升。

多头套期保值也要掌握时机:
① 证券现货价格盘整,期货合约价格上升;
② 证券现货价格下跌,期货合约价格盘整;
③ 证券现货价格下跌,期货合约价格上升;
④ 现货与期货价格同时上升,但期货价格上涨更快;
⑤ 现货与期货价格同时下跌,但现货价格下跌更快;
⑥ 现货价格从期货价格上方向下跌破并继续下跌。

套期保值者总要选择一个合适的机会对冲,以结束期货头寸,也可能在现货有利时提早结束,维持盈利。一般在价格走势与原预测相反,如确信无误后可以立即结束期货交易。在价格有利时,基差变动也会带来一笔盈利,为避免基差的反向变动使这种预期外的盈利减少,也可以提前结束期货部位,达到保值甚至获利的目的。

1. 利率期货的套期保值

利率的升降会对证券价格带来一定的影响,尤其是融资过程中,利率变动的影响相当明显。一般情况下,为避免利率下降的风险,可使用多头套期保值,当利率升高时,则可采用空头套期保值。以下通过例子对此加以说明。

(1) 利率期货的多头套期保值。某公司于11月初得知明年2月份将有一笔200万美元的资金到账,由于11月份利率较高,公司计划将这笔未来的资金投资于短期国库券,获得满意的收益率,但同时又担心未来利率的降低会导致收益减少,准备通过期货交易套期保值,目标是使投资收益率达到11月份国库券收益水平,具体操作过程见表9-3。

表 9-3 利率期货的多头套期保值

现货交易	期货交易
11月1日有2月到账资金200万美元,准备投资短期国库券,11月时国库券票面利率9%	11月1日买入两手2月份的90天期国库券合约,IMM指数为91.00,合约价值=100万×(1−9%×90/360)×2=195.5万(美元)
2月1日资金到账,按当时折扣率8%购买200万美元的91天期国库券,购买成本=2 000 000×(1−8%×91/360)=1 959 556(美元)	2月1日出售2手合约,IMM指数为92.00,合约价值=100万×(1−8%×90/360)×2=196万(美元),期货盈利=1 960 000−1 955 000=5 000(美元)

购买国库券的实际成本 = 1 959 556 − 5 000 = 1 954 556(美元)

200万国库券收益率 = [(2 000 000 − 1 954 556)/2 000 000] × (360/91) × 100% = 8.99% ≈ 9%

因此,上述投资基本达到了目的。

(2) 利率期货的空头套期保值。某公司为销售需要于2月份向工厂订货100万美元,要求3月份交货,预计可在6月份销售完,因此,公司计划在收到工厂交货单时向银行申请100万3月期贷款,等6月初销售款到位时归还贷款。2月份银行贷款利率10%,公司担心3月份利率会上升,从而加大利息负担,准备通过短期国库券套期保值避免利率风险,具体操作见表9-4。

表 9-4 利率期货的空头套期保值

现货交易	期货交易
2月份发出订单,收到100万美元,3月初交货,银行利率10%	2月初,卖出一手5月份90天短期国库券期货合约,IMM价格指数90.25,合约价值=1 000 000×(1−9.75%×90/360)=975 625(美元)
3月初,收到100万美元发票,向银行借款100万美元,期限3个月,利率12.25%,利息=1 000 000×12.25%×90/360=30 625(美元)	3月初买入一手5月份到期的90天期货合约,IMM指数为88.00,合约价值=100万×(1−12%×90/360)=97万(美元)

$$期货利润 = 975\ 625 - 970\ 000 = 5\ 625(美元)$$
$$贷款实际利息成本 = 30\ 625 - 5\ 625 = 25\ 000(美元)$$
$$贷款实际利率 = (25\ 000/1\ 000\ 000) \times (12/3) \times 100\% = 10\%$$

最终实现了保值目标,将利率锁定在10%。

但是,如果3月初市场利率不升反降,则该公司在现货市场上将有盈利,但期货交易会出现亏损。

2. 股票指数期货的套期保值

利用股票指数期货套期保值主要是指持有股票的人为了保证既得的盈利,避免股票价格下跌而使利润降低,或者是想要买进股票的人为了防止价格上涨、无法在原先的价位上购入股票而进行的套期保值。以下通过例子对股票指数期货套期保值的过程加以说明。

(1) 股票指数期货的空头套期保值。2010年4月15日,某机构持有市值900万A股票(该股票的β系数为1),股票价格为10元。由于预期5月初市场可能下跌,该机构决定采取套期保值策略。假定此时IF1005合约的价格为3 000点,沪深300指数为2 990点。先出售5月份的沪深300指数期货合约,其操作过程如表9-5所示。

表 9-5 股票指数期货的空头套期保值

2010年4月15日现货市场	期货市场
现货市场行情:单价10元,90万股现值=900 000×10=9 000 000(元)	出售10张5月份期货合约总值=3 000×300×10=9 000 000(元)
5月3日 现货市场	期货市场
单价9.8元,股票现值=900 000×9.8=8 820 000(元)	期货合约总值=2 940×300×10=8 820 000(元)

结果5月初沪深300指数期货报价2 940点。

$$现货市场亏损 = 8\ 820\ 000 - 9\ 000\ 000 = -180\ 000(元)$$
$$期货市场收益 = 9\ 000\ 000 - 8\ 820\ 000 = 180\ 000(元)$$
$$实际获利 = 180\ 000 - 180\ 000 = 0(元)$$

在预计股票市场将继续下滑的情况下,若不做套期保值交易则可能会因股票价格的下跌而遭受实际损失,进行套期后损失将被控制在一定的限度内。此例中股票价格和指数波动幅度完全一致,因而盈亏为 0。

(2) 股价指数的多头套期保值。在股票处于空头部位时,则可反向进行期货的多头套期交易而达到保值目的。

某投资者预计 5 月 30 日将收到 100 万美元资金,并且预测股票价格会上扬,打算到时用收到的资金来购买某石油公司的股票,以增加股票投资组合中该类产业的股份比重。为避免届时该股票价格上涨而多付资金,决定买进 6 月份的标准普尔指数期货合约来进行套期保值。但是,由于该石油公司的股票与股价指数所反映的股票市场的风险还存在一定区别,因此必须利用反映单个股票风险的 β 系数进行调整。3 月 30 日,S&P500 指数期货报价为 161.05 点,该股票的 β 系数为 1.10,具体的购买合约数量为

合约数 =(风险面值 / 合同面值)× β 系数 =[1 000 000/(500×161.05)]×1.10=13.66

因此,需要购进 14 份 6 月份的期货合约。

假设到 5 月 30 日股票价格上升了 10%,S&P500 股价指数升至 174.00,石油公司股票上升 11%,因此,在现货市场上需多花 11 万美元才能购得原定股票数,但期货合约收益可供部分冲抵。具体操作见表 9-6。

表 9-6 股价指数的多头套期保值

现货市场(3 月 30 日)	期货市场(3 月 30 日)
购买石油公司股票共计需要 100 万美元	购买 6 月份 S&P500 指数期货合约,合约价值=(161.05×500)×14=1 127 350(美元)
现货市场(5 月 30 日)	期货市场(5 月 30 日)
5 月 30 日股价升 11%,相同股数所需资金是 111 万美元	出售期货合约,价值=(174×500)×14=1 218 000(美元)
现货多付 11 万美元	盈利=1 218 000−1 127 350=90 650(美元)

经套期保值后,可以用期货盈利 90 650 美元抵冲,实际仅需多支付 19 350 美元,基本达到了保值的目的,其套期保值率为:(90 650/110 000)×100%=82.41%。

但是,如果 5 月 30 日股票价格不升反降,则现货市场将有盈利,但股指期货市场出现亏损。

第四节 期权交易

期权交易是金融工具的一种衍生形式,实质仍属期货交易。证券期权交易是西方股票市场中相当流行的一种交易策略。期权实际上是一种与专门交易商签订的契约,规定持有者有权在一定期限内按交易双方所商订的"协定价格",购买或出售一定数量的股票。对购买期权者来说,契约赋予他的是买进或卖出股票的权利,他可以在期限以内任何时候行使这个权利,也可以到期不执行任其作废。但对出售期权的专门交易商来说,则有义务按契约规定出售或购进证券。证券的期权交易并不是以证券为标的物的交易,而是以期权为中介的投资技巧。

一、期权交易概述

1. 期权交易的概念

期权或选择权(option),指这样一种合约,其持有者可以在规定的时间内具有按交易双方协定价格购买或出售一定规格的资产的权利。证券期权交易就是对一定期限内买卖证券选择权的交易。

期权的购买者在支付了一定的期权费(premium,也称权利金)后,即拥有在一定时间内以协定价格购买或出售一定数量的证券合约的权利,但并不承担必须买进或卖出的义务,即买进期权后可以放弃权利,但不能收回已付出的期权费。期权的卖出方则收进买入方支付的期权费,在规定期限内必须无条件服从买入方的选择,并履行交易时的承诺。因此,期权是一种单方面的权利有偿转让。期权交易最终并不一定会涉及实际的证券转移,双方只要就现货资产进行折价清算就可以了。所以期权已经成为一种新型的衍生金融工具,成为一种新的交易方式。

2. 期权的种类

期权的种类一般可以分为两种形式,即看涨期权和看跌期权。

① 看涨期权(call option),又称买入选择权、敲入期权,指买入选择权的人有权利以事先约定的价格,在约定的日期前,向出售选择权的人买入该选择权项下的证券。

② 看跌期权(put option),又称卖出选择权、敲出期权,指买入选择权的人有权利以事先协定的合约价格在约定的日期前向出售选择权的人出售该项选择权下的资产。

因此,买进期权者可以买进"看涨期权",也可买进"看跌期权";卖出者既可卖出"看涨期权",也可卖出"看跌期权"。双方对市场行情的看法不同、交易的目的不同,所处的交易部位就不同,双方的交易部位见表9-7。

表9-7 买卖双方的交易部位表

	看涨期权	看跌期权
买方	标的物多头部位	标的物空头部位
卖方	标的物空头部位	标的物多头部位

在期权交易中,有欧式期权和美式期权之分。欧式期权的买方只能在期权到期日当天向卖方宣布是否履行合约;美式期权则在到期日前的任何一个工作日都可以宣布是否履约,有较大的灵活性,故而期权费也较高。

3. 期权交易的要素

(1) 期权合约。期权合约也就是进行期权交易的合约,也包括交易单位、最小变动价位、每日价格最大波动限制、合约月份、交易时间、最后交易日、履约方式等,另外,还有协议价格——敲定价格。

(2) 敲定价格。指按照看涨期权或看跌期权约定的价格买进或卖出的价格,也即看涨期权的购买者根据合约规定"买进"相关证券期货合约,或看跌期权购买者依据合约规定"卖出"相关证券期货合约的价格。期权交易成交时都有一个对应的买入方或卖出方,双方必须严格按照交易时协定的价格才能完成交易。

（3）期权费。期权费又称为期权价格或权利金，是指期权买方在购买看涨期权或看跌期权时支付给期权出售者一笔费用，其目的在于换取期权所赋予的权利。期权费随市场供求、行情变动和期限长短而有所不同。期权费一般由两个部分构成，即内涵价值和时间价值。

① 内涵价值。内涵价值是立即执行期权合约即可获取的总利润，反映了敲定价格与证券市场价格之间的关系。具有内涵价值的期权称为实值（in the money）。看涨期权在敲定价格低于证券市场价格时具有实值；相反，看跌期权敲定价格高于市场价格时具有实值。看涨期权在其敲定价格高于证券市场价格时，或看跌期权的敲定价格低于市场价格时，称为虚值（out of the money）；对于虚值，期权买方实际上已经无利可图，因此不会执行合约，从而将损失限于付出的期权费。当敲定价格与当时的市场价格相同时，称为两平（at the money），不盈不亏。

② 时间价值。时间价值指期权买方希望随着时间的延长，相关证券价格的变动有可能使期权增值时，愿意为此付出那一部分期权费。期权剩余有效时间越长，其时间价值就越大。对于买方来说，期权有效期越长，获利的可能性就越大；对于期权的卖方来说，期权的有效期越长，出现亏损的可能性就越大，期权价格也相应较高。

除了上述因素，期权价格还受市场供求关系及利率的影响。当市场普遍看好时，证券的价格会向上攀升，则看涨期权的期权价格就增加，而看跌期权的期权价格就下降。利率水平的变动会直接影响证券的价格，对期权价格也会带来影响。

（4）保证金。对于期权买方而言，面临的风险就是损失付出的期权费（期权价格），但这种风险已经事先预知而且被明确计算清楚，因而不再需要另开保证金账户；对于期权的卖出方则不然，他们面临的风险几乎与证券的现货市场一样，一旦期权买入方决定履行合约，期权卖出方必须无条件服从，按敲定价格卖出或买入一定的证券，为保证期权卖出方的履约能力，必须存入一笔保证金。每场交易结束时，清算机构会根据价格变动情况及时对期权卖出方的交易部位进行清算，如出现保证金不足则必须依规定追加。

二、期权交易的盈亏分析

期权交易一般在专门开设此业务的交易所由投资者提出委托，经过经纪人在场内公开喊价成交，并由交易所的电脑记录交易过程。实际上，在期权成交时，期权买方只与清算公司发生关系，清算公司成为期权发行者，而真正的期权卖方以交纳保证金来弥补清算公司承担的风险，买方和卖方并不直接面对面，而由清算公司担任交易中介。因此，对于所有的期权买方来讲，卖方都是清算公司，而对于所有的期权卖方来说，买方都是清算公司。一旦期权卖方无法履行合约，要由清算公司代为清偿，买方是十分安全的。

在进行期权交易前，要先对市场行情进行分析判断，才能作出决策。一般投资者要判定三种情况：

① 市场是处于全面上涨即强烈利多还是全面下跌即强烈利空状态；
② 市场是处于中度利多还是中度利空状态；
③ 市场是否处于完全的中性状态，即利多或利空消息都缺乏的状态。

一旦行情判断无误，即可进行具体的操作。

1. 看涨期权的交易

看涨期权是期权的持有者拥有在约定的期限内以敲定价格买入一定数量的证券的权

利。投资者根据对市场的看法决定自己是买入看涨期权还是卖出看涨期权,买卖双方行情的看法总是有分歧的,这样才可能进行交易。所谓"看涨""看跌"在这里只是代表买卖双方在交易中所处的部位而已。

（1）看涨期权买方。如果投资者确定相关证券的市场价格将涨到足以弥补为购买期权付出的期权费的水平时,买入看涨期权是有利的。买入看涨期权不一定是投机者,不少人可能是为其买入的证券确定一个最高价格水平以对冲其现货交易的空头部位。看涨期权买方如果判断准确,可以赚取市场价格与敲定价格之间扣除期权费的部分作为盈利;如果判断失误,则可不执行合约,损失只限于期权费。

例如,某投资者买入某股票的看涨期权,有效期3个月,协议价15元/股,一份合约为100股,每股期权费0.5元,3个月后,随着市场的不同变化,该投资者可以有不同的选择。

① 3个月内该股票价格涨到15.50元/股,与协议价的差额为0.5元,因此可以执行期权,但盈亏相抵。

② 3个月内股票价格涨到15.50元/股以上,执行期权,扣除期权费以后还有盈余。

③ 3个月内股票价格高于协议价,但低于协议价与期权费之和,可以执行期权,略有亏损,但亏损低于期权费。

④ 3个月内股票价格等于协议价格,那么无论是否履行期权合约,都会出现亏损,而且亏损额与期权费相等。

⑤ 3个月内股票价格低于协议价,那么就应该放弃行使期权,损失期权费。

⑥ 3个月内,如果股票价格上涨,期权费也提高,而且期权费上涨幅度高于股票价格,此时投资者应当在出售期权获取期权费差额与行使期权获取收益之间进行权衡,从而决定是行使期权还是出售期权获取期权费的差额。

因此,看涨期权买方的亏损仅限于付出的期权费,其行使权利的最高成本为协议价与期权费之和,而一旦资产价格上涨高于这一价位,则理论上看涨期权买方的盈利是无限的。

看涨期权的盈亏关系可见图9-3。

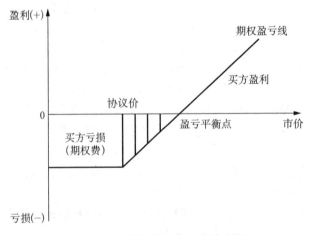

图9-3　看涨期权买方盈亏关系图

在协议价以下,不管怎样买方都会亏损,一般买方弃权,其亏损也就限于期权费。超过协议价后买方必须要冲抵期权费后才能有盈利,随着市价的上涨,买方的亏损不断减少,因此,实际的盈利点应从盈亏平衡点开始,市价越是上升,盈利也越大,理论上这是无限的。

2. 看涨期权卖方

交易者在预计证券的市场价格能保持平稳或可能下跌时才会卖出看涨期权,希望证券的市场价格不会上涨到期权买方行使权利有利可图的水平,即价格上涨到不超过所收取的期权费的水平。这样,期权卖出方可以既赚取期权费,又为防止价格上涨提供一定的保护。看涨期权买方的盈亏情况可见图9-4。期权买方在期权仍有实值时常常在到期日前以对冲了结,期权买方享有履约的特权。期权卖方的目的就是为了赚取期权费,而且总是在预计相关证券只会出现小幅波动或略有下降时采取这种策略。

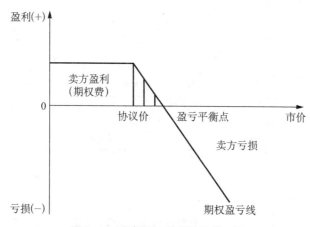

图9-4 看涨期权卖方盈亏关系图

3. 看跌期权的交易

看跌期权的持有者享有在约定期限内按协议价卖出一定数量证券的权利。

(1)看跌期权的买方。看跌期权的买方是因为预计证券的价格会在近期内出现下跌,这样,就可以先卖出证券,再在将来从市场上以低价买回相应的证券并以协议价卖给期权的卖方,赚取协议价与市价的差额。一旦判断失误,则放弃权利而损失期权费。

在看涨期权的例子中,如果只改变期权部位,投资者改成看跌期权的买方,则3个月后的盈亏状况可能有以下几种。

① 3个月内该股票价格跌到14.50元/股,与协议价的差额为0.5元,因此可以执行期权,但盈亏相抵。

② 3个月内股票价格跌到14.50元/股以下,可以执行期权,扣除期权费以后还有盈余,且市场价格跌得越低,盈利越大。

③ 3个月内股票价格低于协议价,但高于协议价与期权费之差,即处于14.50元与15元之间,期权的买方可以执行期权,略有亏损,但亏损低于期权费。

④ 3个月内股票价格等于协议价格,那么无论是否履行期权合约,都会出现亏损,而且亏损额与期权费相等。

⑤ 3个月内股票价格高于协议价,那么就应该放弃行使期权,损失期权费。

⑥ 3个月内,如果股票价格下跌,期权费提高,而且期权费上涨幅度高于股票价格的下

跌幅度,此时,投资者应当在出售期权获取期权费差额与行使期权获取收益之间进行权衡,从而决定是行使期权还是出售期权获取期权费的差额。

因此,看跌期权买方买回证券回补期权卖方的最高价位是协议价与期权费之差,若低于这个价位,则期权买方就有盈利的可能,而且这个差额越大,买方的盈利也就越大。但因为市场价格不会为负数,因此,买方的盈利理论上不会无限大。买方如果处于不利状况时,应放弃权利,使亏损限为付出的期权费。

看跌期权买方的盈亏情况可见图 9-5。从图 9-5 看出,买方盈利为从盈亏平衡点至市场价格为零这一区域。若市场价格不跌反涨,则放弃行使期权,买方损失期权费。

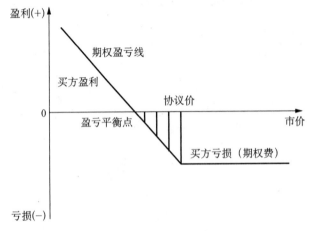

图 9-5　看跌期权买方盈亏关系图

(2) 看跌期权的卖方。交易者在预计证券的市场价格仅仅能保持平稳或稳步上升时才会卖出看跌期权,希望相关证券的市场价格不会跌至足以使期权买方行使权利的水平,即价格下跌至不超过所收取的期权费水平。这样,期权卖出方既可以赚取期权费,又可以为防止价格下跌提供一定的保护。

看跌期权的卖方盈亏情况可见图 9-6。

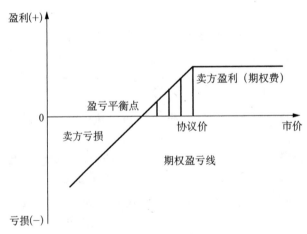

图 9-6　看跌期权卖方盈亏关系图

从图 9-6 可见,在证券市场价格下跌时,如果市场价格不低于盈亏平衡点,看跌期权卖方还是可以盈利的。盈亏平衡点与协议价之间的区域仍是卖方的盈利区,只是盈利随市场价格的下跌而缩小,最终达到两平。在实际操作中,市场价格看跌时的期权费实际上是上升的,期权卖出者在一定的区间了结甚至还可以进行基差获利。

三、期权交易的功能

期权交易表面上看起来是一种对买方有利的交易,实际上市场上总是同时存在买方和卖方,期权交易的成功运行也正说明市场同时存在正反两个方面的投资者的事实。两个方向的交易都受到投资者的认可,表明两种方向的交易在特定情况下都可能是有利可图的。

1. 期权交易对买方的作用

期权交易是金融衍生交易的重要组成部分,作为金融衍生交易,期权交易可以为投资者带来更大的盈利、规避风险并实现报值。

(1) 杠杆功能。与其他投资方式相比,期权的杠杆作用较大,若能正确判断市场行情,且行情变动的幅度可以抵消期权费,则可以获得超过其他投资方式的盈利;但是,如果买方对行情变动的判断是正确的,但对行情变动幅度的判断不正确,行情的变动没有抵消期权费,那么期权交易也会给买方带来损失,这一点在前文中已经论述。以下仅以投资者对行情方向和幅度都判断正确为例,说明期权交易对买方的作用。

例如,投资者有资金 10 000 元整,准备进行 3 个月的投资,若存入银行,年利率为 4.5%,若购买债券,年利率为 7%。目前股票市场正处于上涨阶段,经研究判断后该投资者决定投资股票市场,并选择某公司股票为对象,市场价格为 20 元/股,若信用交易的法定保证金比例为 25%,期权市场的看涨期权敲定价格也是 20 元/股,期权费为 2.0 元/股。现将几种投资方式的收益情况列在表 9-8 中(假设 3 个月后的股票价格为 25.00 元/股)。

表 9-8 期权交易的杠杆作用

	现货交易	信用交易	期权交易
当时	10 000 元本金,可买入股票 500 股(20 元/股)	25%比例融资 30 000 元,买入股票 2 000 股	买入含 5 000 股股票的看涨期权(期权费 2.0 元/股)
3 个月后	卖出 500 股股票,收入 = 500×25=12 500(元)	卖出股票 2 000 股,收入 = 2 000×25=50 000(元)	行使权利,共收入 5 000× 25=125 000(元)
获利情况	12 500−10 000=2 500(元)	50 000−40 000=10 000(元)(不考虑利息因素)	(25−20)×5 000−2.0× 5 000 = 25 000 − 10 000 = 15 000(元)
收益率(%)	2 500/10 000=25%	10 000/10 000=100%	15 000/10 000=150%

可以看出,该投资者买进看涨期权的收益远远高于其他投资方式。同样,在股票市场处于下跌阶段时,若投资者买进看跌期权方向正确,且股票市场下跌给期权交易带来的收益可以抵消期权费,则期权交易也能给卖空者带来更大的收益。

(2) 期权交易的风险防范功能和风险转嫁功能。对买方而言,期权交易的收益是无限的,而风险却相对锁定,最大损失不超过期权费。即使行情判断失误,也可将损失限定在一定范围内,可以有效地防范风险。一旦行情判断有误,进行保证金交易的投资者可能会有很大的风险,面临巨大亏损,但如果同时进行期权交易,可以将一部分风险转嫁出去,从而把风险限定在一定范围内。

例如,投资者拿本金10 000元进行保证金交易,买入20元/股的股票,但预测失误,股票价格反而跌至15元/股,如果同时以协议价20元/股、期权费2元/股买入看跌期权,则盈亏情况分析见表9-9。

表9-9 期权交易风险防范和风险转嫁功能表

现货市场	期权市场
本金10 000元,以25%保证金比率融资30 000元,买入股票2 000股(20元/股)	买入看跌期权,协议价20元/股,期权费2元/股,共2 000股
股票价格跌至15元/股,卖出共得现金=15×2 000=30 000(元)	执行看跌期权,在市场以15元/股买入2 000股,以20元/股卖给期权出售者
盈利=30 000-40 000=-10 000(元)(负号表示亏损)	盈利=(20-15-2)×2 000=6 000(元)
总盈利=6 000-10 000=-4 000(元)	

从操作结果看,如果不进行期权交易,投资者将净亏10 000元,现在只亏4 000元,将6 000元的损失被转嫁出去了,因此,如果投资者分一部分投资同时做期权交易,风险将大大降低。如果单做保证金卖空交易,在行情上涨时,要承担无限的亏损,但同时买进看涨期权,则可成功地进行风险转嫁,以期权盈利冲抵保证金交易的亏损。当然,行情若判断正确,则投资者的保证金交易会获利,而期权交易将损失期权费,冲抵一部分盈利,但期权费是有限的,而保证金交易的获利空间是巨大的,得失相衡,利大于弊。

(3) 期权交易有对账面既得利益进行保值的功能。投资者在股票市场上购买股票,只要股价上涨,即可获得差价收益。当然,这种收益是账面盈利,只有抛售股票才能转为实际盈利。但是,投资者如果认为股价还会继续上升,现在抛售可能会失去股价再上升后的这部分差价收益;相反,持股在手,一旦股价向下跌落,则原有的账面盈利可能随时减少,甚至冲销殆尽。投资者若想既能保证账面盈利,又不想失去赚取股价继续上涨扩大盈利的机会,可以买进该股票的看跌期权,则期权费的损失会冲销一部分盈利。若股价下跌,看跌期权锁定了股票的卖出价格,可以保住账面盈利,当然也需要付出代价——期权费。

例如,有投资者在20元时购入某股票1 000股,随后股票价格上升至25元,预计股价可能会升至更高的价位,但目前涨幅已经很可观,股票价格随时会下跌。为保住账面盈利,买进协议价25元/股的看跌期权1 000股,期权费2.5元/股。若股价继续上升至30元/股,则投资者在原盈利5 000元基础上再增加5 000元,放弃期权损失期权费2 500元,仍增加盈利2 500元。若股价快速下跌至20元/股,则现货市场的盈利将会冲销殆尽,但可执行期权,以25元/股的协议价卖出1 000股股票,减去付出的期权费,仍得2 500元盈利。

2. 期权交易对卖方的作用

由于期权交易中买方具有决定是否执行期权的权利,卖方相应比较被动,因此,一般投资者充当期权卖方时较为慎重,这个角色多由实力雄厚的大机构、银行等担任,但是,期权卖方并非只是被动地承担责任、履行义务,同样也可达到保值及获利的目的。

(1)期权卖方的主要收益是获取期权费。期权买方为取得在一定期限内按协议价买进或卖出一定的证券的权利必须向期权卖方支付期权费作为补偿。不管最后期权买方是否行使权利,也不管盈亏结果,付出的期权费都是不能收回的。因此,期权的卖出方可以稳赚期权费,其收益并不比其他投资低。

由于期权交易的杠杆作用,使从事期权交易的大多为投机者,他们根本不在乎期权行使结果。因此,大部分人最终都以对冲方式轧平期权头寸,这样期权卖方就可以坐收期权费。据统计,约有75%左右的期权交易者属于这种情况。对于另一部分高度投机者来讲,根本目的在于以小博大,如果判断有误,行使买入期权可能会带来更多的损失,故宁愿牺牲期权费,而对于保值者而言,购买期权在于保险,很少有执行期权的可能,因此,只要行情看涨,市场价格与协议价差额变化在期权费范围之内,期权卖方总可以赚取部分甚至全部期权费。即使行情大涨,市场价格与协议价差额变化超过期权费范围,期权卖方仍可以以更高的期权费买回相同的期权合约对冲原来的卖方空头头寸,以减少损失。因此,期权卖方并不是想象的那样具有无限的损失空间。

(2)期权卖方可以在一定程度上利用期权交易保值。投资者如准备在近期利用一笔收入买入某种证券,但担心价格上升而使自己的购置成本增加,可以卖出看跌期权以赚取期权费来补贴购置费用。对于已经拥有的证券,也可卖出看涨期权进行保值。

① 看涨期权卖方。看涨期权卖方在有效期内必须将合约载明的证券以协议价出售给期权买入方。对于卖方而言,是预测行情将下跌,而买方则预测行情会上升。期权卖方为保证既得的收益,想以原来的价格出售资产,而期权买方则想以协议价买进,坐等价格上升获利。因此,如果行情下跌,买方判断失误,肯定会放弃行使期权,期权卖方稳收期权费来弥补现货价格下降造成的损失,达到保值目的。

② 看跌期权的卖方。看跌期权的卖方在有效期内必须按买方的要求以协议价将合约规定的证券买下。看跌期权卖方对行情是看涨的,为使自己能以预期的价格买下证券,减轻价格上涨后购买成本的增加风险。一旦行情上涨,期权买方肯定不会行使期权,卖方可以坐收期权费,以此弥补亏空,达到保值目的。

期权交易的双方都有机会获利,但同时也都要承担一定的风险。对于某些投资者来说,他们可能卖出并不拥有的证券的看涨期权,一旦行情如愿下跌,则可因买方期权而收取期权费;若判断失误,卖方必然要从市场以较高价格进行期权的多头交易,以冲销原来的头寸,所受的损失可能会很大。

四、我国的指数期权

经中国证监会批准,上海证券交易所于2015年2月9日上市交易"上证50ETF期权合约品种"(简称"上证50ETF期权")。

上证50ETF期权的合约标的为"上证50交易型开放式指数证券投资基金"。自2015年2月9日起,按照不同合约类型、到期月份及行权价格,挂牌相应的上证50ETF期权合约。上证50交易型开放式指数证券投资基金的证券简称为"50ETF"。

上证50ETF期权的基本条款如下:

(1)合约类型。合约类型包括认购期权(看涨期权)和认沽期权(看跌期权)两种。

(2) 合约单位。每张期权合约对应 10 000 份"50ETF"基金份额。

(3) 到期月份。合约到期月份为当月、下月及随后两个季月，共 4 个月份。首批挂牌的期权合约到期月份为 2015 年 3 月、4 月、6 月和 9 月。

(4) 行权价格。首批挂牌及按照新到期月份加挂的期权合约设定 5 个行权价格，包括依据行权价格间距选取的最接近"50ETF"前收盘价的基准行权价格（最接近"50ETF"前收盘价的行权价格存在两个时，取价格较高者为基准行权价格），以及依据行权价格间距依次选取的 2 个高于和 2 个低于基准行权价格的行权价格。

"50ETF"收盘价格发生变化，导致行权价格高于（低于）基准行权价格的期权合约少于 2 个时，按照行权价格间距依序加挂新行权价格合约，使得行权价格高于（低于）基准行权价格的期权合约达到 2 个。

(5) 行权价格间距。行权价格间距根据"50ETF"收盘价格分区间设置，"50ETF"收盘价与"上证 50ETF 期权"行权价格间距的对应关系为：3 元或以下为 0.05 元，3 元至 5 元（含）为 0.1 元，5 元至 10 元（含）为 0.25 元，10 元至 20 元（含）为 0.5 元，20 元至 50 元（含）为 1 元，50 元至 100 元（含）为 2.5 元，100 元以上为 5 元。

思考题

1. 证券交易包括哪些主要程序？
2. 什么叫竞价？竞价方式有哪些？
3. 什么是现货交易？现货交易有哪些特征？
4. 什么是信用交易？什么是信用交易中的保证金？怎样计算保证金维持率？
5. 简述期货交易过程及其期货交易的要素。
6. 什么是利率期货？什么是股票指数期货？如何运用这些交易进行套期保值？
7. 什么是期权交易？期权费有何作用？期权交易的盈亏怎样分析？
8. 试比较在相同市场条件下现货市场、信用交易（保证金比率 20%）、期权交易的获利情况及收益率。
9. 某投资者以本金 10 000 元作为保证金向证券经纪商贷款 10 000 元，共买入股票 2 000 股，每股 10 元，耗资 20 000 元。
   (1) 求该投资者的保证金实际维持率；
   (2) 若该投资者买入的股票上涨 20%，贷款账户余额不变，法定保证金比率为 50%。求此时的保证金实际维持率以及投资者最多能提取的资金数额。
10. 某投资者对市场看空，因此以自有资金 20 000 元，从证券经纪商处借入某股票 4 000 股，以市价 12 元/股全部卖空，进行保证金卖空交易。若随后股票市场价格下跌至 8 元/股。求：
    (1) 该投资者的保证金实际维持率；
    (2) 该投资者最多可以从其账户中提出多少款项？
11. 在 7 月 1 日，某投资者持有 500 000 股股票，股票价格为每股 30 美元，投资者想在今后一个月内对其持有股票进行对冲，并决定采用 9 月份的小型标准普尔 500 指数期货合约（Mini S&P 500），当前股指为 1 500，合约规格为每点 50 美元。如果股票的 β 系数为 1.3，投资者应当如何进行套期保值?

12. 假定某欧式期权的期权费为 5 美元,该期权持有者有权以 100 美元的价格买入股票,假定这一期权一直被持有至到期日。在什么情况下期权持有者会盈利?在什么情况下他会行使期权?

第十章 证券估值和定价

证券价格是证券在市场上进行交易的一种行市。证券的出售者和买入者进行协商,形成彼此都能接受的价格成交。证券本身并不具有任何价值,它仅仅是一种拥有某种资产的凭证,是资产所有权或债权的证书。证券之所以可以形成一定的价格,是由于证券持有者据此获得利息或股利收入,买卖证券实际上成了某种收益凭证的转让。

第一节 股票估值的方法和模型

股票是证券中最常见的一种形式,表明了持有者对企业资产的一种所有权。股票的价格取决于股票的内在价值。

一、股票价格的股利贴现模型

股票的投资者期望节约现实消费,投资于股票去换取未来更大的消费量,因而,股票现实价格的决定也是基于一系列未来现金流量的现值。这一系列未来现金流量包括股利现金流量加上(或减去)股票买卖差价的收益(或损失)。为简化起见,我们首先考虑无限期持股状态下,股票是如何估价的。在无限期持股状态下,股票能给持股者带来的现金流量与终身年金相似,每期期末都有一定量的股利流入。它们之间的区别在于前者每期的股利量是不确定的。

以下我们首先设定一系列的假设条件,从股票价值估计模型中抽象出最简单的形式,而后逐步释放,直至价值估计模型能达到对现实股利变化的仿真模拟。

1. 零息增长条件下的股利贴现估价模型

设定了无限期持股条件后,股利是投资者所能获取的唯一现金流量。在下面的各种估价模型中,我们将运用收入(股利)的资本化方法来决定普通股的内在价值。通过这种收入资本化所建立的模型被称为股利贴现模型(dividend discount model,DDM)。DDM 的最一般形式是

$$V_1 = \frac{D_1}{(1+k)} + \frac{D_2}{(1+k)^2} + \frac{D_3}{(1+k)^3} + \cdots \quad (10\text{-}1)$$

$$V = \sum_{t=1}^{\infty} \frac{D_t}{(1+k)^t} \quad (10\text{-}2)$$

其中 D_1、D_2、D_3、…为各期股利，k 为投资该股票的必要收益率（required rate of return），即投资者投资于该股票时所能接受的最低的收益率。必要收益率受股票的风险、其他投资品收益率的高低等因素的影响。

零增长模型（zero growth model）是最为简化的DDM，它假定每期期末支付的股利的增长率为零。其公式为

$$D_t = D_{t-1}(1+0\%) \quad (10\text{-}3)$$

在零增长的假设下，如果已知去年某只股票支付的股利为 D_0，那么今年以及未来所有年份将要收到的股利也都等于 D_0，即

$$D_0 = D_1 = D_2 = \cdots\cdots$$

很显然，此状态下的股票为投资者提供的未来现金流量等于一笔终身年金。利用终身年金价值公式，得

$$V = \sum_{t=1}^{\infty} \frac{D_0}{(1+k)^t}$$

$$V = \frac{D_0}{k} \quad (10\text{-}4)$$

假定在某公司在未来无限期内，每股固定支付1.5元股利。公司必要收益率为8%，由式（10-4）可知，该公司每股价值为18.75元（即1.5/0.08）。

如果该公司的股票在二级市场的交易价为14.25元，可以认为公司股票价格被低估，低估值为4.5元（即18.75－14.25）。因此，应买入此股票。在具体的投资决策过程中，可以通过对比净现值和内部收益率的方法来选择目标股票。

（1）净现值。在当时的时点上运用DDM去估价股票所得出的内在价值 V，一般情况下与此股票现实的交易价格 P 是不相等的。内在价值与成交价格之间的差额被称为净现值（net present value，NPV），即

$$NPV = V - P \quad (10\text{-}5)$$

当NPV为正时，如上例的情况中NPV等于4.5元（即18.75－14.25），被分析的目标证券价格被市场低估，分析师将建议投资者买入；反之，应建议投资者卖出。NPV是投资者作出决策的重要依据之一。

（2）内部收益率。内部收益率（internal rate of return，IRR）是使净现值等于零的贴现率，即运用内部收益率作为贴现率进行贴现时，$V = P$ 成立。在上例中，令内部收益率为 k^*，则有

$$\frac{D_0}{k} = 14.25$$

$$k^* = \frac{1.5}{14.25} = 10.53\%$$

对比内部收益率(k^*)与该公司的必要收益率(k),可见$k^*>k$,在这种情况下,买入决策可行;出现相反的情况($k^*<k$)时,卖出决策可行。

零息增长模型在现实中的应用范围是有限的,主要原因在于无限期支付固定量股利的假设过于苛刻。式(10-4)多用于对优先股的估值,因为优先股的股息支付是事前约定的,一般不受公司收益率变化的影响。

2. 不变增长条件下的股利贴现估价模型

投资者买入一只股票时,至少是期望股利支付金额应该是不断增长的。放松每期股利固定增长不变的假设条件,假定股利每期按一个不变的增长比率g增长,我们将得到不变增长模型(constant growth model)。在不变增长假设条件下各期股利的一般形式为

$$D_t = D_{t-1}(1+g) = D_0(1+G)^t \tag{10-6}$$

将$D_t = D_0(1+g)^t$代入式(10-1),得:

$$V = \sum_{t=1}^{\infty} \frac{D_0(1+g)^t}{(1+k)^t} \tag{10-7}$$

因为D_0为常量,假定$k>g$时对式(10-7)的右侧求极限,得:

$$V = D_0 \frac{1+g}{k-g} = \frac{D_1}{k-g} \tag{10-8}$$

假定某公司去年每股支付股利(D_0)为0.5元,预计未来的无限期限内,每股股利支付额将以每年10%的比率(g)增长,该公司的必要收益率为12%。根据公式(10-8),该公司每股价值为

$$V = \frac{0.5(1+0.1)}{0.12-0.1} = 27.5(元)$$

如果此时该股票的交易价格(P)正好等于27.5元,说明其NPV等于0。进一步可推论出其内部收益率(k^*)等于公司的必要收益率k。根据股利贴现公式,当$k^*=k$时,股票定价是合适的。如果市场投资者都用式(10-8)及上例中的假设条件来对该公司股票估价,那么27.5元将成为均衡价格。

式(10-8)有一个重要的假设就是$k>g$。显然,当$k=g$或$k<g$时,股票价值将出现无穷大或负值的情况,这是不符合现实的;不变增长条件下要求$k>g$,实际上是认为当股利处于不变增长状态时,增长率是小于市场贴现率的,也就是要求在未来每个时期的现值是个收敛的过程。这种假设在一个相当长的时期内,就行业整体水平而言,是符合现实情况的。但就某个特定企业,在特定时段上不一定严格遵守这一假设,短期内,g是可以等于甚至大于k的。比如,国外公司中的IBM等公司在相当长的时期内实现了$g>k$;中国上市公司中也有一些优质公司在一定时期内是$g>k$的。而要对这类公司股票进行估价必须进一步放松限制条件。

3. 多元增长条件下的股利贴现估价模型

多元增长条件下,放松了股利将按不变比率g增长的假设以及$k>g$的限制。在多元

增长模型(multiple growth model)中,股利在某一特定时期内(从现在到 T 的时期内)没有特定的模式可以观测或者说其变动比率是需要逐年预测的,并不遵循严格的等比关系。过了这一特定时期后,股利的变动将遵循不变增长的原则。这样,股利现金流量就被分为两部分。

第一部分包括直到时间 T 的所有预期股利流量现值(用 $T-$ 表示)。

$$V_{T-}=\sum_{t=1}^{T}\frac{D_t}{(1+k)^t} \tag{10-9}$$

第二部分是 T 时期以后所有股利流量的现值,因为设定这部分股利变动遵循不变增长原则,用 D_T 代替 D_0 代入式(10-8),得

$$V_T=\frac{D_{T+1}}{(k-g)} \tag{10-10}$$

需要注意的是,V_T 得到的现值仅是 $t=T$ 时点上的现值,要得到 $t=0$ 时间的现值(表示为 V_{T+}),还需要对 V_T 进一步贴现。

$$V_{T+}=\frac{V_T}{(1+k)^T}=\frac{D_{T+1}}{(k-g)(1+k)^T} \tag{10-11}$$

将两部分现金流量现值加总,可以获得多元增长条件下的估值公式,即

$$V=V_{T-}+V_{T+}=\sum_{t=1}^{T}\frac{D_t}{(1+k)^t}+\frac{D_{T+1}}{(k-g)(1+k)^T} \tag{10-12}$$

式(10-12)比较符合现实经济中的企业实际成长情况。而且,根据现值的加速衰减规律,当 $k>15\%$ 且 $T>10$ 年时,V_{T+} 在 V 中所占比重一般不超过 1/4。所以,当我们明确预测了 8—10 年的股利贴现值,而后再对 T 时期之后的股利流量作出不变增长的假设,不会对 V 造成太大的影响。

假定 A 公司上一年支付的每股股利为 0.45 元,本年预期每股支付 0.1 元股利,第 2 年支付 0.9 元,第 3 年支付 0.6 元,从第 4 年后(为简化起见,T 只取到 3 年)股利每年以 8% 的速度增长,给定 A 公司的必要收益率为 11%,计算该公司股票的内在价值。

该公司的每股价值 V 由 V_{T-} 和 V_{T+} 两部分组成,即

$$V_{T-}=\frac{0.1}{(1+0.11)}+\frac{0.9}{(1+0.11)^2}+\frac{0.6}{(1+0.11)^3}=1.259(元)$$

$$V_{T+}=\frac{0.6(1+0.08)}{(0.11-0.08)(1+0.11)^3}=15.794(元)$$

$$V=V_{T-}+V_{T+}=1.259+15.794=17.053(元)$$

对于多元增长模型公式(10-12),我们用 P 代替 V,用 k^* 代替 k 之后,仍不能单独将 k^* 提到等式左边,这说明计算多元增长模型下股票的内部收益率只能采用试错的方法,不断选试 k^*,直到找到能使等式两边相等的 k^* 作为必要收益率。

从零息增长模型到多元增长模型是一个不断放松限制条件的过程。式(10-12)已经比

较贴近现实,但它的烦琐之处在于必须逐一估计 V_{T-} 时段内每年的现金流量。实际研究过程中,证券分析师有时使用二元或三元模型作为对多元增长模型的简化,并从多方面放松对股利贴现模型的假设,得出了一些实用价值比较大的结论。

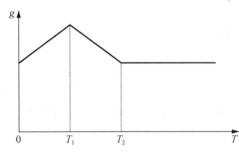

图 10-1　多元增长模型中 g 与 t 的关系

（1）二元模型和三元模型。多元增长模型需要逐一预测 V_{T-} 时期的股息现金流量,工作量较大。通常,分析师运用二元或三元模型来简化。二元模型假定在时间 T 之前,企业的不变增长速度为 g_1, T 之后的另一不变增长速度为 g_2;三元增长模型假定在 T_1 之前,不变增长速度为 g_1, T_1 到 T_2 时期有一个递减的增长速度为 g_2, T_2 之后不变增长速度为 g_3。分别计算这两部分或三部分股利的现金之和可以得出目标股票的价值。二元模型和三元模型实际上是多元增长模型的特例。增长率 g 与时间 t 的关系可以用图 10-1 表示。

（2）有限持股状态下的价值评估。以上各模型都有一个重要的假设前提,即投资者买入股票后不再卖出,或者说持股期间是无限的。但在现实中,很少有投资者能够做到这一点。放松无限期持股的假设前提,投资者可以选择在任意 T 时点以 P_T 的价格卖出股票,以下考察这一行为是否影响股票价值贴现公式的计算结果。

在有限持股状态下,投资者获得的现金流量包括 t 之前的 $\sum D_T$ 和 t 之后出售股票得到的总价 P_T,所以根据股利贴现模型

$$V = \sum_{t=1}^{T} \frac{D_t}{(1+k)^t} + \frac{P_T}{(1+k)^T} \tag{10-13}$$

P_T 在 T 时间的预期价格就等于 $T+1$ 时期开始的股利在 t 时刻的贴现值,即

$$P_T = \sum_{t=T+1}^{\infty} \frac{D_t}{(1+k)^{t-T}} \tag{10-14}$$

将式(10-14)代入式(10-13),得

$$V = \sum_{t=1}^{T} \frac{D_t}{(1+k)^t} + \sum_{t=T+1}^{\infty} \frac{D_t}{(1+k)^t} = \sum_{t=1}^{\infty} \frac{D_t}{(1+k)^t} \tag{10-15}$$

可见,式(10-15)的结果和式(10-2)的结果是完全相同的。因此,可以得出以下结论:在基于股利贴现的估价模型中,投资者持股期限的长短不影响股票价值。

（3）股利和收益。作为权益证券的股票向投资者支付股利(D)的长期资金来源于每股收益(E),收益的增长是股利增长的源泉。收益中用于支付股利的份额被称为红利付出比(D/E);相对的概念是收益中留存在企业内部用于扩大再生产资金的部分,这部分被称为红利留存比($1-D/E$)。公司股利政策的主要内容就是决定收益中有多大部分应作为股利付出,多大部分应留存下来。

事实上,各国的股票市场都有许多上市公司在相当长的时期内不向投资者支付现金股

利。这些公司的股利政策倾向于最大限度地将资金留在企业内部,以减少外源融资的数量。股利政策的变化必然会影响投资者在不同时期内获得的现金流量分布。根据莫迪格良尼和米勒的股利政策与市场价值不相关理论,普通股价值来源于收益而非股利,在没有税收、交易成本等条件下,股利政策对股东在公司中投入的资本价值不发生影响。他们认为,公司的股权价值只与公司未来收益和产生这些收益所需要追加的必要投资相关,公司股价总额应等于每年的预期收入减去必要投资之后的现值之和。

实际上,这两个理论在本质上并不矛盾。股利贴现估价模型认为,每股普通股的价值都等于未来所有预期股利现金流量现值之和。股利政策与市场价值不相关结论是说明如果公司决定提高当期股利的水平,就会降低公司为产出未来收益而追加投资的能力,因此,公司就必须通过发行新的股份或承担更多的债务以取得资金。发行新股意味着未来的股利总额要在数量已经增加了的股份中进行分配,每股股利收入就会减少;承担债务意味着在未来的自由现金流量中要优先偿付债权人的本息。可分配的股利总额就会减少。无论在哪种情况下,股利政策的变动都只能影响未来预期股利的现金流量现值分布,而不能改变现金流量现值总和,进而也不可能改变利用股利贴现估价模型计算出来的股权价值。

二、价格收益比模型

价格收益比模型是指用每股股价与每股收益(税后利润)相比的比率来评价股票价值,也称市盈率评价法。

$$价格收益比(市盈率) = \frac{股票价格}{每股税后利润} \quad (10\text{-}16)$$

或

$$股票价格 = 每股税后利润 \times 市盈率 \quad (10\text{-}17)$$

价格收益比模型应用简便,被广泛用于证券投资活动。在公司很少发放股利或股利基本不发放的情况下,影响股票价格的主要因素是公司的创利能力,价格收益比模型的作用也就相当明显。

三、股票交易价格的影响因素

在市场交易中,由于受到许多不确定因素的影响,股票价格是难以预测的,总是以其内在价值为中心上下波动,而不能以某种规律性的理论来简单地概括。一般说来,国内股票市场价格的影响大致有以下几种类型。

1. 经营业绩

企业的经营业绩往往是投资者最为看重的。上市公司的业绩优良,自然受到投资者的青睐,价格就会一路上扬。市场上,绩优股和绩差股的价格会相差几倍乃至几十倍。

2. 市盈率

市盈率(价格-收益比)是衡量股票价格是否合理的重要指标。市场对市盈率往往有一个公认的可接受范围,过高或过低的市盈率都被认为股票价格发生了偏离。

3. 企业潜力

企业潜力是指企业在将来会获得可观利润的能力,有潜力企业的股票会受到投资者的认同,他们会大量持有这些股票,以期将来可以获得较好的回报。这种对未来收益的追求可能导致潜力股受到青睐,股票价格一路上扬,从而远离其内在价值。

4. 企业题材

企业题材实际上就是关于企业的一些信息,在新兴股票市场上,这些信息往往受到投资者过度的重视。如果某些市场参与者对这些题材加以宣传,就会引起投资者的追捧,使股票价格上升。

四、股票价格的修正

股票如果发生送股、分红、配股等情况,就要进行除权处理,除权日的参考价格就要进行重新计算。

1. 除息报价的计算

除息(ex-dividend, XD)是指股票价格除去领取的红利的权利。当股票进行分配,投资者领取红利后,这种分配权就不能再使用了。为保证股票交易的连续性和股票价格的公正性,必须对股票价格进行技术处理,在股票价格中除去派息数额,持股的投资者可以从派息中得到补偿,若除息后股票价格上升,投资者就获得了因派息带来的实际好处。若股票价格回复到除息前的水平,则称填息,投资者就完全享受了派息。若无法填满或反而下跌,则称贴息,投资者实际上受到了损失。除息报价可以按以下公式计算

$$P_{XD} = 除息日前一天收盘价 - 每股现金股利 \qquad (10\text{-}18)$$

例如,某股票在除权登记日收盘价为 12.68 元/股,每股派息 0.34 元,则次日除息报价为

$$P_{XD} = 12.68 - 0.34 = 12.34(元)$$

这一价格为除息参考价,市场并不一定就认可这个报价。若除息开盘价格高于 12.34 元/股,则说明有填息的可能;若低于 12.34 元/股,那么就明显是贴息。

2. 除权报价的计算

企业若送红股或配股,在方案实施中同样要进行价格修正,称为"除权"(ex-right, XR)。除权后,若股票价格上升至除权前的价位,称为填权;否则则称为贴权,投资者会因此受损。送股除权报价的计算如下

$$P_{XR} = \frac{除权日前一日收盘价}{1 + 送股比率} \qquad (10\text{-}19)$$

例如,某股票的分配方案为 10∶5 送股,除权日前一日收盘价为 18.00 元/股,则除权报价为

$$P_{XR} = \frac{18.00}{1+0.5} = 12.00(元/股)$$

若企业进行配股,因股东还要拿出一笔资金,其除权报价要复杂一些,具体计算如下

$$P_{XR} = \frac{除权日前一日收盘价+配股价\times 配股比率}{1+配股比率} \quad (10-20)$$

例如,某股票拟 10∶3 配股,价格 4.6 元/股,除权日前一日收盘价 15.00 元/股,则除权报价为

$$P_{XR} = \frac{15.00+4.6\times 0.3}{1+0.3} = 12.6(元/股)$$

3. 除权除息结合的报价的计算

有的企业分配方案可能为几种形式的结合,则其除权除息(称 DR)报价要复杂得多,具体形式可表示为

$$P_{DR} = \frac{除权日前一日收盘价+配股价\times 配股比率-每股红利}{1+送股率+配股比率} \quad (10-21)$$

例如,某股票的分配方案为每 10 股送 5 股、配 3 股,价格 4 元/股,同时,每 10 股派息 6 元,除权日前一日收盘价为 12.00 元/股,其除权除息报价为

$$P_{DR} = \frac{12.00+4.00\times 0.3-0.6}{1+0.5+0.3} = 7.00(元/股)$$

第二节 债券估值和定价

证券实际上都是投资人与发行人之间签订的一种合同书。根据合同条款,投资人让渡一定量的货币资金给发行人以获取对发行人未来预期收入的某种索取权。债券的投资人以某种价格买入一定量的债券,所获得的是债券发行人对未来特定时间内向投资人支付一定量的现金流量的承诺。因为债券付息还本的数额和时间通常是事先确定的,所以被称为固定收益证券。然而,由于信用风险和通货膨胀的存在,债券约定本息的支付和约定支付金额的购买力都存在着某种程度的不确定性,这就给债券估价带来了一定的难度。

为简化起见,我们首先假定所研究债券的名义支付和实际支付的金额是确定的,从而使债券估价可以集中于时间的影响上。在这一假定的基础上,再考虑债券估价的其他因素。

一、债券定价的金融数学基础

对任何一种金融工具进行分析时,都应当考虑到货币的时间价值。货币具有时间价值是因为使用货币按照某种利率进行投资的机会是有价值的。考虑货币的时间价值,主要有两种表达形式:终值与现值。

1. 终值

终值是指今天的一笔投资在未来某个时点上的价值。终值应采用复利来计算。终值的计算公式为

$$P_n = P_0(1+r)^n \tag{10-22}$$

其中,n 为时期数;P_n 为从现在开始 n 个时期的未来价值,即终值;P_0 为初始的本金;r 为每个时期的利率;表达式 $(1+r)^n$ 表示今天投入一个单位货币按照复利 r 在 n 个时期后的价值。

显然,利息每支付一次的时间间隔越短,其未来值越高。这是因为随着复利的计算过程延长,收取利息的本金将随时间的累进而扩大。

2. 现值

现值是终值计算的逆运算。金融决策在许多时候都需要在现在的货币和未来的货币之间作出选择,也就是将未来所获得的现金流量折现与目前的投资额相比较来测算盈亏。现值的计算公式为

$$P_0 = \frac{P_n}{(1+r)^n} \tag{10-23}$$

如果用 PV 表示现值来代替 P_0,式(10-21)可以被重新写为

$$PV = P_n \cdot \frac{1}{(1+r)^n} \tag{10-24}$$

计算现值的过程叫贴现,所以现值也常被称为贴现值,其利率 r 则被称为贴现率,代数式 $\frac{1}{(1+r)^n}$ 被称为现值利息因素或现值系数。

从式(10-22)可以看出,当贴现率提高,收取未来货币的机会成本提高,现值会下降;同样,收到货币的未来时间越远,它今天的价值就越小。

3. 普通年金的价值

在了解了终值和现值的计算之后,再引入年金的概念。年金一般是指在一定期数的期限中,每期相等的一系列现金流量。比较常见的年金支付形式是支付发生在每期期末,这种年金被称为普通年金。一笔普通年金的未来值计算公式为

$$P_n = \frac{A[(1+r)^n - 1]}{r} \tag{10-25}$$

其中,A 为每期年金额;r 为贴现率;n 为从支付日到期日到期末所余年数。

一笔年金的现值是对一个未来价值序列的贴现,公式为

$$PV = \sum_{t=1}^{n} \frac{A}{(1+r)^t} \tag{10-26}$$

可以运用等比数列求和公式,得到一笔普通年金现值的公式

$$PV=\frac{A\left[1-\frac{1}{(1+r)^n}\right]}{r} \quad (10-27)$$

4. 终身年金的价值

终身年金是无截止期限的、每期相等的现金流量系列。可以将其理解为每年支付一次利息的、没有到期日的债券。在现实生活中,这种债券的典型例子是英国康寿(British Consol),这是一种没有到期日的债券,英国政府对债券持有人负有永久性的支付固定利息的义务。终身年金的现值公式为

$$PV=\sum_{t=1}^{\infty}\frac{A}{(1+r)^t}$$

$$PV=\frac{A}{r} \quad (10-28)$$

与终身年金非常类似的另一种金融工具是约定股息的优先股。虽然类似于优先股或英国康寿这样的终身年金在证券家族中只占很小的一部分,但它却为债券和股票的估价提供了一种有益的启示。对每年付息一次的债券而言,它与终身年金之间的相似之处在于提供了每期相同的现金流量,不同之处在于它有到期日;而普通股正好相反,它没有到期日,但每期提供的现金流量却是不同的。

二、债券的价值评估

1. 附息债券的价值评估

任何一种金融工具的理论价值都等于这种金融工具能为投资者提供的未来现金流量的贴现。给一张债券定价,首先要确定它的现金流量。一种不可赎回债券的现金流量构成包括两部分:在到期日之前周期性的息票利息支付;票面到期价值。

在以下的债券定价计算中,为了简化分析,我们先做三个假设:①息票支付每年进行一次;②下一次息票支付恰好是从现在起12个月之后收到;③债券期限内,息票利息是固定不变的。

在确定了一张债券能给投资者提供的现金流量分布之后,我们还需要在市场上寻找与目标债券具有相同或相似信贷质量及偿还期限的债券,以确定必要收益率或贴现率。给定了某种债券的现金流量和必要收益率,我们就可以以现金流量贴现的方式为一个债券估价。其公式为

$$P=\frac{C}{(1+r_1)}+\frac{C}{(1+r_2)^2}+\frac{C}{(1+r_3)^3}+\cdots+\frac{C}{(1+r_n)^n}+\frac{M}{(1+r_n)^n} \quad (10-29)$$

其中,r_1、r_2、r_3、$\cdots$、r_n 分别为1期、2期、3期、$\cdots$、n 期的贴现率。

式(10-29)中,如果各期贴现率相等,即:$r_1=r_2=r_3=\cdots=r_n$,则 n 期的利息支付等于一笔 n 期年金,年金额等于面值乘以票面利息。利用年金现值公式简化公式(10-27),得

$$P = \frac{C}{r} - \frac{C}{r \cdot (1+r)^n} + \frac{M}{(1+r)^n} \qquad (10\text{-}30)$$

从上述公式(10-30)可以发现,当一张债券的必要收益率高于发行人将要支付的利率(票面利率时),债券将以相对于面值贴水的价格交易;反之,则以升水的价格交易;当必要收益率等于票面利率时,将以面值平价交易。

2. 一次性还本付息的债券定价

一次性还本付息的债券只有一次现金流动,也就是到期日的本息之和。所以,对于这样的债券只需要找到合适的贴现率,而后对债券终值贴现就可以了。一次性还本付息债券的定价公式为

$$P = \frac{M(1+r)^n}{(1+k)^m} \qquad (10\text{-}31)$$

其中,M 为面值;r 为票面利率;n 为发行日至到期日的时期数;k 为该债券的贴现率;m 为买入日至到期日的所余期数。

3. 零息债券的定价

零息债券不向投资者进行任何周期性的利息支付,而是把到期价值和购买价格之间的差额作为利息回报给投资者。投资者以相对于债券面值贴水的价格从发行人手中买入债券,持有到期后可以从发行人手中兑换相等于面值的货币。一张零息债券的现金流量相当于将附息票债券的每期利息流入替换为零。所以它的估值公式为

$$P = \frac{M}{(1+k)^m} \qquad (10\text{-}32)$$

其中,M 为债券面值;k 为必要收益率;m 为从现在起至到期日所余期数。

从式(10-32)中可以发现影响债券价格的三个直接动因:

① 由于发行人信用等级发生了变化而债券的必要收益率发生变化,进而影响到债券价格。在其他条件不变的情况下,必要收益率的变动与债券价格变动呈反向关系。

② 必要收益率不变,只是由于债券日益接近到期日,会使原来以升水或贴水交易的债券价格日益接近于到期日价值(面值)。以升水交易的债券价格下降,以贴水交易的债券价格上升。

③ 与被定价债券具有相似特征的可比债券收益发生变化(即市场必要收益率变化),也会迫使被定价债券的必要收益变化,进而影响债券价格。

4. 债券的到期收益率

到期收益率(yield to maturity,YTM)又称最终收益率,是投资购买国债的内部收益率,即可以使投资购买国债获得的未来现金流量的现值等于债券当前市价的贴现率。它相当于投资者按照当前市场价格购买并且一直持有到满期时可以获得的年平均收益率,其中隐含了每期的投资收入现金流均可以按照到期收益率进行再投资。

(1) 零息债券的到期收益率。假定零息债券当前的市场价格为 P，面值为 M，距离到期期限还有 t 期，则到期收益率（YTM）为

$$YTM = \left(\frac{M}{P}\right)^{\frac{1}{t}} - 1 \tag{10-33}$$

(2) 附息债券的到期收益率。对于一只期限为 n 期、面值为 M、票面利息额为 C、当前市场价格为 P 的附息债券，其到期收益率（YTM）由以下公式决定

$$P = \frac{C}{(1+YTM)} + \frac{C}{(1+YTM)^2} + \frac{C}{(1+YTM)^3} + \cdots + \frac{C}{(1+YTM)^n} + \frac{M}{(1+YTM)^n} \tag{10-34}$$

三、收益率曲线与利率的期限结构理论

从以上的分析可以看出，任何一种债券的价值都等于一系列现金流量的现值之和，这说明任何一种债券都可以用一揽子的无息票债券组合去替换。例如，1 张每年付息一次的 5 年期附息票债券就等于 6 张与此附息债券息票及面值支付具有相同期限的无息票债券的现值；也就是说，证券的价值等于具有相同期限结构的一揽子无息票债券的价值。要进一步确定每种无息票债券的价值，就必须找到与其期限相同的无息票国债的即期利率，作为确定贴现率的基础。

具有不同到期日国债的即期利率在大多数时候是不相等的。一般而言，即期利率 S_t 会随着到期日 t 的延长而增加，但也有相反的情况（S_t 随着 t 的延长而减小）出现。对于证券分析人员而言，必须清楚目前哪种情况占主导地位，才能对目标债券进行正确的估价。

1. 收益率曲线

因为国债的到期收益率决定着其他债券的收益标准，所以金融市场的参与者都对国债的收益与偿还期之间的关系很感兴趣。收益率曲线就是表示国债的到期收益与其偿还期之间关系的曲线。从历史数据中观察到的收益率曲线有四种形状，即收益率随期限的延长而提高、收益率随期限的延长而降低、收益率水平以及收益率随期限的延长先提高后降低（图 10-2）。

需要注意的是，这四种情况都只是一种理论上的假设，现实中债券的收益率和到期日之间的关系表现得并非如此完美。由于税收和提前兑付等原因，期望收益率与收益率曲线之间不可能保持精确的一致。

虽然收益率曲线是根据观测到的（偿还期、收益率）坐标点绘制出的，但利率的期限结构却是特指无息票国债的收益与偿还期之间的关系。由于附息债券可以被无息票债券组合替换，所以利率的期限结构理论可以解释为什么收益率曲线会有不同的形状。

2. 利率期限结构理论

有三种理论被用来解释利率的期限结构。

(1) 无偏预期理论。这种理论认为，投资者的一般看法构成市场预期，市场预期会随着通货膨胀预期和实际利率预期的变化而变化。同时，该理论还认为，债券的远期利率在量上

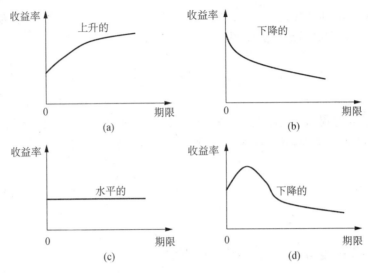

图 10-2 收益率曲线的四种情况

应等于未来相应时期的即期利率的预期。因而,一组呈上升趋势的即期利率可被解释为市场预期未来即期利率看涨;反之,则是市场预期未来即期利率看跌。当市场预期所有的即期利率大致相等时会出现收益率水平的情况;当市场预期未来即期利率在短期看涨,而后会下跌时,就会出现收益率先升后降的情况。

无偏预期理论的结论是,未来预期即期利率在量上等于远期利率。这一理论可以同时解释呈上升、下降和水平的利率期限结构,不同形状的利率期限结构只不过是反映市场对未来即期利率的不同变化预期。

人们对未来即期利率预期的变化主要源自人们对通货膨胀率预期的变化,所以当较高的现行通货膨胀率造成短期利率过高时,人们对未来通货膨胀率的预期就会下降,利率的期限结构就会呈下降趋势;反之,就会呈上升趋势。

然而,同样是从历史数据的基础去考虑,却暴露出无偏预期理论中不合逻辑的地方。因为利率的变动显现出明显的周期性特征。周期性运动的特征是上升时期所用时间和下降时期应基本相等,但实际情况却是利率期限结构呈上升趋势的时间要多于下降趋势。这一现象的事实存在为流动性偏好理论的产生建立了基础。

(2) 流动性偏好理论。流动性偏好理论是解释利率结构形成原因的另一种理论。其基本观点是,考虑到资金需求的不确定性和风险产生的不可精确预知性,投资者在同样的收益率下,更倾向于购买短期证券。这一偏好的存在迫使长期资金需求者提供较高的收益率才能使投资者购买更长期限的证券。在现实操作中,长期资金的需求者也愿意支付这笔流动性升水,原因是短期债券的发行次数频繁,必然增大融资成本。

流动性偏好理论在解释不同形态的期限结构时,同样是以对未来即期利率的不同预期为基础的,它与无偏预期理论之间的区别仅在于曲线弯曲的幅度大小不同。在利率期限结构呈上升态势时,由于流动性升水的存在,流动性偏好理论认为未来即期利率的上升幅度会大于运用无偏预期理论所计算的上升幅度;同样也是因为流动性升水的存在,当市场预期未来即期利率保持不变,甚至是轻微下降时,利率期限结构也会呈现出稍微向上倾斜的态势。此种情况的存在,使流动性偏好理论可以解释期限结构上升时期多于下降时期这一现实。

(3) 市场分割理论。市场分割理论是从另一个角度来解释利率期限结构的成因。该理论认为,由于存在着法律上、偏好上或其他因素的限制,证券市场的供需双方不能无成本地实现资金在不同期限证券之间的自由转移。证券市场不是一个整体,而是被分割为长、中、短期市场。在这种分割状态下,不同期限债券的即期利率取决于各市场独立的资金供求。即使不同市场之间在理论上出现套利的机会,但由于跨市场转移的成本过高,所以资金不会在不同市场之间转移。

按照这种理论,呈上升趋势的利率期限结构是因为长期债券市场资金供需的均衡利率高于短期市场的均衡利率;反之,当短期均衡利率高于长期均衡利率时,利率期限结构就会呈下降趋势。

考察现行市场的利率期限呈何种状态,并精确地估算不同期限债券的即期利率是非常重要的,它是决定未来现金流量现值和贴现率的基础。

四、久期与凸度

债券久期(duration)的概念最早由麦考利(Macaulay)于 1938 年提出,他使用债券期限的加权平均形式来计算债券的平均到期时间。根据麦考利的理论,债券久期可以表示为

$$D = \frac{\sum_{t=1}^{n} PV(C_t) \times t}{P} \tag{10-35}$$

其中,P 为债券当前价格;$PV(C_i)$ 为债券第 i 期现金流(包括利息以及偿还的本金)的现值。如果利用到期收益率的概念,久期可以表示为

$$D = \frac{\sum_{t=1}^{n} \frac{C_t \times t}{(1+y)^t}}{P} \tag{10-36}$$

其中,y 为到期收益率。如果使用连续复利的概念,则

$$D = \frac{\sum_{t=1}^{n} C_t t e^{-y't}}{P} \tag{10-37}$$

其中,y' 为到期收益率 y 对应的连续复利。

1. 久期和债券价格的关系

因为债券价格满足

$$P = \sum_{t=1}^{n} C_t e^{-y't} \tag{10-38}$$

所以 $\frac{\partial P}{\partial y'} = -\sum_{t=1}^{n} C_t t e^{-y't} = P\left(-\frac{\sum_{t=1}^{n} C_t t e^{-y't}}{P}\right) = -PD \tag{10-39}$

$$\frac{\partial P}{P} = -D\partial y' \tag{10-40}$$

也就是说,债券价格的变动比率等于债券久期和到期收益率变动量乘积的相反数。债券价格变动和久期之间是一个线性关系。

因为 $y' = \ln(1+y)$,所以

$$\frac{\partial P}{P} = -D\frac{\partial y}{1+y} \tag{10-41}$$

令修正久期(modified duration) $D^* = \frac{D}{1+y}$,可以得到:$\frac{\partial P}{P} = -D^*\partial y$,或者可以近似地表示为:$\frac{\Delta P}{P} = -D^*\Delta y$。因此,久期反映了价格变动对收益率变动的敏感程度,二者通过债券久期构成一个线性关系。

金融机构常常通过确保其资产平均久期等于其负债平均久期来对冲其面临的利率风险,但资产组合对于利率曲线较大幅度的平行移动和非平行移动仍有风险暴露。

2. 久期和债券期限

久期衡量了债券的平均到期时间,它和债券的实际到期时间之间既有联系又有区别。对于零息债券而言,到期一次性支付,其间不支付利息,所以它的价格等于到期本金的现值。因此

$$D = \frac{PV(C_n)}{P} \times n = n \tag{10-42}$$

即零息债券的久期等于它的实际到期时间。对于附息债券来说,到期前还有利息收入,因此,其久期低于债券的实际到期时间。

3. 凸性

在现实中,债券价格变动率和到期收益率变动之间并不是线性关系,但久期是用线性关系进行近似估计。在收益率变动较小以及利率期限结构平行移动时,这种近似比较准确。但是,如果收益率变动比较大,或者利率期限结构发生了非平行移动,一阶近似就会产生比较大的误差,此时就需要进行二阶项的调整。凸性(convexity)(也称"曲率")就是利用二阶项对久期进行的调整。凸性是指债券价格变动率和收益率变动率关系曲线的曲度,是债券价格对收益率的二阶导数除以价格

$$C = \frac{1}{P}\frac{\partial^2 P}{\partial y^2} \tag{10-43}$$

考虑了凸性后,债券价格变动和收益率变动之间的关系可以重新表示为

$$\frac{\partial P_{nt}}{P_{nt}} = -D^*\partial y + \frac{1}{2}C(\partial y^2) \tag{10-44}$$

或者可以近似地表示为

$$\frac{\partial P_{nt}}{P_{nt}} = -D^* \Delta y + \frac{1}{2}C(\Delta y^2) \tag{10-45}$$

当债券具有很长期限并提供均匀收入时，一般会有较大的凸性；而当收支都集中在某一个时间附近时，凸性会较小。确保资产和负债组合的净久期和净凸性为零，公司可以使组合价值对零息利率曲线相对较大的平行移动所引起的风险免疫，然而，组合仍具有零息曲线非平行移动的风险。

第三节 基金价格的决定

国际上所指的基金通常为投资基金。基金价格实际上是指每个基金单位的价格。基金单位类似于股份公司的股份，是将基金总额进行等额划分的最小单位，也称基金股份，是投资者买卖基金的基本单位。

一、证券投资基金的净值决定

作为收益证券的基金与作为权益证券的股票具有不同的价格决定方式。影响基金价格最主要的因素是基金净值的高低，基金净值的变化源于基金收入与费用支出关系的变化。

1. 基金收入来源

利息收入是投资基金比较稳定的一项收入来源。庞大的资金规模和分散投资的经营策略使基金可以经常保持一定的现金储备，这些现金一般被存放于银行或其他金融机构，也可能被投资于短期国债或其他高信用级别的企业债券。存款和债券利息收入构成基金收入的第一项。

股息收入也是投资基金的一项重要的收入来源。证券投资基金将大部分资金投向股票市场，购买上市公司股票而成为公司股东。许多上市公司在每年的上半年都要进行分红派息，以回报投资人。

二级市场的买卖差价是投资基金的一项不确定的收入来源。证券市场的整体走势和基金管理人的操盘水平高低决定了此项收入数额的大小。在市场下跌的过程中，大部分基金的该项收入为负值。

投资增值是由于基金所投资的证券价格上涨超过投资成本而形成的基金账面净值的增加。严格地说，投资增值并不能算作是一种收入形式，而是为收入提供了一种潜在的支持，且增值的变现要通过在二级市场的卖出才能实现。投资增值与二级市场的买卖差价之间的区别在于：后者通常是一种短期行为，是从一个投资者手中买入再出售给另一个投资者；而前者一般为一次性地购买未上市的原始股，或是基金对某一有发展前景的实业项目的直接投资所形成的日后增值，通常持有期限较长。

2. 基金的费用支出

投资基金的日常运作通常是委托某一基金管理公司进行，基金持有人必须为此支付一定的费用。

基金管理费是支付给基金管理人的管理报酬,是基金管理公司的固定收入来源。管理费率的高低与基金的规模呈反比例关系,规模越大,每一基金单位所支付的费用比例就越低。管理费率和基金投资对象的管理难度呈正比例关系,难度越高,费率就越高。基金管理费用通常按照每个估值日基金净资产的一定比例逐日计算并按期支付。当基金经营业绩出色时,管理公司可按约定提取一定比例的业绩报酬用于对主要管理明星的奖励。

基金托管费是支付给基金资产托管人的管理费用。托管人通常是大银行。托管费与管理费一起构成了基金费用支出中的主要部分。

3. 基金资产估值与收益分配

对基金资产估值的目的是客观、准确地反映基金资产是否得到了保值与增值。被估值的对象包括基金依法拥有的股票、债券、股息红利、债券利息和银行存款本息等。开放式证券投资基金每个工作日都要对基金资产进行估值。视基金持有资产性质的不同,估值的方法也有所变化。对于已上市股票和债券的估值,以估值日证券交易所提供的市场平均价为准,未上市股票则以成本价计算;未上市债券及银行存款以本金加计估值日为止的应计利息额计算;派发的股息红利、债券利息,以至估值日为止的实际获得额计算。基金的日常估值由管理人进行并经托管人复核。

基金净值的构成包括发行面值和基金收益两部分。发行面值资金通常只是在基金解散时才返还给投资者,所以每年可供分配的仅是扣除费用后的基金收益。我国现行的做法是以现金方式分配基金收益,每年分配一次,分配比例不低于基金当年可分配收益的90%。如果基金上年度发生亏损,当年收益要先弥补亏损,当年亏损的基金不得进行收益分配。

二、封闭式证券投资基金的价格决定

按照封闭式证券投资基金(下简称"封闭式基金")买卖标的的具体形式,封闭式基金价格有不同的表现形式。一般来说,封闭式基金的价格大致有面值、净值和市价三种形式。

1. 基金面值

基金面值作为基金价格的形式主要在基金的发行阶段采用。按照基金单位的面值直接出售,这种形式称为平价发行。平价发行时投资者不需负担有关的发行费和销售费,极受投资者欢迎。这个阶段称为基金价格的第一阶段。我国早期的封闭式基金有不少曾采用过平价发行的方式。

2. 基金净值

在基金发行期满至上市日之前,基金的价格要以基金单位净值来表示。这是基金价格的第二阶段,这一阶段基金并不能在市场流通,这一价格实际上成为投资者资产的参考价格。但是若基金分成几期销售,那么从第二期开始出售基金单位就要以基金净值为准了,因为首期募得的基金份额已经投入运行并会取得一定的收益,为了不致摊薄原有基金单位的资产净值,新发售的基金单位必须以这一价格发行。

3. 市价

基金上市后进入交易阶段,这是基金价格的第三阶段。基金买卖双方可在证券交易所进行竞价交易,以形成双方都能接受的成交价,交易价格就形成了。市价反映的是基金的现实价格,在基金封闭以后,面值只具有象征意义,投资者关心的是基金净值;基金上市后,投资者关心的是市价及其背后的净值。市价以净值为基础,并以供求关系来决定。市价可能比较忠实于资产净值,也可能脱离净值。当市价高于基金净值时,称为溢价;当市价低于基金净值时,称为折价。

封闭式基金最为显著的特征就是发行后基金份额将不再发生变化,投资者如果想增加或减少持有的基金份额只能从其他持有人手中买入或卖给其他投资者。对于封闭式投资基金而言,在市价除了受净值决定外,还有两个不容忽视的影响因素。

(1) 基金已实现的收益率和投资者对该基金收益率的期望。不同的基金管理公司之间存在着管理水平上的差异,这种差异集中表现在收益率的差距上。对于年收益率大大高于基金平均投资回报率的明星基金,投资者愿意支付一定比例的升水。这种基金一般以高于净值的价格交易,因为投资者对该基金的未来收益抱有较高的期望,认为目前所付出的升水会在不久的将来由基金的高额收益率加以弥补;但现实生活中,封闭式基金更多地是以折价交易。

(2) 同期银行存款利率。作为收益证券的基金,其回报率是不稳定的,因而投资者对其收益率的期望应是在无风险利率的基础上加一定的风险升水。在我国现行金融体制下,国有银行是以国家信用为支持的,它们支付给储户的同期存款利率可以看作一种无风险收益率。在这种情况下,投资者自然会在基金收益率和同期银行存款利率之间作出选择。一旦利率上升的水平达到或近似于基金收益率,资产选择的行为就会发生。理性的投资者将增加金融资产中银行存款的比重而减持基金,基金的价格就会下降。

三、开放式证券投资基金的价格决定

开放式证券投资基金(下简称"开放式基金")与封闭式证券投资基金的最大区别在于发行在外基金份额的规模是不确定的。基金管理公司与基金投资人之间是基金买卖的双方,投资人增持或减持基金单位必须通过向基金管理公司购买或由基金管理公司赎回才能实现。

由于不存在供求关系的影响,开放式基金的价格与净值之间联系更为密切。开放式基金的价格通常是在前一个交易日基金单位净值的基础上加上购买或减去赎回手续费形成。由于手续费率是基本不变的,因此,开放式基金价格就完全由基金净值来决定。尽管封闭式基金的净值也是决定其价格的一个因素,但还要受市场供求关系影响。因此,开放式基金的价格形成实际就是基金净值的形成。

作为基金的内在价值,资产净值决定了封闭式基金的市场价格。

1. 基金资产净值的构成

基金的净资产额不但决定了基金的交易价格,同时也是投资者衡量基金品质的重要参考指标。因此,基金经理人每天都要在营业日结束后计算并及时公布基金资产净值。

基金的资产净值(NAV)总额是基金的资产总额减去基金负债总额后的结果。基金的

资产总额应包括以下内容。

① 基金所拥有的上市股票,以计算日的收盘价格为准。

② 基金拥有的政府债券、公司债券以及金融债券。已上市流通者,以计算日的收盘价格为准,未上市流通者,以面值加上到计算日为止的应得利息为准。

③ 基金所拥有的短期票据,以买进日成本加上自买进日起到计算日止的应收利息为准。

④ 基金所拥有的现金以及相当于现金的资产,包括应收款、存放在其他金融机构的存款。

⑤ 坏账准备金是指对有可能无法全部收回的资产及负债提留的准备金。

⑥ 已订立契约但尚未履行的资产,应视同已履行资产,计入资产总额。

基金负债总额包括:

① 基金借入资金;

② 依信托契约规定至计算日止对托管公司或经理公司应付但未付的报酬;

③ 其他应付款、税金。

2. 基金单位资产净值的计算方法

基金单位净资产值有两种常用的计算方法:历史价计算法和期货价计算法。

(1) 历史价计算法。历史价又叫已知价是指上一个交易日的收盘价。历史价计算就是由基金管理公司根据上一个交易日的收盘价来计算基金所拥有的金融资产,包括股票、债券、期货合约、期权证等总值,加上基金拥有的现金资产,扣除基金负债,然后除以售出的基金单位数,即可得到每个基金单位的资产净值。具体计算公式可表示如下

$$基金单位资产净值 = \frac{根据上一个交易日收盘价计算的资产总额 + 现金 - 负债}{已出售的基金单位总数}$$

即

$$\overline{NAV} = \frac{\sum_{i=1}^{n} PQ + C - D}{M} \tag{10-46}$$

其中 $\overline{NAV}$ 代表基金单位资产净值;P 为基金拥有金融资产的上一交易日的收盘价;Q 则为该资产相应的数量;C 表示基金拥有的现金;D 表示基金的负债;M 表示已售出的基金单位总数。

(2) 期货价计算法。期货价又称未知价是指当日证券市场上各种金融资产的收盘价。由于投资者在收盘前进行基金买卖是无法确切知道当日收盘价的,因此成为期货价或未知价,基金管理公司若根据当日收盘价来计算单位基金净值,就叫期货价计算法。

实行期货价计算法,投资者要到第二天才能知道基金单位的价格。由于当日收盘价后进行计算在时间上也相当紧张,不可能将所有资产项目计算清楚,故有的基金管理公司采用投资估值法计算。具体方法为:将基金估值分为证券投资估值和其他投资估值两类,证券投资估值是每天计算出证券投资盈亏及库存证券余额算出每天证券投资已实现的所得收益或

亏损以及未实现的投资所得或亏损,其他投资估值是按投资资产市场价或原始成本价计价。

证券投资估值公式为

$$\text{已实现的证券投资所得} = [\text{证券卖出数量} \times \text{卖出价} - (\text{手续费} + \text{印花税})]$$
$$- (\text{买入数量} \times \text{上一日证券加权平均价}) \quad (10-47)$$

$$\text{未实现的证券投资所得} = \text{库存证券数量} \times \text{当日收盘价}$$
$$- (\text{库存数量} \times \text{截至当日的证券加权平均成本})$$
$$(10-48)$$

其他投资估值公式为

$$\text{估值日资产净值} = \text{上一估值日资产净值} + \text{已实现投资所得} + \text{未实现投资所得}$$
$$(10-49)$$

以上计算若结果为亏损,则用负号表示。

第四节　期货与期权定价

作为衍生金融工具的证券期货和期权,其定价方法与以上几种金融工具存在较大的区别。期权作为一种选择权,它的定价与期货合约明显不同。

一、期货定价模型

期货作为一种特殊的商品,价格的形成与任何其他商品的价格一样,也是通过供求的力量来决定的,但这并不等于说期货的价格决定没有内在根据;恰恰相反,在市场供求力量的背后,存在着决定金融期货价格的客观因素。

1. 期货定价的基本概念和原理

期货的价格对于所有期货市场上的交易者来说都是非常重要的,不论是投机者、套利者,还是套期保值者都十分关心期货价格的走势。如果实际的期货价格与其合理价格之间的差距太大,则投机者和套期保值者都需要改变他们的策略;差价对套利者更加重要,因为他们正是要从差价中获利。交易者的趋利性推动着期货价格的变化,交易者的趋利行为则受到决定期货价格的客观因素的制约,这些因素包括:与期货对应的现货资产的价值;距期货合约的交割的时间;获取相应的现货资产的融资成本;现货资产的现金收入以及期货合约在交割期的特性等。

将上述因素联系起以考虑期货价格的决定而形成的有关期货价格的决定理论被称为持有成本理论。该理论通过净融资成本(融资成本减去现金收入)将现货市场与期货市场联系起来。例如,按照持有成本理论,期货与现货的价差应由融资成本与股息收入决定。因为投资者如持有期货则可节省从现在至期货到期这部分融资成本,如持有现货则可获得股息收入。所以,在期货价格中应将这部分融资成本包括在内,否则人们就会倾向于舍现货而购期货,从而将期货价格抬高,直到将这部分融资成本包括在内为止;同时,也应在期货价格中将持有现货可获得的股息减去，因为持有期货没有股息收入，如果不减去，人们就会倾向于舍期货而购现货，从而使期货价格下跌，直至将这部分股息收入消除为止。可见，所谓持有成本理论，就是用持有现货所必须付出的净融资成本来解释期货价格形成的理论；或者说，就是将期货价格解释成相应的现货价格加净融资成本的理论。为了在现货价格的基础上说明期货价格的决定，我们有必要先讨论一下有关现货价格与期货价格的相互关系的几个概念。

(1) 基差(basis)。所谓基差就是将特定证券的现货价格和用来为其保值的期货价格之差，若以 PC 表示现货价格，PF 表示期货价格，则基差就等于 $PC-PF$。而基差风险则是指随着时间的推移基差的变动性，也就是指现货价格与期货价格之间的相对价格变动，它反映了基差的变动程度。例如，某人以 PC 的价格买入现货国债，由于担心利率上升引起国债的价格下跌，因而按 PF 的价格卖出国债期货，基差就为 $PC-PF$。在期货未到期之前的这段时间，现货国债与期货国债的价格都随市场利率等因素的变动而变动，从而引起基差的变动。如果现货价格由 PC 降为 PC'，期货价格由 PF 降为 PF'，但期货价格的下降幅度比现货价格的下降幅度小，也就是说 $PC'-PF'\neq PC-PF$，或者说 $PC'-PF'<PC-PF$，从而使利率上升所造成的现货方面的损失不能完全从期货价格的下跌中得到补偿。这种情况正是由基差的变动引起的。所以，人们就把基差变动称为基差风险。很明显，基差风险越大，利用期货合约为现货证券进行套期保值的有效性就越低。

一般来说，用以进行套期保值的期货合约与现货证券在价格变动上的相关性越低，则基差风险越大。基差随着到期日的临近而缩小并最终等于零，这种现象叫作基差收敛(basis convergence)。基差收敛的现象并不包括期货与现货在交易手续费、运费等等的差异，这些差异将始终存在，不会因为接近期货交割日而有所变化。但基差缩小的过程并不是均匀的。这是因为现货价格和期货价格都在变动，从而使它们之间的差的变动率不是一个常数，而是一个变数。这也是基差风险产生的根源之一。

借助于基差的概念，我们可以看出，所谓套期保值实际上是将现货证券总的价格风险降低为基差变动的风险(即基差风险)；或者说，套期保值是将现货资产绝对的价格风险换成了基差风险。

基差可分为理论(theoretical)基差与价值(value)基差两种。理论基差是指现货价格与期货的理论(fair)价格之差，这部分的差价源自市场中的持有成本(cost of carry)；价值基差是期货的理论价格与期货市价之差，这部分差价源自期货价格高估和低估部分。

(2) 持有成本(cost of carry)。期货与其标的物的价格是循着单一价格法则变动，但并不意味着两者价格必定相等；相反，在正常情况下，在期货交割日前两者之间必然存在差价，这差价就来自于持有成本。

持有成本是指融资购买标的物(即现货)所需支付的利息成本与拥有标的物期间所能获得的收益两者之间的差额，亦即投资现货一段期间内所需支付的净成本(net cost)。若以数学公式表示期货与现货的关系，应为

$$期货的理论价格 = 现货价格 + 融资成本 - 持有收益$$

收益曲线(yield curve)是一种估计持有成本的方法。正常情况下持有成本为正数，此时收益曲线是向上弯曲；如果收益曲线向下弯曲，则持有成本为负数。收益曲线向下弯曲，则表示短期利率大于长期利率，因此，融资购买国库券的成本超过持有国库券的收益，投资人

舍现货而就期货,期货市场的价格应当高于现货市场;反之,收益曲线向上弯曲,表示长期利率高于短期利率,在持有国库券的收益高于融资购买国库券的成本的情况下,投资人宁可持有国库券而舍期货,此时期货价格应当低于现货价格。

在了解持有成本的概念后,应该知道如何决定期货与现货的相对价格关系。当持有成本为正数时,亦即持有金融产品的利率超过融资购买该金融产品的利息(通常以附买回利率计算),则期货价格低于现货价格;反之,当持有成本为负数时,期货价格高于现货。

2. 期货的定价模型

假设某投资者用借来的钱购买现货资产,同时卖出相应的期货合约,保持现货资产直到期货合约的价格应等于现货资产的价格加上为购买现货而融资的成本。如果期货合约的价格低于上述现货价格与融资成本之和,那么套利者对期货的争购就会推动期货价格上升,直到期货的价格等于现货价格与融资成本之和为止,即

$$P_{期} = P_{现}(1+i)^t \tag{10-50}$$

其中,$P_{期}$为期货价格;$P_{现}$为现货价格;i为融资利率(成本);t为直到期货合约到期的时间。

当然,式(10-50)只是期货定价的一般公式,针对不同的期货品种,具体的定价形式也存在较大差别,在这里就不再赘述。

二、布莱克-斯克尔斯期权定价模型

期权交易是一种选择权交易,期权的买方可以选择是否履行期权,因此,期权合约的价值受买方行为选择的影响,存在较大的随机性。现代金融理论运用随机分析的方法对期权进行定价,目前,主要有二项式期权定价模型和布莱克-斯克尔斯期权定价模型。以下对布莱克-斯克尔斯期权定价模型做一简单介绍。

斯克尔斯(Scholes)与他的同事、已故数学家布莱克(Fisher Black)在20世纪70年代初合作研究出了一个期权定价的复杂公式。与此同时,默顿也发现了同样的公式及许多其他有关期权的有用结论,所以,布莱克-斯克尔斯定价模型亦可称为布莱克-斯克尔斯-默顿定价模型。

布莱克-斯克尔斯期权定价的基本思想是:衍生资产的价格及其所依赖的标的资产价格都受同一种不确定因素的影响,二者遵循相同的维纳过程。如果通过建立一个包含恰当的衍生资产头寸和标的资产头寸的资产组合,可以消除维纳过程,标的资产头寸与衍生资产头寸的盈亏可以相互抵消。由这样构成的资产组合为无风险的资产组合,在不存在无风险套利机会的情况下,该资产组合的收益应等于无风险利率,由此可以得到衍生资产价格的布莱克-斯克尔斯微分方程。

布莱克-斯克尔斯期权定价模型有以下8个假设条件:
① 允许使用全部所得卖空衍生证券;
② 没有交易费用或税收,所有证券都是高度可分的;
③ 在衍生证券的有效期内没有红利支付;
④ 不存在无风险套利机会;

⑤ 证券交易是连续的；
⑥ 该期权是欧式期权，即在期权到期前不可实施；
⑦ 无风险利率 r 为常数，且对所有到期日都相同；
⑧ 标的物价格的变动符合几何布朗运动，在数学上则表现为 Ito 过程，即

$$dS_t = \mu S_t dt + \sigma S_t dz \tag{10-51}$$

其中，dS_t 为标的物价格的无穷小的变化值；dt 为时间的无穷小的变化值；μ 为标的物在每一无穷小的时间内的平均收益率；σ 为标的资产价格的波动性，也就是标的资产在每一无穷小的期间内的平均收益率的标准差；dz 为遵循维纳过程的变量 Z 在 dt 时间内的变化量，$dz = \varepsilon \cdot \sqrt{dt}$，$\varepsilon$ 为服从标准正态分布的随机值。

他们用期权和标的资产构造了一个无风险头寸：设期权价格函数为 $f(S_t, t)$，做一个期权的空头，价值为 $-f$；$\frac{\partial f}{\partial s}$ 份标的资产，价值为 $\frac{\partial f}{\partial s}S$，则组合的总价值为 $\pi = -f + \frac{\partial f}{\partial s}S$，且 $\Delta \pi = -\Delta f + \frac{\partial f}{\partial s}\Delta S$。由 Ito 定理 $\Delta \pi = -(\frac{\partial f}{\partial t} + \frac{1}{2}\frac{\partial^2 f}{\partial S^2}\sigma^2 S^2)\Delta t$，消去 μ，说明组合头寸的价值与投资者的风险偏好无关，根据风险中性原则，可用无风险利率 r 贴现，$\Delta \pi / \pi = r\Delta t$。

从而得到布莱克-斯克尔斯偏微分方程

$$\frac{\partial f}{\partial t} + rS\frac{\partial f}{\partial S} + \frac{1}{2}\frac{\partial^2 f}{\partial S^2}\sigma^2 S^2 = r_f \tag{10-52}$$

该偏微分方程的终端条件为：若 $f=C$，当 $t=T$，$f=(S-K)^+$；若 $f=P$，当 $t=T$，$f=(K-S)^+$。解得

$$C(x,t) = x\Phi\left[\frac{\ln\frac{S}{K} + \left[r_f + \frac{1}{2}\sigma^2\right]T}{\sigma\sqrt{T}}\right] - Ke^{-rT}\Phi\left[\frac{\ln\frac{S}{K} + \left[r_f - \frac{1}{2}\sigma^2\right]T}{\sigma\sqrt{T}}\right] \tag{10-53}$$

其中，C 为看涨期权价格；P 为看跌期权价格；K 为期权执行价格；S 为标的资产现价；T 为期权有效期；r 为连续复利计无风险利率；σ 为标的资产价格的波动。

在此基础上，布莱克-斯克尔斯导出了欧式看涨期权的定价模型

$$C = SN(d_1) - Ke^{-rT}N(d_2) \tag{10-54}$$

其中，$N(\cdot)$ 为累计正态分布函数

$$d_1 = \frac{\ln\frac{S}{K} + \left(r + \frac{\sigma^2}{2}\right)T}{\sigma\sqrt{T}}, \quad d_2 = \frac{\ln\frac{S}{K} + \left(r - \frac{\sigma^2}{2}\right)T}{\sigma\sqrt{T}} = d_1 - \sigma\sqrt{T} \tag{10-55}$$

此外，根据看涨—看跌期权平价关系可以推算出看跌期权的定价模型，公式为

$$P = C - S + Ke^{-rT} \tag{10-56}$$

思考题

参考答案

1. 什么是股票的股利贴现估价模型?
2. 零增长模型和不变增长模型有什么区别?如何计算增长率不断变化的公司股票价值?
3. 简述影响股票交易价格的主要因素。
4. 债券价格如何估价?
5. 比较利率期限结构的三种理论。
6. 基金价格有几种形式?开放式基金和封闭式基金的价格构成是怎样的?
7. 期货价格和现货价格有什么关系?
8. 简述布莱克-斯克尔斯期权定价模型的主要内容。
9. 某公司准备发行2年期公司债,债券面值为100元,当前市场平均利率为4%。(1)如果公司打算以零息债券形式发行,那么该公司债发行价应为多少?(2)如果该公司打算以附息债券形式发行,且票面利率为2%,每年付息一次,则该公司债发行价又应为多少?
10. B公司在分析了公司未来增长情况后,宣布今后股票红利将在上期红利0.5元/股的基础上以2%的速度增长。假定B公司股票的必要回报率为8%,请计算该公司股票价格。
11. D公司计划今后3年的红利将在今年的基础上以3%的速度增长,从第4年到第6年维持稳定,从第7年开始又以2%的速度增长。假定该公司今年的红利为0.5元/股,必要回报率为8%,请计算该公司股票的当前价格。

第十一章 证券市场监管

证券市场监管的目的是保证证券市场的健康发展。一般来说,证券市场监管的内容主要包括对证券发行的审查、对证券交易所和柜台市场的监管、对投资者的监管、对证券中介机构的监管、对证券交易的限制和信息披露制度等方面的内容。

第一节 证券市场监管体制

一、证券监管体制的概念

所谓证券市场监管体制,就是指证券监管机构的设置、监管权限的划分所构成的制度。一个国家究竟采取什么样的监管体制,主要取决于该国的政治和经济制度、证券业的发展阶段及证券市场的发育程度和金融业的发展状况等因素。证券市场监管的主要目的是促使证券活动符合法律规范,从而保障证券市场的秩序,促进证券业的健康发展。

二、证券市场监管体制的类型

证券市场监管体制主要有集中型监管体制、自律型监管体制和中间型监管体制三种类型。

1. 集中型监管体制

集中型监管体制是指政府通过制定专门的证券市场监管法规,并设立全国性的证券监管机构来实现对全国证券市场的管理。这种监管体制的代表是美国。

总体上看,集中型监管体制有如下特点:

(1) 有一整套全国性的证券市场监管法规。以美国为例,除有《公司法》外,还有证券管理的专门法规,如《1933 年证券法》《1934 年证券交易法》《1940 年投资公司法》《1940 年投资咨询法》和《1970 年证券投资保护法》等。此外,各州都有一些与证券有关的法律。

(2) 设有全国性的机构负责管理、监督证券市场。这种管理机构有的是专职管理,有的是政府的一个职能部门。具体分为三种情况。

设立独立的监管机构。如美国,根据《1934 年证券交易法》设立了专门管理机构——证券交易委员会(SEC),它由总统任命,参议院批准的 5 名委员组成,对全国的证券发行、证券交易所、证券商、投资公司等实施全面的管理与监督。设立独立监管机构的优点是,证券市场监督者可以站在相对超然的地位监督证券市场,避免部门本位主义,可以协调各部门的立场和目标。但它要求监督者有足够的权力,否则难以解决各部门的扯皮现象。

以中央银行作为监管机构。这类国家的证券监督机构就是该国中央银行的一个部门,其代表是巴西。巴西证券市场的监管机构是证券委员会,它根据巴西国家货币委员会(巴西中央银行的最高决策机构)的决定,行使对证券市场的监管权力。

这种机构设置使一国宏观金融的监督管理权集中于中央银行,便于决策和行动的协调和统一,有利于提高管理效率。不足之处在于过分集权将导致过多的行政干预和"一刀切"现象,以至忽略不同意见的吸取和缺乏有针对性的管理。

以财政部作为监管机构。其代表是日本、韩国和印度尼西亚等。日本的证券监管机构是大藏省的证券局。日本的《证券交易法》规定,证券发行人在发行有价证券前必须向大藏省登记,证券交易的争端由大藏大臣调解。像这样设置监管机构的国家多是财政部在该国的地位较高,它有利于这些国家宏观经济政策的协调,但不适合于财政部和中央银行独立性较强的国家。

集中型监管体制有如下优点:

(1) 具有超脱于证券市场参与者之外的统一管理机构,能较公平、公正、客观、有效、严格地发挥监督作用,并能起到协调全国证券市场的作用,防止出现群龙无首、过度竞争的局面。

(2) 具有专门的证券法规,使证券交易行为有法可依,提高证券市场监管的权威性。

(3) 由于管理者的超脱地位,集中型监管体制比较注重保护投资者的利益。

集中型管理体制也有一些缺陷。由于证券市场的管理是一项艰巨而复杂的任务,涉及面广,单靠全国性的证券监管机构而没有证券交易所和证券商协会的配合很难胜任,难以实现既有效管理又不过多行政干预的目标。正因为如此,实行集中型管理的国家也开始注重发挥证券交易所和证券商协会自律管理的作用。

为了应对金融混业经营,美国证券监管体制也发生了一些变化。《金融服务现代法案》(下简称《法案》)允许以金融控股公司方式实现银行、证券公司、保险公司之间的相互渗透,为保证金融监管的健全性,该《法案》对金融监管框架也进行了改革。按《法案》规定,由美联储(FRB)继续作为综合管制的上级机构,对金融控股公司实行监管,另外由货币监理署(OCC)等银行监管机构、证券交易委员会和州保险厅分别对银行、证券公司、保险公司分业监管,因而采取了综合监管与分业监管相结合的模式。另外,还规定了美联储与按职能划分进行分业监管机构之间互通信息,通过加强综合监管与分业监管之间的联系,保持金融控股公司集团内在的健全性。该《法案》还就美联储与分业监管机构在监管优先权上作出明确规定,美联储对金融控股公司集团整体实行监管,必要时对银行、证券、保险等子公司的限制监督行使裁决权。另外规定,若分业监管机构认为美联储的限制监管内容有重大恶劣影响时,分业监管机关具有裁决权。对将来开发新产品的监管归属划分上,也作出相应规定:首先,对是否属于金融商品的审定,由美联储负责;其次,对是否属于证券商品的审定,由证券交易委员会负责;最后,对是否属于保险商品的审定,基本上由州保险厅负责,但当货币监理署认为有关商品属于银行商品并且在解释上与州保险厅发生分歧时,应服从税法规定。

2. 自律型监管体制

自律型监管体制是指除了某些必要的国家立法外,较少干预证券市场,对证券市场的管理主要由证券交易所及证券商协会等组织进行自律管理。自律组织通过其章程、规则引导和制约其成员的行为。自律组织有权拒绝某个证券商为会员,并对会员的违章行为实行制裁,直至开除其会籍。自律型监管的典型代表是英国。

自律型监管体制有以下特点:

① 没有专门制定证券市场管理法规,而是通过一些间接的法规来制约证券市场活动。以英国为例,它没有证券法或证券交易法,但有一些间接的法规,如《1958年防止欺诈(投资)法》《1973年公平交易法》《1976年限制性交易实践法》《1984年证券交易所(上市)条例》和《1985年公司法》。

② 没有设立全国性的证券管理机构,而是靠证券市场及其参与者的自我管理。以英国为例,其自律管理机构由证券业理事会、证券交易所协会及企业收购和合并问题专门小组三家机构组成。

自律型监管体制有以下优点:

① 它既可提供较为充分的投资保护,又能充分发挥市场的创新和竞争意识,从而有利于市场的活跃。

② 它允许证券商参与制定证券市场管理条例,鼓励他们模范地遵守这些条例,从而使市场管理更切实际。

③ 由市场参与者制定和修改证券管理条例比由议会制定证券法规具有更大的灵活性,效率更高。

④ 自律组织能对现场发生的违法行为作出迅速而有效的反应。

自律型监管体制有以下缺点:

① 自律型监管通常把重点放在市场的有效运转和保护证券交易所会员的利益上,对投资者提供的保护往往不够充分。

② 监管者的非超脱地位难以保证监管的公正。

③ 由于没有立法做后盾,监管手段较软弱。

④ 由于没有专门的监管机构,难以协调全国证券市场的发展,容易造成混乱。

由于自律型监管体制存在以上缺陷,因此,实行自律型监管的国家也纷纷仿效集中型监管体制的某些做法,朝政府管制与市场自律相结合的方向发展。

近年来,随着金融混业经营逐步代替分业经营,证券监管体系也发生了一些变化。为迎接金融全球化、自由化的挑战,英国政府在1997年专门成立了金融服务监管局(FSA),负责对银行、住房信贷机构、投资公司、保险公司的审批和审慎监管,并负责对金融市场、清算和结算体系的监管。与此同时,英格兰银行审慎监管银行业的职责被剥离,其任务是执行货币政策,发展和改善金融基础设施,充当最后贷款人以及保持金融体系的稳定。另外,所有的自律组织合并为一个单一机构,所有金融机构的审慎监管由金融服务监管局负责。新成立的金融服务监管局负责所有金融机构和市场的审慎监管和日常监管,英国开始正式实行全能型的混业监管模式。

2012年12月,英国新《金融服务法案》得到议会批准,规定自2013年4月起正式施行准"双峰"金融监管体制。新改革方案赋予英格兰银行维护金融系统稳定的核心地位,并撤销金融服务监管局,将其拆分为审慎监管局(PRA)和金融行为监管局(FCA)。审慎监管局是央行附属机构,且审慎监管局和金融行为监管局均接受央行指导,故称准"双峰"模式。

3. 中间型监管体制

中间型监管体制既强调立法管理,又注重自律管理。目前,世界上大多数实行集中型或自律型监管体制的国家已逐渐向中间型过渡,使两种体制取长补短,发挥各自的优势。但由于各国国情不同,因此在实行中间型监管体制时,其侧重点有所不同,有的倾向于集中监管,有的倾向于自律监管。

三、证券监管的组织执行体系

证券监管的组织执行体系涉及证券市场监管机构的设置和职责分工。它不仅因证券监管体制模式的不同而不同,而且在同一监管体制模式下,监管机构的设置与职责也可以不同。

1. 集中型证券监管体制模式下的证券监管组织执行方式

在集中型证券监管体制模式下可以形成以下三种证券监管组织执行方式:

(1) 以独立的证券监管机构为主体的组织执行方式。这种方式的特点是专门设立全国性的证券监管机构——证券交易委员会,该机构独立于其他部门,拥有较大的自主权和相当的权威性。采取这种做法的典型代表是美国。美国证券交易委员会是根据1934年《证券交易法》成立的。它由总统任命、参议院批准的5名委员组成,对全国的证券发行、证券交易所、证券商、投资公司实施全面监督管理。这种做法的优点是监管者处于比较超脱的地位,能够比较好地体现和维护"三公"原则,避免部门本位主义,而且可以协助部门与部门之间的目标和立场,但是,它要求监管者具有足够的权威性;否则,难以使个部门之间相互配合,保证证券市场有效运行。

(2) 以中央银行为主体的证券监管组织执行方式。这种方式的特点是国家的证券监管机构是该国中央银行体系的一部分,其代表是巴西和泰国。在1976年之前,巴西中央银行是巴西证券市场的主管机关,虽然在1979年成立了证券监管委员会,但是该机构仍然是根据国家货币委员会的授权行使对证券市场的监管权,并在某些方面必须与中央银行的相关部门协调,共同监督管理证券市场。这种做法使一国的宏观金融监管权高度集中于一个机构,便于决策的统一和协调,也有利于监管效率的提高。其不足之处在于过分集权容易导致过多的行政干预和"一刀切"现象。同时,中央银行自己作为证券市场的直接参与者,有时难以体现"三公"原则。

(3) 以财政部为主体的证券监管组织执行方式。这种方式是指由一国的财政部作为证券市场的监管主体直接对证券市场进行监管,或者由财政部直接建立监管机构负责对证券市场进行监管。采用这种做法的国家有日本、法国、意大利和韩国等。日本大藏省证券局是日本的证券监管机构,负责制定证券市场监管的政策法规,对证券市场参与者进行监督和指导。法国也是以财政部作为证券市场的监管主体,自律组织的作用很少。1967年9月28日设立的证券交易委员会是隶属于财政部的官方机构,负责对全法国的证券市场进行监管。意大利证券市场的监管机构是意大利财政部于1974年成立的公司与证券交易委员会。韩国虽然有专门的证券交易委员会,并且在证券交易委员会下设证券监管局,但是也受制于财政部,财政部在与证券市场有关的事务中具有最后决定权。这种做法比较适合于财政部在该国具有较高地位的国家,它有利于一个国家宏观经济政策的协调,但不适合于财政部和中央银行处于平等地位、相互之间相对独立的国家。

2. 自律型监管体制模式下的证券监管组织执行方式

英国长期以来一直没有设立专门的证券监管机构,英格兰银行根据金融政策的需要,拥有对证券发行的审批权。1986年以前,英国证券市场的监管主要由三个自律组织进行,这三个自律组织分别是英国证券交易所协会、英国企业收购合并问题专门小组以及英国证券业理事会。这种体制有利于发挥市场参与者的积极性和创造性,便于监管者对市场违规行为迅速作出反应。但是,由于监管者缺乏足够的权威性,因而会员经常发生违规行为,容易造成证券市场不必要的混乱和波动。

3. 中国的证券监管组织执行体系

1992年10月,国务院证券委员会(简称证券委)及其执行机构中国证券监督管理委员会(简称证监会)成立,标志着中国证券市场开始从无序走向有序,也标志着中国证券监管组织执行体系的诞生,从而初步形成了以国务院证券委员会及其执行机构中国证券监督管理委员会为主体,包括中央银行和财政部、国家计委、原国家体改委、地方政府以及有关部委等在内的一个多头监管体系。为了加强证券市场的宏观管理,统一协调证券监管工作,健全证券监管,国务院于1992年12月发布了《关于进一步加强证券市场宏观管理的通知》,此通知对于各证券监管部门的分工作了基本的规定。1998年,国务院机构体制改革将证券委和证监会合而为一,组成统一的证券监管机构——国务院证券监督管理委员会,负责对全国证券市场实施监管。1998年12月29日通过的《中华人民共和国证券法》(简称《证券法》)明确规定国务院证券监督管理机构为证券市场的监管者,并对其职责作了最新的规定。2005年10月27日,中华人民共和国第十届全国人民代表大会常务委员会第十八次会议通过了对《中华人民共和国证券法》的修订,自2006年1月1日起施行。

修订后的《证券法》体现了证券市场的新地位,确认了保荐制度,强化了信息披露,严格了对中小投资者权益的保护,进一步约束了中介机构的行为。修订后的《证券法》修改了对市场限制过严的措施,为市场进一步发展和创新提供相应法律空间,并扩大了证券法的调整范围,将证券衍生品种正式纳入证券法的调整范围。修订后的《证券法》在坚持证券业和银行业、信托业、保险业分业经营、分业管理体制下,为商业银行设立基金管理公司、保险公司和保险资产管理公司投资证券市场提供法律依据。同时,进一步完善证券公司规范运行和监督管理制度,严格防范风险,增强投资者信心,补充和完善证券违法行为民事法律责任制度,完善股东诉讼机制,加大对证券违法行为的处罚力度,提高证券监管的权威和效率。

根据修订后的《证券法》第178条,国务院证券监督管理机构依法对证券市场实行监督管理,维护证券市场秩序,保障其合法运行。第179条规定,国务院证券监督管理机构在对证券市场实施监督管理中履行下列职责:①依法制定有关证券市场监督管理的规章、规则,并依法行使审批或者核准权;②依法对证券的发行、上市、交易、登记、存管、结算,进行监督管理;③依法对证券发行人、上市公司、证券公司、证券投资基金管理公司、证券服务机构、证券交易所、证券登记结算机构的证券业务活动,进行监督管理;④依法制定从事证券业务人员的资格标准和行为准则,并监督实施;⑤依法监督检查证券发行、上市和交易的信息公开情况;⑥依法对证券业协会的活动进行指导和监督;⑦依法对违反证券市场监督管理法律、行政法规的行为进行查处;⑧法律、行政法规规定的其他职责。国务院监督管理机构可以和其他国家或者地区的证券监督管理机构建立监督管理合作机制,实施跨境监督管理。

第二节 证券发行主体的监管

一、证券发行过程中的监管

世界各国(地区)对证券发行的监管,一般有两种制度:一种是注册制,该制度遵循的是公开原则;另一种是核准制,该制度遵循的是实质管理原则。

1. 注册制

(1)注册制的概念。注册制是指发行者在准备公开募集证券时,应将依法应公开的各种资料完全、准确地向证券主管机构汇报并申请注册登记。因此,注册制实质上是一种证券发行公司的财务公布制度,它要求发行者对所提供信息的真实性、可靠性承担法律责任。注册制遵循的是"公开原则"。注册制并不禁止质量差、高风险的证券上市。

(2)证券注册发行。证券注册发行的代表是美国、日本等国家。以美国发行股票为例,《1933年证券法》规定,发行者在发行股票前,首先要向证券交易委员会呈报注册申报书并申请注册。注册申报书包括两部分内容:第一部分是公开说明书;第二部分是发行者的有关情况资料和图表。证券交易委员会在收到注册申报书后,应就其记载的完整性和正确性加以审查,如发现内容有瑕疵,一般通过"评议书"形式通知申报人修改;如发行内容有虚假或欺诈等重大问题,则发出"停止生效命令",以推迟申报生效时间。申报书经申报人修改后若仍达不到要求,则将被拒绝生效。申报书经证券交易委员会审查,如未发现问题,则在接到申报书之日起20天后,申报书自动生效,发行公司已具备公开发行股票的条件;但申报书生效后,并不意味着证券交易委员会证明申报内容真实无误,而仅是认定该股票的合法性,若证券交易委员会事后发现申报书的内容有虚假、欺诈情况,则仍可追究申报人的责任。

(3)注册批准的证券发行责任。如果证券发行者在注册申报书中有意谎报、漏报本公司实况,并蒙骗证券主管机关,使发行注册生效,根据相关法律,证券购买者有权起诉,对此下各方当事人追究民事责任:证券发行人、承购并分售证券的投资银行、参与"证券注册申报书"起草与审定并在其上签章证明属实的会计师及其他专家。

(4)注册制的优点。注册制一方面为投资者创造了一个信息畅通的投资环境,引导和调节投资者投资规模和方向。另一方面为筹资者提供了一个平等的竞争场所,谁的证券质量好、收益高、流动性强,谁的证券就成为热门证券;反之,就会被市场淘汰。

注册制能否很好地发挥作用,关键取决于是不是所有投资者在投资之前都能掌握各证券发行者公布的所有信息,以及能否根据这些信息作出正确的投资决策,而这些又跟投资者的素质和各国证券市场的历史长短有关。如果投资者做不到上述两点,注册制就不能很好地发挥作用。

2. 核准制

(1) 核准制的概念。证券发行的核准制,即在规定证券发行基本条件的同时,要求证券发行者将每笔证券发行报请主管机关批准。核准制遵循的是实质管理原则,它是在信息公开的基础上,把一些不符合要求的低质量证券拒在证券市场之外。实行核准制的主要有实行大陆法系的欧洲大陆国家、中国等。

(2) 证券发行资格。在实行核准制的国家,都规定证券发行条件。由于各国具体情况不同,证券发行的具体条件也不同,但一般考虑以下因素:

① 发行主体营业性质、管理人员的资格、能力;

② 发行公司的资本结构是否健全合理;

③ 公开资料是否充分、真实;

④ 发行证券用来筹资的项目是否有成功的机会等。

核准制较多运用于新兴的证券市场,剔除质量低劣的证券,有利于该国或地区证券市场的健康发展。

二、信息披露制度

为了保护投资者的利益,保证证券市场"公开、公正、公平"地运行,必须重视发行市场和流通市场的信息披露制度。特别是股票市场,其信息披露对投资者尤为重要。以下以股票信息披露制度为例,探讨信息披露制度。

1. 信息披露制度的内涵

(1) 信息披露制度的内涵。信息披露制度是指股票市场上的有关当事人在股票的发行、上市和交易等一系列环节中依照法律、股票主管机关或股票交易所的规定,以一定的方式向社会公开与股票有关的信息而形成的一整套规定。

(2) 信息披露制度的特征。信息披露制度的特征如下:

① 从当事人看,它是一个以发行人为主线由多方主体参与的制度,这些当事人可以分为信息披露主体和信息披露参加人。信息披露主体包括证券发行人和特定情况下的投资人。特定情况是指基于法律特别规定而须进行披露的有关信息的情形,如国务院颁布的《股票发行和交易管理暂行条例》第47条规定的投资者持有某一上市公司发行在外股份总额5%以上时须予以披露的情形。信息披露参加人是指信息披露主体以外的信息披露制度中不可或缺的主体,如证券主管机关及信息文件的制作者和审查者等中介机构。

② 从时间看,它是定期性和不定期性相结合。定期性的信息披露主体主要是股票发行人,披露的主要形式是定期报告(如年度报告和中期报告)。不定期性的信息披露除了股票发行人外还有特定情形下的投资者,其披露义务的产生主要取决于重大事件的产生及行为的变化等。

③ 从内容看,信息披露是一个完整的系统。信息披露制度既包括发行人和特定情况下的投资者的披露义务和披露形式,也包括一般投资大众获得有关信息的权利,还包括信息披露参加人应尽的职责,更包括信息披露的有关当事人在违反义务或职责时所应承担的法律责任。

（3）信息披露制度的功能。信息披露制度的功能如下：

① 完善的信息披露制度有利于保护投资者的利益。投资者的信任和信心是股票市场赖以生存的前提。为了保持投资者的信任和信心，就必须切实保护投资者的利益。信息披露制度通过规定信息披露当事人的披露义务，规范信息披露行为，杜绝证券欺诈行为，使投资者能够充分了解披露主体的真实情况，作为投资依据，以避免不应有的风险并获得相应的收益。信息披露制度为投资者理性投资提供了前提。

② 完善的信息披露制度可以有效地约束股票发行者和有关人员的行为。一方面，信息披露制度要求股票发行者必须公开自己的真实情况，要求证券承销商、会计师事务所、审计事务所、律师事务所等中介机构勤勉尽责；另一方面，信息披露制度可为股东及时提供正确的参考依据，并反过来促使公司管理层尽心尽责，以实现公司价值最大化目标。

③ 完善的信息披露制度有利于股票市场充分发挥优化资源配置的功能。信息披露制度是沟通筹资者和投资者的桥梁，它使股票发行者的各种真实情况如实展现在股票投资者面前，投资者可根据这些信息作出较为合理的投资决策，从而促使资源流向高效益、高回报的公司。

④ 完善的信息披露制度便于加强对股票市场的管理。信息披露制度要求信息披露当事人及时、真实、完整地披露有关信息，不得有虚假陈述、误导或遗漏等情形，这些规定为主管机关提供了实行依法追惩的依据。

2. 信息披露的标准

信息披露行为的优劣可从信息披露的时间、信息的质量和信息的数量三方面来考虑，从这三方面归纳出信息披露的三条标准：及时、有效和充分。

（1）及时。它是指发行人应毫不迟疑地依法披露有关重要信息。从发行者的角度来看，及时披露重要信息，可使公司发生的重大事件和变化及时告知市场，使公司股价依据新的信息及时作出调整，以保证股票市场的连续和有序。从投资者的角度来看，及时披露可使投资者根据最新信息及时作出理性投资决策，避免因信息不灵而遭受损失。从社会监管的角度看，及时披露可缩短信息处于未公开阶段的时间，以缩短掌握这些未公开信息的内幕人士可能进行内幕交易的时间，减少监管的难度。基于上述考虑，各国证券法规均将及时披露作为对发行人披露义务的首要要求。

（2）有效。有效是对信息披露的质量要求，它主要表现在以下两个方面：

① 信息的准确性。它主要包括两项内容：第一，披露的信息必须正确反映客观事实；第二，当以前准确的信息变得不准确时，发行人须予以更正，使它能正确地反映当前的事实，这一义务称为合时义务(duty to update)。

② 信息的重要性。发行人披露的信息必须具有重要性。在信息披露制度中，重要性问题向来是个较为关键的问题，至今仍未找到一个人们普遍接受的客观标准。实际上，一则信息是否重要其本身就具有相对性，因此，各国证券法在对待信息披露的重要性标准问题上做法各不相同。

（3）充分。充分是对信息披露的量的要求，它要求信息披露当事人依法充分公开所有法定项目的信息，不得有欠缺和遗漏。

充分披露包括形式上的充分和内容上的充分。信息披露的形式可分为法定形式和任意形式。法定形式的披露主要是通过财务报表、定期报告、临时报告等形式加以体现。任意形式是指法定形式以外的形式,如新闻发布会等。无论以何种形式披露信息,信息披露人均须对所披露信息的准确性负责。

信息披露的充分性主要体现在内容的充分性上。各国证券法规大多对各种不同事项规定了各种披露表格,披露只能按表格上所列的条款编制披露报告,不得有任何遗漏和删减。

3. 信息披露的形式

按发行所处阶段的不同,信息披露可分为发行和上市新股票的初次披露义务和持续披露义务。前者的披露形式主要是招股说明书和上市公告书;后者的披露形式主要是定期报告和临时报告。

第三节 证券投资主体的监管

一、概述

为了规范证券期货投资者适当性管理,维护投资者合法权益,根据《证券法》《证券投资基金法》《证券公司监督管理条例》《期货交易管理条例》及其他相关法律、行政法规,我国于2017年7月1日实施了《证券期货投资者适当性管理办法》。

证券投资者分为普通投资者与专业投资者。普通投资者在信息告知、风险警示、适当性匹配等方面享有特别保护。

二、对专业投资者的监管

根据《证券期货投资者适当性管理办法》,专业投资者是指符合下列条件之一的投资者。

(1) 经有关金融监管部门批准设立的金融机构,包括证券公司、期货公司、基金管理公司及其子公司、商业银行、保险公司、信托公司、财务公司等;经行业协会备案或者登记的证券公司子公司、期货公司子公司、私募基金管理人。

(2) 上述机构面向投资者发行的理财产品,包括但不限于证券公司资产管理产品、基金管理公司及其子公司产品、期货公司资产管理产品、银行理财产品、保险产品、信托产品、经行业协会备案的私募基金。

(3) 社会保障基金、企业年金等养老基金,慈善基金等社会公益基金,合格境外机构投资者(QFII)、人民币合格境外机构投资者(RQFII)。

(4) 同时符合下列条件的法人或者其他组织:

① 最近1年末净资产不低于2 000万元;

② 最近1年末金融资产不低于1 000万元;

③ 具有2年以上证券、基金、期货、黄金、外汇等投资经历。

(5) 同时符合下列条件的自然人:

① 金融资产不低于500万元,或者最近3年个人年均收入不低于50万元;

② 具有2年以上证券、基金、期货、黄金、外汇等投资经历,或者具有2年以上金融产品

设计、投资、风险管理及相关工作经历,或者属于第1项规定的专业投资者的高级管理人员、获得职业资格认证的从事金融相关业务的注册会计师和律师。

经营机构可以根据专业投资者的业务资格、投资实力、投资经历等因素,对专业投资者进行细化分类和管理。

三、对普通投资者的监管

1. 普通投资者的资格

专业投资者之外的投资者为普通投资者。经营机构应当按照有效维护投资者合法权益的要求,综合考虑收入来源、资产状况、债务、投资知识和经验、风险偏好、诚信状况等因素,确定普通投资者的风险承受能力,对其进行细化分类和管理。普通投资者和专业投资者在一定条件下可以互相转化。

2. 普通投资者的准入

中国证监会、自律组织在针对特定市场、产品或者服务制定规则时,可以考虑风险性、复杂性以及投资者的认知难度等因素,从资产规模、收入水平、风险识别能力和风险承担能力、投资认购最低金额等方面,规定投资者准入要求。投资者准入要求包含资产指标的,应当规定投资者在购买产品或者接受服务前一定时期内符合该指标。

经营机构应当了解所销售产品或者所提供服务的信息,根据风险特征和程度,对销售的产品或者提供的服务划分风险等级。经营机构应当根据产品或者服务的不同风险等级,对其适合销售产品或者提供服务的投资者类型作出判断,根据投资者的不同分类,对其适合购买的产品或者接受的服务作出判断。

经营机构应当根据投资者和产品或者服务的信息变化情况,主动调整投资者分类、产品或者服务分级以及适当性匹配意见,并告知投资者。

投资者购买产品或者接受服务,按规定需要提供信息的,所提供的信息应当真实、准确、完整。

第四节 证券经营机构的监管

投资者一般不能直接参加证券的交易,而是通过证券商实现证券的交易行为。在证券发行与交易过程中,证券商是连接发行人与投资者、投资者与投资者之间的纽带。所以,证券商的行为对整个证券市场和广大投资者的利益都有重大影响。从市场角度来看,证券市场越发达,对证券商的要求就越严格。世界各国对证券商的管理都有严格的规定,一般来说,对证券商的监管包括对证券商资格的监管、对证券商资金的监管和对证券商行为的监管。

一、对证券商资格的监管

1. 证券商设立的审查

由政府机构直接进行证券商的资格审查,核发许可证已经成为国际上通用的做法。有所区别的是,有的国家,只要经过政府部门批准就可以自动成为证券交易所会员、证券同业公会会员,如日本、韩国等。而有的国家在政府机构批准之后,并不一定被证券交易所吸收为正式会员,也就是说,不能取得完全的证券商的资格,如美国、英国等,证券交易所和证券同业公会对推荐和选举程序、会员资格等有相对独立的规定和审批权力。

在中国,根据《中华人民共和国证券法》第128条的规定:国务院证券监督管理机构应当自受理证券公司设立申请之日起6个月内,依照法定条件和法定程序并根据审慎监管原则进行审查,作出批准或者不予批准的决定,并通知申请人;不予批准的,应当说明理由。证券公司设立申请获得批准的,申请人应当在规定的期限内向公司登记机关申请设立登记,领取营业执照。证券公司应当自领取营业执照之日起15日内,向国务院证券监督管理机构申请经营证券业务许可证。未取得经营证券业务许可证,证券公司不得经营证券业务。

2. 取得证券商资格的主要条件及限制

采取注册制设立的证券商,必须具备以下条件:达到注册资本额的最低标准;缴纳保证金;从业人员已具有相应的知识、经验与能力;通过专门的考试。

采取特许制设立的证券商,必须具备下列条件:拥有足够的注册资本金;具有相应的知识、技能与经验;信誉良好。

关于证券商的组织形式,各国(地区)的规定都不一样。目前,比利时、丹麦等国家仍然采取个人或合伙制的形式;德国和荷兰的法律明确规定,证券商可以采取多种组织形式,但实践中只限于个人或合伙的形式;马来西亚、新西兰、南非以及中国香港地区等大多数国家和地区的理论与实践均允许采用个人或公司法人形式;而新加坡、巴西等国的法律则只允许采用公司法人的形式。不过,证券商渐渐地采用公司法人形式是一个必然的发展趋势。

3. 证券商申请审批程序及必备文件

各国的公司法人和自然人,若想成为证券商,从事证券经营业务,首先要对照该国法律及有关证券商资格的规定,符合者即可向该国证券监管机构提出申请。若经审查,证券监管机构认为符合条件的发给特许证,申请人同时要提供以下资料:①推荐信或推荐书。有的国家要求大银行推荐,有的国家要求大的证券商推荐。②会计师事务所开具的资信证明和验资报告。③股份制公司要提供公司章程。④房产证明或租赁房产证明,以上房产应该是可以用于营业的。⑤公司法人、董事、监事、经理人员等主要从业人员履历,即过去从事金融工作业绩的证明等。

在实行会员制管理的证券交易所,申请人必须办理入会手续才能成为正式会员证券商,有的国家证券交易所独立性很强,有一套独立的审查程序和条件,除了要求提供与证券监管机构相同的文件资料外,还着重在以下方面进行审查:要求入会的申请人必须有实际经营证券的资历或者是银行家;必须有规定的资产限额;外籍人士入会必须提供加入本国国籍年限证明,或长期居住的年限证明。有的国家证券交易所还要求老会员出具担保证明。

二、对证券商资金的监管

证券商的资金在其交易过程中具有十分重要的作用,现代经济理论表明,自有资金可以起到抵押品的作用,而交易保证金和自营交易额则可以有效地避免交易过程中的道德风险和逆向选择问题。为保证证券商履行其职责,各国(地区)对证券商的资金均有规定。

1. 规定最低资本限额

资本金是证券商所拥有的自有资金,资本金的高低影响着证券业的进入门槛。现代经济理论表明,资本金可以起到抵押品的作用,防止证券商为了自己的利益随意侵害投资者利益。资本金还可以向投资者表明证券商的实力,降低证券商和投资者之间的信息不对称程度。各个国家和地区对最低资本限额的规定也各不相同。国务院证券监督管理机构应当对证券公司的净资本,净资本与负债的比例,净资本与净资产的比例,净资本与自营、承销、资产管理等业务规模的比例,负债与净资产的比例,以及流动资产与流动负债的比例等风险控制指标作出规定。证券公司不得为其股东或者股东的关联人提供融资或者担保。

2. 提取交易风险准备金

我国《证券法》第135条规定:证券公司从每年的税后利润中提取交易风险准备金,用于弥补证券交易的损失,其提取的具体比例由国务院证券监督管理机构规定。

根据《关于证券公司风险资本准备计算标准的规定》:

(1)证券公司经营证券经纪业务的,应当按托管的客户交易结算资金总额的2%计算经纪业务风险资本准备。

(2)证券公司经营证券自营业务的,对未进行风险对冲的证券衍生品、权益类证券和固定收益类证券分别按投资规模的20%、15%、8%计算风险资本准备;对已进行风险对冲的证券衍生品、权益类证券和固定收益类证券按投资规模的5%计算风险资本准备。

股指期货投资规模以股指期货合约价值总额的15%计算,利率互换投资规模以利率互换合约名义本金总额的3%计算。

证券公司违反规定超比例自营的,在整改完成前应当将超比例部分按投资成本的100%计算风险资本准备。

(3)证券公司经营证券承销业务的,应当分别按包销再融资项目股票、IPO项目股票、公司债券、政府债券金额的30%、15%、8%、4%计算承销业务风险资本准备。

计算承销金额时,承销团成员通过公司分销的金额和战略投资者通过公司签订书面协议认购的金额不包括在内。计算股票承销业务风险资本准备时,证券公司应自发行项目确定询价区间后,按询价上限计算。

同时承销多家发行人公开发行的证券,发行期有交叉、且发行尚未结束的,应当分别计算各项承销业务风险资本准备。

在报送月报时,证券公司应当按照当月某一时点计算的风险资本准备最大额填报月末承销业务风险资本准备。证券公司由于时点差异导致净资本与各项风险资本准备之和的比例低于规定标准的,应当提供风险控制指标当月持续达标的专项说明。

(4)证券公司经营证券资产管理业务的,应当分别按专项、集合、限额特定、定向资产管理业务规模的2%、2%、1%、1%计算资产管理业务风险资本准备。

证券公司应当按集合计划面值与管理资产净值孰高原则计算集合、限额特定资产管理业务规模,按管理本金计算专项、定向资产管理业务规模。

(5)证券公司经营融资融券业务的,应当分别按对客户融资业务规模的5%、融券业务规模的10%计算融资融券业务风险资本准备。

(6) 证券公司设立分公司、证券营业部等分支机构的,应当对分公司、证券营业部,分别按每家 2000 万元、300 万元计算风险资本准备。

(7) 证券公司应按上一年营业费用总额的 10% 计算营运风险资本准备。

为与证券公司的风险管理能力相匹配,现阶段对不同类别证券公司实施不同的风险资本准备计算比例。A、B、C、D 类公司应分别按照上述(1)至(5)项规定的基准计算标准的 0.3 倍、0.4 倍、1 倍、2 倍计算有关风险资本准备。连续三年为 A 类的公司应按照上述(1)至(5)项规定的基准计算标准的 0.2 倍计算有关风险资本准备。各类证券公司应当统一按照上述(6)(7)项所规定的基准计算标准计算有关风险资本准备。

证券公司开展创新业务的,在创新业务试点阶段,应当按照我会规定的较高比例计算风险资本准备;在创新业务推广阶段,风险资本准备计算比例可适当降低。

同时,国家设立证券投资者保护基金。证券投资者保护基金由证券公司缴纳的资金及其他依法筹集的资金组成,其筹集、管理和使用的具体办法由国务院规定。

3. 自营业务的监管

根据《证券公司证券自营业务指引》第 9—14 条的规定:

自营业务必须以证券公司自身名义、通过专用自营席位进行,并由非自营业务部门负责自营账户的管理,包括开户、销户、使用登记等。建立健全自营账户的审核和稽核制度,严禁出借自营账户、使用非自营席位变相自营、账外自营。

加强自营业务资金的调度管理和自营业务的会计核算,由非自营业务部门负责自营业务所需资金的调度。自营业务资金的出入必须以公司名义进行,禁止以个人名义从自营账户中调入调出资金,禁止从自营账户中提取现金。

完善可投资证券品种的投资论证机制,建立证券池制度,自营业务部门只能在确定的自营规模和可承受风险限额内,从证券池内选择证券进行投资。建立健全自营业务运作止盈止损机制,止盈止损的决策、执行与实效评估应当符合规定的程序并进行书面记录。

建立严密的自营业务操作流程,投资品种的研究、投资组合的制订和决策以及交易指令的执行应当相互分离并由不同人员负责;交易指令执行前应当经过审核,并强制留痕。同时,应建立健全自营业务数据资料备份制度,并由专人负责管理。

自营业务的清算、统计应由专门人员执行,并与财务部门资金清算人员及时对账,对账情况要有相应记录及相关人员签字。对自营资金执行独立清算制度,自营清算岗位应当与经纪业务、资产管理业务及其他业务的清算岗位分离。

三、对证券商行为的自律监管

对证券商的行为监管是指对证券商的经营活动及其从业人员、管理人员的行为进行的监督管理。证券交易所、证券交易同业公会对规范证券商的行为一般都会实行比较严格的自律监管。

1. 证券商最容易出现的欺诈舞弊行为

从国内外证券市场情况看,证券商最容易出现的欺诈舞弊行为包括:扰乱证券市场价格;向散户发布虚假信息;故意炒作;与交易所管理人员共同作弊;隐瞒实际收入;利用证券信用进行投机;骗取客户资金为自己牟利。自律组织制定规章制度从道义上建立起一种证券商彼此监督、彼此制约的机制,以最大限度地防止证券交易中的欺诈行为。

2. 证券商行为约束的基本要求

各国证券商自律组织制定监管章程,对证券商交易行为的约束条款一般以下列原则为基本出发点:使投资者获得公正和公平对待的原则;充分披露原则;禁止操纵原则;维护市场稳定原则;不得兼职原则;客户优先原则。

3. 证券商自律组织对证券商违规行为的处罚

证券商违规行为主要指不道德地、有意识地破坏正常交易的行为(违法行为由法律制裁或交证券监管机构处理)。在西方证券业同业公会等自律组织均有较大的自治权,包括对证券商的惩戒权力。证券商出现违规行为,自律组织有权处罚,处罚的主要措施有警告、要求证券商撤换从业人员、罚款直至开除会员席位。对证券商的处罚通常由仲裁委员会作出,仲裁委员会一般由会员选出,必要时采取投票的方法对议案进行表决,表决结果为最终决定。

思考题

参考答案

1. 什么是证券市场监管?监管依据是什么?
2. 什么是证券市场监管体制?它有哪些类型?
3. 集中型和自律型监管体制各有什么特点?
4. 金融混业经营对证券监管体制有什么影响?
5. 什么是证券发行的注册制?什么是证券发行的核准制?
6. 信息披露有哪些标准?
7. 对证券投资主体的监管包括哪些内容?
8. 对证券投资中介机构的监管包括哪些内容?

第三篇
证券投资分析

第十二章 证券投资分析概述

证券公司(投资银行)是证券市场枢纽,作为资金供需双方的中介机构,一方面,应承销资金需求方(发行者)的各种证券;另一方面,应为资金供给方(投资者)提供投资机会,发挥咨询、策划与操作的中介作用。由于投资者与发行者之间有着根本的利益冲突,证券公司往往权衡各种利益得失而实施对其而言的利益最大化行为,因此,投资者必须明晰自己的市场角色,了解自己的有利与不利地位,明确自己的投资目标,制订与实施合理的投资战略,分析与评估投资对象、时机及组合,才能保护自己的利益,实现财富的最优组合与增长。

第一节 证券投资分析目标的设定

证券投资目标的实现是整个投资过程实施的最终结果,而证券投资分析是为投资目标的实现提供基本依据。

一、证券投资的过程

理性的证券投资过程一般包括以下主要环节:

1. 确定投资目标

证券投资过程的第一个环节是确定投资目标。投资者往往根据拥有的资金、未来支出的要求以及风险承受的能力来设定投资目标。通常情况下,投资目标会围绕着效用最大化来设定,即在既定的风险水平下,收益最大化;或在既定的收益水平下,风险最小化。

2. 进行投资分析

证券投资分析是指投资者运用各种专业性的分析方法对影响证券价格的各种信息进行综合分析以判断证券价格合理与否以及其变动的行为,为构造投资组合、实现投资目标提供基本依据与技术支持,是证券投资过程中的基础性的核心环节。证券投资分析主要包括以下内容:①分析各种证券及其品种的收益与风险水平,以剔除不符合其投资目标的证券及其品种;②分析证券价格的形成机制,评估证券的内在价值,以发现价格低估的证券,剔除价格高估的证券;③分析证券投资的时机,把握各类证券市场未来的基本趋势,以利于投资与退出的决策。

3. 构建投资组合

构建投资组合是指投资者在投资分析的基础上,如何选择纳入投资组合的证券及其品种并确定其各自权重的过程。其基本指导思想是在符合投资目标的前提下,通过证券的多样化来减少投资组合的风险。在构建投资组合时,最关键的是要求投资者能够通过对宏、微观经济的分析,对未来市场的走势作出明确的预测,确定对哪些证券进行投资,各自投资的比例是多少,对各类证券的投资资金进行合理地分散化配置,同时把握最佳的投资时机。

4. 调整投资组合

证券投资过程是一个动态过程,这是由投资对象、市场环境及投资目标的动态性所决定的。作为投资对象的证券的价值,会随着公司经营状况以及宏观经济的变化而变化;市场环境的变化不仅会对现有的证券价格产生影响,也会产生新的投资品种与机会;既定的投资目标也会随着时间的推移发生变化。因此,任何一个投资组合都不可能一劳永逸,都要随着情况的变化进行新的、不断的调整。

5. 评估投资业绩

评估投资业绩是指对投资的实际营运结果进行分析、评价以判断投资目标的实现程度。评估的主要依据是证券投资组合的收益率与对应的风险水平。投资业绩评估为投资组合与投资战略的调整、新的投资组合的构建以及投资者投资行为的规范奠定了基础。

二、证券投资目标的设定

不同投资者在资金实力、资金性质、未来的支出安排以及承受风险能力等方面的差异决定了其证券投资设定的目标内涵的不同。

1. 个人投资者与机构投资者

个人投资者是以个人的名义,将自己的合法财产投资于证券市场,其投资资金的主要来源是其储蓄余额。从宏观经济的角度分析,个人部门是净顺差部门(即收入大于支出),又称净储蓄部门。个人部门将收入大于支出的净顺差通过广义的储蓄活动转化为投资,满足了企业部门与政府部门的资金需求。由于个人投资者的资金实力有限,无法有效地将资金配置于各种证券以分散风险,而且个人投资者获取和处理信息的能力有限,因而其投资活动的盲目性很大。

就个人投资者而言,投资目的是多种多样的,主要有:①本金安全,不仅指维护现有的投资资金,还包括防止通货膨胀而导致的本金贬值;②收入稳定,即承担低风险的获利动机,主要是当期投资收入的可靠性和稳定性;③资本增值,不仅指将投资收益再投资,更主要的是指投资于风险较高的成长型股票,也即承担高风险的获利动机;④维持流动性,也即在投资决策考虑流动性需求,保持一部分流动性强的资产;⑤实现投资多样化,以降低投资风险;⑥合理避税。各种投资目的之间存在冲突,每位投资者不可能同时兼顾,而只能根据个人的具体情况而有所侧重。

机构投资者是指运用自有资金或通过各种金融工具筹集资金进行投资管理的金融机构,当前主要以投资基金、社保基金、保险基金为机构投资者的主体。相对于个人投资者而言,机构投资者拥有资金、信息、人力资源等方面的优势,市场中各类投资信息由专业人员进行搜集、分析和追踪,各种投资组合方案由专业人员进行研究、模拟和调整,投资风险及分散风险的措施由专业人员进行计算、测试、模拟和追踪,投资运行中的各种技术由专业人员管理、配置、开发和协调,因而能产生更高的投资收益和资源配置效率。

不同的机构投资者在资金来源、资产性质、债务特点、委托要求等方面存在的差异决定其目标偏好、投资行为存在显著的差别。如社保基金以安全性为第一个要旨,投资基金中又有偏股型与偏债型等类别之分。

2. 长期投资者与短期投资者

长期投资者进行证券投资目的不是为了转售获利,而是准备长期持有,享受证券持有人的权益。在成熟的证券市场上,股息收入要高于银行存款和债券的利息收入,长期债券的利息收入要高于短期债券的利息收入,长期持有股票还能获取公司财产增值的收益。因此,长期投资者往往也能获取可观的投资收益。

短期投资者是指那些持有证券的时间较短,以赚取证券买卖差价收入为目的的投资者。由于证券价格变动频繁,使得投资者可以利用证券价格涨落来赚取证券买卖的差价收益。

3. 稳健型、激进型与平衡型投资者

稳健型投资者比较注重证券投资的安全性,风险承受能力弱,居于低风险倾向的投资者。

激进型投资者为获取较高的证券投资收益,他们愿意承担较大的投资风险,因此,高风险、高收益的证券在其投资组合中占有较大的比重,属于高风险倾向的投资者。

平衡型投资者介于稳健型与激进型投资者之间,他们比较注重平衡风险与收益的关系,追求在本金安全的前提下获取尽可能多的收益,他们既希望获取稳定的利息和股息收入,也不会轻易放过获取证券差价的机会,他们愿意为丰厚的盈利而承担一定的风险,但在风险超过一定程度时就会断然放弃高利的诱惑。

从上述投资者的不同分类可以看出,其证券投资的目标设定在效用最大化原则之下,一般又可分为:收入型目标、成长型目标以及平衡型目标三种类型。

三、证券投资分析的作用

证券投资分析是实现证券投资目标的基本依据与技术支持。

1. 规避投资者的投资风险

投资者从事证券投资是为了获取投资收益,但是获取投资收益是以承担相应的投资风险为代价的。一般而言,预期投资收益和投资风险水平间呈正相关关系,然而每一种具体证券都有自身的收益——风险特征,这种特征会随着各种宏观与微观、内部与外部的影响因素的变化而变化。因此,对于每一种具体的证券来说,承担高风险的同时未必能获取高收益。投资者进行证券投资分析就是要考察每一类、每一种证券的收益——风险特征及其可能的变化,以避免承担不必要的风险。

2. 评估证券的投资价值

证券的投资价值受到各种因素的影响，并随着各种因素的变化而发生变化。投资者进行证券投资分析就是要对可能影响证券投资价值的各种因素及其变化进行综合分析以判断其可能对证券投资价值造成的影响及其程度，从而挖掘被低估的证券，回避被高估的证券。

3. 实现投资效用的最大化

投资效用的最大化，即既定风险条件下收益最大化或既定收益条件下风险最小化是每一个投资者进行投资的基本目标，证券投资的成功与否关键取决于这两个目标的实现程度。投资者进行证券投资分析就是要对影响证券投资的收益与风险的各种因素进行全面的客观的分析，揭示其作用机制与运行特征，用于指导证券投资决策，实现证券投资目标。

4. 提高投资决策的科学性

证券投资决策贯穿于整个投资过程，其科学程度关系到投资的成败。在投资决策时，投资者应当认真分析每一类，每一种证券在风险性、收益性和流动性方面的特征，并选择与投资目标相匹配的投资对象，制订相应的投资策略，才能提高投资决策的科学性以使证券投资获得成功。

第二节　证券投资分析的信息

证券市场信息是投资者进行证券投资分析与决策的重要依据。对信息的掌握程度如何，在很大程度上决定了投资的成败。从这个意义上来说，掌握证券市场信息是证券投资成败的关键问题。

广义上来说，证券市场信息包括一切直接或间接影响证券价格变动的信息。因此，凡是影响到证券价格变动的政治、经济、行业、公司以及市场等方面的信息，都应列入投资者收集和分析的范围。证券市场信息主要包括宏观经济信息、微观经济信息、交易信息。

一、宏观经济信息

宏观经济信息的范围很广。对证券市场有着直接影响的信息主要包括以下几个方面：

(1) 经济周期信息。包括当前经济运行是处于复苏、繁荣期，还是衰退、萧条期，以及今后一段时期经济运行的走势等。

(2) 金融信息。包括银行利率、汇率水平及变动，货币政策导向及变动，货币供应量与发行量的大小，市场游资的充裕程度，通货膨胀水平及变化等。

(3) 财税信息。包括国家财政收支总量、结构与平衡状况，国债发行总量、期限与利率状况，税种、税目、税率、减免税政策及其变化状况等。

(4) 产业信息。包括国家产业政策的导向，鼓励与限制发展产业、行业、产品的目录，垄断型行业的禁入限制及其变动，外商投资的行业开放程度及其变动等。

(5) 国内外经贸信息。包括国际国内市场的供求信息，价格信息，关税水平及变动等。

(6) 改革信息。在计划经济体制向市场经济体制转轨之时,经济体制改革的内容与重点、改革的推进力度、改革的发展态势尤其是企业改革及关联信息,都会不同程度地影响证券市场。

二、微观经济信息

微观经济信息即公司信息,它是影响单一证券价格变动的最直接的信息。主要包括以下几个方面:

1. 招股说明书

招股说明书是反映公司股票发行条件的文件,也是一个希望社会公众认购其股份的邀请。投资者从招股说明书中一般可以了解以下信息:
(1) 公司名称,法定地址;
(2) 公司沿革及主要业务,经营业绩,资产规模及构成;
(3) 公司募股资金的运用、风险及对策;
(4) 公司的组织结构及董事、监事、高级管理人员简历;
(5) 公司本次发行股票的总额、类型、数量、每股面额及发行价;
(6) 股票发行的方式、发行对象;
(7) 证券承销商的名称、承销总数及承销方式;
(8) 经鉴证的盈利预测。

除此之外,从招股说明书中还可以了解到公司的资本形成过程、主要产品及种类、生产过程、质量状况、销售状况、财务状况、物业设备、拥有的权益、主要利害关系人、发行股票所筹集资金的运用计划及效益、风险分析等。另外,投资者还可以了解到具有专业资格的机构对公司的资产评估报告和确认书、财务报告及其附注说明、重大合约及法律诉讼等事项。

2. 公司章程

公司章程是指经全体股东一致同意,规范公司运作的纲领性文件;也可以说公司章程就是公司的"宪法",是公司各项活动所必须遵守的行为规范。

3. 上市公告书

公司股票获准上市后,应在有关报刊上披露上市公告书。上市公告书除与招股说明书部分相同外,投资者还可以了解到以下信息:
(1) 公司上市的日期和获准上市的批准文号;
(2) 公司股票发行情况和股权结构;
(3) 公司创立大会或股东大会有关上市决议的主要事项;
(4) 公司董事、监事及高级管理人员简况及持股状况;
(5) 持股一定比例以上股东的情况;
(6) 招股后资金运用状况、财务状况以及最近1年的预测报告;
(7) 董事会的承诺;
(8) 社会公众随时查询公司资料的联络人、联络地址、联络电话及图文传真号码;

(9) 特别事项。

4. 定期报告

定期报告是指公司股票正式上市后,依公司法和证券法规的规定必须定期制作和公告的报告。定期报告主要是公司的财务报告包括季度报告和年终报告,其主要披露公司财务状况和经营业绩情况。

投资者从公司定期报告中可以了解到的信息包括以下几个方面:

(1) 公司基本状况。包括资本结构、组织系统、所属权益状况、从业人员状况等。

(2) 业务状况。包括主要产品生产及销售状况,新产品开发及重大事项状况等。

(3) 财务状况。包括经会计师事务所鉴证的资产负债表、损益表、现金流量表及利润分配表;各项财务指标与上年同期的比较。

(4) 负债状况。包括银行贷款、企业债券状况、公司债务担保情况及分项数额、有关当事人、主要内容、起止时间等。

(5) 业务展望。包括公司各类业务及各项投资方向的近期拓展与未来预期,影响公司前景的重大因素的预测等。

(6) 分红派息状况。

(7) 会计师事务所的查账报告。

5. 公司的其他信息

(1) 公司收购与合并信息。

(2) 新股发售信息。

(3) 股票拆细信息。

(4) 公司变更信息。包括公司章程变更;董事、监事等高层的人事变动;经营范围的变更;注册资本及注册地址的变更;会计师事务所及法律顾问的变更;组织框架的撤并、下属公司的设立、兼并或破产;影响公司生产经营的重大合约的签订与变更等。

三、交易信息

交易信息是指在证券交易中产生的信息,主要包括以下内容:

(1) 各种证券交易所发表的信息。包括各种证券的开盘价、最高价、最低价、成交量、市盈率;各类证券的价格指数、成交金额、换手率等。

(2) 市场指标。包括 n 日均价(均线值)、乖离率、相对强弱指标、腾落指数、涨跌比率、威廉指标等。

(3) 中介机构发布的信息包括各中介机构调研部门发布的个股的投资价值分析报告,板块(区域或行业)的投资价值分析报告等。

投资者进行证券投资,必须对社会经济活动、行业发展、公司经营状况及市场交易状况进行分析,注意搜集整理各类信息。上述各类信息的主要来源有以下渠道。

政府及政府机构公布的有关经济、金融行业的统计资料和相关政策。国家综合统计系统、各部委专业统计系统按规定定期公布的经济运行和社会发展方面的统计资料;中央银行公布的有关货币、外汇、利率的信息;政府各部门公布的相关政策出台与调整的信息等。

金融咨询服务机构、证券公司调研部门提供的金融信息与投资信息。这类机构一般都拥有专业性的分析人员,他们既对经济、行业、区域、公司进行分析,也对某一具体证券的市场表现作出评价,并根据其所拥有的先进的工具与手段进行信息处理,定期公布诸如乖离率、相对强弱指标、动向指标等市场指标。

证券交易所发布的即时行情,以及上市公司提供有关本公司的各种信息。

第三节 证券投资分析的方法

证券市场是一个高风险高收益的投资市场,投资者要在证券市场上获取较高的投资收益,必须根据市场变化及其趋势作出科学的投资决策。科学的投资决策需要运用合理的证券投资分析方法进行分析。

一、基本分析方法

基本分析是对上市公司的经营业绩、财务状况,以及影响上市公司生产经营的客观社会经济环境等要素进行分析,其理论依据是证券价格由证券的内在价值决定,通过分析影响证券价格的基本条件和决定因素,判断和预测其发展趋势。基本分析主要包括宏观经济运行分析、行业分析与公司分析三个层次。

基本分析是将宏观经济总体的运行态势与上市公司的经营状况,将整个证券市场发展前景与个别证券的内在价值变化进行对比分析,从中找出证券价格变动的内在依据和规律。因此,基本分析对于预测整个证券价格变动的中长期趋势,选择具体的投资对象具有重要的作用。但是,基本分析对于把握证券市场的近期变化、选择买卖证券的时机的作用却不如技术分析。

二、技术分析方法

证券投资的技术分析是相对于基本分析而言的。技术分析是利用统计学、数学的方法分析股票价格的运行规律,把握股票价格的过去变动情况来推测其未来趋势。

技术分析是否有效,取决于以下几个前提性假设:①股票价格决定于市场的供需因素;②市场供需受到多种理性与非理性因素的影响;③股票市场的变化存在一定的周期性,从长期看趋于循环变动;④股票价格虽然存在着短期波动,但股价的变化存在着一种主要趋势;⑤市场供需变化迟早会在图表走势、交易资料中得到反映;⑥股票价格变化的历史往往重演。总之,技术分析不探究影响供求变化的诸多因素,只就由供求变化引起的行情变动来分析预测股票价格。

相对基本分析而言,技术分析具有一定的优点:①技术分析方法简单方便、易学易懂,在电脑及软件发达的今天容易被人们接受。科技的迅速普及使技术分析方法走进机构大户,也贴近中小散户。②技术分析是一种理性分析。其结论比较客观,图表上显示的各种买卖信号,不可能因主观意愿而改变,使人们在瞬息万变的证券市场保持客观冷静的态度。③技术分析以多种图表、指示为手段,有具体的形象可供参考,有一定的标准可供遵循,并可进行多重对比分析,有利于从总体上把握市场。

证券投资分析方法都不可能是完美,技术分析也同样存在局限性:①技术指标信号的出现往往"滞后",因为并非技术分析派描绘出市场走势,而是市场走势给技术分析派启示,如果投资者根据某些滞后的信号采取行动,往往会错失良机;②市场经常出现短期"背离走势"的现象,甚至"走势陷阱"时有出现,令投资者对此产生不信任甚至上当受骗;③技术分析不可能正确预测每次波动的最高点与最低点,同时对具体时间也无法给予明确信号;④技术分析的不确定性,如同样的技术指标在某一市场适应,在另一市场则失效;同样的技术数据在牛市是微量超买,但在熊市已是严重超买。

显然技术分析法的分析思路完全区别于基本分析:①技术分析法着重分析股票价格本身的运动规律,而基本分析法着重分析影响股票价格的基础条件与决定因素;②技术分析法着眼于过去,用历史资料反映的变化规律来分析预测股价的未来走势,而基本分析法立足于未来,利用对经济技术发展的预测来分析把握股价的未来走势。同时,两种分析方法各有所长,可以相互补充:①技术分析法主要解决投资时机问题,而基本分析法主要解决投资对象问题;②技术分析法主要分析股价的短期走势,而基本分析法主要分析股价的中长期变动趋势。

三、现代证券组合分析方法

收益与风险及其两者关系是证券投资活动中涉及的最广的内容。为合理协调证券活动中收益-风险关系,运用数学模型的现代证券组合分析方法应运而生。这类分析方法提出了一系列分散投资的思路,帮助投资者选择符合其投资目标的投资组合,以达到降低投资风险、提高投资收益的目的。现代证券组合分析方法主要包括马柯维茨的均值方差模型、资本资产定价模型以及套利定价模型等数量化方法。

四、行为金融学分析方法

现代主流金融理论是建立在有效市场假说和资本资产定价模型两大基石之上的。这些经典理论继承了经济学的分析方法,其模型与范式局限在"理性"的分析框架中,忽视了对投资者实行决策行为的分析。随着金融市场各种异常现象的累积,模型与实际的背离使得现代主流金融理论的理性分析范式开始发生动摇。20 世纪 80 年代悄然兴起的行为金融学以投资者个体心理分析和群体心理分析为主要研究对象,分析投资者如何在投资决策过程中产生心理障碍问题以及投资者如何在研究投资活动中保证正确的观察视角,以提高投资收益。

思考题

1. 试述证券投资分析的过程。
2. 试述证券投资分析的意义。
3. 试述机构投资者有何优势。
4. 证券投资分析所需信息的来源渠道包括哪些?
5. 什么是基本分析?其有何作用?

参考答案

6. 技术分析有效性的基本前提是什么？
7. 试述技术分析方法的优缺点。
8. 试述基本分析与技术分析的主要区别。
9. 试根据某公司的招股说明书，分析本人估价是否大于其发行价，具体阐明本人的分析思路。
10. 试根据某公司的年度报告，分析本人估价是否大于其现行股价，具体阐明本人的分析思路。

第十三章 证券投资收益和风险

收益与风险是证券投资的核心问题。人们投资于证券是为了获得投资收益。证券投资收益一般由两部分组成：一是债券利息、股利、基金红利收入；二是资本利得收入。证券投资同样内含风险。证券投资收益是未来的，而且一般情况下难以事先确定，未来收益的不确定性就是证券投资风险。证券投资中收益与风险是并存的，投资者一般应遵循以下原则进行决策：在风险水平相同的证券中，选择收益较高的证券；在收益水平相同的证券中，选择风险较小的证券进行投资。

第一节 证券投资的收益和度量

证券投资收益是指投资者进行的证券投资所获得的净收入，主要包括债券利息、股利、基金红利以及资本利得。①债息是指债券投资者凭借所持债券定期或到期向发行公司或发行机构领取的债券利息收入。②股利是指优先股股息与普通股红利的合称，即股票投资者定期或不定期从股票发行公司领取的一部分税后利润。优先股股息通常按照面值与票面利率计算，一般具有固定性和稳定性的特点；普通股红利则完全取决于公司经营理财业绩的优劣与股利分配政策的倾向与程度，具有非固定性和非稳定性的特点。③基金红利是指基金投资者凭借所持基金份额定期或不定期向管理机构领取的盈利，按照《中华人民共和国证券投资基金法》规定基金红利不得低于基金净收益的90%，则基金红利水平完全取决于基金管理人运作业绩的优劣。④资本利得即价差收入是指证券投资者进行证券买卖所获得的净收入，也即证券出售金额扣除证券购入金额、证券交易费用后的余额。由于证券投资收益的多少受到所投资本金额大小的影响，所以在分析评价证券投资收益时，一般应以收益额与投资额之比表示，这一比率也称证券投资收益率。

一、债券投资的收益和度量

衡量债券投资收益水平的指标为债券收益率。债券收益率是指一定时期内所得收益与投入本金的比率。为便于比较分析，债券收益一般以年率为单位计算。

1. 影响债券收益率的主要因素

影响债券收益率的主要因素有债券利率、价格和期限。

(1) 债券利率。债券利率是指债券票面利率。债券票面利率是债券发行时的要素之一。其既取决于债券发行人自身的资信度，又受当时市场利率等多种因素影响。债券票面利率一经确定，在债券到期前一般不会改变。在其他条件相同的前提下，债券票面利率越高，其收益率也越高。

(2) 债券价格。债券价格有发行价格与交易价格之分。由于票面利率与市场利率的差异等因素影响，债券可能以高于或低于其面额的价格发行。债券发行价格如果高于其面额，则其收益率将低于票面利率；否则，反之。债券交易价格是指二级市场买卖债券的价格。投资者可以从一级市场买入债券不等期满在二级市场上出售，也可以从二级市场买入债券持至期满或者在期满前将其出售。投资者买卖债券的差价收益或亏损就是资本损益，其直接影响到收益率水平的高低。

(3) 债券期限。债券的期限具有两层含义：①有效期限，即债券自发行之日起至偿还日止的时间；②待偿还期或剩余期限，即债券转让交易之日起至偿还日止的时间。债券期限长短除与票面利率直接相关外，还从以下两方面影响其收益率水平：一是当债券价格与面额不一致时，还本期限越长，债券价格与面额的差价对收益水平的影响越小；二是当债券以复利形式计息时，债券期限越长，其收益水平就越高，因为这一计息方式实质上包含了债券利息收入再投资所得的收益。

2. 债券收益率的计算

由于投资者的投资方式、债券类型等的差异，因而债券收益率有多种形式。

(1) 到期收益率。到期收益率又称最终收益率。以获取债息为目的的投资者，在债券到期前一般不会入市卖出。这种从购买债券持至偿还日的收益率，即为债券投资的到期收益率。由于付息方式与投资者购买债券市场的不同，到期收益率又有以下四种之分：

① 到期收益率Ⅰ。其前提条件是投资者在一级市场购买新发行的债券，且一年付息一次，到期按面额还本。这时的到期收益率是投资者从债券发行时认购到发行者偿还债券面额整个期间的年平均收益率。其计算公式为

$$到期收益率\text{Ⅰ} = \frac{面额 \times 票面年利率 + \dfrac{债券面额 - 发行价格}{偿还期限}}{发行价格} \times 100\% \quad (13-1)$$

② 到期收益率Ⅱ。其前提条件是投资者在二级市场购买以前发行的债券，且一年付息一次，到期按面额还本。这时的到期收益率是指投资者从二级市场购买债券到发行者偿还债券面额整个期间的年平均收益率。其计算公式为

$$到期收益率\text{Ⅱ} = \frac{面额 \times 票面年利率 \times 尚需付息年数 + (债券面额 - 购买价格)}{剩余年限} \times 100\%$$
$$(13-2)$$

③ 到期收益率Ⅲ。其前提条件是投资者在一级市场购买新发行的债券，但债券利息不是按年支付，而是到期一次还本付息的。这时的到期收益率是指投资者从债券发行时认购

到发行者到期一次还本付息整个期间的年平均收益率。其计算公式为

$$到期收益率\text{ III} = \frac{面额 \times 票面年利率 \times 偿还年限 + (债券面额 - 发行价格)}{偿还年限 \times 发行价格} \times 100\%$$

(13-3)

④ 到期收益率Ⅳ。其前提条件是投资者在二级市场购买以前发行的债券，但利息不是按年支付，而是到期一次还本还息的。这时的到期收益率是指投资者从二级市场购买债券到发行者到期一次还本付息整个期间的年平均收益率。其计算公式为

$$到期收益率\text{ IV} = \frac{面额 \times 票面年利率 \times 偿还年数 + (债券面额 - 购买价格)}{剩余年限 \times 购买价格} \times 100\%$$

(13-4)

(2) 持有期间收益率。持有期间收益率是指投资者在发行日与到期日之间买卖债券所得的收益率。其收益率由持有债券期间的利息收入和资本利得之和相对于投资金额的百分比来表示。由于投资者买卖债券市场与债券付息方式的不同，持有期间收益率又有以下四种之分：

① 持有期间收益率Ⅰ。其前提条件是投资者在一级市场购买新发行的一年付息一次的债券，又在债券到期日以前出售。这时的持有期间收益率是指投资者从债券发行时认购到未到期以前出售整个期间的年平均收益率。其计算公式为

$$持有期间收益率\text{ I} = \frac{面额 \times 票面年利率 \times 领息年数 + (出售价格 - 发行价格)}{持有年数 \times 发行价格} \times 100\%$$

(13-5)

② 持有期间收益率Ⅱ。其前提条件是投资者在二级市场购买以前发行的一年付息一次的债券，又在债券到期日以前出售。这时的持有期间收益率是指投资者买卖债券整个期间的年平均收益率。其计算公式为

$$持有期间收益率\text{ II} = \frac{面额 \times 票面年利率 \times 领息年数 + (出售价格 - 购买价格)}{持有年数 \times 购买价格} \times 100\%$$

(13-6)

③ 持有期间收益率Ⅲ。其前提条件是投资者在一级市场购买新发行的到期一次还本付息的债券，又在债券到期日以前出售。这时的持有期间收益率是指投资者从债券发行时认购到未到期以前出售整个期间的年平均收益率。其计算公式为

$$持有期收益率\text{ III} = \frac{(出售价格 - 发行价格) \div 持有年数}{发行价格} \times 100\%$$

(13-7)

④ 持有期间收益率Ⅳ。其前提条件是投资者在二级市场购买以前发行的到期一次还

本付息的债券,又在债券到期日以前出售。这时的持有期间收益率是指投资者买卖债券整个期间的年平均收益率。其计算公式为

$$\text{持有期收益率 IV} = \frac{(\text{出售价格} - \text{购买价格}) \div \text{持有年数}}{\text{购买价格}} \times 100\% \qquad (13-8)$$

需要指出的是,到期一次还本付息的债券在到期日以前出售,是没有利息收入的,故在计算持有期间收益率时不考虑利息收入。

(3) 贴现债券收益率。贴现债券又称贴水债券,是指以低于面额发行,发行价格与票面金额之差相当于预先支付的利息,债券期满时按面额偿付的债券。贴现债券具有以下优点:发行人可省去今后定期支付利息的费用和手续;投资者感觉收益的直观与可靠,且提前扣除的利息用于再投资,获取利息再投资收益。正是贴现债券的上述优点,使其从原主要用于短期债券的发行,开始向中期债券的发行领域拓展。

① 偿还期不满一年的到期收益率。偿还期不满一年的贴现债券的到期收益率的计算公式为

$$K_m = \frac{V - P_0}{P_0} \times \frac{365}{n} \times 100\% \qquad (13-9)$$

式(13-9)中:K_m——到期收益率;

V——债券面额;

P_0——发行价格或买入价格;

n——债券期限(天)或债券剩余期限(天)。

如果式(13-9)中 P_0 为发行价格,n 为债券期限,则式(13-9)为投资者从贴现债券发行时购买到发行者偿还债券面额整个期间的年平均收益率。

如果式(13-9)中 P_0 为买入价格,n 为债券剩余期限,则式(13-9)为投资者从二级市场购买贴现债券到发行者偿还债券面额整个期间的年平均收益率。

② 持有期不满一年的持有期间收益率。持有期不满一年的贴现债券的持有期收益率的计算公式为

$$K_m = \frac{P_1 - P_0}{P_0} \times \frac{365}{n} \times 100\% \qquad (13-10)$$

式(13-10)中:K_m——持有期间收益率;

P_1——债券卖出价格;

P_0——发行价格或买入价格;

n——债券持有期限(天)。

如果式(13-10)中 P_0 为发行价格,则式(13-10)为投资者从贴现债券发行时认购到未到期以前出售整个期间的年平均收益率。

如果式(13-10)中 P_0 为买入价格,则式(13-10)为投资者买卖贴现债券整个期间的年平均收益率。

③ 偿还期一年以上的到期收益率。偿还期一年以上的贴现债券一般需考虑复利因素,因此其计算公式为

$$K_m = \sqrt[n]{\frac{V}{P_0}} - 100\% \tag{13-11}$$

式(13-11)中:K_m——到期收益率;

V——债券面额;

P_0——发行价格或购买价格;

n——债券期限(年)或债券剩余期限(年)。

计算结果的含义与偿还期不满一年的到期收益率相同。

④ 持有期一年以上的持有期间收益率。持有期一年以上的贴现债券同样需要考虑复利因素,因此其计算公式为

$$K_m = \sqrt[n]{\frac{P_1}{P_0}} - 100\% \tag{13-12}$$

式(13-12)中:K_m——持有期间收益率;

P_1——债券卖出价格;

P_0——发行价格或购买价格;

n——债券持有期限(年)。

计算结果的含义与持有期不满一年的到期收益率相同。

二、股票投资的收益和度量

衡量股票投资收益水平的指标称为股票收益率。股票收益率是指一定时期内所得收益与投入本金的比率。为了便于比较分析,股票收益一般也以年率为计算单位。

在股票投资中,有优先股与普通股之分。优先股除一般股票特征之外,还具有一定的债券特征,即具有面值、票面利率以及规定的支付时间等。因此,优先股投资收益率的确定可以参照债券持有期间收益率的公式。以下主要阐述普通股投资收益水平的确定。

1. 影响普通股投资收益水平的主要因素

影响普通股投资收益水平的主要因素有红利、股本扩张和股票升值。

(1) 红利。红利是股份公司从净利润中分配给普通股股东,作为给每位普通股股东对公司投资的一种报酬。每一普通股股东都有权根据其所拥有公司股份的多少从公司获取红利收入。对普通股投资者而言,获取红利是其投资的目的之一,而且红利的大小直接关系到股票的市场价格;有无红利分配,取决于公司是否盈利;能分利多少,又取决于公司盈利水平的高低、提取公积金、公益金的比例,以及公司股利政策等因素。按现行财务制度规定,股份公司缴纳所得税后的净利润一般按照下列顺序分配:①被没收的财物损失,支付各项税收的滞纳金和罚款;②弥补以前年度亏损;③提取法定盈余公积金;④提取公益金;⑤支付优先股股息;⑥提取任意盈余公积金;⑦支付普通股红利。可见,普通股的红利是不固定的,其红利水平的高低主要取决于公司的经营状况。公司经营状况好,盈利高,普通股的红利就高;否则,反之,甚至无红利可分。因此,普通股具有收益高、风险大的特点。

(2) 股本扩张。在发展中的股市,上市公司的股本扩张往往会带来一定程度的填权行

情,成为普通股投资者获取收益的又一途径。上市公司的股本扩张有无偿增资扩股与有偿增资扩股之分。无偿增资扩股是指投资者不必向上市公司缴纳现金就可获取股票的一种扩股形式,这里的投资者仅限于原股东。无偿增资扩股可分为两种主要类型:①股票分红,即公司将本该用现金支付的股票红利以新的股票代替;②无偿转赠,即公司将原有的资本准备金(包括盈余结存、公积金和资产重估增值等)转入资本金,股东无偿取得新发股票。无偿增资扩股的目的是为了使投资者获益以增强股东信心和公司信誉,或为了调整资本结构。有偿增资扩股主要指股东配股,即公司按股东的持股比例向现有股东配售新股的一种扩股形式。配售新股的价格往往低于市场价格,形成对现有股东的一种优待。股票经过送配股后,其理论价格一般会相应下跌(可参阅本书第十章有关内容),如果实际除权除息价高于理论除权除息价,称为填权;反之,称为贴权。

(3) 股票升值。股票升值是根据企业资产增加的程度、经营状况、发展前景而定,具体表现为股票价值上升所带来的收益。股票之所以能够升值,主要在于上市公司经营有方、管理有术,获得了较大的利润,而且预期红利收入也将增加。同时,由于影响股价的因素是多方面的,经营业绩并不理想的公司股价也会受到某些因素影响而上涨。投资者低买高卖的差价收益称为资本利得。

2. 普通股股票收益率的计算

衡量普通股股票投资收益水平的指标主要有以下几种:

(1) 股利收益率。股利收益率是指股份公司以现金形式派发红利与股票市价的比率。其计算公式为

$$股利收益率 = \frac{D}{P_0} \times 100\% \tag{13-13}$$

式(13-13)中:D——实际现金红利或预计现金红利;

P_0——股票购入价或市价。

如果投资者以某一市价购入股票,在持有股票期间得到公司派发的现金红利,则可用本期股票红利与股票购入价计算,这种已得的股利收益率对长期投资者尤为重要。如果投资者打算投资某种股票,可用该股票上期实际派发的现金红利或预计本期的现金红利与当时的股票市价计算。这种预计的股利收益率,对投资者进行投资决策有一定的参考价值。

(2) 持有期间收益率。持有期间收益率是指投资者持有股票期间的红利收入与买卖差价占股票购买价格的比率。股票没有到期日,投资者持有股票的时间长达数年,短到数天,持有期间收益率成为投资者最为关心的指标。其计算公式为

$$持有期间收益率 = \frac{D + (P_1 - P_0 - C)}{P_0} \times 100\% \tag{13-14}$$

式(13-14)中:D——现金红利;

P_1——股票卖出价;

P_0——股票购入价;

C——股票买卖的交易费用。

如果投资者买卖股票期间,仅获取现金红利的分配,上式可就一股的现金红利、卖出价、购入价以及交易费用进行计算。

如果投资者买卖股票期间,不仅获取现金红利的分配,还获取红股的派送、股票的无偿转赠,以及股票的有偿配股,这时式(13-14)的 D 应为现金红利总额;P_1 为股票出售总额即卖出单价与原有股票数量、红股派送数量、股票无偿转赠数量以及配股数量之和的乘积;P_0 为买入单价与原有股票数量乘积加上配股价与配股数量乘积之总和;C 为全部股票的交易费用之和。

如果须将股票持有期间收益率与债券收益率、银行存款利率等其他金融资产的收益率相比较,应注意时间的可比性,这时要将持有期间收益率化为年率。其计算公式为

$$持有期间股票年收益率 = \frac{D + (P_1 - P_0 - C)}{P_0 \times n} \times 100\% \tag{13-15}$$

其中,n 为持有年数。

三、基金投资的收益和度量

衡量基金投资收益水平的指标称为基金收益率。基金收益率是指一定时间内所得收益与投入本金的比率。为了便于分析比较,基金收益一般也以年率为单位。

1. 影响基金投资收益水平的主要因素

影响基金投资收益水平的主要因素有基金红利与买卖价格。

(1) 基金红利。投资基金在获取的投资收益中扣除费用支出以后,便取得基金净收益。按照我国《证券投资基金法》规定,基金收益分配应当采用现金形式,每年至少一次;基金收益分配比例不得低于基金净收益的90%。可见,基金红利的高低取决于基金盈利的多寡。

(2) 买卖价格。投资基金有封闭型与开放型之分。封闭型基金一经发行后,一般都允许在证交所挂牌上市,以满足基金投资者的变现要求。因此,封闭型基金交易价格不仅取决于基金自身投资价值,还取决于市场的供求。开放型基金与封闭型基金不同,其可在基金管理公司设定的内部交易营业日随时买卖,其报价分为"购买价"与"赎回价"两种。购买价是指投资者认购基金的价格;赎回价是指投资者向基金公司沽出基金单位的价格。不论是购买价还是赎回价都是根据基金单位的资产净值而定的。显然,封闭型与开放型的投资价值都与其投资的证券市场行情、投资组合、投资运作效率等关联,这都可能产生一定程度的基金价格波动,投资者低买高卖的差价收益就是其资本利得。

2. 基金收益率的计算

衡量基金投资收益水平的指标主要有红利收益率和持有期间收益率。

(1) 红利收益率是指基金管理公司派发的现金红利与基金单位购入价的比率。其计算公式为

$$红利收益率 = \frac{D}{P_0} \times 100\% \tag{13-16}$$

式(13-16)中:D——实际基金红利或预计基金红利;

P_0——基金单位的购入价或基金单位市价。

如果 D 为实际红利,P_0 为基金单位的购入价,这种已得的红利收益率为长期投资者所重视;如果 D 为预计红利,P_0 为基金当时的单位市价,这种预计的红利收益率为投资者参与基金投资决策的重要参考指标之一。

(2)持有期间收益率。是指投资者持有基金单位期间的红利收入与买卖差价占基金单位购买价的比率。由于基金存续期较长,投资者持有基金单位的时间可长达数年,短到几天,持有期间收益率成为基金投资者最为关心的指标。其计算公式为

$$持有期间收益率 = \frac{D+(P_1-P_0-C)}{P_0} \times 100\% \qquad (13-17)$$

式(13-17)中:D——基金红利;

P_1——基金单位卖出价或赎回价;

P_0——基金购入价;

C——基金单位买卖的交易费用。

按照《证券投资基金管理法》规定,基金收益分配应当采用现金形式,故上式可就一个基金单位的相关数据进行计算。

如果须将基金收益率与股票收益率、债券收益率等其他金融资产的收益率相比较,应注意时间的可比性,这时应将持有期间收益率化为年率,其计算公式为

$$持有期间基金年收益率 = \frac{D+(P_1-P_0-C)}{P_0 \times n} \times 100\% \qquad (13-18)$$

其中,n 为持有年数。

四、投资组合的收益和度量

投资者一般不会购买某一种股票、债券或基金,而是投资于多种金融资产即形成一个投资组合。投资组合的收益率就是组成投资组合的所有金融资产收益率的加权平均数。其计算公式为

$$\bar{K}_P = \sum_{i=1}^{n} K_i P_i \qquad (13-19)$$

式(13-19)中:$\bar{K}_P$——投资组合的收益率;

K_i——投资组合中第 i 种金融资产收益率;

P_i——投资组合中第 i 种金融资产价值占总价值比重;

n——投资组合中证券种类数。

这一计算方法除可用于计算投资组合的预计收益率,也可用于计算投资组合的实际收益率。显然,要提高投资组合的收益率只有以下两种方法:一是对投资组合中各金融资产品种加以选择;二是调整投资组合中各金融资产所占的比重。但是,随着投资组合收益率的变化,其投资组合风险也会起相应的变化。

第二节 证券投资风险的构成

证券市场充满了风险,证券投资是一种风险性投资。一般而言,风险是指投资者达不到预期的收益或遭受各种损失的可能性,即证券投资收益的不确定性。在证券投资活动中,投资者买卖证券是希望获取预期的收益。在投资者持有证券期间,各种因素的影响可能使预期收益减少甚至使本金遭受损失,而且持有证券期间越长,各种因素产生影响的可能性越大,预期收益的不确定性也越大。因此,证券投资活动中风险是普遍存在的。与证券投资活动相关的所有风险统称为总风险。总风险根据其是否可以通过投资多样化方法加以回避及消除,可分为系统性风险与非系统性风险。

一、系统性风险

系统性风险是指由于政治、经济及社会环境的变动而影响证券市场上所有证券的风险。它包括市场风险、利率风险、购买力风险以及自然因素导致的社会风险等。这类风险的共同特点是它们的影响不是作用于某一种证券,而是对整个证券市场发生作用,导致证券市场上所有证券出现风险。由于系统性风险对所有证券的投资总是存在的并且无法通过投资多样化的方法加以回避与消除,因此,又称非多样化风险。

1. 市场风险

市场风险是指由有价证券的"空头"和"多头"等市场因素所引起的证券投资收益变动的可能性。

当市场价格指数从某一个较低点(波谷)持续稳定地上升,这种上升趋势称为多头市场即牛市,多头市场在市场价格指数达到某个较高点(波峰)并开始下降时结束;空头市场即熊市,则是市场价格指数从某个较高点下降开始,一直呈下降趋势至某一较低点结束;从这一点开始,证券市场又进入多头市场。多头市场和空头市场的这种交替,导致市场证券收益发生变动,进而引起市场风险。多头市场的上升和空头市场的下跌都是就市场的总趋势而言。在现实市场行情中,在多头市场上也可能出现证券价格的阶段性下跌;在空头市场上也可能出现阶段性的证券价格上升。

引起多头市场和空头市场交替的决定性因素是经济周期,它是整个国民经济活动中的一种波动。经济周期一般包括复苏、高涨、衰退、萧条四个阶段,这几个阶段是依次循环的,但各阶段及整个周期的时间并不一致。一般来说,多头市场是从萧条阶段后期开始,经复苏阶段到高涨阶段;空头市场则是从高涨阶段后期开始,经衰退阶段到萧条阶段。

显然,市场风险是无法回避的,但投资者可以设法降低其影响:其一根据经济周期的变化,选择好投资与退出的恰当时机,在多头市场来临前购入,于空头市场来临前卖出,也即牛市持股、熊市持币的策略;其二根据经济周期的变化,选择好投资的对象,即在萧条阶段经复苏阶段到高涨阶段期间投资于周期性股票,而在高涨阶段经衰退阶段到萧条阶段期间投资于反周期性股票即防守性股,或者投资于长期具有良好的财务状况和发展前景的企业,其抗风险能力较强,市场行情波动并不影响股票内在的上升潜质。

2. 利率风险

利率风险是指市场利率变动所引起证券投资收益变动的可能性。

由于债券的利息率通常是事先确定的,而股息、红利的高低与利率通常并无直接联系,因而,市场利率变动对证券投资收益的影响,主要不是反映在证券投资报酬上,而是反映在资本利得方面。因为市场利率与证券价格呈负相关性,即当利率下降时,证券价格上升;当利率上升时,证券价格下降,从而导致资本利得的增减变动。而证券持有的时间越长,这种变动越大。产生这种现象的原因在于,证券的价值是每一期预期收益的现值,根据货币时间价值原理,现值与利率呈反方向变动,而且现值的变动幅度随期限的增加而增大。由于市场利率变动会引起证券价格变动,证券价格变动则影响证券投资收益的不确定性,这就是利率风险。从上述分析可以看出:长期证券的利率风险通常大于短期证券的利率风险;固定收益证券的利率风险通常大于非固定收益证券的利率风险。

市场利率的波动是基于市场资金供求状况与基准利率水平的波动。不同经济发展阶段市场资金的供求状况不同,中央银行根据宏观金融调控的要求调节基准利率水平。当中央银行调整利率时,各种金融资产的利率和价格必然作出灵敏的市场反应,所以利率风险是无法回避的;但投资者可以设法降低其影响。一般来说,投资者根据经济形势变化,预计利率将要提高时,应减少对固定利率债券,尤其是长期债券的持有;预计利率将要下降时,应提高金融资产中的相应敏感性证券比重。

3. 购买力风险

购买力风险又称通货膨胀风险,是指由于通货膨胀所引起的投资者实际收益水平下降的风险。

通货膨胀影响证券市场价格涨跌的机制在于,在通货膨胀之初与温和阶段,企业消化生产费用上涨的能力较强,又能利用人们的货币幻觉提高产品价格,在一定程度上可能刺激生产,增加企业利润及股息、红利,这时股市可能上涨,但与通货膨胀随之而来的必然是制造成本、管理成本、融资成本的提高。当企业无法通过涨价或内部消化加以弥补时,必然会导致企业经营状况与财务状况的恶化,投资者因此会丧失对股票投资的信心,股市价格随之跌落。一旦投资者对通货膨胀的未来态势产生持久的不良预期时,股价暴跌风潮也就无法制止。世界证券市场发展的历史经验表明,恶性通货膨胀是引发证券市场危机的祸根。

不仅如此,通货膨胀增大投资者风险损失的影响,还表现在本金与收益贬值方面。证券投资的收益率有名义收益率与实际收益率之分。名义收益率是证券投资的货币收益率;实际收益率则是将名义收益率中的通货膨胀因素剔除。通货膨胀率一般可以消费品价格指数来表示,即

$$通货膨胀率 = \frac{报告期消费品价格指数}{基期消费品价格指数} - 100\% \qquad (13\text{-}20)$$

通货膨胀的存在使投资者货币收入增加却并不一定真正获利,这主要是取决于其名义收益率是否高于通货膨胀率,也即对投资者更有意义的是实际收益率,实际收益率的计算公式为

$$实际收益率 = \frac{1+名义收益率}{1+通货膨胀率} - 100\% \qquad (13\text{-}21)$$

只有当实际收益率为正值,即名义收益率大于通货膨胀率时,购买力才有真正的增长。

应当指出,通货膨胀是一种常见的经济现象,它的存在必然使投资者承担购买力风险,而且这种风险是不会因为投资者退出证券市场就可以避免的。投资者唯一可以降低其影响的途径是:在控制风险的基础上争取较高的投资收益。

二、非系统性风险

非系统性风险是指由于市场、行业以及企业本身等因素影响个别企业证券的风险。它包括行业风险、企业经营风险、企业违约风险等,这是由单一因素造成的,只影响某一证券收益的风险。尽管在证券市场上不同类别的证券在不同程度上都具有非系统风险,但根据证券投资理论研究的结果,非系统性风险属于个别风险,能够通过投资多样化的方法将其分解并且可以进行有效的防范,因此,又称多样化风险。

1. 行业风险

行业风险是指由证券发行企业所处的行业特征所引起的该证券投资收益变动的可能性。

许多行业都具有生命周期,即有一个拓展、成长、成熟、衰落的过程且处于不同周期阶段的行业中,其企业的风险程度不同。如处于拓展阶段的行业,其企业风险极大,而处于成熟阶段的行业,其企业的风险程度较低。有些行业本身包含较多的不确定因素,如高新技术行业;而有些行业则包含较少的不确定因素,如电力、煤气等公用事业。因此,不同行业中企业风险程度存在差异,它们所发行的证券受其影响,也包含着不同的风险。

2. 经营风险

经营风险是指由于经营不善、企业业绩下降甚至竞争失败而使投资者无法获取预期收益或者亏损的可能性。经营风险按风险程度大小可分为以下三种类型:

(1) 证券发行企业盈利下降风险。证券发行企业的经营状况与盈利状况,直接决定着股票投资者股利水平的高低及债券持有者本息偿付的安全性,也不可避免地会对该企业证券的市场价格的涨跌产生影响。因此,一旦企业的盈利水平下降,股票投资者便难以获得预期的收益率,而债券投资者则将对其持有债券本息偿付的安全性产生疑虑。就一般意义而言,证券发行企业盈利水平下降只是一种低度风险,甚至可以认为是证券投资的正常风险。这是因为,由于经济周期的波动以及产品结构的调整等因素的影响,企业出现阶段性的盈利水平下降是不可避免的,也是正常的。

证券发行企业盈利水平下降,对股票投资者造成的风险要比债券投资者的风险大得多,如果仅仅是证券发行企业的盈利水平有所下降的话,通常还不至于危及企业的债务偿付能力,而对股票价格的变动影响更为直接。

(2) 证券发行企业经营亏损风险。证券发行企业如果只是某一年度出现少量的亏损,可以视为中度风险;如果连年发生亏损或者一次性亏损数额巨大,这种风险便属于高度风险。无论是何种程度的风险,对股票投资者都将产生极为不利的影响,同样债券投资者也会因此而遭受利益损失的风险。就股票投资者而言,企业发生经营亏损,必然会导致其股息、红利的减少甚至停发。在亏损比较严重的情况下,不仅其盈余公积、资本公积将损失殆尽,其股本也可能遭受不同程度的侵蚀。发行企业经营亏损的风险,不可避免地将波及其股价,使股票投资者在损失股息、红利收益的同时,还遭受到市价降低、变现能力下降甚至终止上市交易的危害。尽管债券投资者因企业经营亏损而受到的利益损失风险不及股票投资者那么严重,但其债券本息依约偿付的安全系数却大为下降。

(3) 证券发行企业破产风险。证券发行企业破产风险属于一种高度风险。当证券发行企业陷入破产清算地步时,其股票、债券交易转让的资格也就不复存在,直接带给证券投资者的将是证券贬值损失与变现能力丧失。对于债券投资者,虽然享有债券本息的优先追索权,但其权益能否得到完整的保全,取决于企业破产的清算价值。如果企业资产的清算价值不能抵偿债券本息金额,便意味着企业破产的部分风险转嫁于债券投资者。股票投资者不仅得不到利息、红利,而且由于其对财产的追索权滞后于债券投资者,其股本往往仅能得到部分补偿,甚至损失殆尽。

3. 违约风险

违约风险是指企业不能按照证券发行契约或发行承诺支付投资者债息、股息、红利及偿还债券本金而使投资者遭受损失的风险。

就违约风险产生的原因来看,它与经营风险存在一定的关联。因为违约风险的情况大致可以分为两种:一是无力履约或兑现承诺;二是虽有履约或兑现能力却不予履行。显然,第一种情况在很大程度上缘于企业的经营风险,这种违约风险并非出自发行企业的本意,属于无意违约风险;第二种情况的违约风险则完全是由于发行企业故意践约而给证券投资者造成的损失,因此属于故意违约风险。故意违约风险的产生,既可以是大股东的人为操纵,也不排除企业信用不佳的因素,但无论属于何种情况,违约首先是企业丧失信誉的表现,其结果都会导致证券的抛售与市场价格的跌落。如果仅仅是暂时性违约,在投资者了解到这一情况并恢复信心后,可能会终止抛售,使证券市价反弹;否则,一旦投资者完全丧失信心,证券的抛售风潮与市价的猛跌也就难以避免。

可见,每个证券投资者都面临着企业的经营风险与违约风险。但因股票与债券的性质差异,不同的投资者遭受风险损失的程度是不一样的。当发生经营风险的情况下,股票投资的风险大大高于债券投资;同样,当出现违约风险时,债券投资者作为企业的债权人,为了维护自身的权益,可以付诸法律程序,强制企业偿还,而股票投资者由于是企业的所有者,没有要求企业必须支付股息、红利的权利,承担的风险将明显大于债券投资者。

第三节 证券投资风险的衡量

证券投资风险,无论是系统性风险还是非系统性风险,最终都会通过对投资者收益稳定性的影响得到体现,可以说证券投资收益率的波动实际上与证券投资风险具有同等的内涵。因此,可以通过对证券投资收益率波动的分析来衡量证券投资的风险程度。

一、单一证券投资风险的衡量

单一证券投资风险衡量一般包括算术平均法与概率测定法。

1. 算术平均法

算术平均法是最早产生的单一证券投资风险的测定方法。其计算公式为

$$\text{平均价差率} = \frac{\sum_{i=1}^{n} \text{各期价差率}}{n} \tag{13-22}$$

式(13-22)中:各期价差率=(该时期最高价-最低价)÷(该时期最高价+最低价)÷2;
n——计算时期数。

如果将风险理解为证券价格可能的波动,平均价差率则是一个衡量证券投资风险的较好指标。证券投资决策可以根据平均价差率的大小来判断该证券的风险大小,即平均价差率大的证券意味着其风险也大;否则,反之。

利用算术平均法对证券投资风险的测定,其优点是简单明了,但其测定的范围有限,着重于过去的证券价格波动,风险所包含的内容过于狭窄。因此,不能准确地反映该证券投资未来风险的可能状况。

2. 概率测定法

概率测定法是衡量单一证券投资风险的主要方法,其依据概率分析原理,计算各种可能收益的标准差与标准差系数即变异系数,以反映相应证券投资的风险程度。

(1)期望收益率。在证券市场上,证券的收益率是一随机变量,投资者无法预知其实际值。随机变量是在一定的概率下发生的,一个事件的概率是指该事件可能发生的机会。随机变量发生概率的集合,称为该随机变量的概率分布。收益率这一随机变量是与发生的概率相对应的,由此形成某一证券投资收益率的概率分布。投资者可以推算这个概率分布,进而求得该证券的期望收益率。

期望收益率是指各种可能的收益率按其概率进行加权平均的收益率。它是反映现象集中趋势的一种量度方法。其计算公式为

$$\bar{K} = \sum_{i=1}^{n} K_i P_i \tag{13-23}$$

式(13-23)中:$\bar{K}$——期望收益率;
K_i——第i种可能结果的收益率;
P_i——第i种可能结果的概率;
n——可能结果的个数。

(2)标准差。一般认为,概率分布越集中,实际可能的收益率越接近期望收益率,该证券投资的风险较低;否则,反之。判断实际可能的收益率与期望收益率的偏差度,即反映其离散程度,一般可以采用标准差指标。其计算公式为

$$\sigma = \sqrt{\sum_{i=1}^{n}(K_i - \bar{K})^2 P_i} \tag{13-24}$$

一般来说,标准差越大,说明概率分布分散,实际可能的结果与期望收益率偏离越大,实际收益率不稳定,因而该证券投资的风险大;标准差越小,说明概率分布集中,实际可能的结果与期望收益率偏离越小,实际收益率比较稳定,因而该证券投资的风险小。

(3)标准差系数。标准差大小不仅受该证券在不同状况下收益率差别大小程度的影响,而且还受该证券的期望收益率水平高低的影响。因此,标准差只能用来比较期望收益率相同的各证券投资的风险程度,而不能用来比较期望收益率不同的各证券投资的风险程度。比较不同期望收益率的证券投资的风险程度,则须采用标准差系数。其计算公式为

$$V_\sigma = \frac{\sigma}{\bar{K}} \times 100\% \tag{13-25}$$

标准差系数是通过标准差与期望收益率的对比,以消除期望收益率水平高低的影响,单纯反映一种证券在不同状况下收益率差别大小的程度影响,表示该证券投资风险程度大小。同时,标准差系数是以抽象的相对数形式表示,可以作为不同证券投资风险程度对比分析的依据。一般来说,标准差系数越小,说明该证券投资风险程度相对较低;否则,反之。

例如,某投资者拟进行 A、B 两种证券投资,每种证券均可能遭遇经济趋势繁荣、一般、衰退三种市场行情,各自的预期收益率及概率如表 13-1 所示,试比较 A、B 两种证券投资的风险程度。

表 13-1 两种证券投资的风险比较

经济趋势	发生概率(P_i)	收益率(K_i)	
		A 证券	B 证券
繁荣	0.2	40%	70%
一般	0.6	20%	20%
衰退	0.2	0	−20%

解:① 分别计算 A、B 证券的期望收益率。

$$\bar{K}_A = 40\% \times 0.2 + 20\% \times 0.6 + 0\% \times 0.2 = 20\%$$
$$\bar{K}_B = 70\% \times 0.2 + 20\% \times 0.6 + (-20\%) \times 0.2 = 22\%$$

② 分别计算 A、B 证券的标准差。

$$\sigma_A = \sqrt{(40\% - 20\%)^2 \times 0.2 + (20\% - 20\%)^2 \times 0.6 + (0\% - 20\%)^2 \times 0.2}$$
$$= 12.65\%$$
$$\sigma_B = \sqrt{(70\% - 22\%)^2 \times 0.2 + (20\% - 22\%)^2 \times 0.6 + (-20\% - 22\%)^2 \times 0.2}$$
$$= 28.57\%$$

由于 A、B 两证券的期望收益率不同,不可直接采用标准差大小来比较其风险程度。

③ 分别计算 A、B 证券的标准差系数。

$$V_A = \frac{12.65\%}{20\%} \times 100\% = 63.25\%$$

$$V_B = \frac{28.57\%}{22\%} \times 100\% = 129.86\%$$

由此可以判定：尽管 B 证券的期望收益率高于 A 证券，但 B 证券的风险程度也高于 A 证券。

衡量单一证券的投资风险对于证券投资者具有极为重要的意义，它是投资者选择合适投资对象的基本出发点。投资者在选择投资对象时，如果各种证券具有相同的期望收益率，显然会倾向于风险低的那种证券；相应地，在各种证券的风险相同的情况下，期望收益率较高的证券自然成为投资者的首选对象。如果证券市场上可供选择的证券的期望收益率与风险程度均存在差异，则需要依据不同投资者的收益偏好、风险态度以及对风险损失的承受能力而加以具体选择。有效的方法是通过不同证券收益与风险对称关系的分析，选择那种相对收益较之相对风险大的证券进行投资。

二、证券组合投资风险的衡量

前已述及系统性风险是与市场波动有关的不可分散的风险，而非系统性风险则是可以通过证券投资组合技术来降低与分散的风险。显然，证券投资组合的目的在于，将一系列证券进行最有效的搭配，在不影响投资期望收益的前提下，减少投资风险。

1. 证券组合投资的期望收益率

证券组合投资的期望收益率，为该证券组合中的各种不同证券期望收益率的加权平均数。其计算公式为

$$\bar{K}_P = \sum_{i=1}^{n} \bar{K}_i P_i \tag{13-26}$$

式(13-26)中：$\bar{K}_P$——证券组合投资的期望收益率；

$\bar{K}_i$——第 i 种证券的期望收益率；

P_i——第 i 种证券价值占证券组合投资总价值的比重；

n——证券组合中的证券数目。

一般来说，当单一证券的期望收益率一定时，证券组合投资的期望收益率取决于投资总价值中各证券价值的比重，投资比重与证券组合投资的期望收益率高度相关。

2. 证券组合投资的风险

证券组合投资的期望收益率是由各个证券期望收益率加权平均而得。但是，证券组合投资的风险（σ_P）并不是各个证券标准差的加权平均数，即 $\sigma_P \neq \sum_{i=1}^{n} \sigma_i P_i$。证券投资组合理论研究表明，证券组合投资风险一般要小于单独投资某一证券的风险。现通过表 13-2、表 13-3、表 13-4 实例分析加以说明。

表 13-2 说明，如果未来的影响因素不变，投资者分别持有证券 A 与证券 B 的风险为 20.2%，分别按 50% 的投资比重持有证券 A 与证券 B，则证券组合投资风险为零。这是因

为在这一个证券组合中,两种证券的收益率具有互补性,即一种证券的收益率下降时,另一种证券的收益率上升;反之,亦然。类似这种收益率的反向变动趋势,统计学上称之为负相关。当证券 A 与证券 B 完全呈负相关时,$r=-1.0$。

表 13-2 完全负相关的两种证券及组合

年　度	证券 A 的实际收益率 K_A	证券 B 的实际收益率 K_B	证券组合 AB 的实际收益率 K_P
第一年	40	−10	15
第二年	−10	40	15
第三年	35	−5	15
第四年	−5	35	15
第五年	15	15	15
平均收益率	15	15	15
标准差	20.2	20.2	0.0

表 13-3 完全正相关的两种证券及组合

年　度	证券 B_1 的实际收益率 K_{B_1}	证券 B_2 的实际收益率 K_{B_2}	证券组合 B_1B_2 的实际收益率 K_P
第一年	−10	−10	−10
第二年	40	40	40
第三年	−5	−5	−5
第四年	35	35	35
第五年	15	15	15
平均收益率	15	15	15
标准差	20.2	20.2	20.2

表 13-3 说明,如果未来的影响因素不变,投资者分别持有证券 B_1 与证券 B_2 的风险均为 20.2%,分别按 50% 或其他的投资比重持有证券 B_1 与证券 B_2,则证券组合投资风险为 20.2%。这是因为在这一个证券组合中,两种证券的收益率变动方向正好一致。类似这种收益率的正向变动趋势,统计学上称之为正相关。当证券 B_1 与证券 B_2 完全正相关时,$r=+1.0$。

表 13-4 不完全相关的两种证券及组合

年　度	证券 A 的实际收益率 K_A	证券 C 的实际收益率 K_C	证券组合 AC 的实际收益率 K_P
第一年	40	28	34
第二年	−10	20	5
第三年	35	41	38
第四年	−5	−17	−11
第五年	15	3	9
平均收益率	15	15	15
标准差	20.2	20.2	18.4

表 13-4 说明,如果未来的影响因素不变,投资者分别持有证券 A 与证券 C 的风险均为 20.2%,分别按 50% 的投资比重持有证券 A 与证券 C,则证券组合投资风险降低为 18.4%。事实上,两种证券收益率之间较多地表现为不完全相关关系。在证券市场发达国家,大多数成对股票收益率间的相关系数在 +0.5—+0.7 之间。这样,分散投资可以在一定程度上降低投资风险,但不能完全消除投资风险。

通过上述分析,可以得出以下结论:①当各有价证券收益率完全负相关(即 $r=-1.0$)时,适当的投资分散化完全可以消除证券组合投资的风险;②当各有价证券收益率完全正相关(即 $r=+1.0$)时,投资分散化不能消除证券组合投资的风险;③在不同有价证券上的投资多元化虽可在一定程度上降低投资风险,但并不能完全消除投资风险。

因此,证券组合中的风险并不等于各证券收益标准差的加权平均。这是因为,一个证券组合的风险,不仅取决于组合中各构成证券个别的风险,也决定于它们之间的相关程度。证券组合投资风险的计算公式为

$$\sigma_p = \left(\sum_{i=1}^{n}\sum_{j=1}^{n} COV_{ij} P_i P_j\right)^{\frac{1}{2}} = \left(\sum_{i=1}^{n}\sum_{j=1}^{n} r_{ij}\sigma_i\sigma_j P_i P_j\right)^{\frac{1}{2}} \tag{13-27}$$

式(13-27)中:σ_p——证券组合的标准差;

COV_{ij}——证券 i 与证券 j 的协方差;

P_i、P_j——分别为证券 i 与证券 j 在证券组合中的投资比重;

$\sum_{i=1}^{n}\sum_{j=1}^{n}$——双重加总符号,代表所有证券的协方差都要相加;

n——证券组合中的证券数目;

r_{ij}——证券 i 与证券 j 收益率的相关系数;

σ_i、σ_j——分别为证券 i 与证券 j 收益率的标准差。

这里有一个重要的数学特征,即某种证券自身的协方差正好等于它的方差。

$$\because COV_{ii} = r_{ii}\sigma_i\sigma_i \tag{13-28}$$

由于任何一种证券的自相关系数为 +1

$$\therefore COV_{ii} = +1 \cdot \sigma_i\sigma_i = \sigma^2 \tag{13-29}$$

以证券组合中只有两种证券为例,则

$$\sigma_p = \sqrt{\sigma_i^2 \cdot P_i^2 + \sigma_j^2 \cdot P_j^2 + 2P_i P_j r_{ij}\sigma_i\sigma_j} \tag{13-30}$$

在式(13-30)中,证券组合的风险 σ_p 大小主要取决于相关系数 r_{ij}。

当 $r_{ij}=+1$ 时,即两证券的收益率完全正相关,则

$$\sigma_p = \sigma_i P_i + \sigma_j p_j \tag{13-31}$$

当 $r_{ij}=-1$ 时,即两证券的收益率完全负相关,则

$$\sigma_p = \sigma_i P_i - \sigma_j p_j \tag{13-32}$$

显然,在证券组合投资中,第 i 种与第 $i+1$ 种证券收益率之间呈负相关或相关密切程度低时,证券组合投资风险就小。这也为投资者进行证券组合投资决策即系列证券的有效搭配提供了依据。

3. 证券组合投资风险与证券数目的分析

证券投资组合理论研究显示：证券组合投资的风险与其证券数目呈非线性反比关系。如果证券组合中只有一种证券,组合的标准差就是该证券的标准差；随着证券组合中证券数目的增加,组合的标准差数值将逐渐减少并趋近于某一极限值。证券组合投资的风险与组合中的证券数目间的关系如图 13-1 所示。

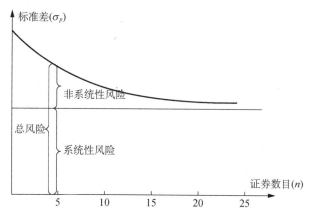

图 13-1　证券投资组合中的 σ_p 与 n 的关系

从图 13-1 中可见,通过合理的完全多元化的证券组合(n 约为 20 种以上证券),可以将来自特定公司的非系统风险消除,但与市场波动相关的系统性风险则无法通过投资多元化来消除。

证券投资组合的构成不同,防范风险的效果不同。在证券组合中证券数目一定的条件下,证券组合构成是多种多样的,不同的组合构成会产生不同的效果。因此,证券组合构成对同一风险的收益组合有优劣之分,也有对不同风险的收益组合的适应问题,也即在无数的证券组合中,客观上也存在一些有可能在一定的期望收益水平下将组合风险减少到最低程度；或者在承受的风险相同时,能使期望收益水平达到最高的组合。

三、系统性风险的衡量

系统性风险是由于政治、经济及社会环境的变动影响整个证券市场上所有证券价格变动的风险。系统性风险影响着证券市场上的所有证券,使证券市场平均收益水平发生变化,但是,每一种具体证券受系统性风险的影响程度并不相同。β 值就是用于测定一种证券的收益随整个证券市场平均收益水平变化程度的指标,也反映了一种证券收益相对于整个市场平均收益水平的变动性或波动性。

在股票市场上,具有代表性的股价指数变动一般可代表整个股市平均收益水平的变动。因为股价指数本身就是一种有效的证券组合,甚至包括了所有的上市股票。它的非系统性风险趋于零,所以股价指数变动可以说是单纯受到系统性风险的影响。β 值反映着一种股票价格随股市行情变化而上下波动的趋势。如以上证综指为例,一个与上海股市同步运动的股票可定义为平均风险股票,其 β 值为 1.0。一般而言,如果整个市场行情上涨了 20%,则平均风险股票也会上涨 20%,如果市场行情下跌 20%,则该股票也会下降 20%；一种 β 值为 1.0 的证券投资组合也会随着整个市场的平均水平移动,它的风险正好等于市场的平均风险水平。如果某种股票 β 值为 0.5,则其增减变动幅度只是市场平均变动幅度的 50%,某种 β 值为 0.5 的证券投资组合的风险也只有 β 值为 1.0 的证券投资组合的风险的 50%;反之,某种股票 β 值为 2.0,则其增减变动幅度就 2 倍于市场平均变动幅度,某种 β 值为 2.0 的证券投资组合的风险也 2 倍于 β 值为 1.0 的证券投资组合的风险。

β 值的经济含义如图 13-2 所示。

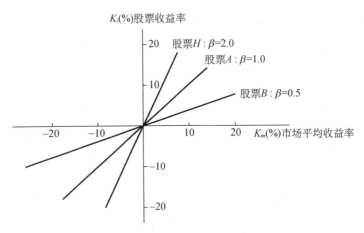

图 13-2 β 值经济含义示意图

在图 13-2 中,三种股票的变动方向与股市变动方向相一致,但变动幅度却不同。直线的倾斜程度代表着各种股票随市场波动的变动幅度,其斜率可用 β 值表示。股票 A 的变动幅度大于股票市场的变动幅度,其 β 值较大;股票 B 的变动幅度小于股市变动幅度,其 β 值较小。

单一证券 β 值测定最简单的方法是由熟悉市场行情的有关专家根据经验判断给出其估计值;最常用的方法是根据有关的历史数据,运用最小平方法进行回归计算。其计算公式为

$$\begin{aligned}\beta_i &= \frac{COV_{K_i K_m}}{\sigma_m^2} \\ &= \frac{\sum_{t=1}^{n}(K_{it}-\bar{K}_i)(K_{mt}-\bar{K}_m)}{\sum_{t=1}^{n}(K_{mt}-\bar{K}_m)^2} \\ &= \frac{\sum_{t=1}^{n}K_{it} \cdot K_{mt} - n \cdot \bar{K}_i \cdot \bar{K}_m}{\sum_{t=1}^{n}K_{mt}^2 - n(\bar{K}_m)^2}\end{aligned} \quad (13-33)$$

式(13-33)中:K_{it}——证券 i 第 t 期的收益率;

K_{mt}——市场全部证券第 t 期的收益率;

t——1,2,…,n,即时期数。

例如,假设某公司股票的收益率与市场股票的平均收益率的有关资料如表 13-5 所示。

表 13-5　某股票收益率与市场股票的平均收益率的关系

t	1	2	3	4	5	6	7	8	9	10
K_{it}	7.3	15.4	5.2	19.8	29.7	40.1	10.1	24.9	35.2	42.6
K_{mt}	8.2	16.9	7.4	19.1	25.1	29.8	12.3	22.5	26.4	30.3

试求：该公司股票的 β 值。

解：根据上表资料，计算得

$$\bar{K}_i = 23 \quad \bar{K}_m = 19.8 \quad n = 10$$

$$\sum_{t=1}^{10} K_{it} \cdot K_{mt} = 5\,582 \quad \sum_{t=1}^{10} K_{mt}^2 = 4\,563.1$$

则 $\beta = \dfrac{5\,582 - 10 \times 23 \times 19.8}{4\,563.1 - 10 \times (19.8)^2} = 1.6$

证券投资组合的 β 值是指该证券组合中各组成证券 β 值的加权平均数，其计算公式为

$$\beta_p = \sum_{i=1}^{n} \beta_i \cdot P_i \tag{13-34}$$

式(13-34)中：β_i——第 i 种证券的 β 值；

P_i——第 i 种证券价值占证券投资组合总价值中的比重；

n——证券投资组合中的证券数目。

计算而得的 β 值表示某证券（证券组合）的收益率随市场平均收益率波动的变动幅度，从而说明其风险程度，某证券（证券组合）的 β 值越大，说明其系统性风险越大。

四、证券投资风险衡量的问题

在证券投资风险衡量过程中，有些问题须引起注意：

第一，β 值不是某证券（证券组合）的全部风险，它表示着与市场行情变动有关的系统性风险，同时也存在着与企业（企业群体）自身经营状况有关的系统性风险。

第二，标准差（标准差系数）和 β 值都是衡量投资风险的指标，但它们的性质不同。标准差（标准差系数）用于度量证券或证券组合自身在各个不同时期或不同状况下收益变动的程度，其比较基础是证券或证券组合在不同时期或不同状况下的平均收益水平。β 值用于度量证券或证券组合的收益相对于同一时期市场平均收益水平的变动程度，其比较基础是市场平均收益水平的波动程度。

第三，标准差（标准差系数）和 β 值都可利用过去的统计资料计算，说明过去的状况。标准差及其系数还可利用预计资料进行计算。不过过去还是预计与未来的实际收益水平不一定一致。因此，这两种指标仅是证券投资决策的一个参考依据。

第四节　风险值计量模型

长期以来，投资者主要以收益率标准差或方差来估算证券投资风险，但是标准差或方差所反映的证券收益率的波动性是双向的，而投资者所关心的风险则是损失的可能性。因此，

标准差或方差作为度量风险的工具存在先天性的缺陷。进入 20 世纪 90 年代以后,市场风险日益突出,金融机构纷纷研究更有效地度量风险的方法。由 J.P.摩根集团开发的 VaR 方法是其中最重要的并被广泛应用的一种。

一、VaR 的内涵

VaR(value-at-risk)是指在正常的市场条件和给定的置信水平下,用于评估和计量一种金融资产或资产组合在既定持有期内所面临的市场风险大小和可能遭受的潜在最大价值损失。一个特定的 VaR 值是相对于三个要素而言:①持有期,指风险所在的时间区间,如一天或一个月。②置信水平,指承担风险的主体对风险的偏好程度,一般取 90%—99%。③基础货币,指 VaR 是用某一国家或地区的货币为基准表示的。例如,"时间周期为 1 天,置信水平为 95%,所持股票组合的 VaR 为 10 000 元人民币",其含义是"每天该股票组合有 95% 的把握保证,其最大损失不会超过 10 000 元";或者是,"明天该股票组合最大损失超过 10 000 元有 5% 的可能"。

根据菲利普·乔瑞(Phillippe Jorion)的定义,VaR 等于正常情况下金融资产的预期价值与在一定置信区间下的该资产可能的最低价值之差。用公式表示为

$$VaR = W_0(r^e - r') = W_0 r^e - W_0 r' \tag{13-35}$$

式(13-35)中:W_0——起初金融资产价值;

r^e——金融资产的预期收益率;

r'——一定置信区间下的可能的最低收益率。

计算 VaR 的过程中最关键的问题是确定金融资产价格的分布函数,以便找到特定分布下的一定置信区间下的最低收益率。

与传统的风险度量方法相比,VaR 方法具有以下优点:①VaR 方法度量的是投资损失的可能性,因而有效地反映了市场风险;而传统的以方差测度风险的方法反映的是资产价格从双侧偏离均值的可能性,即价格上升及下降的可能性,但投资者一般只将收益下降的可能性视为风险。②VaR 方法给出了风险的绝对值,即以货币形式表现出风险的大小;而传统的方差方法只是给出一个"指标"值,投资者只能根据方差的大小来判断风险的高低,但无法知道风险可能造成的损失的多少。③VaR 方法包括了置信水平,也即充分考虑到不同承担风险主体对风险的不同偏好程度或承受能力;而传统的方差方法测量中,资产或资产组合的方差是唯一的,因此,对任何投资者来说,此方差表示的风险也是唯一的。

二、VaR 的计算方法

VaR 的计算有多种方法,适用于不同的市场条件、数据、精度的要求等。大致可归为以下三种:

1. 方差-协方差法

在金融资产价格变动的随机漫步假设前提下,根据中心极限定理,金融资产的价格服从正态分布[①]。

---

① 这种假设并不完全科学,只是为了此处讨论的方便。

设:投资者的置信水平为 C,金融资产价格的分布密度函数为 $f(x)$,根据 VaR 的定义,可知

$$-Z = \frac{r' - \mu \Delta t}{\sigma \sqrt{\Delta t}} \tag{13-36}$$

式(13-36)中:μ——金融资产的预期收益率;

σ——投资收益的标准差;

Δt——投资期间。

且必定存在分位数 Z,使式 $1-C = \int_{-\infty}^{-z} f(x) dx$ 成立,从标准正态分布表可查得 Z。

将 $-Z = \frac{r' - \mu \Delta t}{\sigma \sqrt{\Delta t}}$ 变形,可得

$$r' = \mu \Delta t - Z\sigma \sqrt{\Delta t} \tag{13-37}$$

得出置信水平 C 下的金融资产最低的可能收益率 r'。

根据式(13-37) $VaR = W_0(r^e - r')$,可知

$$VaR = W_0(\mu \Delta t - \mu \Delta t + Z\sigma \sqrt{\Delta t}) = W_0 \cdot Z\sigma \sqrt{\Delta t} \tag{13-38}$$

即为置信水平 C 下的最大可能损失。

当金融资产组合包括两种以上资产时,$VaR_总$ 并不等于单项资产 VaR_i 的总和,因为资产组合中各资产收益率间的相关性的影响,可以分散一定的风险。因此

$$VaR_总 = \left(\sum_{i=1}^{n} \sum_{j=1}^{n} r_{ij} VaR_i VaR_j \right)^{\frac{1}{2}} \tag{13-39}$$

式(13-39)中:r_{ij}——资产 i 与资产 j 收益率的相关系数。

当 $n=2$ 时

$$VaR_总 = \sqrt{VaR_1^2 + VaR_2^2 + 2r_{12} VaR_1 VaR_2} \tag{13-40}$$

随着资产组合中 n 的增多,$VaR_总$ 的计算变得非常复杂,因此,可以使用矩阵形式,使计算变得简洁。

$$VaR_总 = \sqrt{VaR \times R \times VaR^T} \tag{13-41}$$

式(13-41)中:VaR——$[VaR_1, VaR_2, \cdots, VaR_n]$,即每种资产风险值构成的行向量;

R——n 种资产收益率的相关系数矩阵;

T——矩阵转置运算符号。

在已知组合中各金融资产的 VaR(即 VaR_i)以及这些资产收益率相关系数矩阵的情况下,就可求出该投资组合的 VaR 值(即 $VaR_总$)。

2. 历史模拟法

当实际市场数据并不像假设的那样接近于正态分布或某一特定分布,即不能对市场数

据建模时,可以"重放"过去市场变动的形态,这一过程称为历史模拟。历史模拟法就是借助于计算过去一段时间内的一种金融资产或资产组合风险收益的频数分布,通过确定这一段时间内的平均收益,以及在既定置信水平下的最低收益,来计算一种金融资产或资产组合的 VaR 值。

历史模拟法假定收益随时间独立同分布,以收益的历史数据的直方图作为对收益真实分布的估计,分布形式完全由数据决定,不会丢失和扭曲信息。一般地,在频数分布图中横轴衡量一种金融资产或资产组合的日收益,纵轴衡量过去一段时间内出现相应收益的天数,以此来反映过去一段时间内一种金融资产或资产组合日收益的频数分布。

根据上述菲利普·乔瑞的定义,历史模拟法首先计算平均每日收益 $W_0 r^e$ 或者预期收益率 r^e;其次确定 $W_0 r'$ 或 r',相当于频数分布图中左端日收益为负数的区间内。

设:置信水平为 C,观察日为 T,则在频数分布图中最左端,确定 $t = T \times (1-C)$ 位置上的日收益率 $W_0 r'$ 或日收益率 r',也即 C 概率保证下的最低收益 $W_0 r'$ 或最低收益率 r'。

由此可得

$$VaR = W_0 r^e - W_0 r' = W_0 (r^e - r') \tag{13-42}$$

3. 蒙特卡罗模拟法

与历史模拟法不同的是,蒙特卡罗模拟法并不直接利用每种金融资产的历史数据来估计风险值,而是基于历史数据得到其可能分布,并估计分布的参数,然后用相应的"随机数发生器",产生大量的符合历史分布的可能数据,从而构造出资产组合的可能损益,最后在这样得到的大量的资产组合可能损益中,按照给定的置信水平计算 VaR 值。

三、VaR 模型的实施

除计算风险价值外,VaR 模型的实施还包括连续性时间序列的构造。VaR 时间序列是将每日测算的 VaR 值连接成一条曲线。同一业务或资产在不同时间的 VaR 值的大小是不同的,VaR 值曲线变化及其趋势反映了该业务或资产的风险变化及其趋势。

为了确保 VaR 模型的质量与准确性,还须经常对模型进行检验。"返回检验"就是 VaR 模型常用的计量检验方法。它的目标是将实际交易的结果与根据模型生成的风险值进行比较,以确认和检验 VaR 模型的可信度。

思考题

参考答案

1. 证券投资收益包括哪些内容?
2. 影响债券投资收益有哪些主要因素?
3. 试述持有期间债券收益率的类型及应用条件。
4. 试述系统性风险的内涵与主要内容。
5. 试述非系统性风险的内涵与主要内容。
6. 试述降低市场风险的基本思路。

7. 单一证券投资风险是如何衡量的？
8. 证券组合投资风险是如何衡量的？
9. 试述通过证券组合降低投资风险的依据。
10. 什么是 β 系数？β 系数是如何计算的？
11. 试述 VaR 的内涵。
12. 试述 VaR 的计算。
13. 某投资者于 T 年初购买某公司发行的票面金额为 100 元，年利率为 5％的公司债，其当时的发行价为 98 元。到 $T+2$ 年的 6 月底出售该债券，其当时的出售价为 105 元。如果该公司债券是逐年付息的，该投资者的持有期间收益率为多少？如果该公司债券是到期一次付息的，该投资者的持有期间收益率又是多少？
14. 某投资者于 T 年初购买某公司股票 1 000 股，其当时购入价为 30 元/股，到 $T+3$ 年末出售该公司全部股票，其当时的出售价为 20 元/股。该公司历年的分配状况如下：

T 年 3 月 20 日　　　每 10 股派送红股 2 股，派发现金红利 2 元；
$T+1$ 年 3 月 20 日　　每 10 股配股 3 股，配股价 15 元/股；
$T+2$ 年 3 月 20 日　　每 10 股转赠 5 股；
$T+3$ 年 3 月 20 日　　每 10 股派发现金红利 5 元。

试计算该投资者持有期间收益率与持有期间年收益率。
(假设：股票买卖的交易费用为交易金额的 1‰)

15. 某投资者拟在 A、B 两种证券中择一选择，A、B 两种证券的期望收益率、风险程度分别为：

(1) $\dfrac{\overline{K}_A}{\overline{K}_B} > \dfrac{V_{\sigma A}}{V_{\sigma B}}$

(2) $\dfrac{\overline{K}_A}{\overline{K}_B} = \dfrac{V_{\sigma A}}{V_{\sigma B}}$

(3) $\dfrac{\overline{K}_A}{\overline{K}_B} < \dfrac{V_{\sigma A}}{V_{\sigma B}}$

试述该投资者在三种状况下的决策思路。

16. 假设股票 K 和 L 的概率分布如表 13-6 所示：

表 13-6　股票 K 和 L 的概率分布

情况	概率	股票 K 的收益(％)	股票 L 的收益(％)
1	0.10	10	9
2	0.20	11	8
3	0.40	12	7
4	0.20	13	6
5	0.10	14	9

(1) 试分别计算股票 K 和 L 的预期收益率；
(2) 试分别计算股票 K 和 L 的标准差；
(3) 试计算股票 K 和 L 的协方差；

(4) 试计算股票 K 和 L 的相关系数;

(5) 如果你在股票 K 和 L 上的投资分别为 65% 和 35%,那么你的投资组合预期收益率为多少?

(6) 如果你在股票 L 和 K 上的投资分别为 65% 和 35%,那么你的投资组合预期收益率为多少?

17. 假设某证券组合内只有两种证券:A 证券和 B 证券。其有关资料如下表 13-7:

表 13-7　A 证券与 B 证券资料

	A 证券		B 证券	
	牛市	熊市	牛市	熊市
收益率(%)	8	12	14	6
概率	0.5	0.5	0.5	0.5

假定投资比例 A、B 证券各为 50%,即各占 1/2。试计算:

(1) A、B 证券的期望收益率;

(2) 证券组合的期望收益率;

(3) A、B 证券的标准差;

(4) A、B 证券的标准差系数;

(5) 相关系数;

(6) 证券组合的标准差。

18. 某种证券的收益率和市场证券平均收益率的有关资料如下表 13-8:

表 13-8　收益率

序号	经济状况	概率	收益率(%)	
			某种证券	市场证券
1	危机	0.1	11	3
2	衰退	0.2	12	5
3	正常	0.4	14	6
4	增长	0.2	16	7
5	繁荣	0.1	17	9

试计算某种证券的 β 值。

第十四章 证券投资基本分析

证券投资的基本分析是指对上市公司的经营业绩、财务状况,以及影响上市公司生产经营的社会经济环境等要素进行的分析。基本分析对于预测整个证券市场的中长期趋势,选择具体的投资对象具有重要的作用。基本分析主要包括经济分析、行业分析与公司分析三个层次。

第一节 宏观经济分析

证券投资活动是国民经济运行系统中的一个子系统。证券投资的成败在很大程度上取决于投资者能否不断地适应国民经济运行这个大系统中的任何变化并作出相应的投资决策。事实上,国民经济运行的任何变化都会在作为经济运行"晴雨表"的证券市场上得到相应的反映。从宏观层次出发,分析影响证券市场的主要因素一般包括以下几个方面。

一、经济增长分析

经济增长是指一国或一地区实际经济产品与劳务总量在时间上的增长或增加。根据经济增长含义,一般采用国内生产总值或国民生产总值作为衡量经济产品与劳务的总量指标。国内生产总值反映一个国家(地区)的领土(辖区)范围内,本国(本地区)居民和外国(外地区)居民在一定时期内所生产和提供的可供最终使用的产品和劳务的总价值;而国民生产总值是指一个国家的国民在一定时期内在国内外所生产和提供的可供最终使用的产品和劳务的总价值;两者差额在于来自国外的要素净收入,即来自国外的劳动者报酬和财产收入的净额。同时,经济增长是指经济产品和劳务的实际产量的增长,而按当年实际价格计算的国内(国民)生产总值的增长受到产品、劳务产量增长与产品、劳务价格变动的双重影响。因此,要将价格变动因素从国内(国民)生产总值变动中加以剔除,采用可比价格计算的国内(国民)生产总值作为产量指标,使对比的各期国内(国民)生产总值的变动仅反映其产量变动。

测定经济增长程度的统计指标通常有增长率与平均增长率两种。

经济增长率是指不同时期产品和劳务产量对比增长的速度。其计算公式为

$$经济增长率(\%) = \frac{按可比价格计算的报告期国内(国民)生产总值}{按可比价格计算的基期国内(国民)生产总值} \times 100\% - 100\%$$

(14-1)

如果需要反映某一固定时期以来各期总的增长状况,可以计算定基增长率;如果需要研究各个时期逐期增长状况,则可计算环比增长率。

在一个较长的时期内,各期经济增长的速度是会有差异的,因此,当采用其中某一期的增长率进行纵向与横向对比,往往不能说明经济增长变动的实际状况。因而,为了便于对比分析,通常要计算某一段较长时期内的平均经济增长率指标,以反映这一时期内增长速度的一般趋势。计算平均经济增长率通常采用几何平均法。

其计算公式为

$$平均经济增长率 = \sqrt[t]{\frac{a_t}{a_0}} - 100\% \tag{14-2}$$

式(14-2)中:a_0、a_t——分别为按可比价格计算的基期、报告期的国内(国民)生产总值;

t——间隔时期数。

一国经济发展必须保持一定的增长速度,才能提高人民的生活水平,增强综合国力,提高本国在世界经济中的地位。一般而言,该国国内(国民)生产总值增长快,说明该国经济发展较快,这表明整个经济运行中绝大多数的企业包括上市公司的生产经营状况良好,必然导致企业的盈利水平上升,投资收益率提高,引起投资者对证券价格未来走势的看好。当然,这种增长速度以多少为宜,并没有固定标准:从横向看,不同国家有不同的国情;从纵向看,同一国家有不同的发展阶段;从增长因素分析,又有劳动贡献、资本贡献以及科技进步贡献份额不同的区别。一般来说,经济增长速度与本国国力相符,又能保持本国国民经济持续稳定协调发展的,就可以认为是适宜的增长速度。但是,经济增长速度过高,经济过热,超越了国力,脱离了国情,时常伴随着通货膨胀,往往导致经济发展的失衡,为下一步经济发展留下隐患,不得不进行经济的调整与修复,也就是说经济超高速增长的代价,可能是若干年经济的低位徘徊。同时,在强手如林、竞争激烈的国际经济系统中,如果经济增长速度过低,或者长期徘徊,就会丧失良好的发展机遇,相对削弱综合国力,发展前景堪忧。

二、经济景气分析

国民经济运行常表现为收缩与扩张的周期性交替。一个经济周期包括衰退、萧条、复苏与高涨四个阶段。当经济从衰退到萧条,在萧条中开始复苏,进而到达高涨阶段,这就是经济的景气变动。经济景气变动对证券市场行情尤其是股市行情的影响主要包括以下几个方面。

股票投资的主要目的是为了获取一定的预期收益。一般来说,股票投资的预期收益主要来自上市公司的分红派息与股票市价的价差。经济景气变动对公司盈利的影响,视公司所在行业而定。对防守类的公用事业公司而言,经济景气变动的影响并不大。但大多数上市公司属于周期性类,那么经济景气的不同阶段将会影响公司盈利进而影响其股票的分红派息水平。当经济景气从谷底走向高峰时,公司订单增加,开工率提高,生产规模扩大,市场产销两旺,产品价格也随之上升,从而公司的盈利增加,股票分红派息水平也水涨船高;反之,当经济景气从高峰走向低谷时,公司订单锐减,开工不足,生产规模减小,产品滞销,价格随之下降,从而公司盈利减少甚至亏本,股票分红派息水平也随之减少甚至不分配。如果说经济景气变动对公司盈利的影响传导到公司的股票价格上,只是对于个股价格的影响,那么经济景气变动对整个股市行情也会产生相应的影响。当经济景气从低谷走向高峰时,股市行情会随之上升或呈现出坚挺的上升走势;当经济景气从高峰走向低谷时,股市行情也会随之下跌或处于低迷状态。因此,经济景气的不同变动会引致股价变动并形成不同的价差,当经济景气走向高峰阶段,价差为正,即投资者可获取资本利得;反之,价差为负,即投资者不仅无利可获,还会导致资本损失。

因此,对经济景气变动预期不仅是政府、部门、企业所必需的,也是投资者所必需的。通过预测经济景气变动,把握其变动的转折点,可作为证券投资决策的基本依据。对经济景气变动预期一般可采用扩散指数分析。

反映经济景气变动的指标数量众多,根据其与国内(国民)生产总值波动为基准循环和基准日期的关系,可分为领先指标、同步指标与滞后指标。当某指标变动周期在时间上先于基准的称为领先指标,这类指标对于预测经济波动的转折点出现具有重要意义;当某指标变动周期在时间上与基准基本一致的称为同步指标,这类指标是判断当前处于周期的哪个阶段或危险波动阶段是否开始的主要依据;当某指标变动周期在时间上落后于基准的称为滞后指标,这类指标可以起到事后验证的作用。

但是,经济景气指标体系中任何一个经济变量本身的波动过程都不足以代表经济整体的波动过程,综合考察各个经济变量的波动,就产生了多指标的合成问题。扩散指数就是合成方法之一,是在对各个经济景气指标测定的基础上,通过上升或下降的动态过程特征的综合,来反映经济总波动变化规律性的综合指标。就用于景气监测的指标动态而言(一般以月为单位,与若干月份以前同类指标的对比),无非处于三种状态:上升、持平和下降。扩散指数的计算公式为

$$扩散指数(DI) = \frac{下降指数个数 \times 0 + 持平指数个数 \times 0.5 + 上升指数个数 \times 1.0}{指标总数}$$

(14-3)

依据扩散指数数列可以对经济景气状况进行分析。一般来说,扩散指数的波动可以分解为四个阶段。

① 当 $0 < DI < 50\%$ 时,上升指标数小于 50%,但是扩张因素在不断地生长,收缩因素在逐渐消失,经济景气在向扩张方向运动。这时,经济运行是处于不景气空间的后期即复苏阶段。

② 当 $50\% < DI < 100\%$ 时,经济情况发生了重大转折,上升指标数大于下降指标数,随着 DI 向 100% 的不断趋近,经济运行中的热度越来越高。这时,经济运行处于景气空间的前期即高涨阶段。

③ 当 $100\% > DI > 50\%$ 时,虽然上升指标数仍然大于下降的指标数,但是运行中有些变量已经达到了其极限,扩张率在不断下降。这时,经济运行处于景气空间的后期即收缩阶段。

④ 当 $50\% > DI > 0$ 时,经济运行中的力量对比又一次发生重大转折,上升指标数小于下降指标数,随着 DI 向 0 的不断趋近,经济正面临着全面收缩。这时,经济运行处于一个新的不景气空间的前期即萧条阶段。

根据前述指标的分类,相应地,扩散指数也有三种:领先扩散指数(LDI)、同步扩散指数(CDI)和滞后扩散指数($LgDI$)。由此,可以利用 CDI 来反映经济循环波动的景气与转折位置;通过 LDI 来预测这一波动的未来景气变化与转折点。根据上述分析结果,投资者可采取相应的投资策略。

三、产业导向分析

产业导向分析包括产业政策分析与优势产业分析两大部分。

产业政策是国家整个宏观经济政策体系的一个重要组成部分。它是国家根据一定时期国民经济发展的内在要求,通过各种直接、间接政策手段,调整产业结构,引导产业发展,调整产业组织形式,促使产业部门的均衡与发展,实现一定经济发展阶段战略目标的经济政策。产业政策一般包括产业结构政策、产业组织政策、产业技术政策和产业布局政策等,其中产业结构政策、产业组织政策为其基本内容。当产业政策向某一行业、某种产业组织倾斜时,国家通常会配合实施财政政策和货币政策手段,这时该行业或产业组织往往会获得财政投资、税收、信贷、进出口等方面优惠。这些政策措施会使该行业或产业组织的利润水平上升,投资收益率提高,从而该行业或产业组织的股票价格上扬;相反,如果国家要限制某行业的发展,就会动用相应的经济杠杆阻碍其发展。因此,该类行业公司的前景堪忧。正因如此,受国家政策鼓励发展的高新技术产业如微电子、生物技术、新材料等行业具有较高的成长性,成为各证券市场的热门板块。

优势产业分析,主要是通过统计指标来分析哪些产业在未来经济发展中具有较大的发展潜力,可能占有更大的份额。优势产业分析,一可帮助投资者在国家产业政策导向下具体选择投资的行业;二可帮助投资者扩大投资选择的产业领域,即在相同市场与政策环境下,优势产业的利润水平较高,投资收益率较高,相应地,其股价也较易上扬。用于优势产业判断的主要统计指标有以下三种。

1. 需求收入弹性

$$某产业社会需求的收入弹性(EY) = \frac{\frac{\Delta Q}{Q}}{\frac{\Delta Y}{Y}} \quad (14\text{-}4)$$

式(14-4)中:$\frac{\Delta Q}{Q}$——某产业需求的增长率;

$\frac{\Delta Y}{Y}$——国民生产总值的增长率。

这一指标反映某产业的社会需求量变化对国民生产总值变化的敏感性程度,也即单位国民生产总值的变化将引起该产业需求量的多大变化。当 $EY<1$ 时,表明该产业社会需求量的增长小于国民生产总值的增长,市场容量较小;当 $EY=1$ 时,表明该产业社会需求量与国民生产总值同步增长,也即与市场同步扩容;当 $EY>1$ 时,表明该产业社会需求量增长大于国民生产总值的增长,这种高收入弹性的产业具有较大的市场容量。一般来说,一个产业部门要发展,就必须以它的产品有市场需求为前提条件,需求收入弹性就是从需求方面来反映某产业的潜在市场容量。需求收入弹性高的产业部门的投资价值也较高。

2. 生产率上升率

$$生产率上升率 = \frac{报告期某产业生产率}{基期某产业生产率} \times 100\% - 100\% \tag{14-5}$$

这里的生产率是指综合生产率,即 $A = \frac{Y}{L^{\alpha} \cdot K^{\beta}}$。由于促进生产率上升的主要因素是技术进步,因此,也可以采用技术进步率指标来反映生产率的上升状况。

$$技术进步率 \left(\frac{\Delta A}{A}\right) = \frac{\Delta Y}{Y} - \alpha \cdot \frac{\Delta L}{L} - \beta \cdot \frac{\Delta K}{K} \tag{14-6}$$

式(14-6)中:A——技术进步因素;
Y——国民生产总值;
L——劳动力;
K——资金;
Δ——增量;
α、β 分别为劳动与资金的产出弹性,且 $\alpha + \beta = 1$。

一般来说,生产率上升较快的产业,技术进步的速度较快,其生产成本下降也较快,在竞争中占有较大的优势。因而,这类产业部门的投资价值较高。

3. 比较劳动生产率与比较资金产出率

$$比较劳动生产率(q_i) = \frac{\dfrac{Y_i}{\sum Y_i}}{\dfrac{L_i}{\sum L_i}} = \dfrac{\dfrac{Y_i}{L_i}}{\dfrac{\sum Y_i}{\sum L_i}} \tag{14-7}$$

$$比较资金产出率(k_i) = \frac{\dfrac{Y_i}{\sum Y_i}}{\dfrac{K_i}{\sum K_i}} = \dfrac{\dfrac{Y_i}{K_i}}{\dfrac{\sum Y_i}{\sum K_i}} \tag{14-8}$$

式(14-7)、式(14-8)中:Y_i——i 产业的国民生产总值;
L_i——i 产业的劳动力人数;
K_i——i 产业的生产资金。

如果说生产率上升率是从时期角度对不同产业的发展动态进行比较,那么比较劳动生产率与比较资金产出率则更直接地显示了不同产业的劳动生产率与资金产出率的差异。一般来说,比较劳动生产率和比较资金产出率高的产业在经济发展中要领先于其他产业,即该产业的投资价值相对较高。

四、通货膨胀分析

按照通常的定义,通货膨胀是指一般价格水平的持续上涨过程。其内含三方面的内容:①通货膨胀不是季节性的、暂时性的、偶然性的价格水平的上涨,只有当价格持续上升,趋势不可逆转时,方可称为通货膨胀;②通货膨胀不是指个别商品价格的上涨,而是指价格总水平(指所有商品价格的加权综合)的上涨;③通货膨胀不仅包含实物产品价格的上涨,而且还包含劳务产品价格的上涨。这一定义是以较为完善的市场经济体制为前提条件的,只有在这种体制下,通货膨胀才可以通过价格上涨充分地表现出来。通货膨胀对证券市场行情尤其是股票市场价格的影响较为复杂,以下将主要通过通货膨胀的作用机制与治理通货膨胀的政策来加以分析。

第一,通货膨胀影响证券市场行情尤其是股票市价涨跌的作用机制分析。在温和的通货膨胀的初始阶段,企业消化原材料等价格上涨因素的能力较强,同时又能利用人们的货币幻觉提高其产品价格,在一定程度上可能刺激生产与消费,增加企业盈利,促使股市行情的上扬;但与通货膨胀随之而来的生产费用不断提高,当企业无法通过产品涨价或内部消化加以弥补时,必然导致企业经营业绩的恶化,投资者因此会对股票投资失去信心,股市行情随之下滑。一旦投资者对通货膨胀的未来态势产生持久的不良预期时,股价暴跌也在所难免。

第二,治理通货膨胀的政策手段分析。经济发展的一般规律显示,经济增长与通货膨胀总体上呈同方向运行态势。因此,保持较高的经济增长速度和抑制通货膨胀成为经济运行中的一对主要矛盾。经济增长速度过快,通货膨胀压力加重;要抑制通货膨胀又不可避免地影响经济发展。一般来说,在经济发展过程中,若通货膨胀上升过快,国家为保持经济的健康发展和维护社会的稳定,往往出台的政策内容是收缩银根,手段包括削减固定资产投资,提高利率,控制货币供应等。这种资金供给与运行的紧缩导向,造成股市"失血"与"出血"的效应,导致股价行情的跌落。如果国家已出台的调控政策仍未减缓通货膨胀的压力,国家还会加大实施调控的力度,推出更为严厉的调控政策。因此,随着抑制通货膨胀的调控政策力度的不断加大,股市行情呈一波低于一波的下跌趋势;反之,当通货膨胀见顶回落之前,国家为促进经济发展又会推出以放松银根为主要内容的政策手段,这时正是股票的买入时机。

因此,对通货膨胀变动的正确预期成为投资者进行投资决策的又一基本依据。测定通货膨胀的主体指标是通货膨胀率。按照上述定义,通货膨胀率是指一定时期内价格指数的增长率,它可以反映通货膨胀的变动幅度与变化趋势。其计算公式为

$$通货膨胀率(\%) = \frac{报告期价格指数}{基期价格指数} \times 100\% - 100\% \qquad (14-9)$$

这种测定通货膨胀的方法简单明确,易于推行。目前世界上大多数国家和地区都采用这种测定方法。至于采用何种价格指数来测定则存在差别。

(1) 生产者价格指数,其反映不同时期商品流通过程初始阶段上的价格水平及其变化,因而对经济周期变动较为敏感。用生产者价格指数来测定通货膨胀率,便于对通货膨胀的早期诊断和预期警报,特别是对成本推动型的通货膨胀的测定效果更好。

(2) 消费者价格指数,其与生活费用价格指数相一致,反映了人们为日常生活而购买商品和劳务的价格水平及其变化。用消费者价格指数来测定通货膨胀的优点有:①反映了商品经

过流通各环节形成的最终价格,它的倒数是货币购买力指数,可以反映价格上涨后,居民拥有货币的贬值程度;②这一指数是国家用来制定和调整工资、福利等政策的主要依据之一;③资料现存,时效性较强。因此。世界上多半国家与地区采用这一指数来测定通货膨胀。

(3)国民生产总值价格指数是指不同时期价格计算的国民生产总值之比。在通货膨胀发生后,国民经济各部门所消耗的产品和劳务的价格会受到影响而波动,这些部门所生产、销售的产品和劳务的价格也会受到影响而产生波动。国民生产总值是总产出减去中间消耗之后的余额,因此,国民生产总值价格指数恰好可以综合反映投入和产出两方面价格变动对国民经济的影响,所以能够全面地反映通货膨胀程度。但是,编制这一指数计算方法较复杂,收集资料较困难,因而造成编制间隔期较长,时效性差,这对通货膨胀程度和动向的预警及早期诊断是不利的。

综上可见,不同类型的投资者可侧重于不同的价格指数,通过对通货膨胀的把握,来决定证券投资时机与策略的选择。如长期投资者可以侧重于生产者价格指数的分析判断,短期投资者可以侧重于消费者价格指数的变动分析。

第二节 行业分析和公司经营状况分析

上述宏观经济分析为投资者进行证券投资决策提供了外部环境条件,要帮助投资者解决如何投资问题,还须对投资对象加以抉择。事实上,公司的生存与发展受到其所属行业的竞争程度、生命周期阶段、景气周期影响等的制约。因此,行业分析构成证券投资基本分析的主要内容之一。

一、行业分析

(一)行业分类

行业分类是指对构成国民经济的各类不同性质的生产经营活动,按一定的标准进行分解和组合,划分成不同层次的产业部门。行业分类是研究国民经济结构的前提,是进行国民经济统计分析的基础。产业分类统计提供的有关劳动就业、生产经营成果、收入分配、投资、消费等各方面的数据,是研究产业经济活动,产业部门之间的相互关联,相互制约关系,实施国民经济宏观调控与决策的重要依据。同样,也是证券投资决策的主要依据之一。

目前,我国政府统计部门将国民经济分为19个门类,包括:①农林牧渔业;②采掘业;③制造业;④电力、煤气及水的生产和供应业;⑤建筑业;⑥交通运输业、仓储及邮电通信业;⑦信息传输、计算机服务和软件业;⑧批发和零售业;⑨住宿和餐饮业;⑩金融业;⑪房地产业;⑫租赁和商务服务业;⑬科学研究技术服务业和地质勘查业;⑭水利、环境和公共设施;⑮居民服务和其他服务业;⑯教育;⑰卫生、社会保障和社会福利业;⑱文化、体育和娱乐业;⑲公共管理和社会组织。

证券业为反映证券市场的活动变化,也将上市公司划分为不同行业,分别计算其股价指数、成交额、平均市盈率等有关指标,供投资者参考。如美国道琼斯股价平均数将样本股票分为交通运输业、工业和公用事业三类;美国标准普尔股价指数将样本股票分为工商业、运输业、公用事业和金融业四类;我国香港恒生指数将样本股票分为金融业、公用事业、地产业和其他工商业四类;我国上证综合指数也将全部股票分为工业、商业、公用事业与地产业四类等。

(二) 行业的特征分析

1. 行业的竞争程度分析

根据国民经济各行业中的企业收益、产品属性、价格决定机制等因素,可将国民经济各行业分为完全竞争、不完全竞争、寡头垄断及完全垄断四种类型。

(1) 完全竞争。完全竞争行业的特点是企业数量很多,各企业生产的产品具有同一性特征,进入该行业的门槛较低,即对劳动力、资金、设备、技术等要素的要求标准较低。因而,该行业的产品价格、企业利润主要取决于市场供求关系。这一特征也决定了这类行业经营业绩波动较大,股票价格受此影响波动也较大,投资风险相应提高。

(2) 不完全竞争。不完全竞争行业的特点是企业数量仍然很多,虽然各企业生产的产品仍具同一性特征,但在质量、服务、特性以及由此而产生的品牌上存在一定程度的差异。因而,该行业各企业的产品价格在市场平均价格的基础上也存在一定程度的差异,企业利润也因此受到产品品牌、质量、服务、特性等因素的相应影响。这一特征也决定了这类行业企业的分化较大。那些生产规模大、质量好、服务优、品牌知名度高的企业在同行业中具有较强的竞争能力,受此影响,其经营业绩一般较好且相对稳定,投资风险相对较小。

(3) 寡头垄断。寡头垄断行业的特点是企业数量很少,各企业生产的产品仍具同一性且相互替代性强,进入该行业的门槛较高。一般为资金密集型或技术密集型,往往由于资金、技术等因素限制了新企业的进入。因而,个别企业对其产品价格有较强的控制力。

(4) 完全垄断。完全垄断行业的特点是该行业为独家企业生产经营,产品价格与市场也为独家企业所控制。这类行业主要是公用事业,如电力、煤气、自来水公司等,其产品为社会生产、人民生活不可缺少,但又高度垄断。政府为稳定社会生产与人民生活,通常对其价格的确定及变动有较为严格的控制。

事实上,极大部分行业具有不完全竞争与寡头垄断的特征。一般来说,竞争程度越高的行业,其产品价格与企业利润受到市场供求状况的影响越大,因而,投资风险较大;垄断程度越高的行业,其产品价格与企业利润受到企业自身、政府控制的程度越高,因而,投资风险较小。

上述分析表明行业的竞争程度决定了证券投资的风险大小。投资者为回避风险,投资对象选择宜向竞争程度相对较低的行业即集中化程度高的行业倾斜。行业集中化通常包括两个相互联系的含义:一是指骨干企业规模的扩大即行业的绝对集中;二是指骨干企业在整个行业规模中的比重增大,即行业的相对集中。与此相应,衡量行业集中化的指标也可分成以下两类:

(1) 行业绝对集中的衡量指标。它既要考虑行业内企业个数的多少,又要考虑行业内企业的大小分布。设某行业有 n 个企业,各企业产量为 X_i,行业总产量为 $\sum X_i$,第 i 个企业的市场占有份额为 S_i,即 $X_i / \sum X_i$,则有以下主要的绝对集中衡量指标。

① 企业数的倒数即用 $1/n$ 来衡量集中水平。显然,这一指标考虑了企业数的多少,而没有考虑企业的相对大小。

② 集中比是指某行业最大的 r 个企业所占市场份额,即:

$$C_r = \frac{\sum_{i=1}^{r} X_i}{\sum_{i=1}^{n} X_i} = \sum_{i=1}^{r} S_i \tag{14-10}$$

式(14-10)中：r 为根据经验确定，通常取 3—5。

这一指标具有经济含义明确、资料容易取得、计算简便的优点。但当行业内 $(n-r)$ 个企业间发生兼并，尽管整个行业的集中水平提高了，但 C_r 却反映不出。

(2) 行业相对集中的衡量指标。它可表明行业内全部企业的规模分布状况，还可用来表明大企业的规模在整个行业规模中比重增大状况。

洛伦茨曲线，可用来表明行业的相对集中程度。

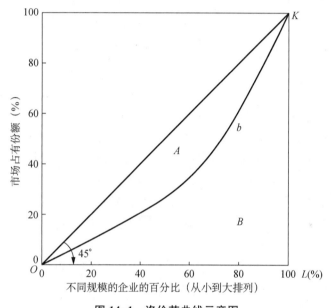

图 14-1　洛伦茨曲线示意图

图 14-1 的内涵包括：①联结两对角的直线(45°线)是市场占有份额的绝对平等曲线(a)；②OLK 是分布的绝对不平等曲线；③介于上述两者之间的实际分布曲线(b)，即洛伦茨曲线，表示占有企业总数一定百分比的企业拥有的市场占有份额。显然，实际分布曲线(b)越远离 45°线，说明行业集中化程度越高。由洛伦茨曲线可引出基尼系数，其计算公式为

$$基尼系数 = \frac{45°线与洛伦茨曲线围成的图形面积}{下直角三角形面积} = \frac{A}{A+B} \tag{14-11}$$

基尼系数介于 0—1 之间，且数值越接近 1，表明行业集中化程度越高。

通过上述衡量行业集中化的指标，投资者可以分析研究各行业的竞争程度，以利投资对象选择的决策。

2. 行业的生命周期分析

国民经济行业分类是从门类、大类、中类到小类逐级的分类，其中劳动成果即产品效用

的相似性是划分小类的主要依据之一。因此,可将产品生命周期理解为行业(小类甚至是细小类)的生命周期。所谓产品生命周期是指产品从研发开始到被市场淘汰为止的整个过程。产品生命周期一般可分为四个阶段:开拓期、成长期、成熟期与衰退期。产品生命周期可用生命周期曲线来描述与反映,如图14-2所示。

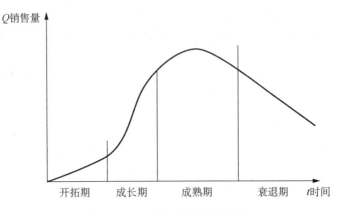

图14-2 产品生命周期示意图

图14-2中生命周期曲线表明了不同时期(或不同阶段)的产品销售量的变化。从严格意义上讲,产品生命周期一般是指小类产品的生命周期,而不应是大类产品的生命周期,因为就大类产品而言,目前无法预见到其周期变化,甚至可能在很长的历史阶段中延伸,例如,汽车、钢材、石油等。产品销售量一般是指一国范围内产品销售量即社会需求量,而不应是某一企业的产品销售量,因为就单一企业而言,其产品销售量的变动受到更多的来自产品生命周期以外因素的作用影响。例如,某企业产品质量低劣而导致其销售量下降,或某企业产品售后服务体系完善而促使其销售量上升。

(1) 开拓期。这一时期一般是指产品的研究、开发、试制与投产试销的阶段。其主要特征是:产品尚未定型,尚未被消费者所认可;试制费用与推销费用大;生产批量小,产品成本高;产品销售量增长缓慢。

(2) 成长期。这一时期是指产品试销成功,初步占领市场,并扩大市场大力增加销售的阶段。其主要特征是:产品为消费者所接受,设计与工艺基本定型;大批量生产,产品成本下降,盈利水平较高;其他企业开始进入该行业,产品销售量快速增长,但产品价格开始有所下降。

(3) 成熟期。这一时期是指企业间竞争激烈,产品市场逐步趋于饱和阶段。其主要特征是:企业间同类产品竞争激烈,产品性能有所提高与改进;少数大企业的垄断性加强;产品价格仍有所下降,但企业盈利水平开始滑坡;市场需求渐趋饱和,产品销售量基本持平。

(4) 衰退期。这一时期是指产品开始老化,逐步丧失竞争能力,出现更新换代的阶段。其主要特征是:市场需求减少,产品销售量大幅度下降;新的替代产品出现,并逐步占有原产品的市场。

产品生命周期不同阶段的特征显示其不同风险水平与盈利水平,有利于把握产品未来的发展趋势。产品生命周期分析对投资者而言,关键在于帮助投资者选择合适的投资对象。因而,分析判断产品生命周期阶段及转折点是至关重要的。其分析判断的主要方法有:

(1) 增长速度分析法,即以产品销售量增减快慢的变化趋势来判断该产品生命周期在何阶段。一般而言,通过时间序列长期趋势的分析观察,某行业产品销售量连续直线上升,属于成长期;销售量相对稳定或增长趋于疲软,属于成熟期;销售量连续下降,属于衰退期。

(2) 用户占有率判断法,即以用户占有比率的大小来分析判断耐用消费品生命周期在何阶段。例如,各种家用电器生命周期阶段划分大致如表 14-1 所示。

表 14-1 消费品生命周期表

阶段	开拓期	快速成长期	慢速成长期	成熟期	衰退期
年数(年)	1—5	1—5	1—3	1—3	1—5
用户占有率(%)	0—5	5—50	50—75	75—90	90 以上

资料来源:《中国统计》,1994 年第 10 期。

需要指出的是,该方法主要是针对耐用消费品而且是某一耐用消费品的一大品种而言,例如,电视机中的模拟技术彩电。同时,现代科技发展迅速,生产对市场的反应更为敏捷,相应地,产品(尤其是高新技术产品)生命周期大大缩短,周期中各阶段划分以时间为单位是难以界定的。相比之下,采用用户占有率较为可行。

(3) 平均增长率对比法,即根据某行业的平均增长率与国民经济的平均增长率的关系,来判断某行业生命周期阶段的一种方法。如取一分析时期(假设为 10 年),将其分为前后两段,分别计算两段的某行业年平均增长率($y_{i前}$ 和 $y_{i后}$)与所有行业即国民经济年平均增长率($\bar{y}_{前}$ 与 $\bar{y}_{后}$)。将某行业年平均增长率与国民经济年平均增长率比较,可判断某行业产品生命周期的阶段类型,如图 14-3 所示。

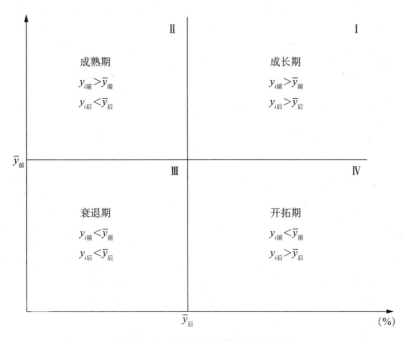

图 14-3 平均增长率比较法示意图

3. 行业和经济景气分析

每一个行业都不同程度地受到经济景气变动的影响。但是，并不是所有的行业都与经济景气变动密切相关。一般来说，生产资料的生产、耐用消费品的生产、奢侈性消费品的生产受经济景气变动的影响较大，相应地，这类行业的股票称之为周期性股；一般生活必需品的生产、必要的公共服务的提供则与经济景气变动的关联较小，社会公众对其产品的需求相对稳定，这类行业的上市公司盈利水平也相对稳定，由于这类行业上市公司经营业绩不会因经济景气变化而出现大幅度变动，因而被称为防守性股。

受经济景气变动影响大的行业，相应地会形成行业的景气循环。当经济繁荣时，行业表现为景气；反之，则为不景气。同时，行业自身有一定的景气变动规律，这是由影响行业景气变动的各种因素所决定的。行业景气循环处于不同的阶段，行业内上市公司的股票价格会受到相应的影响。当行业景气时，股价上升；反之，则下降。

分析经济景气与行业关系，有助于投资者进行证券投资时机与投资对象的选择：其一，可根据经济景气的变化，选择投资与退出的时机。其二，可根据经济景气的变化，选择不同的投资对象。即景气上升阶段，选择周期性股；景气下降阶段，选择防守性股。其三，可根据某行业景气循环与总体经济景气循环的关系即领先、同步与滞后的特征，在经济景气循环的不同阶段选择不同行业的周期性股。例如，经济步入低谷之后，最先复苏的行业通常为建筑业、房地产业，紧接着往往是商业、轻工业；经济进入高涨之后，随着宏观经济调控措施的出台，首先出现呆滞的也往往是建筑业、房地产业。

二、公司经营状况分析

公司分析是证券投资基本分析最关键的一环。毫无疑问，证券投资能否获得与其承担的风险相应的收益，主要取决于证券发行者的经营状况，包括其收益状况、风险状况、发展前景等，而上述每一状况又受到多种因素的影响。显然，投资者对发行证券的公司了解得透彻，分析得全面，就能避免投资的盲目性。公司分析主要包括经营状况分析与财务分析评价两大方面。公司经营状况分析主要有以下内容。

（一）公司的历史沿革

公司历史沿革的分析，就是将上市公司与外部环境联系起来，调查公司的历史，把握其发展特征和发展基础等，以此作为预测公司未来的参考。虽然公司的历史不能完全代表公司的未来，但通过对公司历史的了解分析，可以帮助投资者理顺公司发展的来龙去脉，更重要的是通过公司历史上发生的一系列重大事项，可以帮助投资者了解公司管理层的应对态度与应变能力以及最终结果。了解分析公司的历史，应与当时的外部环境相联系，一方面是因为公司发展与外部经济、政治、市场环境具有高度的相关性；另一方面在于了解公司管理层洞察、判断经济形势，把握获利机会的能力，了解公司发展战略的前瞻性及调整的及时性。如果公司具有较高概率把握发展机遇，至少说明该公司具有较高投资价值。

（二）公司的经营观念

公司的经营观念是整个公司经营活动的指导思想，贯穿于公司经营活动的全过程，涉及经营内容的各个方面。分析公司的经营观念，有利于把握公司的发展趋势。一般来说，适应现代市场经济发展要求的公司应具有以下经营观念：

(1) 开放观念。市场经济是一种开放经济，上市公司作为开放性组织，从开放的范围看，不仅要向国内市场开放，也要向国际市场开放；从开放的内容看，不仅生产经营要社会化、国际化，而且资本经营也要社会化、国际化，真正成为我国企业参与国际市场竞争的排头兵和领头羊。

(2) 开拓观念。国内国际市场是在变动之中，上市公司必须具备开拓观念才能适应外部环境的变化，保持公司的健康发展。具体来说，开拓观念就是不断发现与拓展新市场、新领域；善于和敢于采用新的经营方式、经营手段；开发和应用新技术、新工艺，研制和生产新产品、新品种等等。

(3) 竞争观念。市场经济就是竞争经济，公司的经营活动过程实际上就是市场竞争的过程。上市公司要在市场竞争中求得生存与发展，必须要具备强烈的竞争意识。具体地说，竞争意识就是要注重市场竞争的主动性、竞争手段的新颖性、竞争成本的低廉性、竞争结果的有利性等等。

(4) 人才观念。市场竞争实质上是人才的竞争。人才的素质是决定公司经营活动效率的根本因素。人才观念应当体现在发现人才、培养人才、引进人才、使用人才，为人才发挥作用创造良好的环境等。

(三) 公司的经营形态

公司的经营形态也是分析衡量其经营状况的一个重要方面。公司经营形态的分析，同样有利于把握公司的发展趋势。

(1) 集团化。上市公司是单体企业还是企业集团的核心企业对其发展是有不同影响的。一般而言，上市公司为规范化的企业集团的核心企业，往往具有协调发展中心、科技开发中心、投融资中心等的功能，这对上市公司今后的发展是极为有利的。

(2) 关联型。上市公司不论采取任何企业组织形式，一般都实施了多元化经营战略，但多元化经营战略的不同类型对上市公司发展是有不同影响的。多元化经营按其技术或市场之间的关联及关联方式可分为以下三种类型：一是技术关联型，即新旧活动在技术上是相互关联的。二是市场销售关联型，包括在不同市场上推销原有产品，在已有市场上推销技术关联产品，又称市场-技术关联型；利用客户关系进行销售；利用已有的商标、声誉和销售网络进行新的销售。三是非关联型，即各种经营活动在技术和市场上没有直接的联系。研究表明，实行多元化经营的企业或企业集团中，采用市场-技术关联型的收益率最高，而采用非关联型的收益率最低。

(3) 系列化。上市公司以主营业务或主导产品为核心，在产品、业务纵向延伸的同时，不断推出新品种、新规格、新花色，形成主导产品系列，以满足不同层次的消费需求，这对于公司扩大生产销售，增加市场占有份额，提高收益是极为有利的。

(4) 部门化。上市公司通过挖掘现有资源的潜力，调整内部组织结构的方法来提高组织效率。部门化的核心是成立各种事业部，将其作为一个利润中心，并赋予各事业部负责人以经营该事业部门的权限与责任。

(四) 公司的成长特征

在发展中国家或新兴的股票市场中，公司是否具有良好的成长性是关系到公司在本地区、本行业地位和作用的关键因素,也是分析公司发展前景的重要标志。测试公司成长性的主要指标有总资产增长率、股东权益增长率、销售收入增长率、主营利润增长率、税后利润增长率等。在各增长率指标的基础上还应进一步分析公司成长的特征,主要包括公司处于产品生命周期的阶段性质,增长成因是必然性为主还是偶然性为主,内涵性为主还是外延性为主;竞争手段是传统性为主还是新颖性为主,政策性因素为主还是市场性因素为主等,以正确把握上市公司的发展前景。

总之,投资者应选择具有洞察能力与应变能力、现代经营观念与科学经营形态、竞争实力强、成长性好的公司作为投资对象。

第三节 企业财务分析评价

企业财务分析评价对象是上市公司定期公布的财务报表。财务报表是对企业资金运行与财务状况的定量描述,是企业整体经营状况的"晴雨表"。企业财务分析评价是以企业的财务报告及相关资料为基础,采用专门的方法,对企业的财务状况和经营成果进行分析与评价,并对企业未来发展前景进行预测,从而为投资者进行投资决策提供依据。

一、财务分析评价概述

1. 财务分析评价的目的

财务分析评价的目的受企业相关利益者所关心的侧重点不同的制约。

企业股权投资者作为企业最终财产的所有者,必然关心企业的资本保值与增值情况,关心企业的当前利益、未来收益及其稳定增长的情况,相对同类企业的收益优势。他们是以内涵获利能力与成长能力的企业价值最大化为其财务分析评价的首要目的。

企业债权人包括企业债券投资者和为企业提供贷款的金融机构,主要考虑的是其债权投资的安全性,最为关注的是企业在债务期满内获取现金及偿还债务的能力。因此,分析评估企业短期及长期偿债能力是其财务分析评价的首要目的。

政府部门。企业的经营状况事关国民经济运行的通畅,影响社会生活的方方面面。政府作为社会经济活动的管理者要通过财务分析评价,了解与掌握企业的纳税情况,遵守法规法纪情况,以及员工的收入与就业的稳定发展状况。

此外,企业的供应商主要关心企业资产的流动性,通过流动性分析来了解与判断企业偿付货款的能力;企业的员工主要关心企业的当前盈利与未来发展状况,判断企业盈利以及发展状况与其收入、保险、福利水平的适应程度及其变化,等等。可见,不同利益相关者进行财务分析评价的目的各不相同。归纳而言,财务分析评价目的主要有以下方面:

① 评价企业的营运能力;
② 评价企业的偿债能力;
③ 评价企业的获利能力;
④ 评价企业的成长能力。

2. 财务分析评价的基础

财务分析评价主要是以企业财务报表为基础。财务报表是企业向投资者、债权人、政府部门等企业相关利益者提供的,反映企业在一定时期内的财务状况与经营成果的报告文件,主要包括资产负债表、损益表、现金流量表等。

(1)资产负债表。资产负债表是反映企业某一特定时点的财务状况的报表。它是根据"资产一负债=所有者权益"的会计基本平衡公式,按照一定的分类标准和一定的顺序,将企业在一定日期的资产、负债、所有者权益各项目予以适当排列编制而成。

从资产负债表的结构来看,它主要包括资产、负债、所有者权益三大类项目。表的左方反映企业的资产状况。资产是企业拥有或控制的,能以货币计量,能够给企业带来未来经济利益的经济资源,包括企业的各种财产、债权和其他权利。资产按其流动性从大到小分项列出,依次为流动资产、长期投资、固定资产、无形资产和其他资产等。表的右方反映企业的负债和所有者权益。负债是企业所承担的,能以货币计量,在未来将以企业的资产或劳务偿付的经济义务。所有者权益是企业投资者对企业净资产的要求权,在数量上等于资产扣除负债后的余额,包括企业所有者对企业的投资以及企业通过生产经营所增加的权益。负债和所有者权益说明了企业资金的来源情况。通过企业资产负债表的分析,可以了解企业的偿债能力、资产管理水平、资产的流动性、资本结构等方面的信息。资产负债表的基本结构见表14-2所示。

表14-2 资产负债表

编制单位:　　　　　　　　　　　___年___月___日　　　　　　　　　　　单位:元

资　产	行次	年初数	年末数	负债和所有者权益（或股东权益）	行次	年初数	年末数
流动资产:				流动负债:			
货币资金	1			短期借款	68		
短期投资	2			应付票据	69		
应收票据	3			应付账款	70		
应收股利	4			预收账款	71		
应收利息	5			应付工资	72		
应收账款	6			应付福利费	73		
其他应收款	7			应付股利	74		
预付账款	8			应交税金	75		
应收补贴款	9			其他应交款	80		
存货	10			其他应付款	81		
待摊费用	11			预提费用	82		
一年内到期的长期债权投资	21			预计负债	83		
其他流动资产	24			一年内到期的长期负债	86		
流动资产合计	31			其他流动负债	90		
长期投资:							
长期股权投资	32			流动负债合计	100		
长期债权投资	34			长期负债:			

(续表)

资　产	行次	年初数	年末数	负债和所有者权益（或股东权益）	行次	年初数	年末数
长期投资合计	38			长期借款	101		
固定资产：				应付债券	102		
固定资产原价	39			长期应付款	103		
减：累计折旧	40			专项应付款	106		
固定资产净值	41			其他长期负债	108		
减：固定资产减值准备	42			长期负债合计	110		
固定资产净额	43			递延税项：			
工程物资	44			递延税款贷项	111		
在建工程	45			负债合计	114		
固定资产清理	46						
固定资产合计	50			所有者权益（或股东权益）			
无形资产及其他资产：				实收资本（或股本）	115		
无形资产	51			减：已归还投资	116		
长期待摊费用	52			实收资本（或股本）净额	117		
其他长期资产	53			资本公积	118		
无形资产及其他资产合计	60			盈余公积	119		
				其中：法定公益金	120		
递延税项：				未分配利润	121		
递延税款借项	61			所有者权益（或股东权益）合计	122		
资产总计	67			负债和所有者权益（或股东权益）总计	135		

（2）利润表。利润表是反映企业在一定期间经营成果的财务报表。它是以"收入－费用＝利润"这一会计等式为依据编制而成的。

从利润表的结构来看，企业利润计算过程可分为以下四步：

① 反映企业主营业务利润的构成情况。

　　主营业务利润＝主营业务收入－主营业务成本－主营业务税金及附加

② 反映企业营业利润的构成情况。

　　营业利润＝主营业务利润＋其他业务利润－营业费用－管理费用－财务费用

③ 反映企业利润总额的构成情况。

　　利润总额＝营业利润＋投资收益＋补贴收入＋营业外收入－营业外支出

④ 反映企业的净利润。

　　净利润＝利润总额－所得税

利润的分步计算，能够反映收入与费用支出配比的层次性，揭示利润的构成情况，既有利于评价企业经营管理的效率，也有利于不同企业之间的比较。利润表的基本结构见表14-3所示。

表 14-3 利润表

编制单位：　　　　　　　　　　　___年___月　　　　　　　　　　　　　　　单位:元

项　目	行次	本月数	本年累计数
一、主营业务收入	1		
减：主营业务成本	4		
主营业务税金及附加	5		
二、主营业务利润（亏损以"－"号填列）	10		
加：其他业务利润（亏损以"－"号填列）	11		
减：营业费用	14		
管理费用	15		
财务费用	16		
三、营业利润（亏损以"－"号填列）	18		
加：投资收益（亏损以"－"号填列）	19		
补贴收入	22		
营业外收入	23		
减：营业外支出	25		
四、利润总额（亏损以"－"号填列）	27		
减：所得税	28		
五、净利润（亏损以"－"号填列）	30		

（3）现金流量表。现金流量表是以收付实现制为原则，以现金及现金等价物为基础，综合反映企业在一定期间内财务状况变动的报表。

现金流量表通常按照企业经营业务发生的性质将现金流量归纳为：经营活动产生的现金流量、投资活动产生的现金流量和筹资活动产生的现金流量。它为报表使用者提供了企业在一定会计期间内的现金及现金等价物流入和流出的信息，有利于报表使用者了解与评价企业获取现金及现金等价物的能力，并可据此预测企业未来的现金流量。现金流量表的基本结构见表14-4所示。

表 14-4 现金流量表

编制单位：　　　　　　　　　　　___年度　　　　　　　　　　　　　　　　　单位:元

项　目	行次	金额
一、经营活动产生的现金流量：		
销售商品、提供劳务收到的现金	1	
收到的税费返还	3	

(续表)

项　　目	行次	金额
收到的其他与经营活动有关的现金	8	
现金流入小计	9	
购买商品、接受劳务支付的现金	10	
支付给职工以及为职工支付的现金	12	
支付的各项税费	13	
支付的其他与经营活动有关的现金	18	
现金流出小计	20	
经营活动产生的现金流量净额	21	
二、投资活动产生的现金流量：		
收回投资所收到的现金	22	
取得投资收益所收到的现金	23	
处置固定资产、无形资产和其他长期资产所收回的现金净额	25	
收到的其他与投资活动有关的现金	28	
现金流入小计	29	
购进固定资产、无形资产和其他长期资产所支付的现金	30	
投资所支付的现金	31	
支付的其他与投资活动有关的现金	35	
现金流出小计	36	
投资活动产生的现金流量净额	37	
三、筹资活动产生的现金流量：		
吸收投资所收到的现金	38	
借款所收到的现金	40	
收到的其他与筹资活动有关的现金	43	
现金流入小计	44	
偿还债务所支付的现金	45	
分配股利、利润或偿付利息所支付的现金	46	
支付的其他与筹资活动有关的现金	52	
现金流出小计	53	
筹资活动产生的现金流量净额	54	
四、汇率变动对现金的影响	55	
五、现金及现金等价物净增加额	56	

3. 财务分析评价的指标

财务分析评价中的指标是指评价指标体系。财务分析评价是对企业财务状况现象整体的定量描述,这种定量描述只有在科学地概括企业财务的多方面特征条件下,才能取得满意结果。而企业财务的多方面特征要予以确定的定量描述,就必须借助于指标体系。

财务分析评价指标体系必须与财务分析评价目的存在内在的有机联系,是分析评价目的的具体化和数量化。因而,建立评价指标体系,应依据评价目的确定总目标及各层次的子目标,才能确定用什么指标给予确切的反映与描述。根据上文财务分析评价目的的阐述,财务分析评价指标体系与总目标及各层次目标的关系,可如图 14-4 所示。

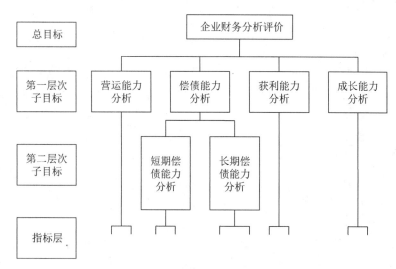

图 14-4　财务分析目标层分解示意图

(1) 营运能力的分析评价指标。企业的各项生产经营活动都离不开资产的运用,对企业营运状况的分析,实质上就是对各项资产的周转使用以及结构比例进行分析。常用的营运能力的分析评价指标主要包括:

① 存货周转率:存货周转次数或存货周转天数;
② 应收账款周转率:应收账款周转次数或应收账款周转天数;
③ 流动资产周转率;
④ 固定资产周转率;
⑤ 总资产周转率。

(2) 偿债能力的分析评价指标。企业偿债能力是指企业偿还各种到期债务的能力,其又有短期偿债能力与长期偿债能力之分。

① 短期偿债能力的分析评价指标:
a. 流动比率;
b. 速动比率;
c. 现金比率。
② 长期偿债能力的分析评价指标:
a. 资产负债率;
b. 负债与所有者权益比率;

c. 有形净值债务率；

d. 已获利息倍数。

(3) 获利能力的分析评价指标。获取利润是企业经营的最终目标，也是企业生存与发展的基础。分析评价企业获利能力的财务指标主要包括：

① 资产报酬率；

② 所有者权益报酬率即净资产利润率；

③ 销售毛利率；

④ 销售净利率；

⑤ 成本费用利润率；

⑥ 每股利润；

⑦ 股利报酬率。

(4) 成长能力的分析评价指标。企业是否具有良好的成长能力是关系到企业在本地区、本行业地位与作用的关键因素，也是分析企业发展前景的重要标志。企业成长能力的分析评价指标主要包括：

① 总资产增长率；

② 所有者权益增长率；

③ 销售收入增长率；

④ 主营业务利润增长率；

⑤ 净利润增长率。

4. 财务分析评价的基准

财务分析评价必须选择合适的评价基准。所谓评价基准就是用以比较和衡量各项评价指标的基准指标。评价基准主要有两方面的重要作用：一是作为衡量各项评价指标优劣的标准；二是利用评价基准可将各项指标进行无量纲化的处理，转化为可以综合分析的评价值。企业财务分析评价可采用的基准主要有以下几种：

(1) 预算基准。预算基准是以预算指标作为评价财务实际状况的尺度，也就是将某项评价指标实际达到的水平同预算指标进行比较。预算基准的优点在于制定预算时已经综合考虑到各方面的影响因素，基准比较切合被评价对象的实际情况。因而，这种比较能够反映评价指标的预算完成情况，并在一定程度上反映企业财务的管理水平。但是，预算指标的制定难免不受主观因素的影响，预算指标因空间不同而存在差异，且随着时间的推延而经常需要修正。

(2) 历史基准。历史基准是以历史水平作为评价财务实际情况的尺度，也就是将某项评价指标报告期水平同相应的历史水平进行比较。历史基准一般有以下几种：

① 以上年同期水平为评价基准；

② 以某一特定年份同期水平为评价基准；

③ 以历史最好水平为评价基准。

这种纵向比较能够反映某项评价指标报告期水平相比基期的变动方向、幅度以及变动趋势，为进一步总结经验、发现问题、解决矛盾提供依据；但在与历史基准进行比对时，要注意剔除因物价变动、会计核算方法变更、会计政策变更等带来的不可比因素，以合理判断企业财务状况与经营成果。

（3）社会基准。社会基准是将企业财务实际状况置于广泛的社会范围中分析比较而设立的评价与衡量标准。社会基准一般又可分为行业基准、地区基准、国内基准和国际基准，也就是将某项评价指标的实际水平与本行业、本地区、本国以及国际同类指标的一般水平或先进水平进行比较。

这种横向比较易于观察与反映某项评价指标与社会一般水平或先进水平的差距；由于各企业的评价基准统一，因而具有较强的横向可比性。同时，如将各个时期这种横向比较的结果编制成动态数列，也可在一定程度上进行动态对比即纵向比较。但在运用社会基准时，也应注意指标之间的可比性问题。

除此之外，企业财务分析评价中还存在着经验基准。经验基准是指在长期的企业财务管理实践中，通过对大量实践经验的检验、总结得出的具有普遍意义的基准，如流动比率应不低于2，速动比率应不低于1等。

5. 财务分析评价的权数

在企业财务综合分析评价中，反映企业财务某一侧面的评价指标对整体财务状况存在着不同的影响，因而必须确定分析评价指标的权数。所谓权数是指以某种数量形式表示被评价总体中诸因素或各个组成部分相对重要程度的量值。

根据财务分析评价目标层的分解思路，采用多级权数为宜。所谓多级权数是指分层次确定其权数，即首先确定第一层次子目标在总目标中的权数；然后确定第二层次子目标在其所属的第一层次子目标中的权数；以此类推，最后确定每个指标在其所属的最基层的子目标中的权数。在企业财务综合分析评价中，首先应确定构成企业财务分析评价目标的四个部分——营运能力、偿债能力、获利能力和成长能力的权数（假设为20、30、35、15，合计为100）；然后对偿债能力的两个方面——短期偿债能力与长期偿债能力确定权数（假设为40、60，合计为100）；最后对短期偿债能力的有关指标——流动比率、速动比率与现金比率确定权数（假设为40、35、25，合计为100）。

确定企业财务综合分析评价的权数，既要考虑其科学性，又要考虑其可操作性。一般有以下方法可供选择：

（1）经验判断法。经验判断法是根据实际经验进行判断的一种方法。首先是由企业组织和邀请各方面对被研究对象有丰富经验的专家，请他们根据所掌握的资料发表意见，作出判断与估计，然后把各种意见汇总起来，进行分析研究和综合处理，选择确定较为合适的综合分析评价的权数。这种方法确定权数的精度取决于专家的业务熟悉程度、综合分析能力和讨论时的民主气氛，但容易屈服于领导、权威与多数人的意见。

（2）德尔菲法。德尔菲法又称为专家意见法，它是美国兰德公司在20世纪40年代创立的由专家根据实际经验进行判断的又一方法。与上述经验判断法不同之处在于：这种方法以预先选定的专家为征询意见的对象，企业以匿名的方式分别函询征求专家的意见，将收集到的专家意见汇总整理，再作为参考资料发给每个专家，供他们再次分析、判断，提出新的论证意见。如此多次反复，专家的意见逐步趋于一致，提供较为合适的综合分析评价的权数。

（3）指标两两比较法。指标两两比较法，是由专家将 m 个同一层次的各评价指标对目标层的重要程度大小的定性排序,并作出逐对指标比较后重要性的比值系数,经综合计算得出各指标权重系数的一种权数确定方法。

为论述方便,现以某专家组对反映企业财务状况的五个评价指标权数的确定为例,说明两两比较法的操作程序。

① 专家 A 根据五个评价指标对总目标的重要程度,排序如下:

$$指标 B > 指标 C > 指标 A > 指标 E > 指标 D$$

② 专家 A 对两两比较的指标作出相对重要程度的比值判断,如:

指标 B:指标 C=1.5
指标 C:指标 A=1.2
指标 A:指标 E=2
指标 E:指标 D=1.6
指标 D:指标 D=1

③ 对专家 A 的比值判断做归一化数学处理,得出专家 A 对各项评价指标的权重系数。归一化数学处理如表 14-5 所示:

表 14-5 归一化数学处理表

相比较的指标	专家 A 判定的重要性比重(G)	未归一化权重系数 (T_i)	归一化系数 $\left(W_i = \dfrac{T_i}{\sum T_i}\right)$
B:C	1.5	1×1.6×2×1.2×1.5=5.76	0.374 0
C:A	1.2	1×1.6×2×1.2=3.84	0.249 4
A:E	2	1×1.6×2=3.2	0.207 8
E:D	1.6	1×1.6=1.6	0.103 9
D:D	1	1×1=1	0.064 9
合计		15.4	1.000 0

④ 分指标采用简单平均的方法求出各专家的平均值,即得出各指标权重系数的平均数。

⑤ 进行方差检验。如果各专家评价的权重系数离差过大,说明意见不一致,需经过几轮反复(类似德尔菲法的多次判断),直到专家意见相对一致。

(4) 层次分析法(AHP 法)。层次分析法是美国匹兹堡大学 T. L. Saaby 教授在 20 世纪 70 年代初提出的一种多目标决策分析方法。这一方法的核心是对决策行为、决策方案以及决策对象进行评价与选择,并对其进行优劣排序,从而为决策者提供定量形式的决策信息。

运用层次分析法进行评价指标权数的确定,实际上是通过建立有序递阶的指标系统,运用主观的两两指标比较对系统中各评价指标予以评判,并对这种比较综合评判的结果进行数学处理,通过一致性检验,最后获取各评价指标重要性大小的排序系数,即评价指标的权重系数。层次分析法确定权数的步骤如下:

① 构造判断矩阵。运用层次分析法确定各评价指标的权数,首先是构造判断矩阵 B,表示同一层次各个指标的相对重要性的判断值。矩阵 B 中各元素 b_{ij} 表示横行指标 C_i 对各列指标 C_j 的相对重要程度的两两比较值。如表 14-6 所示:

表 14-6 判断矩阵表

指标	C_1	C_2	…	C_n
C_1	b_{11}	b_{12}	…	b_{1n}
C_2	b_{21}	b_{22}	…	b_{2n}
…	…	…	…	…
C_n	b_{n1}	b_{n2}	…	b_{nn}

考虑到专家对若干项评价指标直接确定权数的困难,层次分析法在测量社会经济变量的相对重要程度时,引入了九分位的相对重要的比例标度。因此,b_{ij} 可用常数 1、3、5、7、9 或其倒数表示,具体含义为:

1 表示 C_i 和 C_j 同样重要;
3 表示 C_i 比 C_j 略重要,1/3 表示 C_i 比 C_j 略不重要;
5 表示 C_i 比 C_j 明显重要,1/5 表示 C_i 比 C_j 明显不重要;
7 表示 C_i 比 C_j 很重要,1/7 表示 C_i 比 C_j 很不重要;
9 表示 C_i 比 C_j 极端重要,1/9 表示 C_i 比 C_j 极端不重要。

例如,在企业财务综合分析评价中,某专家对影响企业短期偿债能力的有关指标——流动比率(C_1)、速动比率(C_2)和现金比率(C_3)三个指标的相对重要程度作出判断,形成如下判断矩阵:

指标	C_1	C_2	C_3
C_1	1	3	5
C_2	1/3	1	3
C_3	1/5	1/3	1

② 各评价指标权重系数的计算。层次分析法的信息基础是判断矩阵。据此,利用排序原理,并求得矩阵排序矢量,可得各指标权重系数。其计算过程如下:

a. 分别计算判断矩阵 B 的每一行元素的积(M_i)

$$M_i = \prod_{j=1}^{n} b_{ij} \tag{14-12}$$

b. 分别计算各行 M_i 的 n 次方根值($\overline{W}_i$)

$$\overline{W}_i = \sqrt[n]{M_i} \tag{14-13}$$

式(14-13)中:n——矩阵阶数。

c. 对向量 $\bar{W}_i = [\bar{W}_1, \bar{W}_2, \cdots \bar{W}_n]^T$ 做归一化处理，求得各指标权数值 (W_i)

$$W_i = \bar{W}_i \Big/ \sum_{i=1}^{n} \bar{W}_i \qquad (14-14)$$

仍以上例为例，由判断矩阵 B 计算权重系数如下：

第一步，计算 M_i

$$M_1 = 1 \times 3 \times 5 = 15$$
$$M_2 = 1/3 \times 1 \times 3 = 1$$
$$M_3 = 1/5 \times 1/3 \times 1 = 0.067$$

第二步，计算 $\bar{W}_i$

$$\bar{W}_1 = \sqrt[3]{15} = 2.47$$
$$\bar{W}_2 = \sqrt[3]{1} = 1$$
$$\bar{W}_3 = \sqrt[3]{0.067} = 0.41$$

第三步，计算 W_i

$$W_1 = \frac{2.47}{2.47 + 1 + 0.41} = 0.636$$
$$W_2 = \frac{1}{2.47 + 1 + 0.41} = 0.258$$
$$W_3 = \frac{0.41}{2.47 + 1 + 0.41} = 0.106$$

计算结果表示，各指标 C_1、C_2、C_3 的相对重要性的权重系数依次为 0.636、0.258、0.106，且 $\sum_{i=1}^{n} W_i = 0.636 + 0.258 + 0.106 = 1$，符合多级权数的规范要求。

③ 对判断矩阵 B 的一致性检验。与其他指标权数的确定方法相比，层次分析法的最大特点在于通过一致性检验，保持专家思维逻辑上的一致性。所谓判断思维的一致性是指专家在判断指标间的重要性时，各判断结果协调一致，当出现三个以上的指标互相比较时，不会出现内部相互矛盾的结果。如指标 A、B、C 间的两两比较，若 A 比 B 重要，B 比 C 重要，再出现 C 比 A 重要的判断，则称专家思维的非一致性。在多阶判断中，这种不一致性的矛盾极易出现。

数学原理证明，判断矩阵具有一致性的条件是矩阵的最大特征根 $\lambda_{\max}$ 与阶数 n 值相等。为了检验其一致性，可以建立一致性检验指标 CI 和 RI，判断矩阵 B 偏离一致性的程度。

a. 求判断矩阵的最大特征根 $\lambda_{\max}$，利用判断矩阵 B 右乘列向量 W_i，得各行 (BW_i) 值，再代入式(14-15)计算

$$\lambda_{\max} = \frac{1}{n} \sum_{i=1}^{n} \frac{(BW_i)}{W_i} \tag{14-15}$$

$$BW^T = \begin{bmatrix} 1 & 3 & 5 \\ 1/3 & 1 & 3 \\ 1/5 & 1/3 & 1 \end{bmatrix} \begin{bmatrix} 0.636 \\ 0.258 \\ 0.106 \end{bmatrix} = \begin{bmatrix} 1.940 \\ 0.788 \\ 0.319 \end{bmatrix}$$

代入式(14-15)得

$$\lambda_{\max} = \frac{1}{3} \sum_{i=1}^{3} \frac{(BW_i)}{W_i} = \frac{1}{3}\left(\frac{1.940}{0.636} + \frac{0.788}{0.258} + \frac{0.319}{0.106}\right)$$
$$= 3.038$$

b. 建立一致性评价指标。在层次分析法中引入判断矩阵的最大特征根 $\lambda_{\max}$ 和 n 之差与 $n-1$ 的比值作为度量判断矩阵偏离一致性的指标 CI，计算公式为

$$CI = \frac{\lambda_{\max} - n}{n - 1} \tag{14-16}$$

式(14-16)中：n——判断矩阵的阶数。

运用上列资料

$$CI = \frac{3.038 - 3}{3 - 1} = 0.019$$

上述一致性评价指标 CI 与矩阵阶数有关，为了得到不同阶数的矩阵均适用的一致性检验的临界值，又称同阶矩阵平均随机性指标 RI，一般由表14-7构成。

表14-7 平均随机一致性检验标准值表

n	2	3	4	5	6	7	8	9	10	11	12	13	14	…
RI	0	0.52	0.90	1.12	1.24	1.32	1.41	1.45	1.49	1.52	1.54	1.56	1.58	…

当 $n>2$ 时，判断矩阵的一致性指标 CI 与同阶平均随机一致性检验标准值 RI 进行对比，可求得随机一致性比率 CR，即：$CR = CI/RI < 0.1$。

当 $CR<0.1$ 时，可以认为该判断矩阵具有满意的一致性；相反，当 $CR>0.1$ 时，则可记为该判断矩阵不具有一致性，应当由该专家调整判断值，直到通过一致性检验为止。

运用上列资料

$$CR = 0.019/0.52 = 0.0365 < 0.1$$

说明上述判断矩阵 B 符合一致性检验，可以认为该专家判断的结果具有合理性。

④ 各评价指标权数的确定。当各个专家分别给定判断矩阵，并通过一致性检验后，可运用几何平均数将各专家确定的权重系数予以平均，求得各评价指标的权数。

二、单项财务分析评价方法及运用

财务分析评价方法根据其分析评价对象的个体性与总体性的差异有单项财务分析评价

方法与综合财务评价方法之分。单项财务分析评价方法主要有比率分析法、比较分析法、趋势分析法、因素分析法等。

1. 比率分析法

比率分析法是将企业财务报表及其他有关资料的相关项目进行对比,得出一系列财务比率,以此来揭示企业的财务状况和经营成果的一种分析方法。企业财务分析评价主要是以各种财务比率为基础,根据企业财务分析评价的目的不同,可以将各种财务比率组合成不同的分析评价指标体系,通过对不同的分析评价指标体系的分析,透视企业财务不同侧面的状况。

由于财务资料本身存在的局限性,在对各种财务比率指标的分析评价中必须充分注意其可比性,尤其是要设法剔除通货膨胀、突发事件、偶然因素以及不同会计处理方法的影响。

2. 比较分析法

本书的比较分析法是将其定义为同一时间范围内的同类指标不同空间的比较,以揭示矛盾,找出差距的一种分析方法。根据前述财务分析评价基准的不同,又有将某项评价指标实际达到的水平同预算指标进行的比较与同本行业、本地区、本国以及国际同类指标的一般水平或先进水平进行的比较之分。前者的比较主要反映该财务指标的预算完成情况;而后者的比较可以了解本企业的财务状况在本地区、本行业的优势或差距。

同样,在运用比较分析法时,必须注意对比指标的可比性,必要时应剔除不可比因素。

3. 趋势分析法

本书的趋势分析法是将其定义为对同一空间范围内的同类指标不同时间的比较,以揭示其变动的原因、性质,并由此预测未来趋势的一种分析方法。

根据财务分析评价指标的性质差异,趋势分析法又有绝对数趋势分析与相对数趋势分析之分。前者主要通过编制连续数期的财务报表,并将有关项目并行排列,比较绝对数指标的变动幅度,以说明企业财务状况与经营成果的发展变化,如比较资产负债表,比较现金流量表;而后者主要是对财务比率这一相对数指标的趋势分析。

根据比较的基数差异,趋势分析又有环比趋势分析与定基趋势分析之分,其计算公式分别为

$$环比发展速度 = \frac{分析期指标}{分析前期指标} \times 100\% \qquad (14\text{-}17)$$

$$定基发展速度 = \frac{分析期指标}{固定基期指标} \times 100\% \qquad (14\text{-}18)$$

4. 因素分析法

因素分析法是将某一综合性经济指标分解为具体内在联系的若干因素指标,并采用连续替代的方法,从数量上测定各因素指标对该经济指标影响程度的一种分析方法。

在分析指标分解为具有内在联系的若干因素指标采用连续替代法时应注意替代的顺序。当因素指标中有数量指标、质量指标时,首先应将数量因素指标放在第一,其余的质量因素指标则按其经济意义顺序排序,以保证分析结果的唯一性。现以三因素分析为例(见图14-5)。

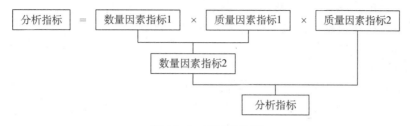

图 14-5 三因素分析

以净利润分析为例(见图 14-6)。

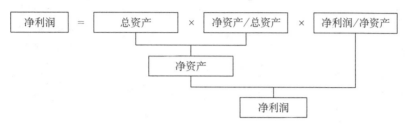

图 14-6 净利润分析

当各因素指标按其经济意义顺序排序后,可采用连续替代法进行分析,这一方法就是利用各因素指标的实际值与基准值的连续替代来分析各因素指标脱离基准所造成的影响。

例如,某一财务指标是由 a、b、c 三个因素指标的乘积构成,其实际指标与基准指标以及有关因素指标的关系由如下关系式表示

实际指标 $a_1 b_1 c_1 = a_1 \times b_1 \times c_1$ (14-19)

基准指标 $a_0 b_0 c_0 = a_0 \times b_0 \times c_0$ (14-20)

实际指标与基准指标的总差异为 $a_1 b_1 c_1 - a_0 b_0 c_0$,这一差异同时受到 a、b、c 三个因素的影响,它们各自的影响程度可分别计算如下

a 因素的变动影响:$(a_1 - a_0) \times b_0 \times c_0$ (14-21)

b 因素的变动影响:$a_1 \times (b_1 - b_0) \times c_0$ (14-22)

c 因素的变动影响:$a_1 \times b_1 \times (c_1 - c_0)$ (14-23)

将上述三个因素的变动影响相加之和即为总差异 $(a_1 b_1 c_1 - a_0 b_0 c_0)$。

利用因素分析法,一方面可以全面分析各个因素对某一经济指标的影响;另一方面也可以单独寻求某一因素对该经济指标的影响及其程度。

5. 杜邦分析法

杜邦分析法是美国杜邦企业首创的一种财务因素分析系统,它是从企业所有者即股东最为关心的权益报酬问题着手,分层分析各种因素对权益报酬率指标影响的一种分析方法。

杜邦分析法的分析思路,即杜邦延伸等式为

权益报酬率=税后净利/股东权益平均余额
　　　　　=全部资产平均余额/股东权益平均余额×税后净利/全部资产平均余额
　　　　　=全部资产平均余额/股东权益平均余额×销售收入/全部资产平均余额
　　　　　　×税后净利/销售收入

$$=权益乘数×资产报酬率$$
$$=权数乘数×总资产周转率×销售净利率 \tag{14-24}$$

杜邦分析图,如图14-7所示。

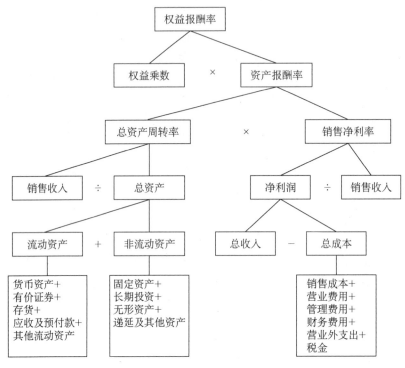

图 14-7　杜邦分析图

杜邦分析法通过以下主要财务比率指标之间的内在联系,直观明确地反映出企业的财务状况。

(1)权益报酬率是一个综合性极强,最具代表性的财务比率指标,为杜邦财务分析系统的核心。从企业所有者角度出发,企业经济运行的最终目标是企业价值的最大化,权益报酬率正是反映企业所有者投入资本与收益的对比,表示企业经营的成效与理财的成果。权益报酬率主要取决于权益乘数与资产报酬率。权益乘数反映了企业资金来源结构即企业筹资状况,而资产报酬率则反映了企业运用全部投入资本的效率状况,其又主要取决于总资产周转率与销售净利率。

(2)总资产周转率是企业销售收入与全部资产之比,反映了企业全部资产的利用效率。提高企业全部资产的利用效率,必须一方面扩大市场占有率,提高销售收入;另一方面必须减少企业资产的占用,包括减少非盈利资产与闲置资产,加速存货资产的周转,加快应收账款回笼的速度等。

(3)销售净利率是税后净利与销售收入之比,反映了企业销售获利能力的程度。提高企业销售获利能力的程度,必须一方面降低各种成本费用,包括降低产品制造成本、销售费用、财务费用等,如果财务费用过高,还应进一步分析企业筹资结构与负债结构的合理性;另一方面也必须提高销售收入,因为销售收入的增加是企业净利润增加的重要影响因素。可见销售收入增加的重要意义,不仅关系到企业税后利润的增加,也关系到总资产周转水平的提升。

综上所述,杜邦分析法通过层层分解财务指标,直观地反映了影响权益报酬率的各个因素及其内在联系,揭示了企业筹资、投资和生产运营等方面的经营活动效率。如将两期以上的资料对比分析,则不仅可以发现各因素的变动原因与变动趋势,而且为进一步采取措施指出了方向。

然而,现有的杜邦分析法也存在明显的不足。一是反映问题不全面。企业财务信息主要通过资产负债表、损益表和现金流量表这三大报表反映,而现有的杜邦分析法仅从前两张报表获取数据,没有考虑现金流量表所反映的企业在一定时期的现金流入和流出情况。二是分析结果片面性。现有杜邦分析法提供的权益报酬率、资产净利率、销售净利率以及净利润指标,只能用于评价企业获利能力的"数量",而不能用于评价企业获利能力的"质量"。

针对现有杜邦分析法的不足,有必要对其提出修正。修正的杜邦分析法的分析思路,即修正的杜邦延伸等式为

$$
\begin{aligned}
\text{权益报酬率} &= (\text{全部资产平均余额}/\text{股东权益平均余额}) \times \\
&\quad (\text{销售收入}/\text{全部资产平均余额}) \times (\text{税后净利}/\text{销售收入}) \\
&= (\text{全部资产平均余额}/\text{股东权益平均余额}) \times \\
&\quad (\text{销售收入}/\text{全部资产平均余额}) \times (\text{经营活动净现金流量}/\text{销售收入}) \times \\
&\quad (\text{税后净利}/\text{经营活动净现金流量}) \\
&= \text{权益乘数} \times \text{总资产周转率} \times \text{销售现金率} \times (1/\text{净利现金率}) \quad (14\text{-}25)
\end{aligned}
$$

修正的杜邦分析图,如图14-8所示。

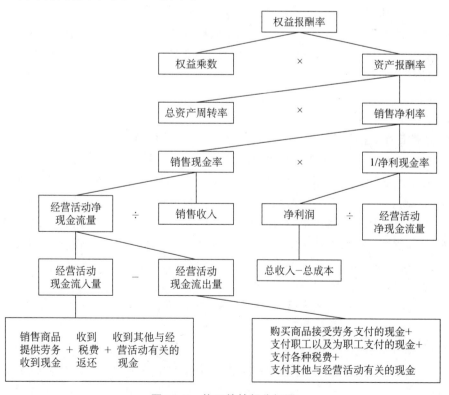

图14-8 修正的杜邦分析图

修正的杜邦分析法进一步将销售净利润分解为销售现金率与(1/净利现金率)两大部分,从而引入了反映获利能力质量的指标,提高了杜邦分析法的全面性和客观性。修正杜邦分析法可在上述的杜邦分析法的基础上进一步深入分析。

(1) 销售现金率是指经营活动净现金流量与销售收入之比,反映了企业主营业务的收现能力。销售现金率越大,则表明了销售货款的回收速度越快,企业发生坏账损失的风险越小,收入的质量也就越高;否则,反之。

(2) 净利现金率是指经营活动净现金流量与税后净利之比,反映了企业净利的收现水平。在一般情况下,净利现金率越大,则表明企业净利润的含金量越高,也意味着可供企业自由支配的现金量越大,企业的偿债能力和付现能力越强;否则,即使企业盈利,也可能发生现金短缺,严重时甚至会导致企业财务危机。

6. "Z记分"法——单项比率法

"Z记分"法是以财务报表中常用的财务比率为基础的一种分析企业财务风险的方法。20世纪60年代,美国著名的财务分析专家威廉·比弗在美国《会计评论》上提出了单项比率模型,即利用单项比率指标来预测企业的财务危机。根据比弗的研究,预测企业财务危机的最有效的财务比率指标有:①债务现金率(现金流量/债务总额);②资产报酬率(净利润/资产总额);③资产负债率(债务总额/资产总额)。

一般而言,企业发生财务危机是由长期因素造成的。因此,在预测企业的财务危机时应长期跟踪这些财务比率,并特别注意这些财务比率的变化趋势。比弗通过计算79家发生财务失败企业以前各年13项财务比率指标的平均值,得出以下结论:①失败企业只有较少的现金而拥有较多的应收账款;②如果速动资产和流动资产同时包括现金和应收账款,失败企业与成功企业的差别就被掩盖,因为现金与应收账款这两个项目具有完全不同的性质;③失败企业的存货一般较少。这一研究表明,在预测财务危机时应特别注意现金、应收账款和存货三个流动资产项目。

当前利用单项比率分析企业财务风险,预测企业财务失败时,常采用的财务比率指标主要有以下9项。

(1) 速动比率(速动资产/流动负债)。该比率是着眼于解决企业的当前财务风险问题,其临界值为1,而企业财务安全区域在1以上。

(2) 流动比率(流动资产/流动负债)。流动比率的临界值也是1,但企业流动比率如果处于1以下,则表明企业财务的风险性要大于速动比率的同样数值所显示的风险性。

(3) 负债与所有者权益比率(负债/所有者权益)。对于这一比率的临界值,世界各国有不同的惯例和规定,如英国规定为1。而负债与所有者权益比率大于临界值,则表示企业财务风险过大;小于临界值,则表示企业在资本结构风险方面处于安全区域。

(4) 存货周转率(销售额/存货值)。这一比率的数值大小与企业所处的行业或经营类型相关,因此其临界值应分行业制定。一般来说,存货周转率在一定范围是越大越好。

(5) 已获利息倍数(息税前利润/利息)。这一比率的临界值应大于1,而等于1或者小于1则意味着企业的收入除偿还利息外没有剩余或者还有欠债,即企业处于危险区域。

(6)债权比率(销售额/债权)。这一比率的高低反映了企业收回欠账的能力。显然,企业收回欠账的能力强意味着企业财务管理水平较高,资金周转通畅,企业的风险较小。一般而言,债权比率的临界值为5,越大越安全,而低于5则企业开始进入危险区域。

(7)资本回报率(息税前利润/所有者权益或息税前利润/总资产)。作为财务风险指标的资产回报率必须考虑当期的通货膨胀水平,因为只有扣除价格上涨率之后的利润指标才能真正反映企业的实际业绩。因此,扣除价格因素后的资产回报率应为正值且越大越好,而零值或者负值的回报率则意味着企业处于高风险区域。

(8)销售利润率(利润/销售额)。这一比率是反映企业财务风险大小的综合性指标,其临界值一般为10%,比率值越大安全程度越高;否则,反之。

(9)资产周转率(销售额/总资产或销售额/所有者权益)。这类比率指标数值的大小与企业所处的行业或经营类型相关,因此其临界值也应分行业确定。从一般经验来看,资产周转率的临界值应大于1。

企业的财务状况受到许多因素的影响,各种影响因素间既有联系又有区别。上述九项财务比率指标中,每一项只是反映企业财务风险程度的一个方面,为了客观地正确评价一个企业财务风险的大小,每一次风险测量时应同时考察多个财务比率,否则将无法全面揭示企业财务状况的真相。

三、综合财务评价方法及其运用

综合财务评价方法是指将经过规范化处理的各财务指标评价值与相应权数相结合,形成一个综合评价值的方法。常用的综合财务评价方法主要有以下四种:

1. 综合计分法

综合计分法是在给定的多财务指标集合中,确定各财务指标的权数,然后将规范化处理后的各财务指标无量纲值结合相应权数进行综合评价的方法。综合计分法的一般步骤如下:

(1)确定一个多财务指标集合,即财务评价指标体系。

(2)确定每一类别与每一指标的权数。一般可根据上述确定权数的方法,结合各类别指标在指标体系、各指标在本类别指标中的重要程度作出规定。各类别权数的总和为100,本类别各指标权数的总和也为100。

(3)确定各指标的评分等级区域,即根据各财务指标历史数据与同行业水平,在选定评价基准的基础上,划分出提高、持平与下降三个等级区域及相应的数量界限。如果基础资料充分的话,还可以进一步细分评分等级区域,以提升评价结果的准确性。

(4)确定各等级区域的评分标准,即将各财务指标实际值作规范化处理,转化为统一的无量纲值。一般可将指标实际值处于提高区域的计100分,处于持平区域的计50分,处于下降区域的计0分。

(5)确定报告期每一指标的无量纲值。根据报告期各财务指标实际值与评分等级区域的比较,分别给各财务指标落入的不同评分等级区域,给定相应的无量纲值。

(6)计算评价的总得分。根据每一指标确定的无量纲值与相应权数进行综合计算,得出报告期财务评价总得分。其计算过程如下:

① 计算各类别指标的平均得分。其计算公式如下

某类别财务指标平均得分 = $\sum$ 某指标无量纲值 × 该指标在类别中的权数 /100

(14-26)

② 计算报告期财务评价总得分。其计算公式如下

财务评价总得分 = $\sum$ 某类别指标平均得分 × 该类别的权数 /100   (14-27)

综合评分法以100分为满分,评价总得分越靠近100,说明该企业财务运行越良好。这种评价方法在指标体系、权数、评分等级区域及其数量界限确定以后,实际操作简便易行,分析评价一目了然。将不同时期的财务评价总得分进行动态分析,可以反映该企业财务运行状况的变动趋势。

2. 功效系数法

功效系数法是多目标规划中较常用的一种方法。根据多目标规划原理,功效系数法评价的思路是:首先确定 m 个评价指标来分析反映被评价对象总体状况,并分别以 $x_1, x_2, x_3, \cdots, x_m$ 表示这 m 个指标,然后设法将 m 个指标综合形成一个综合评价值,以评价其整体状况。功效系数法的具体步骤如下:

① 通过功效系数 $d_i = f(x_i)$,将 $x_1, x_2, x_3, \cdots, x_m$ 转化为可以同度量的评价分数。功效函数关系式如下

$$d_i = f(x_i) = (x_i - x_i^{(s)}/x_i^{(h)} - x_i^{(s)}) \times 40 + 60 \quad (14\text{-}28)$$

式(14-28)中:$x_i^{(s)}$——x_i 的不允许值;

$x_i^{(h)}$——x_i 的满意值;

d_i——x_i 的评价分数。

在一般情况下,x_i 的具体数值介于 $x_i^{(s)} - x_i^{(h)}$ 之间,则评价分数 d_i 处于60—100分之间;在特殊情况下,x_i 的具体数值大于 $x_i^{(h)}$ 或小于 $x_i^{(s)}$,则评价分数可以大于100分或小于60分。

式中满意值与不允许值确定是否科学、正确、可行,将直接影响到这一评价的使用效果。一般来说,可以采用同行业该指标的国际先进水平或国内先进水平为满意值,以同行业落后水平为不允许值。

② 根据各评价指标对评价总目标的重要程度,确定各评价分数的权数,以 $P_1, P_2, \cdots, P_m$ 表示,且 $\sum P_i = 100$。

③ 对各评价分数进行加权平均,即得综合评价分数 D,其计算公式如下

$$D = \sum d_i P_i / 100 \quad (14\text{-}29)$$

例如,某企业第 i 年、第 $i+1$ 年获利能力的有关数据如表14-8所示,试采用功效系数法分析评价该企业获利能力的总体情况。

表 14-8 某企业获利能力相关数据计算表

评价指标	计量单位	满意值 (x_i^n)	不允许值 (x_i^s)	权数 (P_i)	第 i 年		第 $i+1$ 年	
					指标值 x	分数 d	指标值 x	分数 d
资产报酬率	%	15	1	15	10	85.7	12	91.4
净资产利润率	%	20	2	40	15	88.9	18	95.6
销售利润率	%	8	0.5	25	5	84.0	7	94.7
每股税后利润	元/股	0.30	0.05	20	0.25	92.0	0.28	96.8

① 分别计算各指标的评价分数 d_i，见表 14-8 所示。

② 计算综合评价分数 D。

$$D_i = (85.7 \times 15 + 88.9 \times 40 + 84.0 \times 25 + 92.0 \times 20)/100 = 87.8$$

$$D_{i+1} = (91.4 \times 15 + 95.6 \times 40 + 94.7 \times 25 + 96.8 \times 20)/100 = 95.0$$

即该企业获利能力的总体水平较为良好，且呈上升趋势。

3. 综合指数法

综合指数法是指在设置一套合理的评价指标体系和确定评价基准的基础上，将评价指标的实际值与基准值进行比较，计算出各评价指标的个体指数，然后按各评价指标在整个指标体系中的重要性大小确定权数，最后将各评价指标个体指数结合其相应权数进行综合评价的方法。综合指数法的一般步骤如下。

（1）确定一套评价指标体系。

（2）确定各评价指标的基准，也即根据评价的目的与要求，选择企业的历史水平或同行业水平为评价指标对比的基础数值。

（3）计算各评价指数的个体指数，即将各指标实际值作规范化处理，转化为统一的无量纲值。由于各评价指标的性质不同，计算方法也存在差别。

① 当评价指标为正指标时，则

评价指标个体指数 =（评价指标的实际值／评价指标的基准值）×100％   (14-30)

② 当评价指标为逆指标时，则

评价指标个体指数 =（评价指标的基准值／评价指标的实际值）×100％   (14-31)

③ 当评价指标为适度指标时，即以一标准值为中心，允许有一定离差，实际值越接近标准值，表示企业财务状况越好；否则，反之，这时

$$\text{评价指标个体指数} = \{a - |a - \text{实际值}|\}/(a-b) \tag{14-32}$$

式(14-32)中：a——评价指标基准的标准值；

b——评价指标标准值的允许离差。

即评价指标的标准区间为 $(a-b, a+b)$。根据式(14-32)计算，当实际值正好等于标准区间的临界值 $(a+b)$ 或 $(a-b)$，说明实际值刚刚达到标准区间的要求，则评价指标个体指

数为 100%；当实际值在标准区间 $(a-b, a+b)$ 之间且趋近于标准值 a，说明实际值接近标准区间的中心，评价指标反映的财务状况良好，则评价指标个体指数大于 100%；当实际值在标准区间 $(a-b, a+b)$ 之外，说明实际值偏离标准区间，评价指标反映的财务状况较差，则评价指标个体指数小于 100%。

式(14-30)、式(14-31)、式(14-32)分别适用于不同属性的评价指标，且当实际值优于基准值时，评价指标个体指数皆大于 100%；否则，反之。只有这样，才能保证各评价指标个体指数以 100% 为基准的统一性。

(4) 确定各评价指标个体指数的权数。一般可根据上述确定权数的方法，结合各类别指标在指标体系、各指标在本类别指标中的重要程度作出规定。各类别权数之和为 100，本类别各指标权数总和也为 100。

(5) 计算评价总指数。根据每一评价指标个体指数与其相应的权数进行综合计算，得出报告期企业的评价总指数，其计算过程如下：

① 计算各类别评价指数。其计算公式如下

$$\text{某类别评价指数} = (\sum \text{某评价指标个体指数} \times \text{该指标在类别中的权数}/100) \times 100\% \tag{14-33}$$

② 计算报告期评价总指数。其计算公式如下

$$\text{评价总指数} = (\sum \text{某类别评价指数} \times \text{该类别的权数}/100) \times 100\% \tag{14-34}$$

综合指数法以 100% 为基准，评价总指数超过 100%，说明企业财务状况良好；否则，反之。综合指数法与上述综合计分法相比，不仅能够反映企业财务状况的变动方向与趋势，而且还能够反映其变动幅度。与上述功效系数法相比，不仅避免了满意值与不允许值确定的困难，而且还可以对适度指标进行无量纲处理，扩大其应用范围，显示了综合指数法的优势。

例如，某企业第 i 年短期偿债能力的有关数据如表 14-9 所示，试采用综合指数法分析评价该企业短期偿债能力的总体情况。

① 确定各评价指标的属性，见表 14-9 末栏。

表 14-9　某企业短期偿债能力相关数据计算表

评价指标	单位	权数	基准值（同行业水平）	实际值	评价指标属性
流动比率	%	15	200±20	230	适度
速动比率	%	30	100±10	105	适度
应收账款周转率	%	20	600	630	正
存货周转率	%	25	800	720	正
流动性指数	天	10	40	50	逆

② 计算各评价指标的个体指数。

评价指标为正指标：

应收账款周转率个体指数 = 630/600 = 105.00%

存货周转率个体指数 = 720/800 = 90.00%

评价指标为逆指标：
流动性指标的个体指数＝40/50＝80.00％
评价指标为适度指标：
流动比率的个体指数＝(200－|200－230|)/(200－20)＝94.44％
速动比率的个体指数＝(100－|100－105|)/(100－10)＝105.56％
③ 评价总指数＝[(94.44％×15＋105.56％×30＋105.00％×20＋90.00％×25＋80.00％×10)/100]×100％＝97.33％

即该企业第 i 年短期偿债能力的总体水平低于同行业平均水平。

4．"Z记分"法——综合比率法

"Z记分"法——综合比率法是美国财务专家爱德华·奥特曼提出的。他针对股票上市企业，采用5项财务比率的加权总和，得出一个多元判别值称为"Z"值，来测试企业的财务风险程度。

作为一种综合评价企业财务风险的方法，"Z记分"法首先挑选出一组决定企业财务风险大小的最重要的财务比率指标，然后根据这些指标在预先显示或预测企业财务失败方面的影响大小给予不同的权数，最后将这些指标的加权数值进行加总，得出一个企业财务风险的分数值，并将其对比临界值可知企业财务风险的危害程度。

"Z记分"的计算公式如下

$$Z = 1.2x_1 + 1.4x_2 + 3.3x_3 + 0.6x_4 + 1.0x_5 \tag{14-35}$$

式(14-35)中：x_1——营运资金/总资产；

x_2——留存收益/总资产；

x_3——息税前利润/总资产；

x_4——资本市值/债务账面价值；

x_5——销售额/总资产。

根据对过去财务失败企业的统计分析，奥特曼得出一个适用大范围不同类型企业的经验性财务风险临界值，即 $Z=3.0$。企业的Z值高于3.0，为较安全企业；而低于3.0，可判断为风险企业。关于财务风险临界值的划分，如表14-10所示。

表14-10 财务风险临界值表

Z值	短期出现财务失败的概率
1.8以下	很高
1.8—2.7	高
2.8—2.9	可能
3.0以上	不可能

通过"Z记分"法的应用实践，奥特曼还发现"Z记分"法的预测效果也因时间长短而不同。一般来说，预测企业财务失败在一年内的准确率95％，两年内的准确率为83％，而三年以上的准确率则不到50％。因此，应用"Z记分"法测定企业财务风险时必须注意其时间性。

如对企业短期内的财务风险的判断可以直接使用当期的"Z"值;如对企业长期性的财务风险的判断,则必须计算企业各年度的"Z"值,并从各年度"Z"值的变化来判断企业财务风险增减的变化及趋势。

显然,奥特曼提出的"Z记分"法是针对当时美国股票上市企业的情况。如果研究的时期发生变化,研究的范围(指区域)发生变化,"Z"值计算的两个关键因素即财务比率指标与权数,也应作出相应调整,以提升"Z记分"法判断企业财务风险程度的有效性。

思考题

参考答案

1. 试述宏观经济分析的主要内容。
2. 经济景气变动对股市行情影响有哪些途径?
3. 试述行业分析的主要内容。
4. 应如何分析判断优势产业?为什么?
5. 试述公司经营状况分析的主要内容。
6. 你认为有投资价值的公司应具备哪些条件?
7. 试述财务评价指标体系的构成。
8. 试述财务分析评价中权数的确定方法。
9. 试述杜邦分析法及其修正的分析思路。
10. 试述综合财务评价方法及其运用。
11. 经济的先行、滞后和同步指标是指什么?以下的各个指标属于哪一类?

(1) 工业生产;

(2) 货币供应(M2);

(3) 非防御性资本品的新订单;

(4) 消费者服务价格指数的变化;

(5) 失业保险的首次索赔;

(6) 失业的平均持续期;

(7) 制造业和贸易销售量;

(8) 私人住宅的新开工量;

(9) 未偿还消费信贷在个人收入中的比例。

第十五章 证券投资技术分析

证券投资的技术分析是利用统计学、数学的方法分析股票价格的运动规律,把握股票价格的过去变动情况来预测其未来趋势。技术分析对于分析预测股价的短期走势,分析选择投资时机具有重要的作用。技术分析主要包括图形分析与指标分析。

第一节 图形分析

一、道氏理论

道氏理论是最古老最闻名的技术分析理论,它是由技术分析的鼻祖、《华尔街日报》编辑查尔斯·道于19世纪末创立的。但道氏生前并未形成系统的理论,后由记者萨缪尔逊·纳尔逊和编辑威廉·汉密尔顿等人将散见于报纸中的道氏思想与方法系统化,逐步形成今日的道氏理论。

道氏理论认为股市虽然变化万千,但与经济运行一样都存在周期性的变动规律,这一变动规律使股市的变动形成一定的趋势,这一趋势可以从股价平均数变动中予以识别。

1. 基本趋势

基本趋势又称主要趋势、长期趋势,即市场股价广泛、全面的上升或下降的变动状况,这种波动持续的时间通常为一年或一年以上,股价波动的幅度超过20%。基本趋势持续上升形成多头市场即牛市,持续下跌形成空头市场即熊市。

道氏理论侧重分析基本趋势,并认为无论是多头市场还是空头市场,基本趋势都由三个阶段组成。

(1) 多头市场。多头市场通常可以分为三个阶段:

① 第一阶段。出现在空头市场第三阶段的末端,在股市长期低迷之中,敏感的投资者感到市场将有变化,开始逐步进货,但大多数投资者仍在观望。因此,股价渐有回升,交投并不活跃。

② 第二阶段。经济景气开始回升,公司经营状况与财务状况开始好转,投资者信心增强,交易量大增,股价持续上升并可维持较长时间。

③ 第三阶段。利好消息广为传播,社会公众大量入市,交易量骤增,投机泛滥,但股价涨幅趋缓。

(2) 空头市场。空头市场也可分为三个阶段：

① 第一阶段。多头市场的尾声，敏感的投资者意识到股价已到顶点，开始逐步出货，股价下跌，但大多数投资者仍处于亢奋之中，不断抢入，促使股价反弹。因此，交易量仍维持较高水平。

② 第二阶段。多数投资者认识到熊市的到来，竞相出售股票，卖多买少，交易量大幅度减少，股价急剧下跌，随之，股市进入牛皮市。

③ 第三阶段。股价过低，已无暴跌现象，市场利空消息弥漫，绩优股也因投资者信心丧失而纷纷下跌，投机股的跌幅则更深，由于购买者极少，交易量不大，此时空头市场即将结束。

2. 次级趋势

次级趋势，又称中期趋势、修正趋势，它发生在基本趋势的过程中，并与基本趋势运动方向相反，对基本趋势产生一定的牵制作用，即在上涨的基本趋势中会出现中期回档下跌，在下跌的基本趋势中会出现中期反弹回升。但是，次级趋势并不会改变基本趋势的发展方向。当次级趋势上升时，其波峰一波比一波低，表示基本趋势仍在下跌；当次级趋势下跌时，其谷底一波比一波高，表示基本趋势仍在上升。次级趋势持续的时间从三周至数月不等，股价的变动幅度一般为股价基本趋势的 1/3—2/3，大多为 50%。通常一个基本趋势过程中会出现若干个次级趋势。因此，当股市出现回档下跌或反弹回升时，如何及时正确区分是次级趋势变动还是基本趋势的根本转向即反转，尤为重要。

3. 短期趋势

短期趋势又称日常波动，它反映了股价在数日内的变动趋势。次级趋势通常由三个或三个以上的短期趋势所组成。

在上述三种趋势中，长期投资者最关心的是股价的基本趋势，其目的是尽可能在多头市场形成之时买入股票，而在空头市场形成之前及时地卖出股票。短期投资者对次级趋势更感兴趣，目的是从股价的短期波动中获利。短期趋势因其易受人操纵，因而不便作为趋势分析的对象。

道氏理论开创了技术分析之先河，为后来技术分析的发展奠定了基础，这是因为道氏理论作为技术分析理论的重要基础，有其科学合理的内核。首先，道氏理论具有合理的内核和严密的逻辑，指出了股市循环与经济周期的变动联系，在一定程度上能对股市的未来变动趋势作出预测与判断。其次，根据道氏理论编制的股价平均数与股价指数是反映经济周期变动的灵敏的"晴雨表"，被认为是判断经济周期变动最可靠的领先指标。同时，实践也表明，道氏理论对预测经济与金融行情，指导证券投资活动等具有一定的重要意义。这是因为，道氏理论创立以来曾经多次在股市长期趋势的转折关头及时发出准确的信号，最为典型的是正确而成功预测了 1929 年 10 月以后，美国及世界股市多头市场即将结束，空头市场即将来临而名声大振。

但是，道氏理论的实用性与可靠性也受到不少批评和责难，主要可归纳为：① 道氏理论侧重于长期分析，而不能用于短期分析，更不能指明最佳的买卖时机；② 道氏理论对基本趋势反转的判断，通常要在反转行情已经进行一段时期以后才能确定，因此，它的预告具有滞后性;③道氏理论过于偏重股价平均数,而没有给投资者指出具体的投资对象。其实,一种分析方法适用于一定的条件与范围是合理的;超越了条件与范围,赋予一种分析方法过多的功能,其结果只能是适得其反。道氏理论主要是用于预测股市的基本趋势,以有助于长中期投资决策的一种分析方法。

二、波浪理论

波浪理论是于1938年由技术分析大师R.N.艾略特创立的,这一理论以道氏理论为基础,又是对道氏理论的发展和完善,并且在精确度、可操作性方面超过了道氏理论。

R.N.艾略特认为股价的波动具有一浪跟着一浪周期循环的规律性,任何波动都有迹可循,投资者可根据波动的规律来预测股价的未来走势,指导决策。

1. 波浪的基本形态

艾略特波浪理论认为,不论是多头市场还是空头市场,股价变动的每一个完整的循环都会呈现出若干个固定的波浪走势。

在多头市场中,一个循环分8个波浪,如图15-1所示。

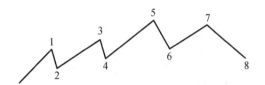

图15-1 多头市场的8个波浪循环

前5个看涨,后3个看跌。在前5个波浪中,奇数序号(1,3,5)波浪是上升的,称方向波或推动浪;偶数序号(2,4)波浪是回档整理,称调整浪。在后3个波浪中(后3个波浪常称为A、B、C或a、b、c浪),偶数序号(6,8)波浪是明显看跌,奇数序号(7)波浪是反弹整理。由此得出,在多头市场中,整个循环基本上是不同程度的奇数序波浪的看涨或反弹,偶数序波浪的看跌或回档所构成。

在空头市场中,其波动趋势刚好与多头市场相反(见图15-2所示)。即前5个波浪是行情看跌,其中奇数序号(1,3,5)波浪看跌,偶数序号(2,4)波浪是反弹整理;后3个波浪是行情看涨,其中偶数序号(6,8)波浪看涨,奇数序号(7)是回档整理。由此可得,在空头市场中,整个循环基本上是不同程度的奇数序波浪看跌或回档,偶数序波浪看涨或反弹所构成。

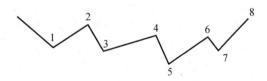

图15-2 空头市场的8个波浪循环

向主要方向运动的三个推动浪(方向波),可以分成更小的五个小波浪,而向相反方向运动的两个调整浪也可分成更小的三个小波浪。

如图 15-3 所示,两个在某一相同级次上的波浪,可以分成小一级次的 8 个波;然后这 8 个波又可用相同的方式,继续细分为再小一级次的 34 波。在艾略特波浪理论中,任一序列中,任一级次的波,都可被细分以及再细分为较小级次的波。同样,它们也可被看成较大级次波动的组成部分。

波浪理论推测股市的升幅或跌幅采用黄金分割率与神秘比值来计算。一个上升浪可以是上一次高点的 1.191、1.382、1.5、1.618……;另一个高点又再乘以 1.191、1.382、1.5、1.618……;依此类推。下跌浪也是如此,一般常见的回跌幅度比率有 0.191、0.382、0.5、0.618……。

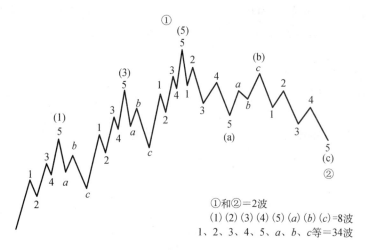

图 15-3　艾略特波浪理论

2. 波浪的基本特征

在艾略特波浪系列中,各种类型的波浪所处位置不同,特性也有差异,认识波浪的特征有助于确认目前市场处于哪一阶段,以便正确预计以后各浪的形态。以下以多头市场为例。空头市场则与多头市场相反,推动浪(方向波)向下运动,调整浪向上运动。

① 第 1 浪。第 1 浪通常出现在股市见底的区域,它是 8 浪循环的开始,由于这段行情的上升出现在空头市场跌势后的反转,买方力量并不强大,加上空头继续存在卖压,因而,第一浪的行情通常是 5 浪中最短的行情。

② 第 2 浪。第 2 浪是第 1 浪的调整浪。由于大多数投资者误认为空头市场尚未结束,故调整的幅度相当大,几乎吞没第 1 浪的升幅,一般在接近第 1 浪的起点时,市场出现惜售心理,卖压逐渐衰竭,成交量也逐渐缩小,这时第 2 浪的调整也告结束。在第 2 浪中,如果跌幅达到第 1 浪的起点或超过第 1 浪的起点,便会形成双底或头肩底等反转形态。

③ 第 3 浪。第 3 浪通常是最具爆发力的上升浪,其持续的时间最长,上升幅度最大。这一阶段,投资者信心恢复,成交量大幅扩张,且常出现图表分析中的突破信号(如缺口跳升、突破阻力区域等)。尤其是在突破第 1 浪的高点时,为最强烈的买进信号。同时,由于第 3 浪涨势剧烈,经常出现"延伸浪"(该浪的放大或拉长)现象。

④ 第 4 浪。第 4 浪是第 3 浪行情大幅上扬的调整浪,其调整形态常出现三角形走势,其调整幅度一般不低于第 1 浪的顶点,其低点则通常是未来空头市场的终结点。

⑤ 第5浪。第5浪属于上升浪,但其涨幅通常不及第3浪。如果第5浪的高点无法超过第3浪,便会出现牛市反转的双顶形态。在第5浪中,虽然涨幅已趋缓,投资者往往还会过于乐观,盲目追涨。二线、三线股票成为市场的主导力量,其升幅通常超过绩优股与成长股。

⑥ 第a浪。在第a浪中,大多数投资者认为上升行情尚未逆转,a浪的下跌仅是一个暂时的回档现象。实际上,a浪的下跌,在第5浪中通常已有警告信号,如成交量与股价走势背离或技术指标上背离等,表明股市已濒临崩溃局面。但由于此时市场投资者的态度较为乐观,第a浪有时出现平台调整或呈"之"字形态走势。

⑦ 第b浪。第b浪呈现上升趋势,经常表现为成交量不大,是多头的逃命线。然而,第b浪是一段上升行情,容易让投资者误以为是另一波段的涨势,形成"多头陷阱",许多投资者在此惨遭套牢。

⑧ 第c浪。第c浪是一段破坏力很强的下跌浪,其跌幅大,持续时间长,而且伴随恐慌性抛盘涌出,出现全面性的股价下跌。

艾略特波浪理论由于其每一个上升(下跌)的完整过程都已含有8浪循环,大循环中有小循环,小循环中还有更小的循环,即大浪中有小浪,小浪中有细浪,使数浪变得相当复杂和难以把握;推动浪和调整浪常出现变化形态和复合形态,使得对浪的划分更加困难。这些构成了波浪理论广泛运用的最大障碍。

3. 黄金分割法

黄金分割法又称黄金比率法,是一种将美学中关于自然界最和谐的比率应用于证券市场股价走势的分析,探讨股价未来的支撑位和阻力位,以及预测价位升跌幅度的技术分析方法。黄金比率是波浪理论的数学依据,它们在波浪理论中占有极为重要的地位。

(1) 黄金比率的由来。13世纪意大利著名数学家斐波那奇发表了"斐波那奇序列数字",即后人称为"奇异数字",它是从1开始,直至无穷,其序列为:1,1,2,3,5,8,13,21,34,55,89,144……。

该序列具有以下特征:①每个数字是前两个数字之和,如5是2与3之和,8是3与5之和,等等;②除前面4个数字外,任何一个数字在比例上相当于后面一个数字的0.618倍,如$8 \div 13 = 0.615$,$13 \div 21 = 0.619$,$21 \div 34 = 0.618$,等等;③除前面4个数字外,任何一个数字为前一个数字的1.618倍,如$13 \div 8 = 1.625$,$21 \div 13 = 1.615$,$34 \div 21 = 1.619$,等等;④除前面4个数字外,任何一个数字为其前第二个数字的2.618倍,如$21 \div 8 = 2.625$,$34 \div 13 = 2.615$,$55 \div 21 = 2.619$,等等;⑤除前面4个数字外,任何一个数字为其后第二个数字的0.382倍,如$8 \div 21 = 0.381$,$13 \div 34 = 0.382$,$21 \div 55 = 0.382$,等等。

上述奇异数字反映了黄金分割的两个比值0.618与0.382。如果说黄金比率0.618与0.382构成了自然界最和谐的比率,那么在证券市场上,0.618与0.382同样也会给投资者带来一种稳定、认同的美感效应。因此,当股价脱离底部上涨,在涨幅接近或达到0.382或0.618时,会出现上档反压;当股价脱离高位下跌,在跌幅接近或达到0.382或0.618时,可能出现下档支撑。

此外,上述奇异数字序列除能反映黄金分割的两个比值0.618和0.382外,还存在下列神秘比值,即:0.191,0.382,0.5,0.618,0.809,1,1.191,1.382,1.5,1.618,1.809,2,

2.191……。

(2) 黄金比率在波浪理论中的应用。在波浪理论中,每一波浪之间的比例,包括波动幅度与时间长度的比较,均符合黄金比率。对于技术分析者,这是一种相当重要的基本依据。

波浪理论中的黄金比率分析,主要有:①第 3 浪的波动幅度为第 1 浪起涨点至第 1 浪最高点间涨幅的某黄金比率值,包括 0.382,0.500,0.618,1.000 与 1.618 等类似的比例幅度。②第 2 浪的调整幅度,约为第 1 浪涨幅的 0.382,0.500 与 0.618 倍的幅度。③在调整浪中,c 浪与 a 浪之间的比例也符合黄金比率。通常 c 浪长度是 a 浪的 1.618 倍,在某些状况下,c 浪的底部低点经常低于 a 点之下,为 a 浪长度的 0.618 倍。④第 1 浪至第 5 浪的完整波浪幅度,其极限约为第 1 浪涨幅的 3.236 倍。⑤在倾斜三角形中的震荡走势中,每一浪长度为前一浪的 0.618 倍。⑥第 5 浪的涨幅,有可能为第 1 浪至第 3 浪全部涨幅的 1.618 倍。

(3) 黄金比率在股价预测中的应用。当空头市场结束,进入多头市场时,投资者极为关心的是"顶"在什么价位。事实上,影响股价上升的因素很多,要准确地预测上升行情的最高价是不可能的。因此,投资者可以依据黄金比率来预测股价可能出现的反转点,以供操作参考。

当股价上涨,从上升的速度与持久性,依照黄金比率,其涨势会在上涨幅度接近或达到 0.191,0.382,0.5,0.618,0.809,1……时发生变化,即当上升幅度接近或达到某黄金比率时,就会出现反压,有反转下跌而结束上升行情的可能。

例如,当下跌行情结束前,某股的最低价为 20 元,那么,股价反转上升时,投资者可以预先计算出各种不同的反压价位,即

$$20 \times (1 + 0.191) = 23.82(元)$$
$$20 \times (1 + 0.382) = 27.64(元)$$
$$20 \times (1 + 0.5) = 30.00(元)$$
$$20 \times (1 + 0.618) = 32.36(元)$$
……

然后,再依据实际市场变动情况作出操作决策。

当多头市场结束,进入空头市场时,投资者最为关心的是"底"在什么价位。影响股价下跌的因素很多,要准确地预测下跌行情的最低价也是不可能的。因此,投资者也可依据黄金比率来预测股价跌势过程中的支撑价位,增强逢低买进的信心。

当股价下跌,从下跌的速度与持久性,依据黄金比率,其跌势也会在下跌幅度接近或达到 0.191,0.382,0.5,0.618……时发生变化,即与上升行情相同,当下跌幅度接近或达到某黄金比率时,会出现支撑,有反转上升而结束下跌行情的可能。

例如,当上升行情结束前,某股的最高价为 40 元,那么,股价反转下跌时,投资者可以预先计算出各种不同的支撑价位,即

$$40 \times (1 - 0.191) = 32.36(元)$$
$$40 \times (1 - 0.382) = 24.72(元)$$
$$40 \times (1 - 0.5) = 20.00(元)$$
$$40 \times (1 - 0.618) = 15.28(元)$$
……

在股票投资活动中,将黄金比率运用于大势(即股价指数的研判上)有效性明显高于运用于个别股票。这是因为个别股票容易受到机构与大户操纵,用黄金比率计算的顶、底、反压价位与支撑价位的准确程度相对较低,甚至会出现走势"陷阱"。而股价指数是反映整个股市各方面状况变动的综合指标,人为因素的影响较小,因此,用黄金比率计算的顶或底的准确程度相对较高。

三、K线图分析

目前K线图已经成为我国股市投资者最常用的图表之一。K线图是将股市每日、每周或每月的股价或股价指数变动情况用图形表示,依照形状研判股价或股价指数未来走势的一种方法。

在股票市场上,买方与卖方永远是站在对立的两边,K线图就是将买卖双方实战结果即买方与卖方力量的增减及转化过程,用图形表示出来的结果。绘制K线图,通常将开盘价与收盘价间的价位用长方体表示,称为实体。如果开盘价低于收盘价,该K线称为阳线;如果开盘价高于收盘价,该K线称为阴线。最高价与实体连接的细线,称为上影线;最低价与实体连接的细线,称为下影线,详见图15-4所示。

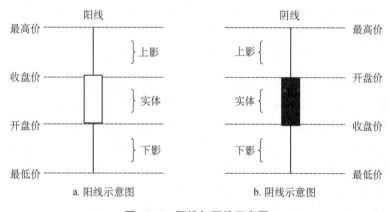

图15-4 阳线与阴线示意图

K线图分析,大致可分为单日(周)K线图分析、双日K线图分析与多日K线图分析。

1. 单日K线图分析

单日K线图一般包括以下种类,详见图15-5所示。

① 大阳线和大阴线。大阳线一般出现在上升的趋势中,表示短期内后市仍趋于上升;大阴线大多出现在下跌的趋势中,表示短期内后市仍趋于下跌。

② 长下影阳线和长下影阴线。长下影阳线显示开市后股价一度大幅度下跌,而后股价节节回升,且高于开盘价收盘,说明在低位承接力量强,后市趋于上升的可能性极大;长下影阴线显示开市后股价大幅下挫,其后逐渐回升,但由于未能高于开盘价水平,因此形成阴线,说明在低位有一定的承接力量,后市极可能上升,但其上升的力量不及长下影阳线。

③ 长上影阳线和长上影阴线。长上影阳线显示开市后股价经过相当一段上升,然后回

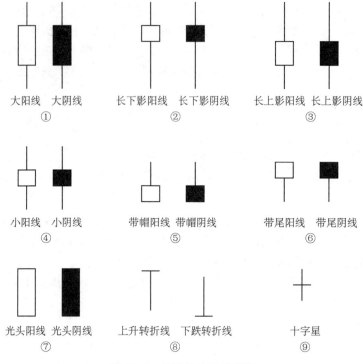

图 15-5 常见的单日 K 线图

落,但仍以高于开盘价收市,这种情况暗示市场上升趋势已经减弱,股价在升至较高水平时明显遇到阻力,表明后市可能转趋下跌;长上影阴线显示当日股价曾升至某一高度,但终因无力支撑而转向下跌,且以低于开盘价收市,这种情况表明后市下跌的可能性更大。

④ 小阳线和小阴线。小阳线和小阴线表示行情混乱,市况牛皮,后市走势不明。

⑤ 带帽阳线和带帽阴线。带帽阳线和带帽阴线表明股价的上升阻力很大,上升力量可能已经枯竭,后市将会转趋下跌。尤其是带帽阴线,其在下跌趋势中出现,显示后市仍有一段时间趋于下跌,如果其在上升趋势中出现,则可能是股价转升为跌的信号。

⑥ 带尾阳线和带尾阴线。带尾阳线和带尾阴线显示股市具有较强的承接力量,尤其是带尾阳线,经过当日一段时间的下跌之后掉头回升,且突破开盘价,以全日最高价收盘,可见股价的上升动力相当强大。假如在上升趋势中出现,则显示后市仍有一段时间将趋升。

⑦ 光头阳线和光头阴线。光头阳线是以当日最低价开盘,并以当日最高价收盘,显示当日市场的承接力十分强大。开市后股价节节上升,这样强大的购买力通常只在升势中出现;如在跌势中出现,这可能是跌势结束的信号。光头阴线是以当日最高价开盘,然后股价一路下挫,并以当日最低价收盘。这种情况表明市场承接力有限或卖盘过大,其后市多为疲软趋势;如在升势中出现,则可能是升势结束的信号。

⑧ 上升转折线和下跌转折线。上升转折线是以全日最高价开盘,随即节节下跌,但中间掉头回升,而且收复全部失地,以开盘的最高价收盘。这是一种转跌为升的信号,显示后市将会持续上升一段时间。下跌转折线是以全日最低价开盘,股价一度劲升,但强大的抛压将当日升幅如数打回,最后以当日开盘价也即最低价收盘。这是一个强烈的下跌信号,表明

市场沽售力量相当大，如果当日的波幅很大，则更表明是一个转向信号。

⑨ 十字星。十字星是指开盘后经过股价上扬→下挫→回升或者下跌→上扬→下挫，使开盘价与收盘价为同一价位，在图表上形成一个"十字"型，这种情况显示大市正处于待变之局，也可能是一个转向信号，但转向的含义不如转折线那么强烈。

2. 双日 K 线图分析

仅对单日 K 线图分析，未免过于简单与随意，机构与大户对单日的短期走势有较大的影响力与控制力，为避免机构与大户设置的走势"陷阱"，须对双日或多日 K 线图加以分析与研判。为论述方便，下列各 K 线图分别有 A、B 形态之分，以表示涨、跌不同方向的判断，详见图 15-6 所示。

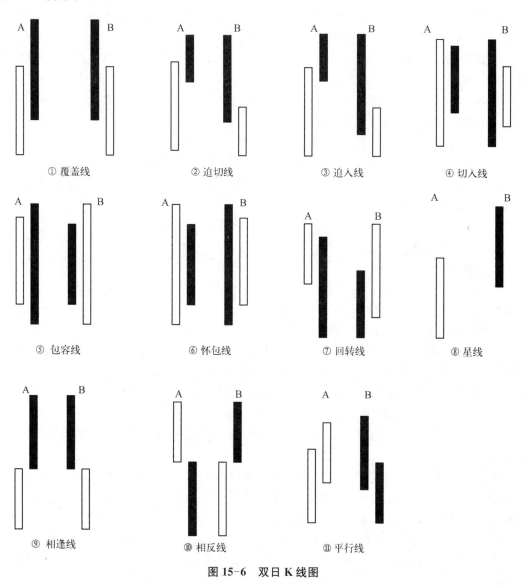

图 15-6　双日 K 线图

① 覆盖线。指前一天为大阳线,第二天却为相当长的阴线所覆盖。此种形态表示短期有反转的可能性。

② 迫切线。指前一天为大阳线,第二天却产生了小阴线,表示涨势受到阻碍。

③ 迫入线。指前一天为大阳线,第二天却产生小阴线,且收盘价比前一天低。其与迫切线一样,表示涨势受阻,有回档下跌的可能。

④ 切入线。指前一天为大阳线,第二天却出现了大阴线,且第二天的收盘价比前一天大阳线的一半还低。这种情况表示昨天买方力量已尽,可能近日内股价将跌至大阳线的底部以下。

⑤ 包容线。指第二天的大阳线或大阴线,完全吃掉了前一天的阴线或阳线,也表示反转情况的出现。

⑥ 怀包线。指第二天的K线,范围缩至前一天的大阳线或大阴线中,也表示反转信号的出现。

⑦ 回转线。指第二天的开盘价开在前一天的阳线之中,但走势与前一天相反,反转现象极为明显。

⑧ 星线。指大阳线之后的出货现象,当天跳空高开之后一路走低收盘,次日如果不再跳空向上的话,将形成大回档。此种情况在股价指数中出现,即为反转信号;但在小型股或投机股的个股中发生,则可能是主力机构的洗盘或诱空的手段。

⑨ 相逢线。指第二天走势与前一天走势相反,但收盘价极为接近。

⑩ 相反线。指类似相逢线,但其分别是以最高价与最低价收盘。相反线与相逢线均为主力机构短线来回操作的特有现象。

⑪ 平行线。指第二天的阳阴线延续前一天的阳阴线,表示买卖气的延续。

3. 多日K线图分析

① 三条同高型。三条同高型,即连续三日都为中或长红,一般表示涨幅已大,会有获利回吐的现象出现,可考虑暂时卖出观望。如果市场涨势既成,再加上良好的环境因素,出现多于三日的连续中长红也是可能的,详见图15-7所示,下同。

② 前长后短型。前长后短型,即第一日行情大涨,随后出现涨势减弱的现象。如果第二日或第三日虽以阳线收盘,仍表示买方力量减少,不宜迫涨;如果行情往下跌破第一日的最低点,则退出观望。只有当长红之后,第二、第三日的阴线却未跌破长红的中价(a线)或最低价(b线)时,须防主力的诱空,待形成轧空时,将有大幅度的上升。

③ 前短后长型。前短后长型,即第三日出现长红,摆脱前两日小幅度行情的局面,表示市场投资者买入气氛趋于一致,行情看涨。

④ 阶段上升型。阶段上升型,即连续几日都有较长的上影线与下影线,表示低价有人买进,但在高价处也有人卖出。此种形态常出现在头部或底部。因此,市场行情涨升已久时出现此形态,应为卖出信号;市场行情下跌已久时出现此形态,则可考虑买进。

⑤ 上升待变型。上升待变型的特点在于第三日的小幅回跌,与阶段上升型同样显示买气的转弱、退却。但如果第四日的收盘价能够站稳在第二日的最高价之上时,一般可追高买进。

⑥ 缓步上升型。即第一日长红之后,第二日以后的行情以小红收市,续而再以长红突

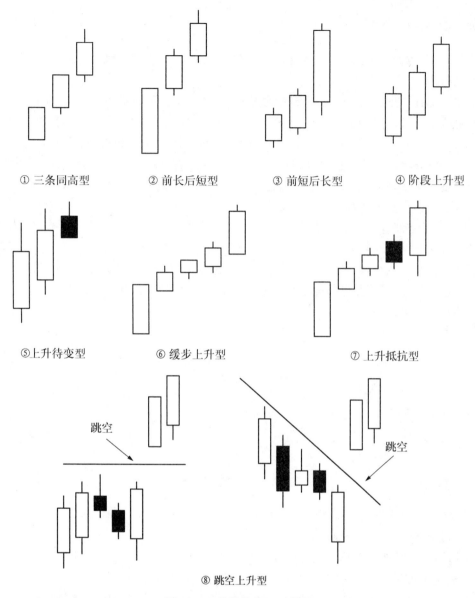

图 15-7 常见的多日 K 线图

破。此种形态表示空头力量暂时退却。

⑦ 上升抵抗型。上升抵抗型,类似缓步上升型,不同的是第四日以小黑线出现,表示经过洗盘,诱空,由于带有轧空的含义,后续的涨势将有强劲的长红出现。

⑧ 跳空上升型。即出现在盘局的突破,此时通常有了突发性的利多消息,或机构大户已吸足筹码,准备拉高股价。这时应追涨买进。

在多日 K 线图分析中,除上述基本形态外,分析时还应注意各日 K 线图的实体的长短、上影线与下影线的长短,以及若干个 K 线组合的形态、K 线在股市周期中的位置等,以增强对市场行情未来走势判断的正确程度。

四、趋势线分析

趋势线、支撑线和阻力线、轨道线原则是道氏理论的又一重要贡献。

1. 趋势线

趋势线是在图形上每一波浪顶部最明显高点间,或每一谷底最明显低点间的直切线。

趋势线从其移动方向来看,有上升趋势线、下降趋势线与水平趋势线之分,详见图 15-8 所示。决定上升趋势时需要两个反转低点,即当股价下跌至某一价位,旋即回升,然后再下跌,但未跌破前个低点,再度回升,将这两个低点连接成直线就是上升趋势线;决定下跌趋势时同样需要两个反转高点,即股价上升至某一价位开始下跌,然后再回升,但未能突破前个高点,再度下跌,将这两个高点连接成直线就是下降趋势线;连接股价横向波动中低点的直线,即为水平趋势线。除直线趋势线外还有曲线趋势线。

趋势线从其移动时间来看,有基本趋势、次级趋势与短期趋势之分。若干同方向的短期趋势可形成一个次级趋势,若干个同方向的次级趋势又可形成一个基本趋势。当影响基本趋势的因素作用发挥殆尽,基本趋势不能再延续,就会朝相反的方向反转而变成另一性质的基本趋势。

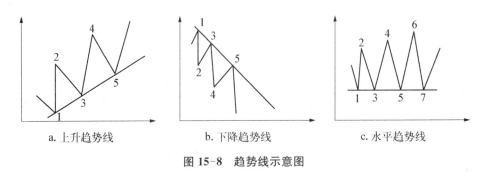

图 15-8 趋势线示意图

(1) 趋势线的可靠性与有效性。趋势线反映着股价未来的运动方向,其可靠性与有效性主要通过以下几个方面得到验证。

① 趋势线被触及的次数。股价变动触及趋势线的次数越多,趋势线的支撑与阻力功能越强,趋势线的可靠性与有效性越高,一旦被突破后市场反应也越强烈。

② 趋势线的倾斜度。趋势线的倾斜度越大,趋势线的支撑和阻力功能越弱,其可靠性与有效性越低,往往容易被突破与修正。适当角度(大约为 30°左右)的趋势线的技术性分析的意义较大。因为趋势线过于陡峭,通常表示价格上升或下降过快,因而难以持久;同样,趋势线过于平缓,则说明趋势过于衰弱,可靠程度也低。

③ 趋势线的时间跨度。趋势线跨越的时间越长,支撑与阻力功能越强,可靠性越高。

(2) 趋势线有效突破的确认。经过一段时间股价运动,趋势线终究会被突破。问题的关键是如何及时确认它是改变股价运动方向的有效突破还是偶然因素导致的无效突破。

① 突破的程度。一般认为,收盘价格穿越趋势线的幅度至少达到 3%,方为有效突破。

② 突破的时间。一般认为,收盘价格穿越趋势线的时间达到 2 天至 3 天以上,方为有效突破。

③ 突破时的成交量变化。股价从下降趋势转为上升趋势,必须要成交量配合;股价从上升趋势转为下降趋势则不一定需要成交量配合。当股价向下跌破趋势线,成交量并没有

迅速增加,甚至可能萎缩;但是当股价反弹至趋势线下方,成交量明显放大,股价再度下跌,就可确认上升趋势线已被有效突破。

④ 突破时的股价形态。趋势线一旦与股价形态同时突破会产生叠加效应,突破后股价走势力度加大,往往是一种有效突破。

2. 支撑线和阻力线

趋势线在性质上又可分为"支撑线"和"阻力线"。支撑线是图形上每一波浪谷底最低点的直切线,即投资者在股价下跌至此线附近时有相当的买进意愿;阻力线则是图形上每一波浪顶部最高点的直切线,即投资者在股价上升至此线附近时有相当的卖出意愿,详见图15-9所示。

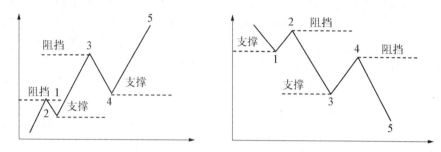

图 15-9　支撑线与阻力线示意图

在上升趋势中,每个相继的低点(支撑水平)就必须高于前一个低点,每个相继的上冲高点(阻力水平)也必须高于前一个高点;如果新的一轮调整一直下降到前一个低点的水平,将是上升趋势即将结束,或将转变成横向整理趋势的预警信号;如果这个支撑水平被击破,可能意味着趋势将由上升转为下降。

支撑和阻力在价格运动变化中会互换角色,只要支撑或阻力水平被价格变化有效地突破,它们便会变成自己的反面,即支撑水平被市场突破到一定程度之后就转化为阻力水平;反之亦然。

支撑或阻力区域形成的主要依据是:市场在该处所经历的时间,交易量和交易活动距当前的远近。一般而言,价格在某个支撑或阻力区域逗留的时间越长,该区域的支撑或阻力力度就越大;在此过程中伴随着成交量的放大,此区域的阻力或支撑就更强;如果此过程发生的时间距当前越近,此区域的支撑或阻力产生影响的潜力越大。

需要指出的是,市场投资者往往会在一些心理价位与整数价位上下进行投资运作,所以这些价位也往往成为阻力线或支撑线。

3. 轨道线

市场价格运动有时会在一个下有支撑上有阻力的空间中运行。在两条平行的支撑线和阻力线之间形成的区间称为"轨道",按股价运动方向,可将轨道分为上升轨道、下降轨道和水平轨道,如图15-10所示。

与趋势线一样,轨道线被触及的次数越多,时间跨度越长,倾斜的角度较适当,那么轨道线的支撑与阻力的作用越显著。因此,在股市上,基本的上升趋势线是做多的依据,而轨道线则可作为短期平仓的依据。

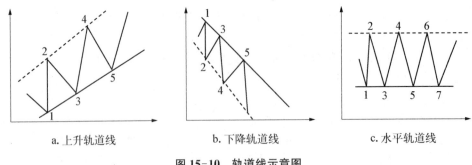

图 15-10 轨道线示意图

在当前中国股市中轨道线有效度较高。在上升趋势中如股价跌破下轨,往往形成"空头陷阱",可以大胆地补仓;在下降趋势中如股价反弹冲破上轨,往往形成"多头陷阱",可以大胆地清仓;当天交易中瞬间的穿越给予投资者许多机会。股价指数所形成的轨道线也常规性地提示出近期指数波动,为中短期走势研判提供了依据。

五、缺口形态分析

缺口是指股价在快速大幅度变动中有一段价格没有任何交易,显示在股价趋势图上是一个真空区域。在平常的走势中,今日的开盘价往往是衔接昨天的收盘价:当行情处于持续上涨时,今日开盘价承接昨天的收盘价,仍将持续上涨;而行情处于持续下跌时,今日开盘价承接昨天的收盘价,仍摆脱不了下挫的局面,而节节下降。然而,因为某一突发事件的发生,导致市场供需极度不平衡的状况,即行情一时之间势如破竹,开盘价可能远远地开在昨日的最高价或最低价之外,此种情况就会在图表上表现出缺口的图形。缺口一般都会被未来股价的变动封闭,称为填补缺口。

缺口的出现是多空双方力量对比悬殊的表现;缺口的封闭则是多空双方力量对比转化的结果。从缺口发生的位置与大小,可以预测走势的强弱,判断股价变动的趋势。因此,缺口形态分析是技术分析方法的重要组成部分。

1. 缺口的类型及特征

缺口一般有普通缺口、突破缺口、持续性缺口与消耗性缺口等,详见图 15-11 所示。

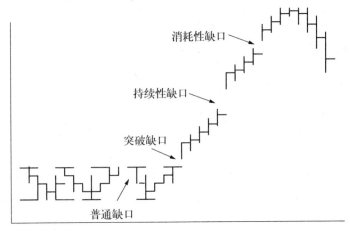

图 15-11 跳空缺口

（1）普通缺口。普通缺口通常出现在股价走势的横向整理形态中或发生在交易量极小的市场情况下，由于市场投资者认为趋势不明朗，交投清淡，相对较小的交易量便会导致价格跳空。这种缺口一般在其后的几个交易日内便会完全填补。

（2）突破缺口。突破缺口通常出现在股价走势的转折之初，当某一突发事件发生，股价以一个很大的跳空缺口远离原有形态时，表示真正的突破已经形成。突破缺口的出现意味着股价会出现强劲的走势，突破缺口在突破阻力线或支撑线后，通常会出现强劲的升势或急骤的跌势。

（3）持续性缺口。在新的市场走势运动的中间发展阶段，价格再度跳跃前进，形成一个跳空缺口或一系列跳空缺口称为持续性缺口。此类跳空缺口反映出市场正以中等的交易量顺利发展。在上升趋势中，此缺口在以后的调整中构成支撑区；在下降趋势中，此缺口在以后的调整中构成阻力区。这类缺口又称量度性缺口，因为它通常出现在整个趋势的中部，量度的方法是从突破点开始，到持续性缺口始点的垂直距离，就是股价未来上升或下跌将会达到的幅度，持续性缺口由于出现在股价急剧波动的途中，因而，不会在短期内回补。

（4）消耗性缺口。消耗性缺口发生在上升或下跌趋势的终点，它表示走势的强弩之末，即在急速的上升或下跌中股价的波动在奄奄一息中回光返照，出现"最后一跃"或"最后一跌"。在这种缺口出现时，往往在它之前至少出现一个持续性缺口，也可能是一系列持续性缺口。消耗性缺口的出现，表示股价的趋势将暂告一段落。如果在股价上升途中出现，暗示行情将会转跌；如果在下跌趋势中出现，则意味着行情将会回升。消耗性缺口的出现，显示市场买方或卖方的力量已经消耗竭尽，股价将很快回落或回升，因此，消耗性缺口将很快被填补。

2. 缺口形态的应用

（1）股价如果在某一形态内盘整已久，特别是在多空双方僵持多时的盘局尾声，当股价突然放出大的成交量向上突破形成缺口，可判断为突破缺口；如果股价向下跳空形成突破缺口，则不需要大的成交量的印证。

（2）突破缺口形成之后，成交量骤然放大，则缺口不会在短期内被填补，即使股价走势出现回档或反弹，也会在缺口以外；如果缺口形成之前，成交量较大，之后则相对较少，则短期内填补缺口的可能性有50%。

（3）消耗性缺口与普通缺口极有可能在短期内被填补。然而，突破缺口与持续性缺口未必会在近期填补。

（4）在上升或下跌的过程中持续性缺口出现愈多，显示其趋势愈接近结束。

（5）消耗性缺口出现的当天或第二天往往伴随着最大的成交量，接着成交量减少，显示市场某一方力量已经充分释放并开始消退，因此，价格向相反方向运动。

六、反转形态分析

趋势的变化通常需要相当的酝酿时间，有时这种酝酿并不意味着趋势一定要发生转折，相反，经过一段休整之后原有趋势还会继续。因此，酝酿期间的价格变化形态有反转形态与整理形态之分。

反转形态是指价格趋势逆转所形成的图形,即由涨势转为跌势,或由跌势转为涨势的形态。然而对股市反转形态分析还要结合交易量形态的一同研究,一般来说,交易量应顺着趋势的方向相应增长,尤其在底部往上扬升的过程中,交易量的扩张是不容忽视的因素,但在顶部向下跌落的过程中成交量却并非是关键因素。

1. 头肩形

头肩形是最重要、最常见的股价反转形态之一,分头肩顶和头肩底两种,分别代表向下和向上的反转趋势。

(1) 头肩顶。头肩顶一般由一个主峰,两个低峰组成,其形状类似人的头和两肩,详见图15-12所示。头肩顶的形成开始于一个很强的上升趋势,那时成交量很大;股价在上升一段幅度后开始一个次级下跌,成交量开始减少,这样一涨一跌就形成了一个左肩。随后股价与成交量第二次上升,且在超过左肩顶部所在价位时,再次下跌,并接近前一次下跌的底部价位形成一个"头",第三次上升,形成右肩,但成交量相对较少。在第三次下跌穿过颈线,而且收盘价在这条线下距离约为市价3%左右时,头肩顶正式完成。头肩顶的形成是一种卖出信号,表示股价已经到达顶部,不久股市将进入下跌行情。

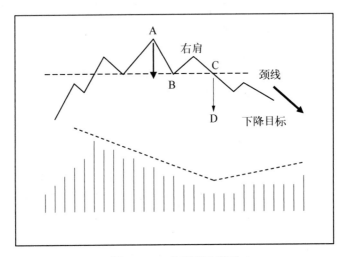

图15-12 头肩顶示意图

在判断头肩顶是否已经形成时,考察成交量的变化是很重要的,它是市场人气的显示。头肩顶形成过程中成交量特点是左肩和头部的成交量很正常,右肩的成交量有明显的下降,显示市场上购买力已大为减少,使股价下跌;穿破颈线时成交量又有显著增加,显示市场抛售力量突增,股价跌势正式形成。

(2) 头肩底。头肩底也是由左右肩和头部构成,只是倒转过来,头部与左右肩在颈线下方,是见底反转的重要信号之一,详见图15-13,头肩底的形成过程与头肩顶正好相反,在此不再细述。

(3) 多重头肩形。股价在变化过程中,有时还会出现复合形态,即多重头肩形,如有两个头、两个左肩或者两个右肩,甚至更多。多重头肩形的判断和投资策略与单纯头肩形相似。

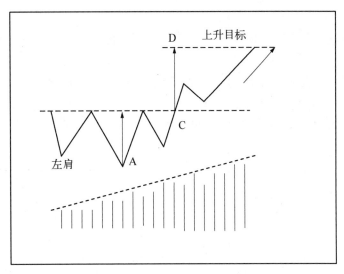

图 15-13　头肩底示意图

2. 双重形

双重形有双重顶和双重底两种,分别为典型的卖出和买入信号。双重形的特点是双顶或双底高度基本一致,形状类似英文字母"M"和"W",故又称 M 头和 W 底,详见图 15-14、图 15-15 所示。双重顶的形成过程与头肩顶相似,只是股价形成两个差不多高的峰顶后,向下突破颈线,进入下跌行情。双重顶中,股价向下突破颈线 3%时,反转确立。

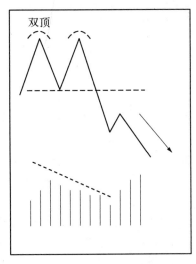

图 15-14　M 头示意图

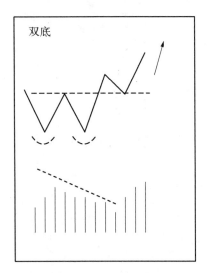

图 15-15　W 底示意图

双重底的情况正好相反,在股价形成两个差不多深的低谷后,在成交量的配合下,向上突破颈线,进入上涨行情。

双重形的展开,可以延伸出三重形(三重顶与三重底)或多重形。这种形态形成所需时间更长,幅度更大,起落的潜力更强。

3. V形

V形有V形顶和V形底两种,分别是反转形态中下降和上升幅度较大,速度极快的一种急迫式的反转形态,详见图15-16所示。V形只有一个尖顶或一个尖底。投资者如果能够及时把握,差价利润是相当丰厚的。但是当V形正式形成时,股市已下跌或上涨一定幅度。因此,投资者应结合趋势线、成交量以及其他分析工具,提前确认,把握买卖良机。V形往往会在其右边出现一个小平台,这时给了投资者一个及时辨认的机会,详见图15-17所示。

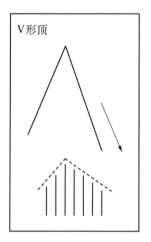 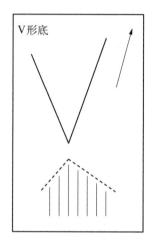

图15-16 V形示意图

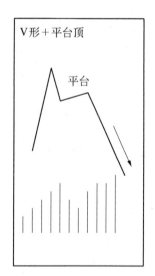 

图15-17 V形和平台示意图

4. 圆形

圆形,包括圆形顶和圆形底两种,详见图15-18所示。

圆形底代表缓慢回升的技术形态,圆形底越大,将来突破颈线后可能上涨的潜能越大。

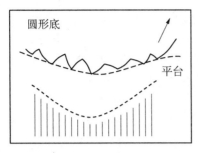
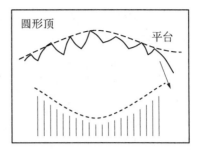

图 15-18 圆形示意图

在形成圆形底的初期,卖盘压力开始减轻,原来很大的成交量开始有所减小,股价虽仍在下跌,但跌势趋缓,并逐渐接近水平。在圆形底部,市场买卖双方力量基本持平,成交量更为稀少,股价在圆形底部酝酿一段时间后,随着低价入市者的增多,股价开始全面回升,成交量也随之快速增加,向上突破颈线,圆形底形成。一般情况下,圆形底中成交量会形成与股价大致相似的弧形。

圆形顶与圆形底正好相反,是股价即将进入空头市场的标志。在圆形顶形成过程中,股价先上涨,后在顶部遭遇卖压,而买方纷纷退出,股价在天价区或高价区徘徊、酝酿,形成一个反转的碗底。经过一阵较量,买方无力再支撑,卖方力量加大,股价开始全面下挫,颈线被突破,熊态显现,圆形顶正式形成。只不过圆形顶形成之中,成交量并不明显。

5. 三角形反转

当股票最高价与最低价的变动幅度逐渐缩小,上下两条倾斜趋势线共同制约股价的展开,最终形成一个尖顶的三角形。三角形的出现,一般表示上涨或下跌趋势的暂时停止,所以三角形态也被归类为调整形态。由于三角形突破时,股价也会发生大的反转,因此也可将其作为反转形态。

(1) 对称三角形。在对称三角形形成过程中,由于买卖双方势均力敌,股价变动幅度逐渐变小,变动过程中高价连线与低价连线近似对称,分别作为上下斜边约束股价波动,形成锐角三角形轨迹,详见图 15-19 中图 a 所示。

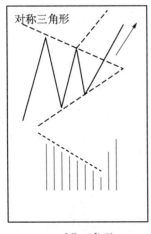
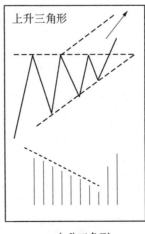
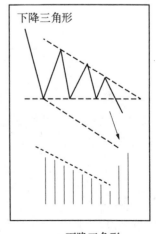

a. 对称三角形　　　　　b. 上升三角形　　　　　c. 下降三角形

图 15-19 三角形示意图

在成交量方面,对称三角形的形成过程中成交量不断减少,直到股价有所突破时,成交量才随之增加。如果股价是向上突破,则需要大成交量配合;如果是向下突破则不必。

(2) 上升三角形。当股价走势的低点一个比一个高,并随着一条阻力水平线的制约,股价波幅日渐收窄,这时将股价的高点连成一条水平线,将股价低点连成一条上倾线,便形成上升三角形,详见图 15-19 中图 b 所示。

上升三角形在形成过程中的成交量呈逐渐缩小之势,显示买卖双方在该区域内的较量,但买方的力量逐渐占据上风,并不断尝试突破上面的水平阻力线。该阻力线一旦被突破,后市将十分看好,成交量并将大幅上升。

(3) 下降三角形。与上升三角形相反,股价走势的高点一个比一个低,连接成一条向下的斜线;下方则是一条水平支撑线,两线相连便形成下降三角形,详见图 15-19 中图 c 所示。其成交量的变化也显下降之势,但因价格变动与上升三角形相反,故卖方将逐渐占据上风,一旦股价跌破支撑线,后市将不容乐观。

股价变动有时也会呈现出近似楔形的形状,其原理和判断技巧与三角形相似,在此不作专门分析。

6. 潜伏底

潜伏底是股价由横盘转升的一种形态。该形态的转化过程是:股价较长时间在一个狭小的范围内横向移动,每日的波动幅度很小,成交量也十分稀少,图表上形成一条横线般的形状,经过一段较长时间的潜伏静止后,价格和成交量同时摆脱沉闷的格局,股价大幅度上升,成交量亦随之放大,详见图 15-20 所示。

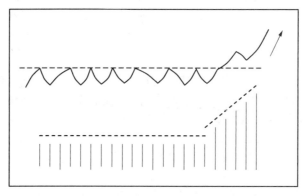

图 15-20 潜伏底示意图

潜伏底通常出现在一些小盘股或冷门股的市场走势中或在股市长期疲软低迷的走势中,这类股票在特定时期往往受到投资者的忽视,因而股价和成交量长期清淡。最后,因某些突如其来的利好消息如公司盈利大增等的刺激,股价和成交量急剧上升,促使大势发生逆转。

7. 矩形

股价在波动时,其高点的连线与低点的连线近似平行,整个股价走势形成矩形,详见图 15-21 所示。矩形往往是在股价变动中途转入整理阶段时出现的调整形态。但当整理结束,股价突破矩形后,股市行情就会反转上升或下跌,矩形越长,说明股票买卖双方僵持的时间越长,预示着突破上档引起反转上升,或突破下档导致反转下跌的幅度也越大。值得注意的是,股价向上突破矩形上档时,往往需要成交量的配合;向下突破矩形下档时,则未必有成交量的配合。

8. 菱形

在股价连续涨升时,投资者明显冲动,买方力量大大释放,价格波动增大;随着投资者情绪稳定,成交减少,价格波幅收窄,股价走势在这种动荡的发展中形成一个菱形,详见图15-22所示。菱形又称钻石形,是由一个对称三角形和倒置三角形合并而成,菱形走势往往预示着大市的反转变动。这种反转变动幅度可以大到菱形对角线的高度。

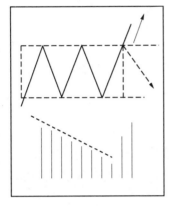

图 15-21　矩形示意图

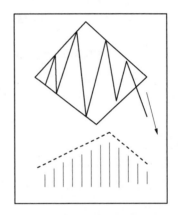

图 15-22　菱形示意图

七、整理形态分析

整理形态是指股价经过一段时间的快速变动之后,不再继续前进,而是在一定区域内上下窄幅波动,等待时机成熟后再继续以往的走势。

常见的整理形态有三角形、矩形、旗形、小旗形等,有时某些整理形态也可能演变成反转形态即调整后改变了趋势,如上述的三角形、矩形等。

1. 旗形

旗形走势,多在股价行情急速上升或下跌之后发生。旗形就是在股价趋势发展中,出现的形如旗帜的狭窄而且倾斜的小长方形,其急速上升或下跌的前段变动过程形成旗杆。旗形走势可分为上升旗形与下降旗形。

上升旗形的形成过程是:股价经过快速上升后,接着形成一个紧密、狭窄的略微向下倾斜的价格密集区域,将该区域的高点和低点分别连续起来,就可形成两条大致平行而又下倾的直线,即为上升旗形,详见图15-23中的图a所示。

下降旗形则与其相反,股价经过急速下跌后,接着形成一个波动狭窄而又紧密,稍向上倾的价格密集区域,将该区域的高点和低点分别连接起来,就可以形成两条大致平行而上倾的直线,即为下降旗形,详见图15-23中的图b所示。

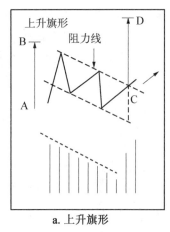
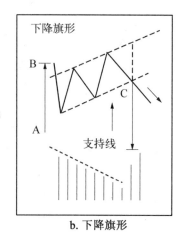

a. 上升旗形　　　　　　　b. 下降旗形

图 15-23　旗形示意图

从成交量上分析,两种旗形的形成过程中的成交量都是逐渐减少的。从技术意义上分析,上升旗形是后市极为看好的调整形态;下降旗形是后市极为看淡的调整形态。股价走出旗形后,继续升跌的幅度,一般不会少于旗杆的幅度。

2. 尖状旗形

尖状旗形与旗形的技术意义相同。两者的主要区别在于,尖状旗形的形成过程中,其股价波动幅度逐渐缩小,两条界线是收敛的,形成一个狭小的三角形而不是长方形。

第二节　技术指标分析

一、移动平均分析

移动平均分析,是利用统计学中移动平均的原理将每日的股价资料根据所需天数进行平均化处理,绘制移动平均线,以消除偶然因素的影响,显示股价变动的倾向,进行买卖点分析的方法。

1. 移动平均线的绘制

移动平均线按时间不同,可分短期、中期和长期三种。短期移动平均线一般以 5 日、10 日或 20 日为计算期间;中期移动平均线一般以 30 日、60 日等为计算期间;长期移动平均线一般以 200 日、250 日等为计算期间。移动平均线的计算期越短,敏感性越强;在股价剧烈变动的股市或期间,选择短期移动平均分析为宜。

移动平均线按计算方法不同,可分为简单移动平均线和加权移动平均线。

简单移动平均的计算公式为

$$MA_t = \frac{1}{n}\sum_{i=1}^{n} I_{t-i+1} \tag{15-1}$$

式(15-1)中：MA_t——第 t 日的股价移动平均数；

n——移动平均的计算期；

I_{t-i+1}——第 $t-i+1$ 日的收盘股价或收盘股价指数。

为了具体考虑移动平均计算期内近期股价或股价指数对未来股价波动的较大影响，也可采用加权移动平均计算方法。根据权数的不同，加权移动平均又有阶梯式加权与平方系数加权之分。由于计算较复杂，实践中较少采用。

2. 葛兰维移动平均线法则

美国著名的技术分析专家葛兰维根据 K 线与一条移动平均线(主要是 200 日线)之间的关系，给出了判断买卖的信号，创立了技术分析经典之论——葛兰维移动平均线八大法则，详见图 15-24 所示。

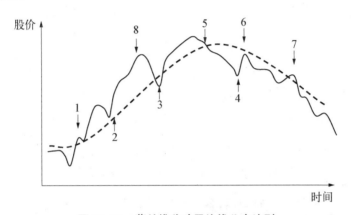

图 15-24　葛兰维移动平均线八大法则

（1）当移动平均线从下降逐渐转为盘局或上升，而股价从移动平均线下方向上突破移动平均线，为买入信号。

（2）当股价趋势线走在移动平均线上，突然股价下跌但未跌破移动平均线又再度上升，为买入信号。

（3）股价一时跌破移动平均线，但又立刻回升到移动平均线以上，此时移动平均线仍然继续上升，为买入信号。

（4）股价突然暴跌，跌破并远离移动平均线，如果这时股价开始回升，再趋向移动平均线，为买入信号。

（5）当移动平均线由上升开始转向走平或逐渐下跌，股价从移动平均线上方向下跌破移动平均线时，为重要的卖出信号。

（6）股价在移动平均线以下移动，然后向移动平均线回升，未突破移动平均线又立即反转下跌，为卖出信号。

（7）股价向上突破移动平均线后又立即跌回到平均线以下，此时移动平均线仍然继续下跌，为卖出信号。

（8）股价急速上升突破移动平均线并远离移动平均线，上涨幅度相当可观，随时可能下跌回归，为卖出信号。

3. 移动平均线的交叉与排列

如果将短期、中期、长期移动平均线结合起来,根据其相互交叉与排列的关系,也可以判断股市的走势,进行买卖点的分析,详见图15-25所示。

当短期移动平均线从下方向上穿过中期移动平均线,接着又向上穿过长期移动平均线,为买入信号;随着短期移动平均线移至长期移动平均线的上方,中期移动平均线也向上穿越长期移动平均线,突破的这一点称为黄金叉,为重要的买入信号。这时短期移动平均线、中期移动平均线与长期移动平均线由上至下依次排列,并且每条移动平均线均呈上升趋势,为典型的多头行情。

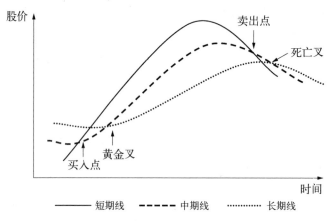

图 15-25 移动平均线交叉与排列示意图

坚挺的多头行情延续一段时间后,各条移动平均线涨势趋缓。首先是短期移动平均线从高点出现下降倾向,当短期移动平均线从上向下跌破中期移动平均线,接着又向下跌破长期移动平均线,为卖出信号;随着短期移动平均线移至长期移动平均线的下方,中期移动平均线也向下跌破长期移动平均线,跌破的这一点称为死亡叉,为重要的卖出信号。这时短期移动平均线、中期移动平均线和长期移动平均线自下而上依次排列,并且每条移动平均线均呈下降趋势,为典型的空头行情。

4. 乖离率

乖离率(BIAS)是依据葛兰维移动平均线八大法则推演而成的一项技术分析指标,其主要功能是通过测算股价在波动过程中与移动平均线出现的偏离程度,从而得出股价在剧烈波动时因偏离移动平均趋势而可能形成的回档或反弹,以及股价在正常波动范围内移动而形成继续原有走势的可信度。

(1) 计算。乖离率是表示股价偏离趋势指标的百分比值。其计算公式为

$$BIAS = \frac{C_t - MA_n}{MA_n} \qquad (15\text{-}2)$$

式(15-2)中:C_t——当日的收盘价或收盘指数;

MA_n—— n 日的股价或股价指数的移动平均数。

(2) 功用。移动平均数一般可为某一时间内买卖双方都能接受的均衡价格,乖离率则

表示每日股价或股价指数与均衡价格之间的差距,差距越大,回归均衡价格的可能性越大。因此,乖离率指标值的大小暗示着买卖的时机。

乖离率有正乖离率与负乖离率之分。当股价在移动平均线之上时,其乖离率为正;否则为负。当股价与平均线一致时,乖离率为0,随着股价走势的强弱和升跌,乖离率周而复始地往返于0点的上方与下方,其值的高低对未来股价走势有一定的预示功能。当正乖离率升至某一百分比时,表示短期内多头获利大,则获利回吐的可能性也大,呈卖出信号;负乖离率降到某一百分比时,表示空头回补的可能性大,呈买入信号。然而,乖离率究竟多大或多小为最佳买入或卖出点,并无统一原则。有人提出:10日均线乖离率为-4.5%以下是买进时机,$+5\%$以上是卖出时机,这仅是参考意见。一般而言,市场投机性、个股活跃度与乖离率弹性相关,高投机性市场与活跃度大的个股,其乖离率弹性越大;否则,反之。

实践表明,在多头行情中如遇乖离率为负,可趁机买进股票,风险较小;在空头行情中如遇乖离率为正,可及时卖出股票,持市观望,回避风险。

二、能量潮

能量潮(OBV)又称人气指标,是由美国技术分析专家葛兰维提出的。他认为股价走势基本上受市场供求双方力量对比的影响,而成交量的多少则是市场人气兴衰的标志,也是股市的动能,因此,成交量成为股价走势的先行指标。能量潮就是利用累计成交量变化来分析市场人气,进而据以研判股价走势的一种技术分析指标。

1. OBV 计算

首先,逐日累计每日股市的成交量。当天收盘价高于昨日,成交量为正值,否则为负值;如平收,成交量为零。其计算公式为

$$当日 OBV = 前一日的 OBV \pm 今日成交量$$

然后,将每天的 OBV 定点连接成线,与股价曲线并列于同一图表中,从中观察股价走势。

2. OBV 线的应用

根据成交量与股价变动的关系,可应用 OBV 线与股价趋势线判断买入或卖出的时机。
① OBV 线下降而股价上升时,为卖出信号,表示高档买盘无力,故宜卖出。
② OBV 线上升而股价下跌时,为买入信号,表示逢低进货者多,故宜买进。
③ OBV 线缓慢上升时,为买入信号,表示买盘逐渐加强。
④ OBV 线由上升转为下降时,为卖出信号,表示卖盘逐渐加强。
⑤ OBV 线急速上升时,为卖出信号,表示买盘已全力涌进,即将力竭而衰,故宜卖出。
⑥ OBV 线急骤下降时,为买入信号,表示卖盘大量出货,即将出现回补现象,故宜买进。

三、相对强弱指标

市场价格走势取决于供需双方的力量对比:当市场上对某一证券的需求大于供给时,价格上扬;当需求小于供给时,价格下降;当供需基本平衡时,价格稳定。相对强弱指标(RSI)

是以某一时期内整个股市或某种股票的涨跌平均值作为衡量供需双方力量对比的尺度,并以此作为预测未来股价走势的一种技术分析指标。

1. RSI 的计算

相对强弱指标的计算公式为

$$RSI = \frac{N \text{日内收盘涨幅平均值}}{N \text{日内收盘涨幅平均值} + N \text{日内收盘跌幅平均值}} \times 100 \qquad (15\text{-}3)$$

一般而言,较短日数的 RSI,其波动过于敏感;较长日数的 RSI,其波动过于迟钝,两者都会对分析股价变动趋势产生较大误差。因此,计算周期的确定一般应根据某一股价波动的特性而定,即股性较活的股票,计算周期适当长一点;股性呆滞的股票,计算周期适当短一点。

2. RSI 的应用

(1) 根据上述公式计算的 RSI 值始终在 0—100 变动,其正常值一般为 30—70,高于 50 为强势市场(涨势强于跌势),低于 50 的为弱势市场。一般而言,RSI 高于 70 为进入超买区,暗示股价可能会下跌;反之,RSI 低于 30 为进入超卖区,暗示股价可能会上升(如图 15-26 所示)。但是,不同类型的股票的 RSI 值的大小所显示的功用会有所差别,这需要投资者注意。

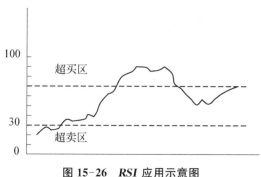

图 15-26 RSI 应用示意图

(2) 相对强弱指标有比股价指数或个别股票价格先行显示未来行情走势的特征。在股价指数尚未上涨时,RSI 指标已先升;当股价指数未跌时,RSI 指标已先降,尤其是在股价峰谷区域特别明显。可判断如下:

① 股市盘整时,RSI 底部逐步抬高,表示多头势强;相反底部逐步下降,表示空头势强。

② 股价尚在盘旋,而 RSI 已整理完毕,领先突破趋势线,暗示股价即将突破整理。

③ 在股价不断创新高的同时,RSI 也创新高,表示后市仍属强势,可能还会上涨;否则,反之。

(3) 背离信号。当 RSI 指标与股价指数呈现反方向变化时,通常是市场即将发生重大变化的信号。当日 K 线图的走势不断创新高,而 RSI 线未能同时创新高,甚至出现走低的情况时,显示股票价格有虚涨现象,通常是反转下跌的前兆;相反,若股价创新低而 RSI 未创新低,暗示股价可能反转上升。

四、腾落指数

腾落指数(ADL)是以每天上涨或下跌的股票家数作为分析对象,以了解市场人气盛衰,探测大势动量强弱并研判股市未来走势的一种技术分析指标。

1. ADL 的计算

腾落指数的计算公式为

$$ADL = \sum_{i=1}^{n}(上涨股票家数 - 下跌股票家数) \tag{15-4}$$

将每天的腾落指数值连接起来,便形成腾落指数曲线。腾落指数与股价指数均反映股市大势的动向,而不对某一个股票的涨跌提供信号。但由于股价指数在一定情况下受制于权值大的股票,当这类股票暴涨或暴跌时(尤其是受人为因素影响),股价指数有可能反应过度,从而给投资者提供不实的信息。而腾落指数是以股票家数为计算基准,不受权值大小的影响,因此可以弥补股价指数这一缺陷。

2. ADL 的应用

将腾落指数曲线与股价指数曲线并列于一张图表中,可以分析判断股市未来的走势。

(1) 当腾落指数与股价指数走势一致时,可进一步确认大势的趋势。

① 股价指数持续上升,腾落指数亦上升,则股价可能仍将继续上升。

② 股价指数持续下跌,腾落指数亦下跌,则股价可能仍将继续下跌。

③ 股市处于多头市场时,腾落指数呈上升趋势,其间如果突然出现急速下跌现象,接着又立即扭头向上,创下新高点,则表示行情可能再创新高。

④ 股市处于空头市场时,腾落指数呈下降趋势,其间如果突然出现上升现象,接着又回跌并跌破原创低点,则表示新一轮的下跌将出现。

(2) 当腾落指数与股价指数走势背离时,预示股市可能向相反方向变化。

① 当股价指数持续数日上涨而腾落指数却连续数日下跌,表示股票涨少跌多,向上攻击动量不足,这种不正常现象难以持久,通常是大势下跌的征兆。

② 当股价指数持续数日下跌而腾落指数却连续数日上升,表示多数股票已止跌回稳,大势底部已近,通常是大势上升的前兆。

(3) 腾落指数的变化往往领先于股价指数,如在多头市场中腾落指数领先于股价指数下跌,或在空头市场中腾落指数领先于股价指数反转上升,都暗示大势可能变化,特别是股价在高价区腾落指数先形成 M 头,或股价在底部腾落指数先形成 W 底,为卖出买进的信号。

五、涨跌比率

涨跌比率(ADR)又称回归式腾落指数,它是将一定期间内上涨股票家数与下跌股票家数进行统计处理求出的比率,来分析市场供需变化并判断股市未来走势的一种技术分析指标。

1. ADR 的计算

涨跌比率的计算公式为

$$ADR = \frac{N 日内上涨股票家数移动合计}{N 日内下跌股票家数移动合计} \tag{15-5}$$

构成涨跌比率指标的理论基础是"钟摆原理",由于股市的供需有如钟摆的两个极端,当供给量大时,会产生物极必反的现象,则往需求方向摆动的拉力愈强,也愈急速;否则,反之。

一般而言,涨跌比率的计算周期短,指标过于敏感;计算周期长,指标过于迟钝。根据我国新兴市场股价波动幅度大且频繁的特点,加上涨跌比率的震荡特点,一般可以采用10天的计算周期,即求出10日的涨跌比率。

2. ADR 的应用
① 涨跌比率在0.5—1.5时,表示股价处于正常涨跌状况,没有过度超买或超卖现象。
② 涨跌比率大于1.5时,表示股价长期上涨,有超买过度现象,股价可能要回跌。
③ 涨跌比率小于0.5时,表示股价长期下跌,有超卖过度现象,股价可能出现反弹回升。
④ 涨跌比率在2以上或0.3以下时,表示股市处于大多头市场或大空头市场的末期,是一种严重超买或超卖现象。
⑤ 涨跌比率如果不断下降,低于0.75时,通常显示短线买进机会。在空头市场初期,如果降至0.75以下,通常暗示中级反弹机会;而在空头市场末期,10日涨跌比率降至0.5以下时,为买进时机。
⑥ 对大势而言,涨跌比率有先行示警作用,尤其是在短线反弹或回档方面,更能比形态领先出现征兆。如果形态与涨跌比率成背驰现象,则大势即将反转。

六、威廉指数

威廉指数(%R)是利用摆动点来量度市场的超买超卖现象,分析循环周期内的高点和低点,预测市场短期行情走势并提出有效信号的一种技术分析指标。

1. %R 的计算
%R 的计算周期的确定,一般可取一个买卖循环周期的半数。许多技术分析专家认为,一个买卖循环周期可取14日、28日或56日,扣除周六、周日休息,这些买卖循环周期的实际交易日分别为10日、20日和40日,如取其一半则为5日、10日或20日。
%R 的计算公式为

$$\%R = \frac{H_t - C_t}{H_t - L_t} \times 100 \tag{15-6}$$

式(15-6)中:H_t —— t 日内最高价;
L_t —— t 日内最低价;
C_t —— 第 t 日收盘价;
t —— 计算周期。

威廉指数的计算结果与相对强弱指标、随机指数一样,指标数值在0—100之间波动。不同的是,威廉指数的数值越小,表示市场的买气越重;反之,其值越大,市场卖气越浓。

2. %R 的应用
(1) 当%R 高于80,市场处于超卖状态,表示行情即将见底,为买入时机。%R 为80 的横线一般称为买入线。

(2) 当%R 低于 20,市场处于超买状态,表示行情即将见顶,为卖出时机。%R 为 20 的横线一般称为卖出线。

(3) 当股票价格由超卖区(%R>80)向上攀升初期,只是表示股价趋势转强,若涨破中轴线(即%R 为 50),便开始转入强市,可以买入;当股票价格由超买区(%R<20)向下回落初期,仅表示股价趋势转弱,待跌破中轴线方可确认转弱,应予卖出。

(4) 市场有时会表现为超买后再超买,或超卖后再超卖。在这种情况下,当%R 进入强势或弱势区域,市场行情并非一定转势,只有当%R 明显转向突破卖出线或突破买入线,发出的买卖信号有效程度高。

(5) 使用%R 时最好同时使用相对强弱指标配合验证。当%R 线向上、向下突破 50 的中轴线时,也可用以检验相对强弱指标的信号是否正确,发挥两者的互补功能,提高对股市未来走势研判的正确度。

七、随机指数

随机指数(KDJ)是一种新颖、实用的技术分析指标,最早起源于期货市场,由乔治·莱恩(George Lane)首创。随机指数 KDJ 最早是以 KD 指数的形式出现,而 KD 指数是在威廉指数的基础上发展起来的。不过 KD 指数只判断股票的超买超卖的现象,在 KDJ 指数中则融合了移动平均线速度上的观念,形成比较准确的买卖信号依据。KDJ 指数在设计过程中主要是研究最高价、最低价和收盘价之间的关系,同时也融合了动量观念、强弱指数和移动平均线的一些优点。因此,能够比较迅速、快捷、直观地研判行情,被广泛用于股市的中短期趋势分析,是期货和股票市场上最常用的技术分析工具。

随机指数 KDJ 以最高价、最低价及收盘价为基本数据进行计算,得出的 K 值、D 值和 J 值分别在指数的坐标上形成一个点,连接无数个这样的点位,就形成一个完整的、能反映价格波动趋势的 KDJ 指数。它的主要理论依据是:当价格上涨时,收盘价倾向于接近当日价格区间的上端;相反,在下降趋势中收盘价趋向于接近当日价格区间的下端。在股市和期市中,因为市场趋势上升而未转向前,每日多数都会偏向于高价位收盘,而下跌时收盘价就常会偏于低位。随机指数在设计中充分考虑价格波动的随机振幅与中短期波动的测算,使其短期预测市场的功能比移动平均线更加准确有效,在市场短期超买超卖的预测方面又比强弱指数敏感。

1. KDJ 的计算

KDJ 的计算比较复杂,首先要计算周期(t 日、t 周等)的 RSV 值,即未成熟随机值,然后再计算 K 值、D 值、J 值等。以 t 日 KDJ 数值的计算为例,其计算公式为

$$RSV = \frac{C_t - L_t}{H_t - L_t} \times 100 \tag{15-7}$$

式(15-7)中:C_t——第 t 日收盘价;

H_t——t 日内最高价;

L_t——t 日内最低价;

t——计算周期。

可见，RSV 值始终在 0—100 波动。

其次，计算 K 值、D 值和 J 值

$$当日 K 值(\%K) = 当日 RSV 值 \times \frac{1}{3} + 前一日 K 值 \times \frac{2}{3}$$

$$当日 D 值(\%D) = 当日 K 值 \times \frac{1}{3} + 前一日 D 值 \times \frac{2}{3}$$

$$当日 J 值(\%J) = 3 \times 当日 K 值 - 2 \times 前日 D 值$$

注：若无前一日 K 值与 D 值，则可分别用 50 来代替。

以 9 日为周期的 KDJ 线为例：

未成熟随机值计算公式为

$$9 日 RSV = \frac{C_9 - L_9}{H_9 - L_9} \times 100 \tag{15-8}$$

式(15-8)中，C_9 为第 9 日的收盘价；L_9 为 9 日内的最低价；H_9 为 9 日内的最高价。

$$K 值 = 第 9 日 RSV \times \frac{1}{3} + 第 8 日 K 值 \times \frac{2}{3}$$

$$D 值 = 第 9 日 K 值 \times \frac{1}{3} + 第 8 日 D 值 \times \frac{2}{3}$$

$$J 值 = 3 \times 第 9 日 K 值 - 2 \times 第 9 日 D 值$$

2. KDJ 的应用

① 当 K 值在 50 以下的低水平，形成一谷比一谷高的现象，并且 K 值由下向上连续两次交叉 D 值时，股价会产生较大的涨幅。

② 当 K 值在 50 以上的高水平，形成一峰比一峰低的现象，并且 K 值由上向下连续两次交叉 D 值时，股价会产生较大的跌幅。

③ K 线由下向上交叉 D 线失败转而向下探底后，K 线再次向上交叉 D 线，两线所夹的空间叫做向上反转风洞。当出现向上反转风洞时股价将上涨。反之叫做向下反转风洞。出现向下反转风洞时股价将下跌。

④ K 值大于 80，短期内股价容易向下出现回档；K 值小于 20，短期内股价容易向上出现反弹；但在极强、极弱行情中 K、D 指标会在超买、超卖区内徘徊，此时应参考其他技术指标以确定走势的强弱。

⑤ 在常态行情中，D 值大于 80 后股价经常向下回跌；D 值小于 20 后股价易于回升。在极端行情中，D 值大于 90，股价易产生瞬间回档；D 值小于 15，股价易产生瞬间反弹。这种瞬间回档或反弹不代表行情已经反转。

⑥ J 值信号不常出现，可是一旦出现，可靠性相当高。当 J 值大于 100 时，股价会形成头部而出现回落；J 值小于 0 时，股价会形成底部而产生反弹。

思考题

1. 试述道氏理论的三类趋势。
2. 艾略特波浪理论中各浪分别有何基本特征?
3. 试述黄金分割法在证券投资中的应用。
4. K线图有哪些基本种类?对后市分析有何启示?
5. 试述支撑与压力的内涵及其形成。
6. 缺口形态有哪些类型?各类型有何特征?
7. 什么是反转形态?其主要包括哪些类型?
8. 什么是整理形态?其主要包括哪些类型?
9. 什么是葛兰维移动平均线的八大法则?
10. 试述不同时期移动平均线排列与交叉的意义。
11. 试述常用技术分析指标的内涵及应用。

第十六章
证券投资组合理论和资本资产定价模型

收益与风险及其两者关系是证券投资活动中涉及面最广的内容,为揭示证券投资活动中收益与风险的关系,现代证券投资理论应运而生。这一理论提出了一系列分散投资的思路,帮助投资者选择一个在收益水平一定状态下风险水平最小的投资组合,或一个在风险水平一定状态下收益水平最大的投资组合。这一理论主要包括证券投资组合理论、有效市场理论、资本资产定价模型与套利定价理论等。

第一节 证券投资组合理论

在证券投资活动中,一般投资者的目的是获取一定的收益,但是收益是与风险密切相关的,它们之间形成相互的交换关系。传统的证券投资组合理论是根据投资者对证券投资收益的需求,从经常收入、资本增值或两者平衡方面来研究如何进行证券投资组合,以指导投资者进行投资选择。现代证券组合理论的创造者马柯维茨在传统投资理论的基础上,运用概率论和线性代数方法以及偏好和效用分析理论,于1952年在美国《金融杂志》上发表了《证券组合选择》一文,奠定了现代证券投资理论的基石。马柯维茨的证券组合理论的核心是在给定风险水平的基础上,如何使证券组合的预期收益率最大,或为获取既定的预期收益率,如何使承受的证券组合风险最小。与传统组合理论相比,现代证券投资组合理论的突出优势之一是能对证券的收益与风险关系进行定量分析。

一、证券投资组合理论的假设

与其他许多经济学理论相同,证券投资组合理论也是建立在一定的假设基础之上。

第一,假设证券市场是有效的,投资者能得知证券市场上各种证券收益与风险变动及其原因。

第二,假设投资者能对各种证券及其组合的收益和风险进行定量描述。在证券投资组合理论中,单一证券的收益和风险用其期望收益率与标准差来衡量。由若干证券组成的证券投资组合的收益,是由构成该证券组合的各项证券期望收益率的加权平均数来衡量;证券投资组合的风险则是用其收益的标准差或方差来衡量,但与证券投资组合的期望收益率不同,这一组合方差或标准差并不仅是构成该证券组合的各项证券的方差或标准差的加权平均数,还包含各种证券间的相互影响在内。有关证券收益与风险的定量分析,详见本书第十三章的有关内容。

第三,假设投资者都是综合考虑收益和风险的影响,力求效用最大化即一定条件下的期望收益最高或风险最低作为选择标准。

第四,假设投资者在追求效用最大时,都是风险回避型。

二、证券投资组合的分散原理

证券投资的风险是指未来收益的不确定性。影响证券投资未来收益不确定性的因素可以归纳为系统风险与非系统风险:系统风险对市场上所有证券产生影响,只是影响程度存在差异,因此证券投资分散化并不能消除系统风险的影响;非系统风险只是对市场某一证券或某一类证券产生影响,因此可以通过证券投资分散化予以消除。

通过证券投资分散化,达到消除非系统风险的目的,必须对构成证券组合的各个证券进行合理、科学的选择。前述反映证券投资组合风险的方差或标准差的计算公式表明,证券投资组合风险,不仅取决于构成组合的各个证券自身风险和投资比例,还取决于各个证券之间预期收益的相关方向与相关程度。当组合中各个证券间预期收益呈完全正相关,则投资分散化不能降低风险,当组合中各证券间预期收益呈完全负相关,则投资分散化可以完全消除风险;当组合中各证券间预期的收益相关程度较低,则投资分散化可以大幅度降低风险。事实上,上述组合中各证券预期收益间相关关系的类型中,第三种状况占了极大比重。

证券组合中证券种类的多少与风险的消除程度有一定的关联。证券投资实践表明,当一个证券组合的证券种类趋于20种及以上,证券组合的标准差逐渐缩小并趋近某一极限值,也即通过合理的科学的分散化投资,一般可将影响证券组合的非系统风险消除,但与市场波动相关的系统风险则无法通过分散化投资来减少。详见图13-1。

马柯维茨的证券投资组合理论就是利用分散投资原理借助数学方法,从各证券中选择最佳组合,从而协调收益与风险的关系。

三、有效边界

在证券市场所有的证券中,取 n 种证券构成证券组合,以及证券组合中各证券投资比例差异可形成无数多个证券组合,并对每一个证券组合计算其期望收益率与标准差,则可构成一个可行组合,详见图16-1。图中纵轴度量每个证券组合的预期收益率,横轴度量每个证券组合的风险程度。

投资者不需要分析评估可行组合中的所有证券组合,但必须分析研究任意给定风险水平而期望收益最大或任意给定期望收益水平而风险最小的证券组合。满足上述两个条件的证券组合构成的曲线称为有效边界。在有效证券组合可行域的上边缘部分。有效边界一定是向外凸的,也称"马科维兹边界"。在它左方的投资组合是不可能的,而位于它右方的投资组合是没有效率的。因为在有效边界上的投资组合较其右方与之风险相同的投资组合有较高的收益率,或者与之收益相同的投资组合有较低的风险。图16-1中的曲线 ADB 为有效边界,其中证券组合

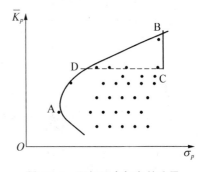

图16-1 可行组合与有效边界

A 有最小的风险，B 有最大的期望收益。可行组合中的任何证券组合都可以用比它更有价值的有效边界上的证券组合来代替。例如，图 16-1 中的证券组合 C，可以用证券组合 B 来代替，因为在相同风险水平下 B 的期望收益比 C 大；也可以用证券组合 D 来代替，因为在相同期望收益水平下 D 的风险比 C 小。

四、最佳证券组合的选择

确定证券组合的有效边界以后，投资者就可以从这个有效边界上选择出更适合自己的证券组合。为了满足投资者的个人偏好，可采用无差别曲线。无差别曲线一般具有以下特征：①表示投资者对在该曲线上任何收益和风险的组合都是可以接受的，即对投资者而言，该曲线上高风险、高收益的点与低风险、低收益的点没有区别；②无差别曲线具有正的斜率，这是因为在分析中假设投资者都是风险回避型，当他们面对有同样期望收益的两个证券组合时，投资者将会选择风险较小的一个；③投资者更偏好位于左上方的无差别曲线，这是因为如果将可行组合所在坐标图分成四个象限的话，那么位于左上方的第Ⅰ象限中的证券组合显然具有收益高、风险小的优势；④不同投资者有不同类型的无差别曲线：偏好风险投资者的无差别曲线较平坦，因为少量的收益提高就可弥补他们可能的风险损失；风险回避型投资者的无差别曲线较陡峭，只有收益的大幅度提高才能促使他们愿意承担较大的风险。

最佳证券组合就是在有效边界和某投资者无差别曲线的切点上。如图 16-2 所示，X、Y 是两个不同投资者的最优证券组合。这是因为，l_1、l_2、l_3 三条无差别曲线中，投资者会偏好 l_3，但其远离可行组合，也即现实中不存在这样的投资机会；l_1 在右下方，相比之下，投资者更会偏好位于左上方的 l_2，因此，X、Y 是两个不同投资者分别可以选择的唯一的最佳证券组合。显然，选择图 a 中 X 的投资者比选择图 b 中 Y 的投资者更不喜爱风险，因而，其选择的最佳证券组合的期望收益与风险都比较小。

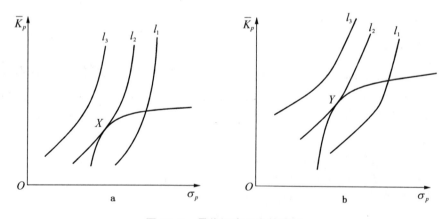

图 16-2 最优证券组合的选择

第二节 资本资产定价模型

在马柯维茨的证券投资组合理论的基础上，美国经济学家夏普和特勒等人几乎同时提出了资本资产定价模型(capital asset pricing model，CAPM)。这一模型是资本市场理论的核心内容，是现代金融理论和证券理论的一项重要成果，对于了解证券收益与风险间的本质关系，指导证券投资活动有着重要的意义。

一、资本资产定价模型的假设

资本资产定价模型是以证券投资组合理论为基础发展而成，因此，关于证券投资组合理论的假设对资本资产定价模型同样适用。同时，资本资产定价模型的有关假设比证券投资组合理论更为严格，其基本假设如下。

第一，投资者都是风险回避者，且都是为了使单一期间内财富预期效用最大化。

第二，投资者都是价格接受者，且对呈正态分布的资产报酬都有一致性的预期，即对证券未来的期望收益，标准差与协方差有相同的预测。

第三，在现实经济中存在无风险资产，投资者可以按照无风险利率任意借入或贷出资本。

第四，资本市场是不可分割，市场信息是免费的，且投资者都可以同时获得各种信息。

第五，市场是完善的，不存在税收、交易成本、对抛空的限制等投资障碍。

第六，投资者都是采用资产期望收益及方差或标准差来衡量资产的收益和风险。

二、资本市场线

上述马柯维茨的证券投资组合理论中，投资者的投资对象仅是各种风险证券(主要是股票)。资本资产定价模型中，投资者不仅投资于风险证券，还包括无风险资产的借贷活动，进一步投资分散化，建立投资者对风险和收益不同偏好的组合。资本市场线是投资者获取的一种无风险资产与风险证券有效组合的途径。

1. 无风险借贷

资本资产定价模型引入了无风险资产概念。无风险资产意味着其收益的确定性，由于收益的确定性，因而无风险资产收益率的标准差为零。假定在一个较短的期间内未发生通货膨胀与利率变动，即可将相应期间的政府公债代表无风险资产。其中，投资者对无风险资产的投资称为无风险贷款，投资者以固定利率借入资金并将其投入风险资产则称为无风险借款。

当投资者将无风险资产与风险证券结合形成新的投资组合，则新投资组合的期望收益率为

$$\bar{K}_p = K_f \cdot P_f + (1-P_f)\bar{K}_m \tag{16-1}$$

新投资组合的标准差为

$$\sigma_p = [P_f^2 \cdot \sigma_f^2 + (1-P_f)^2 \cdot \sigma_m^2 + 2P_f(1-P_f) \cdot COV_{fm}]^{\frac{1}{2}}$$

$\because \sigma_f = 0, \quad COV_{fm} = 0$

$\therefore \sigma_p = [(1-P_f)^2 \cdot \sigma_m^2]^{\frac{1}{2}}$

$$\sigma_p = (1-P_f) \cdot \sigma_m \qquad (16\text{-}2)$$

式(16-2)中:K_f——无风险资产收益率;

$\bar{K}_m$——风险证券组合期望收益率;

P_f——投资于无风险资产的比例;

σ_f——无风险资产收益率的标准差;

σ_m——风险证券组合期望收益率的标准差;

COV_{fm}——无风险资产与风险证券组合收益率的协方差。

可见,新投资组合的收益取决于无风险资产与风险证券组合的收益及其各自的投资比例;而新投资组合的风险则取决于风险证券组合的标准差及其投资比例。

2. 市场证券组合

引入无风险资产后,投资者有了借入借出资金的可能,其投资的灵活机动性大为提高。无风险资产可以与任何一种风险证券或风险证券组合以任何投资比例构成一系列新的投资组合,但从图 16-3 纵轴上无风险资产收益率即点$(0,K_f)$引出一条直线K_fM与证券投资组合理论的有效边界 AB 相切于 M,此时直线 K_fM 就是纳入无风险资产的最佳资产组合线,M 点是所有有效组合与无风险资产的最佳组合点。而且有效边界 AB 上除点 M 外不再有效,比如,证券组合 C 在 AB 上,可以在直线 K_fM 上找到证券组合 D 比 C 更有效。同样有效边界 AB 上除点 M 外的任何证券组合与无风险资产组成的证券组合总能在直线 K_fM 上找到比它更有效的证券组合,详见图 16-3 所示。

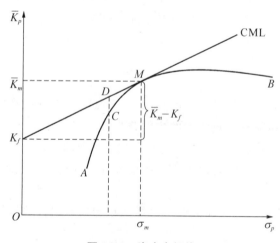

图 16-3 资本市场线

直线 K_fM 与有效边界 AB 相切于点 M,M 点被称为市场证券组合。理论上,市场证券组合包括所有风险资产:金融资产——股票、债券、期权、期货等;实体资产——不动产、黄金、古董、艺术品等。市场证券组合中的每一种风险资产的现时价格均为均衡价格,并以每一种风险资产总值占市场风险资产总值的份额为权数综合形成。市场证券组合是一个风险证券组合,通过组合的完全多元化与分散化,各风险资产的非系统风险相互抵消,但系统风险仍将保留。因此,市场证券组合提供了最大程度的资产多元化与投资分散化的效应。

但是,市场证券组合是无法观测的。所以通常采用全部的或样本的普通股票的证券组合来代替市场证券组合,如各交易所综合股价指数或成分股价指数。因为综合股价指数或具有代表性的成分股价指数变动代表着市场平均收益率的变动,而且这种变动几乎仅受系统风险的影响。因此,股价指数代表的市场证券组合可以提供与理论上的市场证券组合基本一致的资产多元化与投资分散化的效应。

3. 资本市场线

根据一致性预期的假设前提,所有投资者都以市场证券组合作为自己的风险资产投资组合。这样市场证券组合 M 与无风险资产构成的全部资产组合集合的效率前沿,即图 16-3 中的直线 $K_f M$,就是投资者选择自己的资产组合的最佳集合。这个直线型资产组合集合被称为资本市场线(CML)。资本市场线是指有效的收益率和标准差之间的一种简单的线性关系的一条射线。它是沿着投资组合的边界,由风险资产和无风险资产构成的投资组合。

资本市场线表示的是风险和收益之间的关系,但是这种关系也决定了证券的价格。因为资本市场线是证券有效组合条件下的风险与收益的均衡,如果脱离了这一均衡,就会在资本市场线之外,形成另一种风险与收益的对应关系。这时,要么风险的报酬偏高,这类证券就会成为市场上的抢手货,造成该证券的价格上涨,投资于该证券的报酬最终会降低下来;要么会造成风险的报酬偏低,这类证券在市场上就会成为市场上投资者大量抛售的目标,造成该证券的价格下跌,投资于该证券的报酬最终会提高。经过一段时间后,所有证券的风险和收益最终会落到资本市场线上来,达到均衡状态。

在引入无风险资产后,有效边界的形态发生了变化。证券投资组合理论的弧形有效边界不再奏效,尽管其弧形有效边界上各点的证券组合也能与无风险资产结合,但除 M 点外,其他证券组合都在资本市场线之下。因此,资本市场线成为风险资产与无风险资产结合的有效边界。尤为重要的是,资本市场线上的所有证券组合仅包含系统风险,即非系统风险已有效地分散化。

由于资本市场线(CML)是一直线,因而,在这个有效边界上的任何证券组合的预期收益率与风险的关系都可以清楚地表示。

如果投资者准备投资风险资产,必然需要一个风险报酬来补偿增加的风险。风险报酬是一个证券组合的期望收益率与无风险资产收益率之差。图 16-3 中证券组合 M 的风险报酬 $=\bar{K}_m - K_f$。通常 CML 是向上倾斜的,因为风险报酬总是正的,并且根据前述的假设前提,投资者都是风险回避型,除非未来的风险得到补偿才会投资。因此,风险愈大,预期收益也愈大。CML 的斜率就是有效证券组合的风险市场价格,表示一个证券组合的风险每增加一个 1%,需要增加的风险报酬,其计算公式为

$$CML \text{ 的斜率} = \frac{\bar{K}_m - K_f}{\sigma_m} \tag{16-3}$$

在掌握了 CML 的斜率和截距 K_f,那么,在 CML 上的任何有效证券组合的期望收益率都可以用它的风险来反映,因此 CML 的表达式为

$$\bar{K}_p = K_f + \frac{\bar{K}_m - K_f}{\sigma_m} \sigma_p \tag{16-4}$$

即 CML 给出每一个证券组合的风险水平应得的收益回报。因而,不同投资者可根据自己的无差别曲线在资本市场线上选择自己的资产组合。

对于风险承受能力弱、偏爱低风险的投资者可在 CML 线的左下方选择自己的资产组合。一般可将全部资金分为两部分,一部分投资于无风险资产,一部分投资于风险资产。越是追求低风险,在无风险资产上投资越大,所选择的资产组合点越接近于纵轴上的 K_f。

对于风险承受能力强、偏爱高风险的投资者可在 CML 线的右上方选择自己的资产组合。一般将全部资金投资于风险资产组合后,还按无风险利率借入资金投资于风险资产。风险偏好越强,借入资金越多,所选择的资产组合点越远离于 CML 上的 M 点。

三、证券市场线

资本市场线反映了有效资产组合的期望收益与风险之间的关系,但未展现出每一证券自身的风险与收益的关系。而证券市场线正是在均衡市场条件下反映每一证券的风险与收益的关系。

证券市场线(SML)是资本资产定价模型(CAPM)的图示形式。反映投资组合报酬率与系统风险程度系数之间的关系以及市场上所有风险性资产的均衡期望收益率与风险之间的关系。证券市场线方程对任意证券或组合的期望收益率和风险之间的关系提供了十分完整的阐述。任意证券或组合的期望收益率由两部分构成:一部分是无风险利率,它是由时间创造的,是对放弃即期消费的补偿;另一部分是对承担风险的补偿,称为"风险溢价",它与承担风险的大小成正比。它主要用来说明投资组合报酬率与系统风险程度 β 系数之间的关系。SML 揭示了市场上所有风险性资产的均衡期望收益率与风险之间的关系。

1. 资本资产定价模型

证券投资风险可分为系统风险与非系统风险两类。对市场证券组合而言,它只含有系统风险,该组合中每一单项资产对市场证券组合的风险影响也仅是它所具有的系统风险。

如果将第 i 项资产与市场证券组合的协方差 COV_{im} 和市场证券组合的方差 σ_m^2 之比,即 $\dfrac{COV_{im}}{\sigma_m^2}=\beta_i$ 作为该项资产系统风险程度的量值,则可将该项资产的期望收益与系统风险间的关系表示为

$$\bar{K}_i = K_f + (\bar{K}_m - K_f)\frac{COV_{im}}{\sigma_m^2} \tag{16-5}$$

将 $\dfrac{COV_{im}}{\sigma_m^2}=\beta_i$ 代入,则

$$\bar{K}_i = K_f + (\bar{K}_m - K_f)\beta_i \tag{16-6}$$

式(16-6)中:$\bar{K}_i$——资产 i 期望收益率;

K_f——无风险资产收益率;

$\bar{K}_m$——市场证券组合期望收益率;

β_i——资产 i 的 β 系数。

式(16-6)即为资本资产定价模型(CAPM),又称证券市场线(SML)。它反映了每一项资产期望收益与风险的关系,详见图16-4所示。

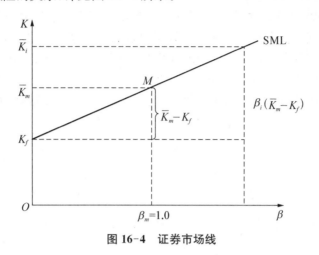

图 16-4　证券市场线

2. 资本资产定价模型的意义

由证券市场线图示可知,每项资产的收益包括:一是无风险收益 K_f,即资本的时间价格;二是风险收益 $(\bar{K}_m - K_f)\beta_i$,即资本的风险报酬,或投资者因承担风险而获取的补偿。这与资本市场线(CML)相同。不同的是,单位风险报酬由 $\dfrac{(\bar{K}_m - K_f)}{\sigma_m}$ 换成 $(\bar{K}_m - K_f)$;风险的衡量单位由 σ_p 换成了 β_i。

证券投资组合理论揭示,当证券组合中的证券种类趋于20种及以上时,风险得到了充分的分散,所有非系统风险几乎全部消除。因此,投资者在考虑这一组合中增加或减少某一种证券时,可以忽略该项资产自身的非系统风险的影响,主要考虑该项资产所含的系统风险的大小,只就所承担的系统风险取得风险补偿。公式(16-6)中的 $(\bar{K}_m - K_f)$ 作为单位系统风险的风险报酬,而 β_i 则为资产 i 所含系统风险的量值,反映资产 I 受系统风险的影响大小。

由于我们用 $(\bar{K}_m - K_f)$ 来表示单位系统风险所需的风险报酬,而 σ_m^2 是全部风险的表示,因而,资产 i 的系统风险大小便以 σ_m^2 为单位来衡量,即 $\beta_i = \dfrac{\sigma_{im}}{\sigma_m^2}$。市场证券组合的系统风险为 $\dfrac{\sigma_{mm}}{\sigma_m^2} = \dfrac{\sigma_m^2}{\sigma_m^2} = 1$。因此,资本资产定价模型是以市场证券组合的风险作为系统风险的标准,其他各单项资产或资产组合的系统风险均以其相对这一标准的大小 β 来衡量,进而反映资产收益与风险的依赖关系。$\beta=1$ 表明该资产具有市场上的平均风险;$\beta>1$ 表明该资产的风险程度高于市场平均风险;$\beta<1$ 表明该资产的风险程度低于市场平均风险。这里,β 类似于风险杠杆,当风险收益为 $(\bar{K}_m - K_f)$ 时,增大风险杠杆系数 β 才能增加总的投资收益。

3. 资本资产定价模型的特征

CAPM 具有以下两个重要特征:

(1) 在均衡状态下,每一项资产的收益与风险关系都落在证券市场线上。风险大的资产收益高,风险小的资产收益低,K_i 与 β_i 的关系是一条由左至右向上倾斜的直线。

为了说明 CAPM 处于均衡状态,图 16-5 中点 Z 与 V 分别表示处于非均衡状态的两种资产。资产 Z 有高的系统风险,价格过高,期望收益较低,不能吸引投资者投资,因而价格下跌,期望收益回升,直到期望收益上升到足以补偿投资者承担这种高系统风险。这个价格就是均衡价格,并且期望收益就是均衡收益,即为 SML 上的 $\bar{K}_Z$。相反,资产 V 有低的系统风险,价格过低,期望收益较高,因而,吸引投资者投资,价格回升,期望收益下降,直至均衡点 $\bar{K}_V$。

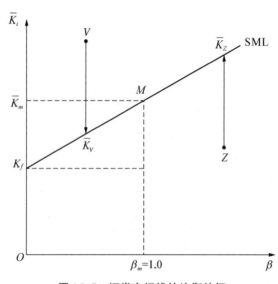

图 16-5 证券市场线的均衡特征

(2) 资产组合的 β 值是构成该组合的各项资产的 β 的加权平均数。例如,投资者将 a 比例资金投资于风险程度为 β_x 的资产 x,b 比例资金投资于风险程度为 β_y 的资产 y,且 $a+b=1$,则资产组合 (ax, by) 的 β 为

$$\beta_p = a\beta_x + b\beta_y \tag{16-7}$$

由此推论

$$\beta_p = \sum_{i=1}^{n} \beta_i \cdot p_i \tag{16-8}$$

式(16-8)中:p_i——第 i 种资产价值占资产组合总价值的比例。

这一特征表明:CAPM 对任意资产或资产组合都成立。

4. CAPM(SML)与 CML 的比较

资本资产定价模型(CAPM)或证券市场线(SML)与资本市场线(CML)都是描述资产或资产组合的期望收益与风险状况间依赖关系的函数。但两者间存在以下主要差别:

(1) CML 是由所有风险资产与无风险资产构成的有效资产组合的集合,反映的是有效资产组合的期望收益与风险程度间的依赖关系。CML 上的每一点都是一个有效资产组合，其中 M 点是由全部风险资产构成的市场证券组合，其余各点是由市场证券组合与无风险资产构成的资产组合。

SML 反映的则是任意单项资产或资产组合的期望收益与风险程度间的依赖关系。从本质上看，CML 是 SML 的一个特例。

（2）CML 是由市场证券组合与无风险资产构成的，因此，直线上的所有资产组合都有全部风险，它所反映的是这些资产组合的期望收益与其全部风险 σ_p 间的依赖关系。

SML 是由任意单项资产或资产组合构成的，但它只反映这些资产或资产组合的期望收益与其所含的系统风险的关系，而不是全部风险的关系。因此，它用 β 或 β_p 来衡量资产或资产组合所含的系统风险的大小。

四、证券特征线

如果说证券市场线是用以估计一种资产的预计收益，那么证券特征线只是用以描述一种资产的实际收益。

1. α 系数

处于均衡状态的资本资产定价模型中，每一种资产期望收益率都位于证券市场线上，即资产期望收益率与它的均衡期望收益率完全一致。而事实上，总有一部分资产或资产组合位于 SML 上下，这时，资产价格与期望收益率处于不均衡状态，又称为资产的错误定价。资产的错误定价用 α 系数度量，其计算公式为

$$\alpha_i = \bar{K}_i - \bar{K}'_i \tag{16-9}$$

式（16-9）中：$\bar{K}_i$——资产 i 的期望收益率；

$\bar{K}'_i$——资产 i 的均衡期望收益率。

处于均衡状态的资本资产定价模型中，位于 SML 上的资产 i 的期望收益率即为均衡期望收益率，也即

$$\bar{K}'_i = K_f + (\bar{K}_m - K_f) \cdot \beta_i \tag{16-10}$$

则

$$\alpha_i = \bar{K}_i - [K_f + (\bar{K}_m - K_f) \cdot \beta_i] \tag{16-11}$$

如果某资产的 α 系数为零，则它位于 SML 上，说明定价正确；如果某资产的 α 系数为正数，则它位于 SML 的上方，说明价格被低估，如图 16-5 中的 V 点；如果某资产的 α 系数为负数，则它位于 SML 的下方，说明价格被高估，如图 16-5 中的 Z 点。在资本资产定价模型中，一种资产的 α 系数是由它的位置到 SML 的垂直距离来度量的，如图 16-5 中的 $V\bar{K}_V$ 与 $Z\bar{K}_Z$。

2. 证券特征线

根据式（16-9）、式（16-10）、式（16-11），则下式成立

$$\bar{K}_i - K_f = \alpha_i + (\bar{K}_m - K_f) \cdot \beta_i \tag{16-12}$$

式(16-12)表明：资产 i 的期望超额收益率由两部分组成：一是该资产的 α_i 系数；二是市场证券组合期望超额收益率与该资产 β_i 系数的乘积。

如将横轴反映市场证券组合的超额收益率 $(\bar{K}_m-K_f)$，纵轴反映资产 i 超额收益率 $(\bar{K}_i-K_f)$，则可绘制证券特征线，详见图16-6所示。

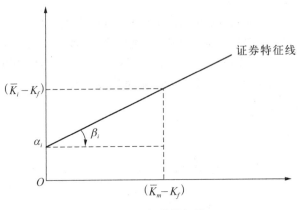

图16-6 证券特征线

从图16-6可见，证券特征线为一直线，且是以 α_i 系数为截距，β_i 系数为斜率，并通过该资产超额收益率与市场证券组合超额收益率相交点的直线。

事实上，资产 i 的实际收益率仍可能偏离它的证券特征线，这是因为存在随机误差的缘故。当随机误差项不为零时，资产的实际超额收益率应包括 α_i 系数，市场证券组合的实际超额收益率与 β_i 系数的乘积，以及随机误差三项。

3. 投资分散化

在资产实际超额收益率包括上述三项内容的前提下，证券特征线公式(16-12)应调整为

$$\bar{K}_i-K_f=\alpha_i+(\bar{K}_m-K_f)\cdot\beta_i+\varepsilon_i \tag{16-13}$$

或

$$\bar{K}_i-K_f=(\bar{K}_m-K_f)\cdot\beta_i+(\alpha_i+\varepsilon_i) \tag{16-14}$$

式(16-13)、式(16-14)中：ε_i 为资产 i 的随机误差项。

由于资产组合的 α 系数和 β 系数是由构成其的各证券 α 系数和 β 系数的加权平均数。因此，资产组合的特征线可表述为

$$\bar{K}_p-K_f=(\bar{K}_m-K_f)\cdot\beta_p+(\alpha_p+\varepsilon_p) \tag{16-15}$$

前已述及，收益是风险的补偿。资产组合的超额收益率 $(\bar{K}_p-K_f)$ 是组合总风险的补偿；$(\bar{K}_m-K_f)\cdot\beta_p$ 是与市场波动相关的系统风险的补偿，$(\alpha_p+\varepsilon_p)$ 是非系统风险的补偿。

当一个资产组合中资产种类趋近于20种及以上时，可以达到投资分散化，减少组合总风险的目的。这是因为：①组合的 β 系数是构成其各证券 β 系数的加权平均数，一般情况下，组合中证券种类的个别调整不会引起 β 的显著变化，即投资分散化将导致系统风险的平

均化;②组合的 α 系数是构成其各证券。α 系数的加权平均数,由于各证券 α 系数围绕着其SML上下波动,数值可正可负,因此组合中证券种类越多,投资越分散,各证券 α 系数相互抵消的可能性越大;同样影响收益率的随机误差值也可正可负,存在相互抵消的可能性。因而,投资分散化将导致非系统风险的相互抵消与减少。

第三节 资本资产定价模型的扩展

CAPM模型是建立在严格的假定前提下的,这些严格的假设条件在现实世界中很难满足,因此,传统的CAPM模型所描述的预期收益率和系统性风险的线性对应关系很难得到市场的准确印证,但这并不能作为完全否定CAPM模型的理由。因为随着市场的不断发展完善,市场的广度和深度、运行机制、投资者的素质、政府的监管能力等都会不断趋近模型的假设要求,模型的市场适用性会不断提高。同时,国内外学者尝试将该模型的假设放松后并结合模型的修正对资本资产定价模型进行扩展,发现模型原本体现的风险-收益对应关系仍然成立。因此,资本资产定价模型可以通过不断的修正来提高其市场的适用性,并得到更多扩展后的资本资产定价模型。

这些扩展的角度包括以下几个方面:

一、基于市场非有效性角度的模型扩展——行为CAPM

行为金融学通过大量的心理学和行为学研究,认为市场上的投资者并非都是理性的,或者说其个人的理性是极其有限的,在面临不确定的市场和未来时,决策者的情绪、对信息的敏锐度、心理状态和控制的差异都会对最终决策产生决定性的影响,从而偏离CAPM要求的最优行为模式。而且这种偏离常常是系统性的,不能因统计平均而消除。行为金融学的这些理论使"异常"现象变得正常,于是有人将行为金融学的理论引入CAPM,产生了行为资产定价模型。

二、基于市场不存在无风险资产的模型扩展——零贝塔CAPM

如果市场上没有无风险资产,那么资产资本定价模型就得作出修改。布莱克(Black,1972)提出了一个称为零的证券组合来替代原来的无风险资产,故又叫零贝塔CAPM(zero-beta CAPM)。在该模型中,$Rz(m)$代替了无风险利率Rf。$Rz(m)$是位于最小方差边界下半部分的、具有零beta值的、市场组合M的伴随组合$z(m)$的收益率。

三、基于投资者预期不一致情况下的模型扩展

夏普(Sharp,1970)、法玛(Fama,1976)、林特纳(Lintner,1970)等分别分析了不一致预期对模型的影响,研究表明不一致预期的存在并不会从根本上否定CAPM模型,只是扩展模型中的预期收益率和协方差需要使用所有投资者预期值的加权平均数。

四、考虑市场外风险补偿的CAPM模型扩展

传统的资本资产定价模型假设投资者关心的唯一风险是证券未来价格变化的不确定性。然而投资者通常还会关心一些其他风险,这些风险影响投资者未来的消费能力,例如与

未来的收入水平变化、商品和劳务价格的变化以及未来投资机会的变化等相关的风险都是投资者可能关心的风险。为此,莫顿(Merton,1973)发展了包含"市场外"风险的资本资产定价模型。

五、考虑流动性风险的 CAPM 模型扩展

流动性指出售资产的难易度和成本。传统的 CAPM 模型假定,证券交易没有成本。但在现实生活中,几乎所有证券的交易都有成本,所以都不具完美的流动性。投资者自然偏好流动性好、交易成本低的证券,因此,流动性差的股票收益率自然就应该更高。因此,资产价格中应该包含流动性溢价,从而发展了包含流动性 CAPM。

思 考 题

1. 什么是有效边界?其应具备哪些条件?
2. 无差别曲线一般具有哪些特征?
3. 什么是市场证券组合?在投资分析中通常用何种证券组合来代替?为什么?
4. 试述资本市场线的内涵及应用。
5. 试述证券市场线的内涵,以及其与资本市场线的差别?
6. 试述证券特征线的内涵。
7. 资本资产定价模型有哪些发展方向?
8. 假设某投资基金管理的风险资产组合和无风险资产的信息如下:
$\bar{K}_m = 11\%$,$\sigma_m = 15\%$,$K_f = 5\%$。试问:
(1) 某委托人的投资预期收益率为 8%,其应在风险资产组合上的投资比例为多少?
(2) 该委托人投资预期收益率的标准差是多少?
9. 假设 A 投资基金的年收益率为 19%,β_p 为 1.5;B 投资基金的年收益率为 16%,β_p 为 1.0。
(1) 同期,国库券利率为 6%,市场平均收益率 14%,试问哪一基金表现更出色?
(2) 如果,国库券利率为 3%,市场平均收益率为 15%,试问又是哪一基金表现更出色?
10. 假设无风险利率和市场预期收益率分别是 3.5% 和 10.5%。根据资产资本定价模型,试问一只 β 值是 1.63 的证券的预期收益是多少?
11. 你个人判断现在某公司的预期收益率是 12%,它的 β 值是 1.25,无风险利率是 3.5%,市场预期收益率是 10.5%。根据资本资产定价模型,某公司现在是被低估、高估还是定价合理?
12. 给定股票 A、B,预期收益率与 β 见下表:

股票	预期收益(%)	β
A	12.2	1.23
B	13.9	1.81

如果市场预期收益是 10.5%,无风险利率是 3.5%,哪一只股票更值得购买,为什么?

13. 假设一只股票的预期收益是 13%,β 值是 1.1,无风险利率是 3.5%。如果你认为该只股

票定价合理,那么市场预期收益率是多少?

14. 假设无风险资产的收益是4%,市场投资组合的预期收益是11%。试问:

(1) 证券市场线(SML)的截距是多少?

(2) 证券市场线的斜率是多少?

(3) 如果资产 E 的 β 值是1.37,那么该资产的预期收益率是多少?

第十七章 套利定价理论和有效市场假说

第一节 因素模型

因素模型是建立在证券收益率对各种因素或指数变动具有一定敏感性的假设基础之上的一种模型。证券的收益率具有相关性,这种相关性是通过对模型中的一个或多个因素的共同反应而体现出来的。证券收益率中不能被因素模型所解释的部分被认为是各种证券的个性,因而与其他证券无关。因素模型也被称为指数模型(index model)或夏普模型(Sharp model)。

一、因素模型的产生

资本资产定价模型(capital asset pricing model,CAPM)非常直观地表达了风险-收益的特征关系,是一种理论上相当完美的模型,但存在实际应用的两大问题:

(1)要计算风险市场组合,计算量非常巨大。

(2)证券市场线实际上只考虑了风险市场组合的预期回报率对证券或证券组合的期望收益率的影响,即把市场风险(系统风险)全部集中地表现在一个因素中,并没有将影响证券收益的宏观经济变量(如国民收入、利率、通货膨胀率、能源价格等)考虑在内。

1961年,威廉·夏普(William Sharpe)写出博士论文,提出单因素模型。

二、因素模型的类型

依据因素的数量,因素模型可分为单因素模型和多因素模型。

1. 单因子模型

单因素模型把经济系统中的所有相关因素作为一个总的宏观经济指标,假设它对整个证券市场产生影响,并进一步假设其余的不确定性是公司所特有的。

单因素模型的两个基本假设:

(1)证券的风险分为系统风险和非系统风险,因素对非系统风险不产生影响。

(2)一个证券的非系统风险对其他证券的非系统风险不产生影响,两种证券的回报率仅仅通过因素的共同反应而相关联。

单因子模型的基本形式为

$$K_{it} = a_i + b_i \delta_t + e_{it} \tag{17-1}$$

式(17-1)中：K_{it}——资产 i 在时期 t 的收益率；

a_i——资产 i 的事前期望收益率；

δ_t——风险因素在时期 t 的意外变化；

b_i——资产 i 对风险因素的敏感系数；

e_{it}——时期 t 的随机误差项，是一个期望值为零，标准差为 σ_{ei} 的随机变量。

根据单因子模型，资产 i 的期望收益率为

$$\bar{K}_i = a_i + b_i \delta_t \tag{17-2}$$

资产 i 的方差为

$$\sigma_i^2 = b_i^2 \sigma_\delta^2 + \sigma_{ei}^2 \tag{17-3}$$

资产 i 与 j 的协方差为

$$COV_{ij} = b_i b_j \sigma_\delta^2 \tag{17-4}$$

根据式(17-2)、式(17-3)、式(17-4)可以计算各种资产的期望收益率、方差和协方差，并可进一步导出资产组合的有效边界。根据给定的无风险资产利率还可进一步确定与有效边界的切点处即 CML 上的 M 点。因此，单因子模型也适用于多元化的资产组合。

如果资产组合由 n 个证券组成，权数为 p_i，那么由公式(17-3)可得

$$\sigma_p^2 = b_p^2 \sigma_\delta^2 + \sigma_{ep}^2 \tag{17-5}$$

在资产组合中 b_p 是单一资产 b_i 的加权平均数，权数是单一资产 i 的投资比例，随着资产组合中资产种类逐步增多，单一资产的投资比例将逐步减少，b_p 也将趋于平均化。因此，投资分散化导致风险因素影响的平均化。同理，投资分散化也导致非风险因素影响的减少。

2. 多因子模型

影响资产收益的风险因素往往不止一个，采用两个以上因子构成的模型准确程度更高。多因子模型的基本形式为

$$\bar{K}_{it} = a_i + b_{i1}\delta_{1t} + b_{i2}\delta_{2t} + \cdots + b_{ik}\delta_{kt} + e_{it} \tag{17-6}$$

式(17-6)中：δ_{jt}——第 j 个风险因素在时期 t 的意外变化；

b_{ij}——资产 i 对第 j 个风险因素的敏感系数。

下面通过双因子模型说明多因子模型的特点。双因子模型的基本形式为

$$\bar{K}_{it} = a_i + b_{i1}\delta_{1t} + b_{i2}\delta_{2t} + e_{it} \tag{17-7}$$

根据双因子模型，资产 i 的期望收益率为

$$\bar{K}_{it} = a_i + b_{i1}\delta_{1t} + b_{i2}\delta_{2t} \tag{17-8}$$

资产的方差为

$$\sigma_i^2 = b_{i1}^2 \sigma_{\delta 1}^2 + b_{i2}^2 \sigma_{\delta 2}^2 + 2b_{i1}b_{i2}COV_{\delta_1 \delta_2} + \sigma_{ei}^2 \tag{17-9}$$

资产 i 与 j 的协方差为

$$\sigma_{ij} = b_{i1}b_{j1}\sigma_{\delta1}^2 + b_{i2}b_{j2}\sigma_{\delta2}^2 + (b_{i1}b_{j2} + b_{i2}b_{j1}) \cdot COV_{\delta_1\delta_2} \tag{17-10}$$

与单因子模型类似,可以采用公式(17-8)、公式(17-9)、公式(17-10)计算所有资产的期望收益率、方差和协方差,并进一步导出资产组合的有效边界。然后,根据已定的无风险利率,确定与有效边界切点的资产组合。这样投资者可以得到最优证券组合。

因此,双因子模型也适用于多元化的资产组合。如果资产组合由 n 个证券组成,权数为 p_i,那么由式(17-9)可得

$$\sigma_p^2 = b_{p1}^2\sigma_{\delta1}^2 + b_{p2}^2\sigma_{\delta2}^2 + 2b_{p1}b_{p2}COV_{\delta_1\delta_2} + \sigma_{ep}^2 \tag{17-11}$$

式(17-11)中的 b_{P1} 与 b_{P2} 分别是 b_{i1} 与 b_{i2} 的加权平均数。和单因子模型一样,投资分散化可以导致风险因素影响的平均化和非风险因素影响的减少。

三、FF 因素模型

夏普(Sharp,1964)、林特纳(Lintner,1965)、布莱克(Black,1972)的资本资产定价模型(CAPM)认为,股票的收益只与整个股票市场的系统风险有线性关系,也就是说,股票的期望收益只与市场的系统风险有关。但是,班兹(Banz,1981)的论文发现,股票的收益还与其市场价值有关。在随后的一系列研究中,账面市值比(BE/ME)、市盈率倒数(E/P)等一系列指标都被发现可以解释股票价格的变动,也就是说,股票价格与一系列的风险因素有关。

多因素模型中,最具代表性的是 FF 三因素模型。法玛(Fama)和弗兰奇(French)1992年对美国股票市场决定不同股票回报率差异的因素的研究发现,股票的市场 beta 值不能解释不同股票回报率的差异,而上市公司的市值、账面市值比、市盈率可以解释股票回报率的差异。法玛和弗兰奇认为,上述超额收益是对 CAPM 中 β 未能反映的风险因素的补偿。他们发现股票市值和账面市值比两个因素就可以解释绝大部分股票价格的变动,并且这两个因子可以替代其他一些风险因子的作用(例如 E/P 等),他们在 1993 年的论文通过模拟市场风险、市值风险和账面市值比风险构造了三因子,用来解释股票收益的变化。

在探讨法玛-弗兰奇三因子模型的应用时,是以"有限理性"理论假设为基础。并在此基础上得出若干理论假定:

(1) 存在着大量投资者;
(2) 所有投资者都在同一证券持有期计划自己的投资资产组合;
(3) 投资者投资范围仅限于公开金融市场上交易的资产;
(4) 不存在证券交易费用(佣金和服务费用等)及税赋;
(5) 投资者们对于证券回报率的均值、方差及协方差具有相同的期望值;
(6) 所有投资者对证券的评价和经济局势的看法都一致。

法玛和弗兰奇 1993 年指出可以建立一个三因子模型来解释股票回报率。模型认为,一个投资组合(包括单个股票)的超额回报率可由它对三个因子的暴露来解释,这三个因子是:市场资产组合($K_m - K_f$)、市值因子(SMB)、账面市值比因子(HML)。这个多因子均衡定价模型可以表示为

$$E(K_{it}) - K_{ft} = \beta i[E(K_{mt} - K_{ft})] + siE(SMB_t) + hiE(HMI_t) \tag{17-12}$$

式(17-12)中:K_{ft}——表示时间 t 的无风险收益率;
K_{mt}——表示时间 t 的市场收益率;
K_{it}——表示资产 i 在时间 t 的收益率;
$E(K_{it})-K_{ft}$——是市场风险溢价;
SMB_t——为时间 t 的市值(size)因子的模拟组合收益率(small minus Big);
HMI_t——为时间 t 的账面市值比(book-to-market)因子的模拟组合收益率(high minus Low)。

β、si 和 hi 分别是三个因子的系数,回归模型表示如下

$$K_{it}-K_{ft}=a_i+\beta i(K_{mt}-K_{ft})+siSMB_t+hiHMI_t+\varepsilon_{it} \qquad (17\text{-}13)$$

式(17-13)中:a_i——截距项;
ε_i——残差值。

从模型的表达式可以看出,FF 模型属于多元回归模型。其统计假设为:
(1) (K_m-K_f)、SMB、HML 与随机误差项 u 不相关;
(2) 零均值假定;
(3) 同方差假定,即的方差为一常量;
(4) 无自相关假定;
(5) 解释变量之间不存在线性相关关系,即两个解释变量之间无确切的线性关系;
(6) 假定随机误差项服从均值为零,方差为 $S2$ 正态分布。

但是,我们应该看到,三因子模型并不代表资本定价模型的完结,在最近的研究中发现,三因子模型中还有很多未被解释的部分,如短期反转、中期动量、波动、偏度、赌博等因素。

第二节　套利定价模型

套利定价理论(arbitrage pricing theory,APT)是美国经济学家罗斯于 1976 年首先提出的。与资本资产定价模型一样,这一理论也是分析研究资产收益的确定问题。不同的是,APT 认为资产收益不是只受到单一的综合风险因素的影响,而是受到若干相互独立的风险因素的影响,如 GNP、GDP、利率、通货膨胀率、市场风险报酬等,是一个多因素模型。APT 的假设前提较为简便,其主要假设有:一是资本市场处于竞争均衡状态;二是投资者具有财富极大化的偏好;三是资产收益可用因子模型表示。

套利定价理论认为,资产收益受到系统风险的影响而变化,而系统风险又是由不同的相互独立的因素 F_1,F_2,…表现出来。在所有事件发生之前,投资者对各个因素可能发生的变化作出判断与预期,并得出资产 i 的事前期望收益率。套利定价理论的基本机制是:在给定资产收益率计算公式的条件下,根据套利定价原理推导出资产的价格和均衡关系式。APT 作为描述资本资产价格形成机制的一种新方法,其基础是价格规律:在均衡市场上,两种性质相同的商品不能以不同的价格出售。套利定价理论是一种均衡模型,用来研究证券价格是如何决定的。它假设证券的收益是由一系列产业方面和市场方面的因素确定的。当两种证券的收益受到某种或某些因素的影响时,两种证券收益之间就存在相关性。

一、APT 的单因子模型

其公式为

$$a_i = \lambda_0 + \lambda_1 b_i \tag{17-14}$$

式(17-14)中：λ_0——无风险资产利率；

λ_1——因子风险报酬。

它表示在均衡状态下期望收益和风险因素敏感系数的线性关系。这条直线称为套利定价线，又称 APT 资产定价线。

根据套利定价理论，任何具有一个风险因子的敏感系数和期望收益率的资产不在套利定价线上，那么投资者就有构造套利证券组合的机会。如图 17-1 中资产 V 表示资产价格被低估，期望收益率高于资产 A，这时投资者可以购买资产 V 出售资产 A 构成一个套利证券组合。同样，资产 Z 表示资产价格被高估，期望收益率低于资产 B，这时投资者可以出售资产 Z 购买资产 B 构成一个套利证券组合。

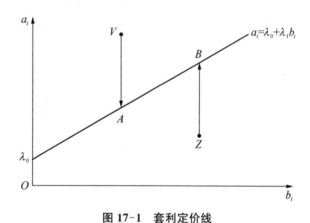

图 17-1 套利定价线

因为套利不增加风险，投资者没有使用任何新的资金。同时，套利证券组合都有正的期望收益率，因而买压使得资产 V 价格上升，卖压使得资产 Z 价格下跌，最后分别达到 A 和 B 的价位，套利机会消失。

二、APT 的多因子模型

其公式为

$$a_i = \lambda_0 + \lambda_1 b_{i1} + \lambda_2 b_{i2} + \cdots + \lambda_k b_{ik} \tag{17-15}$$

式(17-15)中：λ_j——第 j 因子风险报酬。

与单因子模型相似，它表明均衡状态下期望收益与风险因素敏感系数间的数量关系。这种数量关系称为套利定价模型或资产定价方程。利用该模型，投资者同样可以构造套利证券组合的机会。

套利定价理论导出了与资本资产定价模型相似的一种市场关系。套利定价理论以收益率形成过程的多因子模型为基础，认为证券收益率与一组因子线性相关，这组因子代表证券收益率的一些基本因素。事实上,当收益率通过单一因子(市场组合)形成时,将会发现套利定价理论形成了一种与资本资产定价模型相同的关系。因此,套利定价理论可以被认为是一种广义的资本资产定价模型,为投资者提供了一种替代性的方法,来理解市场中的风险与收益率间的均衡关系。套利定价理论与现代资产组合理论、资本资产定价模型、期权定价模型等一起构成了现代金融学的理论基础。

三、套利定价理论的进一步讨论

1. APT 和 CAPM 的联系与区别

当取因子为市场投资组合时,APT 与 CAPM 有相同结果,即 APT 的定价模型恰好是 CAPM 中的证券市场线,二者是一致的。但这并不意味着 CAPM 模型是多因子 APT 模型的特殊(单因子)情形,实际上默顿于 1975 年和布雷顿于 1979 年都讨论过 CAPM 的多因素模型。

APT 和 CAPM 虽然模型的线性形式相同,但建模思想不同:

CAPM 模型是建立在市场均衡的基础上,以市场投资组合存在为前提。CAPM 模型假定投资者对市场中证券的收益率有相同的认识,即有相同的分布、均值、方差,只是各自的风险偏好不同,从而可以建立起最小方差集合、有效集合;每个投资者都建立有效的投资组合以分散非系统风险,并根据自己对风险的偏好在存在无风险利率时,建立无风险资产与市场投资组合的投资组合。在不存在无风险利率时,建立零 β 资产与市场投资组合的投资组合,这导出每个证券的收益率与其风险系数 β 具有线性关系。

APT 模型是建立在无套利均衡分析基础上,它的出发点是通过少数投资者构造大额无风险套利头寸,迫使市场重建均衡,以消除市场无风险套利机会,导出单个证券收益率与其影响因子 β 的影响程度之间的线性关系。

因此,APT 并不需 CAPM 那么多关于市场的假设条件,也不需要 CAPM 中关于证券收益率分布的假设,但 APT 模型中关于证券收益率的线性生成结构假设却是 CAPM 模型所没有要求的。

2. 关于模型的检验问题

APT 对 CAPM 提出的直接挑战是 CAPM 无法进行检验,其根源在于 CAPM 中的市场投资组合包括的资产范围太广,以至于无法通过观测取得其收益率,在模型的应用中,常以某些市场综合指数近似代替市场投资组合,这样既使市场综合指数的收益率可以观测,其对模型的检验也很难对 CAPM 模型给出肯定或否定的结论。

而 APT 模型的检验取决于因子的选择,通常在 APT 模型中选取的因子可以分为三类:

① 第一类即宏观经济因子,如 GDP、通货膨胀率、利率、工业生产指数等;

② 第二类是微观因子,如盈利增长率、股利增长率等;

③ 第三类即市场因子,如一些市场指数或有关的因子等。只要选择的因子收益率可以观测,则相应地可以建立 APT 的检验。

最后要注意,套利定价模型没有指出证券的收益率生成结构中应包括几个因子,也没有规定这些因子是什么,因此建立 APT 模型,依赖于投资者的经验与判断力去选择因子,通常因子个数由因子分析方法检验认为取 3—5 个为最好。

第三节 有效市场假说

有效市场假说(efficient markets hypothesis，EMH)是现代金融经济学的理论基石之一。有效市场假说理论认为，在一个有效的证券市场上，证券价格曲线上任何一点的价格均能真实地、准确地反映证券在该时点上的全部信息；换言之，如果证券市场是有效的，那么任何一个投资者购买证券的价格都应当真实地反映该证券的内在价值，而该证券的内在价值则是所有投资者通过对该证券发行人的所有信息的正确判断而取得的。如果一个证券市场满足上述假定，就可称为有效市场。

一、有效市场存在的前提条件

要使有效市场在现实中得以确立，需要一系列条件。

1. 信息公开的有效性
即每一证券的全部信息都能够充分、真实、及时地在市场上得到公开披露。

2. 信息传输的有效性
即被公开披露的信息都能够充分、准确、及时地被投资者所获取。

3. 信息解读的有效性
即每一个关注该证券的投资者都能够根据所获取的信息作出一致的、合理的、及时的价值判断。

4. 信息反馈的有效性
即每一个关注该证券的投资者都能够根据其的价值判断、准确、及时地实施投资决策。

如果一个证券市场同时具备上述四个条件，那么任何投资者都只能从企业盈利与成长上获得收益。而且，不论投资者投资何种证券，都只能获取一致的回报率。

二、有效市场的三种类型及无效市场

在现实生活中，能够完全满足有效市场四个条件的证券市场是不存在的。美国著名金融经济学家法玛根据证券市场价格信息的效率与真实性，将证券市场的有效性分成三种类型，即强有效市场、半强有效市场与弱有效市场。

1. 强有效市场
在强有效市场上，每一证券的任何信息的产生、公开、处理和反馈几乎是同时的，而且有关信息的公开是全面、真实的，信息的处理是正确的，反馈也是准确的。因为，每一位投资者都掌握了有关证券的所有信息，并作出一致的价值判断，进而及时将其投资决策不折不扣地付诸实施，所以在强有效市场上，证券的价格反映了所有即时信息所包含的价值，任何投资者都不可能获取额外的投资回报。

2. 半强有效市场

在半强有效市场上，有关证券信息公开的有效性受到破坏，即证券的发行人出于某种原因未将该证券所有信息完全、真实、及时地公开。在这种类型的市场上，大部分投资者只能获得公开信息，而少部分人既获取了公开信息又控制未公开的"内幕信息"，尽管市场上所有公开的信息都能被投资者准确解读与处理，进而能及时地将其投资决策不折不扣地付诸实施。但是，客观存在的两类信息：公开信息和"内幕信息"，市场就会出现两类价格——基于公开信息形成的市场价格和基于"内幕信息"形成的"内幕交易价格"。而"内幕信息"的公开化则会使两种价格趋于一致，价格趋同的速度取决于"内幕信息"的扩散速度。

可见，强有效市场和半强有效市场的根本区别在于信息公开的有效性是否受到破坏，即是否存在未公开的"内幕信息"。在半强有效市场上，少数人掌握"内幕信息"可以获取超额利润。

3. 弱有效市场

在弱有效市场上，不仅信息公开的有效性受到破坏，而且投资者对信息进行价值判断的有效性也受到损害。因为不是每一投资者都能够对所有公开披露的信息作出全面、准确、及时地解读与判断，也就是说非专业的公众投资者与专业投资者（尤其是机构投资者）之间存在信息解读与信息处理能力上的差异。需要指出的是，非专业投资者不能解读全部公开信息并不等于不能解读每一个公开信息，弱有效市场对投资者解读公开信息程度的最低限制是，至少能够解读历史价格信息。在弱有效市场上，存在两类信息：公开信息和"内幕信息"；三类投资者：掌握"内幕信息"的投资者、掌握并能解读全部公开信息的投资者和不能解读全部公开信息但至少能够解读历史价格信息的投资者，因而市场价格的变化将更为复杂，存在基于"内幕信息"形成的"内幕交易价格"和基于对公开信息解读程度差异而形成的不断变化的市场价格。随着"内幕信息"的公开化和公开信息为全部投资者所吸收，市场价格也会不断趋同，其速度同时取决于"内幕信息"的扩散程度和公开信息的吸收速度。

弱有效市场与强有效市场、半强有效市场的区别在于，在弱有效市场上，除了信息公开程度存在差别外，投资者对公开信息的解读和判断还存在专业性与非专业性的区别。在弱有效市场上，除了通过掌握"内幕信息"可以获取超额利润外，那些专业性的投资者也可以利用其在信息分析上的优势获取额外的收益。

4. 无效市场

在无效市场上，除信息公开与信息解读的有效性受到损害，即存在利用"内幕信息"和"专业知识"赚取超额收益之外，信息传输与信息反馈的有效性也受到损害。公开信息在由信息源向信息接受者传输时由于接受条件与接受成本等原因而发生疏漏损失，未能被每一投资者及时或全部接收；投资者实施投资决策过程由于某种市场障碍的原因而出现的时滞，使得反馈信息不能及时地被市场所吸收。因而，在无效市场上，市场价格不仅不能及时反映投资者的投资决策，不能完整反映所有的公开信息，更不能反映包括公开信息和"内幕信息"在内的全部信息。

通过对证券市场的有效程度不同的类型分析,可以发现,证券市场的有效性的下降是与证券市场相关信息在公开、传输、解读和反馈的过程中出现的问题所致,其中信息的公开披露是问题的核心。因为,证券信息的不完全或虚假披露,即使在信息传输、解读和反馈过程不出现问题,投资者的投资决策也不可能是一个有效的决策,因此形成的证券需求(或供给)就不可能是一个合理的需求(或供给),在这种需求(或供给)基础上产生的证券价格就不可能真正体现其投资价值。因此,提高证券市场有效性的最关键问题之一就是建立强制性的证券信息的公开披露制度,强化证券发行人的诚信。

提高证券市场有效性的另一关键问题是提高投资者的素质。如果说信息公开的有效性受到损害的根源在于证券发行人的诚信,那么信息解读与信息反馈的有效性受到损害的根源则与投资者素质有关。投资者的知识结构专业化和主体结构机构化不仅有利于提高其对信息处理和信息反馈的能力,而且还对信息公开的有效程度构成一个市场推动力。

三、有效市场假说的实践意义

提高证券市场的有效性,根本问题就是要解决证券价格形成过程中在信息披露、信息传输、信息解读以及信息反馈各个环节所出现的问题,其中最关键的一个问题就是建立上市公司强制性信息披露制度。从这个角度来看地,公开信息披露制度是建立有效资本市场的基础,也是资本市场有效性得以不断提高的起点。有效市场假说的实践意义在于:

1. 有效市场和技术分析

如果市场未达到弱式下的有效,则当前的价格未完全反映历史价格信息,那么未来的价格变化将进一步对过去的价格信息作出反应。在这种情况下,人们可以利用技术分析和图表从过去的价格信息中分析出未来价格的某种变化倾向,从而在交易中获利。如果市场是弱式有效的,则过去的历史价格信息已完全反映在当前的价格中,未来的价格变化将与当前及历史价格无关,这时使用技术分析和图表分析当前及历史价格对未来作出预测将是徒劳的。如果不运用进一步的价格序列以外的信息,明天价格最好的预测值将是今天的价格。因此在弱式有效市场中,技术分析将失效。

2. 有效市场和基本分析

如果市场未达到半强式有效,公开信息未被当前价格完全反映,分析公开资料寻找误定价格将能增加收益。但如果市场半强式有效,那么仅仅以公开资料为基础的分析将不能提供任何帮助,因为针对当前已公开的资料信息,目前的价格是合适的,未来的价格变化与当前已知的公开信息毫无关系,其变化纯粹依赖于明天新的公开信息。对于那些只依赖于已公开信息的人来说,明天才公开的信息,他今天是一无所知的,所以不用未公开的资料,对于明天的价格,他的最好的预测值也就是今天的价格。所以在这样的一个市场中,已公布的基本面信息无助于分析家挑选价格被高估或低估的证券,基于公开资料的基础分析毫无用处。

3. 有效市场和证券组合管理

如果市场是强式有效的,人们获取内部资料并按照它行动,这时任何新信息(包括公开的和内部的)将迅速在市场中得到反映。所以在这种市场中,任何企图寻找内部资料信息来打击市场的做法都是不明智的。这种强式有效市场假设下,任何专业投资者的边际市场价值为零,因为没有任何资料来源和加工方式能够稳定地增加收益。对于证券组合理论来说,其组合构建的条件之一即是假设证券市场是充分有效的,所有市场参与者都能同等地得到充分的投资信息,如各种证券收益和风险的变动及其影响因素,同时不考虑交易费用。但对于证券组合的管理来说,如果市场是强有效的,组合管理者会选择消极保守型的态度,只求获得市场平均的收益率水平,因为区别将来某段时期的有利和无利的投资不可能以现阶段已知的这些投资的任何特征为依据,进而进行组合调整。因此,在这样一个市场中,管理者一般模拟某一种主要的市场指数进行投资。而在市场仅达到弱有效状态时,组织管理者则是积极进取的,会在选择资产和买卖时机上下功夫,努力寻找价格偏离价值的资产。

思 考 题

参考答案

1. 什么是因素模型?包括哪些类型?
2. 单因素模型的基本假设是什么?
3. FF 因素模型的主要观点是什么?
4. 简述 FF 因素模型的理论假定。
5. 简述套利定价理论的基本机制。
6. 试述 APT 和 CAPM 的联系与区别。
7. 试述有效市场存在的前提条件。
8. 试述有效市场的三种类型的主要区别。
9. 简述有效市场假说的实践意义。

第十八章 行为金融学

现代主流金融学对投资者的风险偏好做了特定的假设,运用马柯维茨的均值—方差模型以及后来的一系列理论模型分析了投资者的投资行为。但是,投资者的风险偏好特征表现出与现代主流金融学不同的地方,这样,现代主流金融学就无法解释证券市场中的许多现象。在这种情况下,许多学者修正了现代主流金融学的假设,在全新的理论框架下解释证券市场的某些现象,这些解释被统称为行为金融学。

第一节 行为金融学的发展和理论基础

行为金融学是行为科学在金融学领域的运用,它是基于金融学、心理学等学科的边缘学说。行为金融学产生和发展的原因是现代主流金融学无法解释一系列"反常"的经济现象。因此,行为金融学在批判现代主流金融学的基础上提出了自己的理论基础,并随着现代主流金融学的发展而发展。

一、行为金融学的产生与发展

行为金融学是行为经济学的一个分支,它研究人们在投资决策过程中认知、感情、态度等心理特征,以及由此而引起的市场非有效性。

行为金融理论是在对现代主流金融理论(尤其是在对有效市场假设和资本资产定价模型)的挑战和质疑的背景下形成的。长久以来,建立在人类理性基础上的一系列严格的假设成为主流经济学的基石,围绕理性人始终追求效用最大化的假设,金融学形成了由资本资产定价模型(CAPM)、套利定价模型(APT)、资产组合理论、期权定价理论组成的抽象的理论框架。这些理论的基础是有效市场理论,它是现代主流金融学的基石。但是有效市场理论在解释实际金融现象时遇到了很多问题,例如,日历效应、股权溢价之谜、封闭式基金之谜、小盘股效应等。同时,这些理想的模型在现实检验中出现了很多问题,1977年,罗尔(Roll)发现,统计数据与模型的冲突显示作为现代主流金融学基石的 CAPM 可能是无法验证的。面对这一系列金融异象,人们开始质疑有效市场理论,质疑现代主流金融学。行为金融学正是在对现代主流金融学批判的基础上产生的。

一般认为,行为金融学的产生以 1951 年布鲁尔(Burrel)教授发表《投资战略的实验方法的可能性研究》一文为标志,该文首次将行为心理学结合在经济学中来解释金融现象。1969

年,鲍曼(Bauman)和布鲁尔发表了《科学投资方法:科学还是幻想》。他们认为,金融学新的研究领域应该重点放在把数量模型和传统的行为方法结合上,这样会更贴近实际。1972年,斯洛维克(Slovic)教授和鲍曼教授合写了《人类决策的心理学研究》,这篇文章为行为金融学理论作出了开创性的贡献。1979年,丹尼尔·卡尼曼教授和阿莫斯·特沃斯基教授发表了《预期理论:风险决策分析》,正式提出了预期理论。该理论以其更加贴近现实的假设,严重冲击并动摇了现代主流金融学所依赖的期望效用理论,并为行为金融学奠定了坚实的理论基础。

预期理论的提出大大推动了行为金融学的发展,一大批研究成果相继取得。1985年,赫什·谢夫林(Hersh Shefrin)和迈尔·斯塔特曼(Meir Statman)验证,在美国股票市场上,投资者确实存在行为金融学所提出的处置效应现象。1994年,谢夫林和斯塔特曼提出了行为资产定价模型,是对传统的资本资产定价模型的一大挑战。1999年,他们又提出了行为组合理论。

在以上理论的基础上,行为金融学提出了资金平均策略、时间分散策略、反向投资策略和惯性交易策略等投资策略,这是对已有的投资策略的重要补充。近年来,行为金融学的理论和投资策略已经被越来越多地运用到投资实践中去。

二、行为金融学的基本思路

人的心理活动,分为认知过程和非认知过程。前者涉及感觉、知觉、注意、学习、记忆、思维等;后者涉及情绪、人格、气质、意志等。认知心理学是行为金融学的理论基础。

主流金融学把金融投资过程看作一个动态均衡的过程,根据均衡原理,在理性人假设和有效市场假说下推导出证券市场的均衡模型。基于心理学原理,可以把金融投资过程看成一个心理过程,包括对市场的认知过程、情绪过程和意志过程。认知过程往往会产生系统性的认知偏差;情绪过程可能会导致系统性的或非系统性的情绪偏差;意志过程则既可能受到认知偏差的影响,又可能受到情绪偏差的影响。这些个体偏差加上金融市场上可能的群体偏差或羊群效应,可能导致投资或投资组合中的决策偏差。投资决策偏差就会使资产价格偏离其内在的价值,导致资产定价的偏差。而资产定价偏差往往会产生一种锚定效应或框定效应,反过来形成了一种反馈机制。如果这种反馈机制受到市场其他因素的激励或强化,就会形成一种不断放大的效应,形成泡沫或者破裂。

有效市场理论是行为金融学和现代主流金融学争论的核心。作为有效市场假说的创始人,法玛认为,尽管大量文献证明了股价长期回报异常(long term return anomalies)的存在,但总体上看,市场仍然是有效的,因为股价对市场信息的过度反应和反应不足同时存在,异常只是一种"偶然结果"(chance results),而且大部分异常是与模型方法有关,适当选择方法就可以消除异常。罗伯特·席勒(Robert J. Shiller)反对法玛的观点,他认为不能简单地把过度反应与反应不足当成是"偶然结果",而忽略其背后的心理学依据。他认为行为金融学并不是要彻底取代现代主流金融学,有效市场理论在金融学研究中仍然有它的重要位置,在一定的条件下市场仍然是有效的;对许多研究而言,预期效用理论仍能起到很好的解释作用;主流金融学中逻辑严密的数学模型仍在指导着金融投资实践。罗伯特·奥尔森(Robert A. Olsen)的观点是,行为金融学在许多方面优于现代主流金融学。他认为,行为金融学提供了对股价波动性的令人信服的解释。理查德·泰勒(Richard H. Thaler)也指出现代主流金融学在许多方面与实际情况不相吻合。在他看来,行为金融学的观点将被广泛接受,其最终发展结果是行为金融学的纯理论的模型将被包含到一个更为广泛的心理学模型中去,在这个模型中,现代主流金融学理论将只是其中一个特例。斯塔特曼认为,"市场有效性"具有两层含义:一层是投资者无法系统地掌握市场价格走向;另一层是证券价格是理性的。行为金融学应该接受"市场有效性"的第一层含义而拒绝第二层含义。也就是说,虽然价格行为并不是理性的,但也不能指望行为金融学就可以帮助人们击败市场。

作为发展中的新兴研究领域,行为金融学没有严格的定义。谢夫林认为,行为金融学是运用心理学来研究投资决策行为的学科或是将心理学、行为科学和认知科学上的成果运用到金融市场中的学科;而斯塔特曼则认为金融学从来就没有离开过心理学,一切行为均是基于心理考虑的结果,行为金融学与现代主流金融学的不同在于对心理、行为的观点有所不同而已。

罗塞尔·富勒(Russell J. Fuller)认为证券市场中典型的偏差可以分为两大类。第一类是"非财富最大化行为",如经济学家的理性人行为假设,投资者的行为目标是追求他们投资组合的预期价值最大化,而现实中,投资者可能把最大化其他某些因素看得比财富更重要;第二类是"系统性的心理错误",如启发式偏差以及其他认知偏差导致投资者犯系统性的心理错误,而对所获得信息作出错误的处理,在作出某种行为之前投资者认为他们正确地理解和加工信息,并以其预期财富最大化作为目标作出行为决策,行为之后他们可能才发现认知上的错误,但他们通常甚至根本意识不到这种错误。富勒(Fuller)用以下三点来描述行为金融学:①行为金融学是将心理学和决策科学与古典经济学、金融学相融合的科学;②行为金融学试图解释导致金融市场异常的原因;③行为金融学研究投资者是如何在判断中发生系统性错误的。

综上所述,可以认为,行为金融学就是基于心理学实验结果来分析投资者各种心理特征的,并以此来研究投资者的决策行为及其对资产定价影响的学科。

三、行为金融学的主要特征

行为金融学的产生、发展与流行,与行为金融学对主流金融学方法论上的革命密不可分。也正是方法论上的重大尝试,为行为金融的理论假设和分析范式奠定了坚实的基础,确立其开拓性的意义。

行为金融学是一门交叉学科,借鉴了其他社会科学学科的思维方式、分析方法,行为金融学和现代主流金融学对金融学的研究对象——人存在不同的基本假设。行为金融学抛弃了现代主流金融学将人看作一个理性人的基本假设,通过借鉴其他学科的发展,修正了现有模型,构建了新的模型,丰富了金融学的研究方法和研究思路,不仅不会影响金融学科的严谨性,还会使其更富有理论力量。行为金融学认为,人类具有一定的理性,但人类的行为却不尽是理性的。在金融市场和金融活动当中,现代主流金融学所假设的完全追求经济效用最大化的理性人和有效的均衡市场并不能被实践所证明。因而探求人类的行为、理性与金融之间的关系成为金融学学科发展的一个关键点,同时也是行为金融学的初始点。建立一套能够与实证研究互相检验的、描述人类在不确定情况下的决策和市场活动以及证券价格确定等的学说,这是行为金融学的存在价值。行为金融学否定了传统理论中完全的理性人假设和均衡市场状态,把人的行为复杂化、人性化、多样化。行为金融学的发展使金融学更富有人文主义的色彩。不同于以往把行为人呆板化的现代主流金融学,行为金融学不仅成为真正以人为中心的金融学,而且是较之以往更客观、更有效的金融学。一门学科的严谨和发达,不仅在于依靠严密的数学推导和模型建构的支撑,如果这些数学推导与实证数据不相吻合,那么即使有再多的理论架构和数量分析,其理论的有效性也会受到质疑。行为金融学正是通过研究方法和思路的调整,为金融学提供了新的研究方法,提高了金融理论的适用性。

行为金融学借鉴了行为科学的实验分析方法,将实验方法引入了金融学研究。不同的研究思路,也必然带来了行为金融学不同于现代主流金融学的具体研究方法。在现代主流金融学当中,金融是一门观察性的学科,通过观察、调查的客观事实进行说明,或以一些事实为基础建构数学模型。但是行为金融学却借鉴了在社会学、心理学当中的重要研究方法——实验法,这是一种对所研究的对象有意识地加以调节控制,设定某些条件不变以得到其他因素之间因果关系的方法。运用实验分析法,行为金融学不仅可以描述问题,而且可以说明问题,解释现代主流金融学难以解释的现象。美国经济学家张伯伦是实验经济学的先驱之一,他于1948年进行的关于自然市场的实验室模拟尽管不完全成功,但这种方法却成为日后继续在实验经济学领域探索的重要起点。几十年后,另一位美国经济学家维农·史密斯不仅在亚利桑那大学形成了实验经济学派,而且在2002年还和行为金融学的倡导者卡尼曼一起分享了诺贝尔经济学奖,使行为金融学和实验经济学在主流经济学各个学科中拥有了更加明确的位置。

四、行为金融学与现代主流金融学的关系

从两者之间的关系看,行为金融学是对现代主流金融学的补充,它不能完全取代现代主流金融学。现代主流金融学是建立在资本资产定价模型(CAPM)和有效市场假说(EMH)两大基石上的。这些经典理论承袭传统经济学的分析方法与技术,其模型与范式局限在"理性"的分析框架中,忽视了对投资者实际决策行为的分析。随着金融市场上各种异常现象的累积,模型和实际的背离使现代主流金融学的理性分析范式陷入尴尬境地。在此基础上,20世纪80年代行为金融理论悄然兴起,并开始动摇了CAPM和EMH的权威地位。行为金融理论在博弈论和实验经济学被主流经济学接纳之际,对人类个体和群体行为研究的日益重视,促成了传统的力学研究范式向以生命为中心的非线性复杂范式的转换,使得我们看到了金融理论与实际的沟壑有了弥合的可能。行为金融理论将人类心理与行为纳入金融的研究框架,但是,由于涉及人类心理与行为研究存在一定的难度,再加上行为金融学刚刚起步,其本身也存在很多缺陷。

现代主流金融学在投资者心理与证券市场效率上所持的观点认为,投资者是理性人,投资者的理性会保证市场的有效、价格的理性。然而行为金融学认为,投资者并不满足理性人的假设,情绪与认知偏差的存在使投资者无法做到理性预期和效用最大化,并且其理性行为将导致市场的非有效,资产价格偏离其基本价值。其具体差异主要表现在以下几方面。

首先,在处理信息时,现代主流金融学假定投资者能够正确、恰当地使用统计工具,而不依赖于过去的经验法则。行为金融学却认为交易者依赖启发式处理数据,即根据过去的历史信息、依据经验法则进行行为决策。但由于经验法则是不完善的,所以基于它们所形成的预期带有各种偏差。

其次，在决策问题的形式是否会影响最终决策这个问题上，现代主流金融学认为投资者不会因为形式的不同而干扰其决策，投资者所谓理性人将洞察各种不同形式，认知事物本质所在，从而作出正确的决策。但行为金融学认为，交易者对风险和收益的理解会受到决策问题构造方式的影响，其决策依赖于问题的形式。相对于现代主流金融学假定投资者的"框定独立"，现实投资者实际上是"框定依赖"的。

最后，现代主流金融学认为市场是有效的，每种证券的价格与基本价值保持一致，即便市场中存在少数非理性人。行为金融学认为启发式偏差和框定依赖将导致市场价格偏离其基本价值，市场不再有效。

从目前的状况看，行为金融学还无法撼动现代主流金融学的主导地位，只是对现代主流金融学的重要补充，行为金融学的出现，提高了金融理论的适用性。

第二节 行为金融学的基本理论

一、行为金融学的理论预设——对现代主流金融学的前提性反思

金融学所研究的市场运行状况、行为者的市场活动、证券价格决定都是建立在市场主体的行为决策基础上的，因而，无论行为金融学，还是现代主流金融学，都围绕着人类的决策在构建模型。但是，现代主流金融学所代表的传统理论当中，把行为人预设为一个完全意义上的理性人，这样的理性人不仅具备理性，而且无论在何种情境下，都可以运用理性，根据成本和收益进行比较，从而作出对自己效用最大化的决策。而行为金融学，就是在最基础的理论预设上，与现代主流金融学表现出显著的不同，对现代主流金融学进行了前提性反思。

行为金融学首先并不完全肯定人类理性的普遍性。而认为人类行为当中，有其理性的一面，同时也存在着许多非理性的因素，这一点在社会科学的其他领域早已得到证实。即使在经济学领域，也对其学科的理论进展产生了影响。在行为金融学正式兴起之前，制度经济学就旗帜鲜明地开始严格界定人类的理性，认为由于人类认知方面的有限性使得人类的理性是不完备的。行为金融学的理论预设当中，首当其冲的便是人是有限理性的，认知的局限决定了人类存在着许多理性之外的情绪、冲动和决策。一个最常见的例子就是，在股票市场上，市场的变化往往不是公司运营情况导致的，而是投资人的情绪、感受变化的结果，这种不是由理性因素产生的行为是造成现在证券市场上"过度反应"等现象的重要原因。

其次，有限理性的实现需要很多条件。即使在有限理性的条件下，因为外在条件的限制，行为人也未必能够始终按理性方式行动。现实的金融市场上存在许多客观障碍，局限了行为人理性最大化的行为。例如，信息的收集与消化受到行为人用于投资的精力与时间的限制，同样，投资人的投资期限和投资成本也会限制其理性决策的现实运用，这种信息成本和投资者自身因素的限制使投资者难以实现理性行为。

第三，在特定情境下，人们行为目标的多样化会导致他们的行为偏离理性行为。现实的人并非像现代主流金融学所预设的一成不变和感情中立，社会化过程当中所形成的利他主义、公益责任、行为定势、偏见歧视以及其他观念导引都会对人类行为产生影响，例如，献血志愿者、绿色组织成员、就餐时给服务生小费等。因此，对理性的判断也应该是多种多样的，

至少可以分为经济学意义上的理性和社会学意义上的理性。经济学上,非理性的行为在社会学意义上则可能就是理性行为。因此,人们的行为未必都是出于纯粹的经济动机、完全进行经济效用最大化算计的。在行为金融学中,现代主流金融学中的"经济人"已经接近于"社会人"的理念,他们在行为中显示出明显的社会化痕迹,往往是追求最满意的方案而不是最优的方案。

综合以上论述,行为金融学提出了人类行为的三点预设,即有限理性、有限控制力和有限自利,并以此为根据来展开解释金融活动中与理性选择理论相悖的地方。这在根本前提上与现代主流金融学理论不同。但是需要指出的是,行为金融学并不是全盘否定现代主流金融学,而是在接受其人类行为具有效用最大化取向的前提下,对其理论进行修正和补充,丰富其分析问题的视角,将行为分析理论与经济运行规律有机结合,把原先被现代主流金融学抽象掉的多样化的人性还原到金融分析当中。

二、行为金融学的基本概念

行为金融学运用一套全新的方法解释了当前金融领域的一些难题,行为金融学的研究涉及一些基本概念,这些概念主要包括心理账户、易获得性偏误、过度自信、从众心理和模糊规避等。

1. 心理账户

许多行为金融学学者都认为,在行为人进行决策的时候,并不是权衡了全局的各种情况,而是在内心无意识的把一项决策分成几个部分来考虑,也就是说,将决策分成了几个心理账户(mental accounts),对于每个心理账户,行为人都有不同的决策。谢夫林和斯塔特曼认为,普通投资者会将自己的投资组合分成两部分,一部分是风险低的安全投资,另一部分是风险较高但可能使自己更富有的投资,这是由于人们都有既想避免损失又想变得更加富有。因此,人们会把两个心理账户区分开来,一个用来规避贫穷,一个用来增加自己的财富。而且,在进行决策的时候,行为人往往每次只考虑一个心理账户,把目前要决策的问题和其他的决策区别对待;也就是说,行为人可能将投资组合放在若干个心理账户中,不太在意它们之间的共同影响因素,这也就从另一个角度解释了行为人在有些情况下的非理性行为。

2. 易获得性偏误

卡尼曼和特维尔斯基把这样一种现象称作易获得性偏误(availability),即某件事情让人比较容易联想到,行为人可能误以为这个事件经常发生;相反,如果某类事件不太容易让人想象到,在人的记忆中相关信息不丰富不明确,行为人就会在不自觉的情况下低估该类事件发生的概率。在这样的可能性下,一个社会、一个时代所流行的被人们熟知的事物自然是易获得的,所以,行为人在决策时受社会化影响的程度是不可忽视的。例如,把经济泡沫和房地产相联系,由经济泡沫联想到房地产价格;将股票市场与网络经济相联系,由股市不景气联想到互联网在走下坡路等。

3. 过度自信

过度自信(overconfidence)在行为金融学中是一个非常普遍的观念,它和行为金融学的基本理论预设分不开,行为人的有限理性是导致过度自信的重要因素。在行为人当中,无论是理性行为人还是非理性行为人,都认为自己是理性的。他们相信自己掌握了一定信息和一定专业知识的,因而在进行投资决策的时候,他们就会过于相信自己的判断力。有些学者专门对此作了一系列实验,结果证明当测试对象对一些问题进行回答后,他们都倾向于高估自己答对的概率,而另一些调查也表明证券市场散户投资者在进入市场的第一年往往进行频繁的交易,但是他们卖出的股票却往往比他们买进的股票表现要好。

4. 从众心理

作为心理学上的古老命题,从众心理也被引入了行为金融学。在投资市场这种群体活动的状态下,行为人必然会受到其他行为人和整个行为环境的影响,产生一种模仿、攀比、追随和互相传染的倾向。在处理一些突发事件的过程中,这种从众的非理性会达到一个极高的程度,人们的预期会造成大量的定价误差(mispricing),因此众多与均衡价格偏离的同方向的预期导致了套利不能正常进行,从而产生"套利限制",使这种非理性行为无法互相抵消,反而互相加强,有效市场变得更加难以实现。

5. 模糊规避

模糊规避(ambiguity aversion)描述的是人们在进行决策的时候会有一种对不确定性的厌恶,在面对有风险的选择时,他们会倾向于以已知的概率作为依据,而趋避不确定的概率。很明显,当新的金融产品出现的时候,由于这些产品不为投资者所熟悉,为了吸引他们购买这些产品,发行人必须增加过多的风险溢价,而经过一段时间以后,当人们熟悉了这种金融产品,就相应地降低风险溢价。

三、行为金融学的主要理论

行为金融学发展到今日,累积了许多独特的分析范式,但是,仍旧没有形成一个系统的理论,不同的行为金融学家发表的理论比较分散。但是,总的来说,卡尼曼的预期理论被认为是行为金融学最主要的理论。

1. 前景理论

前景理论(prospect theory)是一种研究人们在不确定的条件下如何作出决策的理论,主要针对现代主流金融学的理性选择和现实情况相背离的现象作出的解释。前景理论是由卡尼曼和特维尔斯基在1979年提出来的,随后得到了不断的补充和修正。前景理论一方面继承了现代主流金融学关于人类具有根据成本收益实现效用最大化的价值取向的假设;另一方面又指出,由于有限理性、有限自制力和有限自利的存在,人们不完全像现代主流金融学所假设的那样,在每一种情境下都清楚地计算得失和风险概率,人们的选择往往受到个人偏好、社会规范、观念习惯的影响,因而未来的决策存在着不确定性。具体地讲,前景理论包含以下一些论断:

(1) 决策参考点(reference point)决定行为人对风险的态度。行为人在进行投资决策时判断效用的依据并不像现代主流金融学所表述的那样是最终的财富水平,而是以自己身处的位置和衡量标准来判断将要进行的投资行为带来的收益与损失,也就是选取一个决策参考点,以此点来决定行为人对风险的态度,从而作出投资决策。卡曼尼和特维尔斯基的研究表明,在参考点上,人们更重视预期与结果的差距而不是结果本身,因此选择什么样的决策参考点对于投资决策至关重要。也正由于决策参考点的存在,使得预期具有不确定性和不稳定性,由预期所带来的行为也不可能与理性选择理论完全相符,所以很多时候,非理性的行为偏离了现代主流金融学模型。

(2) 行为人存在损失规避(loss aversion)倾向。卡尼曼和特维尔斯基通过实验发现,在对决策参考点进行心理测算的时候,行为人在大多数情况下对预期损失的估值会比预期收益高出两倍。在不确定的条件下,人们的偏好更多地受财富的增量而不是总量影响,所以人们对于损失的敏感度要高于收益,这种现象称作损失规避。损失规避不同于新古典理论关于偏好的假定,从而解释了人们决策和行为与数量模型的偏差。

卡尼曼和特维尔斯基还利用两种函数来描述个人的选择行为,一个是取代了传统效用理论中效用函数的价值函数(value function),第二个则是利用预期效用函数的概率转换成的决策权数函数(decision weighting function)。由于损失规避的特征,效用函数表现出以下特点,即当投资收益为正时,效用是凹的,收益为负时则是凸的,而传统的新古典模型则认为效用函数在所有点上都是凹的。根据价值函数,人们在已经亏损的情况下,会成为一个风险追求者,而不是一个风险厌恶者。实验表明,在上一轮赌局中遭受损失的人会更有参加下一轮赌局的冲动,证明了损失规避倾向确实存在。

(3) 行为人的预期未必满足贝叶斯法则。贝叶斯法则指的是当分析样本数接近总体数时,样本中事件发生的概率将接近于总体中事件发生的概率。卡尼曼和特维尔斯基认为,行为人面对不确定的情况作预期的时候,其预期行为经常会偏离贝叶斯法则,或是背离其他概率理论。他们往往把小样本中的概率分布当作总体的概率分布,夸大小样本的代表性,对小概率给予太多的权重,犯"小数法则偏差"。如果在十个被测试对象中,文化程度高的人更容易掌握高尔夫球的初学要领,那么人们可能会形成一种观念:一般情况下,在高尔夫学习者中,文化水平高的人更容易学会。这就是一种典型非贝叶斯法则的预期。

(4) 行为人的决策存在框架效应(framing)。在研究不确定条件下行为人的决策时,卡尼曼和特维尔斯基注意到行为选择与行为环境之间的关系。人们面对决策时,不仅考虑行为的预期效用,也会受到问题的框架方式的影响,也就是说,问题以何种的方式呈现在行为人面前,会在一定程度上影响人们对于风险的态度。面对预期效用相同的确定性收益与存在风险的收益,如果行为方案是获取收益,行为人会选择确定性收益,即呈现出一种风险规避;然而,面对同样预期效用的确定性损失和风险损失,如果方案是规避损失,行为人会选择风险损失,即表现一种风险爱好。

前景理论除了以上几个核心内容,还不断地被丰富和发展,形成了围绕前景理论的其他许多理论模型和实证研究。其中比较让人注目的有:泰勒(Thaler)的"机会成本和原赋效果",即人们常常会对机会成本低估,而且会对已经拥有物品的评价大大超过没有拥有之前;泰勒的另一个重要概念是沉没成本(sunk cost),如果人们已经为某种商品或服务支付过成本,那么便会增加该商品或服务的使用频率;谢夫林和斯塔特曼还发现了投资中存在处置效果(disposition effect),即投资人股票下跌的时候,更倾向于继续持有而不是卖出股票,以期待扳平的机会。这些理论推导对于完善预期理论起着积极的作用。

2. 套利限制

套利限制(limits of arbitrage)是行为金融学对现代主流金融学提出质疑和修正的重要工具。现代主流金融学构架中的重要支撑部分是有效市场假说(EMH),有效市场假说认为在市场中,理性的交易者能够正确评估证券的价格。即使还存在很多非理性交易者,他们的行为也不会影响市场有效性。这是因为如果非理性交易者的非理性行为相互抵消,则对市场的有效性没有影响,另一方面,如果非理性交易者的非理性方向是相同的,这时候由于套利的存在,短期内的价格偏离很快也会得到纠正,从而使市场能够恢复有效。但是,行为金融学认为套利的力量不可能不受条件限制,在各种客观约束下,套利的存在也不能排除非理性行为对理性行为的长期并且是实质性的影响,所以有效市场假说很可能无法成立。施莱弗(Shleifer)和维什尼(Vishny)把这种现象称为"套利限制"。

要使证券市场满足有效性,避开套利限制的干扰,证券市场就必须满足以下三方面的条件:第一,在市场上,非理性交易者的数量不能过多;否则,理性交易者将无力纠偏价格,非理性交易者将支配市场,价格也将远离均衡水平。第二,证券市场上,只有理性交易者能够以更低的成本进行卖空交易,如果非理性交易者也可以参与卖空交易,价格将更加不均衡。第三,非理性交易者必须具备不断修正自己观点的能力,在经过一段时间之后应该了解到资产的真正价值,从而调整自己的行为,纠正自己对市场价格的错误估计。但是,这三个方面的条件是难以满足的,有效市场假说也难以成立。因此,套利限制实际上说明,依靠套利来维持股票和债券价格的完全均衡是难以实现的,有效市场是不存在的。

3. 行为资产定价模型

行为金融学的诞生是与作为现代主流金融学基石之一的资本资产定价模型(CAPM)不断受到质疑密不可分的。行为金融学在自己的学科发展当中,一方面通过借鉴心理学、行为学、社会学等其他学科,不断修正和完善现代主流金融学的基本预设和分析范式,另一方面也尝试着提出自己的模型。针对资本资产定价模型存在的问题,谢夫林和斯塔特曼提出了行为资产定价模型(behavioral asset pricing model,BAPM)。

行为资产定价模型是对资本资产定价模型(CAPM)的扩展。与资本资产定价模型不同,行为资产定价模型中的投资者被分为两类:信息交易者和噪声交易者。信息交易者是严格按资本资产定价模型行事的理性交易者,不会出现系统偏差;噪声交易者则不按资本资产定价模型行事,会犯各种认知偏差错误。两类交易者互相影响共同决定资产价格。事实上,在行为资产定价模型中,资本市场组合的问题仍然存在,因为均值—方差有效组合会随时间而改变。行为资产定价模型典型地体现了行为金融学的基本理念,即上文所提到的非理性交易者长期性、实质性的存在,它所描述的是理性交易者和非理性交易者互动情况下的资产定价方式。在该模型中,理性交易者,即信息交易者,他们遵循CAPM模型,是现代主流金融学中预设的具有良好认知、专业技术并且有均值方差偏好的市场行为者;而非理性交易者则不具备理想状态下投资者所应有的知识储备和行为方式,他们并不具有均值方差偏好,往往背离资本资产定价模型。因而,与资本资产定价模型不同,行为资产定价模型把决定证券预期回报的 β 系数与行为人的行为相联系,这样,行为资产定价模型中的 β 值与均值方差有效组合的切线有关,而不是与市场组合有关。可以看出,行为资产定价模型既有限地接受了市场有效性,也秉承了行为金融学所奉行的有限理性、有限控制力和有限自利原则。

4. 行为组合理论

针对均值—方差方法以及以该方法为基础的投资决策行为分析理论的缺陷,从投资人最优投资决策过程是在心理账户上进行的这一假设出发,行为金融理论发展了以预期财富和财富低于某一水平的概率为基础的行为组合选择理论,以此来研究投资者的最优投资决策行为。

行为资产组合理论是谢夫林和斯塔特曼(2000)以洛佩斯(Lopes,1987)和 KT 的期望理论为基础发展而来的。行为组合理论对现代资产组合理论进行了扬弃。现代资产组合理论认为投资者应该把注意力集中在整个组合,最优的组合配置处在均值方差有效前沿上。行为资产组合认为现实中的投资者无法做到这一点。在行为组合理论中,投资者可以分为单一心理账户(single mental account,BPT-SA)和多个心理账户(multiple mental account,BPT-MA)投资者。单一心理账户投资者关注各资产间的相关系数,他们会将投资组合整合在同一个心理账户里,而多心理账户投资者将投资组合分散到多个心理账户,忽视资产间的相关系数。行为资产组合认为投资者的投资组合是一种基于对不同资产风险程度的识别和投资目的所形成的金字塔状的投资组合,位于金字塔各层的投资与投资者特定的期望相联系。而且,谢夫林和斯塔特曼发展了一个两层的投资组合模型,每一层代表不同的风险偏好:底层代表避免贫穷和破产,规避风险;高层代表为了暴富,追逐风险。

第三节 行为金融学的应用

行为金融学理论框架的发展为解释证券市场上某些与现代主流金融学相悖的现象提供了理论依据。证券市场上的羊群行为(herd behavior)、噪声交易、过度反应和反应不足以及泡沫模型等,都是现代主流金融学无法解释的现象,而行为金融学却对此作出了一些独到的解释。

一、羊群行为

根据彼克钱迪尼(Bikhchandani)的定义,"羊群行为"是指投资者在交易过程中存在学习与模仿现象,从而导致他们在某段时期内买卖相同的证券或其他商品。一般将羊群行为分为两大类,即理性羊群行为和非理性羊群行为,这取决于他们参与羊群行为是否可以使其经济利益增加。如果参与羊群行为可以增加他的经济福利,那么这种羊群行为就是理性羊群行为;反之,就是非理性羊群行为。羊群行为是一种特殊的非理性行为,它是投资者在信息环境不确定的情况下,行为受到其他投资者的影响,模仿他人决策,或者过度依赖于舆论,而不考虑自己的信息的行为。由于羊群行为涉及多个投资主体的相关性行为,对于市场的稳定、效率有很大的影响,与金融危机存在密切的联系。

现代主流金融学无法解释投资者为什么不根据自己的信息采取收益最大化策略,而要模仿其他市场主体的行为,但行为金融学却从不同角度解释了这个问题。弗鲁特(Froot)、沙尔夫斯坦(Scharfstein)和斯坦(Stein)指出,机构投资者具有高度的同质性,它们通常关注同样的市场信息,采用相似的经济模型、信息处理技术、组合及对冲策略。在这种情况下,机构投资者可能对盈利预警或证券分析师的建议等相同外部信息作出相似的反应,在交易活动中表现为羊群行为。茅格(Maug)和奈克(Naik)则认为,基金持有人和基金经理的关系是一个典型的委托－代理问题,因此,基金持有人的最优策略是和基金经理签订与基准(benchmark)挂钩的报酬合约。在这种报酬结构下,基金经理往往会推断、模仿并追随其他基金的买卖行为,以免自身业绩落后于市场指数或同行。当机构投资者存在"羊群行为"时,许多机构投资者将在同一时间买卖相同股票,买卖压力将超过市场所能提供的流动性,从而导致股价的不连续性和大幅变动,破坏了市场的稳定运行。另一方面,拉科尼肖克、施莱弗与维什尼(Lakonishok, Shleifer and Vishny, 1992)却指出,机构投资者的"羊群行为"并不一定会导致市场的不稳定。如果机构投资者比个人投资者拥有更多的信息来评估股票的基本价值,那么机构投资者将一齐买入价值被低估的股票,同时远离价值被高估的股票,这种"羊群行为"和个人投资者的非理性行为产生相互抵消效应,促使股价趋向均衡价值,而不是远离均衡价值。此外,机构投资者的"羊群行为"可能是因为他们对同样的基础信息作出了迅速反应,在这种情况下,机构投资者的交易行为加快了股价对信息的吸收速度,促使市场更为有效。因此,机构投资者存在羊群行为不能与市场不稳定画等号。

二、噪声交易

噪声交易是指投资者根据市场噪声而非信息制定交易决策。噪声交易者不按照资本资产定价模型和其他现代主流金融学理论进行决策,他们会犯各种认知偏差错误,并且没有严格的风险偏好。不同于信息交易者,噪声交易者不能区分信息与噪声,他们基于噪声进行交易并误以为是基于信息进行交易,其交易促进了金融市场的流动性。噪声交易者依据虚假的信号而不是财务原则对资产估价,导致虚假的基础价值。如果噪声交易者的力量足够大,那么资产价格会趋于噪声交易者的估价。

凯尔(Kyle, 1985)首次提出了"噪声交易者"(noise trader)的概念,布莱克(Black, 1986)进一步将噪声交易者明确定义为不拥有内部信息却非理性地把"噪声"当作有效信息进行交易的人。这里的"噪声"主要是指与实际价值无关的虚假的或失真的信号,它的来源可能是市场参与者主动制造的虚假信息,也可能是被市场参与者误判的信息;在一些有效性较差的市场上,"噪声"还应包括投资人进行技术分析历史经验等。由于"噪声交易者"是相对于现代主流金融学中的"理性交易者"存在的,因此,"噪声交易者"也被称为"非理性交易者"(irrational trader)。

早在20世纪70年代,法玛(Fama)和弗里德曼(Friedman)就讨论了噪声交易者长期存在的可能性及其对市场的影响问题,这也是现代主流金融学对噪声交易的研究。不过,二者都认为尽管市场上确实可能存在一定数量的噪声交易者,但他们会遇到来自理性套利者的抗衡。理性套利者在正常情况下能够获得公司的全部基本面价值,而当噪声交易者抬高了股票的瞬时价格使其高于基本面价值时,理性套利者就会卖空股票、打压市场价格,直到价格回复价值为止。因此,他们认为噪声交易者在资产价格形成过程中的作用是无足轻重的,可以忽略不计。

但是,事实上,在某些情况下噪声交易在市场上的比重极高,现代主流金融学无法解释这一现象。针对现代主流金融学在假设上的缺陷性,菲格拉斯基(Figlewski, 1979)、席勒

(Shiller，1984)、坎贝尔和凯尔(Campbell and Kyle，1987)都指出基本面风险的存在阻碍了长期投资者的套利活动,而德隆、施莱弗、萨默斯和沃德曼(De Long，Shleifer，Summers and Waldmann，1990，1991)则进一步构筑了一个噪声交易者长期生存的模型——DSSW模型,奠定了从行为金融角度研究噪声交易者存在及其市场影响的基石。根据DSSW模型,噪声交易者可能比理性交易者获利更多。这是因为噪声交易者承担了额外的"噪声交易者风险",该风险是噪声交易者强加给市场的。噪声交易者风险通常由于人的非理性因素造成一种新的不确定性,理性交易者也认识到新的不确定性的存在,不确定性的存在是因为他们不知道噪声交易者会如何行动。在德隆等人研究的基础上,施莱弗和维什尼(1997)以及泰勒(1999)指出套利行为对价格的修正力量在实务中受到许多条件约束:首先,非理性投资人不能太多,否则他们会支配市场,理性投资者将无力使价格回复均衡;其次,市场必须允许低成本卖空,而且仅理性投资者可以卖空,否则非理性投资者将可凭借卖空机制使价格进一步偏离;第三,一段时间后资产的真正价值必须为众人所知,否则非理性投资者不会意识到他们对股票评价的错误,也就不会调整自己的行为,价格偏离的情形将持续下去。而穆莱纳桑和泰勒(Mullainathan and Thaler，2000)明确指出套利受两类风险的制约:一是不存在完美替代品的风险;二是投资期限有限的风险。施莱弗(2000)提出了噪声交易者的叠代交易模型。模型中存在套利交易者(即信息交易者)和噪声交易者,模型假设所有的噪声交易者同质;噪声交易者对未来风险资产的收益分布持错误的理解,且错误的观点对所有噪声交易者都很普遍;对于套利者而言,利用噪声交易者的错误理解是最优的选择。模型的结果表明,尽管套利交易者的投资策略将使价格回归基本价值,但并非总能实现基本价值。

事实上,关于理性交易者在市场中是否总是发挥平抑市场价格非理性波动的作用,德隆等(1990)在其"正反馈交易"模型中对此提出了不同的观点。按照弗里德曼(1953)提出的传统观点,理性投机交易者必须是减缓价格波动,稳定资产价格,当价格高于股票基本价值时卖出股票,当价格低于基本价值时买入股票。那些促使资产价格变得不稳定的投机交易者,在价格上涨时买入股票,在价格下跌时卖出股票,将因不能获取利润很快从市场中消失,结果留下的将是理性的投机交易者。而"正反馈交易"模型认为市场中存在着追随趋势的"正反馈交易者",即噪声交易者,同时也存在着理性的投机交易者。"正反馈交易者"是极端非理性的,在价格上涨时买入股票,而价格下跌时卖出股票。但是,与传统观点不同的是,在存在正反馈交易者的市场环境下,理性投机交易也存在使价格变得不稳定的效应。当理性投机交易者得到利好消息时,开始根据这些信息进行交易,由于他们知道,这些初始的交易将触发正反馈交易者的买入,因此,理性投机交易者一开始就将买入更多的股票,这样,将股票的价格推升到比股票基本价值更高的价格上。随后,正反馈交易者对这种价格上涨作出积极反应而买入股票,甚至在理性投机交易者已经开始卖出股票时,正反馈交易者仍有可能在继续买入股票,结果将价格进一步推高。因此,理性的投机交易一部分是稳定市场价格,但也有一部分实际上让价格变得更加不稳定,因为它们触发了正反馈交易。

总之,经过十多年的发展,学术界已经逐渐形成了噪声交易行为的研究体系,不过,迄今为止DSSW模型仍是噪声交易者存在性研究的经典模型,其他许多模型都是在此基础上发展起来的。

三、过度反应与反应不足

现代主流金融学假定投资者是理性的,证券价格等于其内在"基本价值",即等于其预期未来现金流的折现值,其中,未来现金流是投资者作出的正确预期,所用的折现率与相应风险水平下市场可接受的折现率相一致。在这种理想的市场环境中,市场是有效率的。显然,有效市场假说隐含地假定,投资者是理性的。但是,德波特(De Bondt)与泰勒(Thaler)(1985,1987)所作的经验研究发现,股票市场存在过度反应(overreaction)效应,即大多数投资者对一些未预期到的重大信息或事件呈现出过度反应状态。他们将 1926—1982 年所有在纽约股票市场上市的股票,根据过去三年的累计非正常收益率进行排序,将过去三年表现最好的 35 只股票与表现最差的 35 只股票分别形成两个投资组合,称为"赢组合"与"输组合",然后考察这两个组合在随后的三年中的表现,最后发现,在所考察的时间区间中,"输组合"的收益率比"赢组合"平均每年高约 8%,三年累计高 25%。

股票市场的过度反应效应与有效市场假说相矛盾,也与现代主流金融学关于投资者是理性的假设不一致,对此,德波特与泰勒等学者主要从行为金融(behavior finance)的角度对此种现象加以解释,其理论基础是卡尼曼与特沃斯基斯(Kahneman and Tversky,1979)提出的前景理论(prospect theory)。他们的研究发现,人们作预测时,似乎是遵循一个简单的规则:"预测的数值这样选择,以使在这种情况下当前的结果分布与其印象中的结果分布相一致"。德波特与泰勒认为,股票市场的过度反应效应,是与实验经济学关于人类决策过程中的心理认知特点相一致的;投资者并非遵循"贝叶斯"规则对新信息作出合适的反应,而是倾向于将最近的信息赋予过多的权重,对以前的信息赋予的权重则偏低;在对未来进行预测时,容易简单地根据其印象中情况作出选择,即卡尼曼与特沃斯基所提出的"代表性直觉"(representativeness heuristic)。由于决策者更倾向于使用代表性直觉,更多地依靠最近时期的信息得出一个总的关于未来的看法,这样,他们的预测结果将出现很大的偏差,从而导致了对最近信息的过度反应。这些现象是人类心理上存在的认知偏差,表现在证券市场的投资决策则是对最近信息的过度反应,总而言之,投资者是非完全理性的。股票市场过度反应是对有效市场假说的重大挑战,甚至对整个现代主流金融学提出质疑,因为这些理论均是建立投资者是"理性的经济人"这样一个基本的前提之上的。继德波特与泰勒的研究之后,杰格迪什(Jegadeesh,1990)与莱曼(Lehmann,1990)还提供一些基于较短期限过度反应的经验证据,他们所做的研究表明,基于过去数周或数月的表现,选择那些表现最差的股票能够获得非正常收益。

关于过度反应的形成机制,德隆等(De Long et al.,1990)提出的"噪声交易"(noise trader)模型是一个具有代表性的模型。该模型认为市场上存在非理性的噪声交易者,它们无法获得真正的内部信息,而是根据自己的研究或者根据市场上的各种传言非理性地选择几种证券进行交易。噪声交易者对市场的认识是错误的,且呈随机状态,具有不可预测性,从而对资产定价创造了风险,即噪音本身创造了风险。市场中同时存在理性的套利交易者,它们是利用噪声交易者制造的非理性价格进行交易而获取利润,但是,理性的套利交易者同时也是风险厌恶型的,并且投资期限也是较短的合理期限,而不是无限地长,因此,其持有套利交易头寸的意愿是有限的。此外,证券基本价值的风险本身也会限制套利交易的力度。所有这些可能阻止套利交易的发生,引起资产价格在即使不存在基本价值风险的情况下明显偏离基本价值,噪声交易者由此创造了其自身生存的空间。从长期看,这两类交易者相互博弈,在动态均衡中形成股票价格"过度反应",但最终向基本价值回归。

市场过度反应现象要在相对较长的时期维持下去,它必须能够有效地避开市场套利机制的作用。对此,罗塞尔与泰勒(1985)提出"准理性代理人"(quasi-rational agents)假设,认为市场中同时存在理性的代理人与"准理性代理人"。由于市场中还存在准理性代理人,理性代理人的存在并不能保证市场达到理性均衡。这两类投资者相互博弈,市场更多的是现一种非理性状态的均衡。由于股票市场过度反应效应的存在,从长期看,如果股票价格系统地过分上涨,可以仅从其过去的收益预测它们将出现反转,而无须分析其财务数据。可见,在这里,由于市场中准理性代理人的存在,市场的非理性状态本身是一种均衡,究其原因,是因为理性代理人的力量并不总是能战胜准理性代理人。

过度反应的行为金融学解释立即被用于解释不同市场上出现的过度反应现象。阿罗(Arrow,1982)认为卡尼曼与特沃斯基的研究准确地刻画了证券与期货市场普遍存在的对当前信息的过度反应,奠定了从行为金融的角度分析证券与期货市场投资者行为的理论基础。巴苏(Basu,1977)最早发现股票市场的过度反应表现在"市盈率(P/E)异常现象"上,极低市盈率的股票相对于高市盈率股票具有更高的风险调整后收益。巴苏对此解释认为,极低市盈率股票是因为投资者得到一系列坏消息以后变得过分悲观,从而导致价值暂时被低估,一旦预期未来盈利好于先前不合理的悲观估计,价格将会得到迅速纠正。相反,那些极高市盈率的股票则是价值被高估。

与过度反应相反,也有经验研究发现了所谓的"反应不足"现象。杰格迪什与蒂特曼(Jegadeesh and Titman,1993)研究发现美国股票市场上单个股票的收益在3至12个月左右的期间内,表现出趋势的连续性,即根据股票过去6个月的表现,持有表现最好前十分之一股票持有6个月,平均每年可获得12.01%的非正常收益,亦即采用"相对强势"(relative strength strategy)交易策略可获得非正常收益。罗温霍斯特(Rouwenhorst,1998,1999)所进行的研究表明这种现象在其他发达国家市场及一些新兴股票市场也存在。这表明股票市场的私有信息是逐渐地反应到股价上去的,因而股票市场不是"过度反应",而是"反应不足"(underreaction),信息的传递是渐进式的。

关于股票市场是否存在"过度反应"以及对其理论解释仍然存在争论。法玛(1997)仍然坚持市场是有效的,市场在有些场合下表现出"过度反应",而在另外一些场合下表现出"反应不足",其产生的原因是"偶然"(chance),"其预期非正常收益为零,但偶然因素产生了明显的异常现象,这些异常现象在过度反应与反应不足之间随机地分布"。丹尼尔、赫什莱弗与苏布拉马尼亚姆(Daniel,Hirshleifer and Subrahmanyam,1998),洪与斯坦(Hong and Stein,1999)等则承认股票市场既存在"过度反应",也存在"反应不足"。

四、泡沫模型

泡沫指在一个连续金融运作过程中,一种或一系列资产价格的突然上升,随着最初的价格上升,人们产生对远期价格继续上升的预期,从而吸引新的买者。总的来看,在这个过程中,行为人感兴趣的是买卖资产获得的收益,而不是资产本身的用途及其盈利能力。

很早就有有关泡沫的记载。17世纪30年代的郁金香狂潮(Tulip Mania)被视为有记载的最早的泡沫——1636年的荷兰,一株郁金香球颈要卖到76 000盾;此后,1711年和1718

年英、法股市相继爆发了"南海事件"和"密西西比泡沫",导致两国资本市场一度陷入半关闭状态,英国在此后的一百多年间都对市场准入实行严格限制,公司上市必须得到议会批准,这一《泡沫法案》直到1848年才撤销;而法国对股市的严格限制更持续到20世纪80年代,法国从而形成了以银行为中心的金融体系。20世纪20年代,美国股票市场出现非理性繁荣,通用电气的股价一度被炒到400美元一股,但在1932年跌到8美元一股。1980年代进入日本资产的高估时代,平均市盈率达到60倍并维持了相当长一段时期,进入1990年代后价格才开始回落,日经指数从最高点40 000点(1989年12月)跌到15 000点并保持在这一水平。1987年10月美国股市再次崩盘,但有意思的是事后调查发现,尽管引起此次崩盘事件的导火线是议会通过了有关限制公司收购行为的法案,但在那个"黑色星期一"抛售股票的投资人中大部分并不知道这一事件,而是受其他投资人影响才作出抛售决策的。上述历史事件都说明了市场并不总是有效的,现实世界中不仅存在着大量"非理性"的交易行为,而且在一定条件下这种"非理性行为"还可能主导市场,使价格完全脱离价值。

泡沫事件引起了经济学界的关注,人们发现泡沫在一定程度上证明了现实市场并不像现代主流金融学所假设的那么有效,不仅存在着严重的信息不对称问题,而且有相当数量的市场参与者也并不总是根据公司基本面信息作出投资决策。现有的泡沫模型可大致分为理性泡沫模型和行为金融泡沫模型。理性泡沫是以市场有效性及经济主体行为理性为基本前提的。市场的有效性使得经济主体可以充分利用完全信息对市场作出理性预期,形成具有合理性的行为,此时的金融市场是趋于均衡的。理性泡沫理论认为,金融资产的实际价格除了反映其市场基础价格之外,还应包含理性泡沫。

行为金融学认为,理性泡沫理论可以部分地解释金融泡沫的形成,但其前提条件很难与现实吻合。德隆、施莱弗、萨默斯分析了套利者行为对证券价格的操纵和市场稳定性的影响。在他们的模型里,中小投资者是一种噪声交易者,只能根据证券以前的价格变化采取一种正反馈投资策略,即买入价格上涨的证券、卖出价格下跌的证券。"正反馈交易者"是极端非理性的,在价格上涨时买入股票,而价格下跌时卖出股票。正反馈投资策略使投资者总是根据市场历史状况判断未来的走势,忽视资产的实际价值,从而产生泡沫。当前已经有许多研究证明了泡沫的存在。梅赫拉和普莱斯考特(Mehra and Prescott,1986)通过对股票短期价格、封闭式基金价格和股票长期价格的比较研究发现,多数情况下,资产价格并不等于基本面价值;坎贝尔和凯尔(1987)也证实了相当比例的价格波动不能用未来股利预期和折现率的变动来解释。正如威廉姆斯(Williams,1938)在《投资价值理论》中所指出的"股票价格受到太多现行信息的影响,但却几乎忽视了长期股利支付信息的影响"。

思 考 题

参考答案

1. 试述行为金融学的发展背景。
2. 行为金融学与现代主流金融学有什么区别?
3. 解释以下概念:心理账户;易获得性偏误;过度自信。
4. 什么是前景理论?它包括哪些主要论断?
5. 请比较行为资产定价模型与资本资产定价模型的异同。

6. 请比较行为资产组合理论与传统资产组合理论的异同。
7. 行为金融学是如何解释金融市场羊群行为、噪声交易、过度反应(反应不足)和市场泡沫的?
8. 请说明行为金融学与现代主流金融学的关系。

主要参考文献

1. John C. Cox and Mark Rubinstein. *Options Markets*. Prentice Hall，1985.
2. John Millers. *Stock Index: Options and Futures*. McGraw-Hill，1992.
3. Robert J. Shiller. *Irrational Exuberance*. Princeton University Press，2000.
4. Richard H. Thaler. "The End of Behavioral Finance," *Financial Analysts Journal*，November/December，1999，pp.12—17.
5. Amos Tversky and Daniel Kahneman. "Advance in Prospect Theory：Cumulative Representation of Uncertainty." *Journal of Risk and Uncertainty*，1992，5：297—323.
6. William Sharpe, Gordon Alexander and Jeffery Bailey. *Investments*. fifth edition. Prentice hall，1995.
7. Zvi Bodie and Robert C. Merton. *Finance*. McGraw-Hill，2000.
8. [美]安德瑞·史莱佛著，赵英军译，《并非有效的市场——行为金融学导论》，中国人民大学出版社2003年第1版。
9. [美]本杰明·格雷厄姆等著，徐彬等译，《证券分析》(原书第6版)，中国人民大学出版社2009年版。
10. [美]博迪等著，汪昌云、张云翼等译，《投资学》(原书第9版)，机械工业出版社2015年版。
11. [美]博迪等著，李建军译，《〈投资学〉(原书第7版)习题集》，机械工业出版社2010年版。
12. [美]博迪等著，初晨等译，《投资学精要》(第7版)，中国人民大学出版社2010年版。
13. [美]赖利等著，李伟平译，《投资分析与组合管理》(第8版)，中国人民大学出版社2011年版。
14. [美]罗斯、马奎斯著，陆军等译，《金融市场学》(原书第10版)，机械工业出版社2009年版。
15. [美]琼斯著，李月平、陈宏伟译，《投资学：分析与管理》，机械工业出版社2008年版。
16. 贝政新主编，《投资银行学》，复旦大学出版社2003年版。
17. 贝政新等著，《机构投资者发展研究》，复旦大学出版社2005年版。
18. 贝政新等著，《基金治理研究》，复旦大学出版社2006年版。
19. 贝政新等著，《高科技产业化：融资问题研究》，复旦大学出版社2008年版。
20. 常巍、薛誉华编著，《金融危机再思考》，中国经济出版社2009年版。

21. 曹凤岐等编著,《证券投资学》(第二版),北京大学出版社2000年版。
22. 戴志敏编著,《证券投资学——理论、实践与案例分析》,浙江大学出版社2009年版。
23. 费方域著,《现代证券组合理论》,上海三联书店1994年版。
24. 葛正良编著,《证券投资学》(第二版),立信会计出版社2008年版。
25. 何小峰、黄嵩著,《投资银行学》,北京大学出版社2008年版。
26. 何孝星主编,《证券投资基金管理学》(第二版),东北财经大学出版社有限责任公司2009年版。
27. 胡海鸥等编著,《证券投资分析》(第三版),复旦大学出版社2011年版。
28. 霍文文编著,《证券投资学》,高等教育出版社2008年版。
29. 霍文文主编,《金融市场学教程》(第二版),复旦大学出版社2010年版。
30. 李子白主编,《投资银行学》,清华大学出版社2005年版。
31. 林俊国编著,《证券投资学》(第三版),经济科学出版社2006年版。
32. 刘少波主编,《证券投资学》,暨南大学出版社2002年版。
33. 饶育蕾、刘达锋著,《行为金融学》,上海财经大学出版社2003年5月第1版。
34. 施兵超编著,《金融衍生产品》,复旦大学出版社2008年版。
35. 万国华编著,《中国证券市场问题报告》,中国发展出版社2003年版。
36. 万解秋、贝政新编著,《现代投资学原理》,复旦大学出版社2003年版。
37. 汪昌云等编著,《投资学》,中国人民大学出版社2009年版。
38. 汪玲编著,《资本市场》,电子工业出版社2003年版。
39. 吴晓求主编,《证券投资学》(第三版),中国人民大学出版社2009年版。
40. 邢天才、王玉霞编著,《证券投资学》,东北财经大学出版社2007年版。
41. 徐洪才主编,《期货投资学》,首都经贸大学出版社2008年版。
42. 徐涛著,《股票市场与货币政策》,复旦大学出版社2008年版。
43. 杨德勇,《证券投资学》,中国金融出版社2010年版。
44. 张亦春主编,《现代金融市场学》(第二版),中国金融出版社2007年版。
45. 赵昌文、俞乔主编,《投资学》(第二版),清华大学出版社2012年版。
46. 朱宝宪编著,《投资学》,清华大学出版社2002年版。
47. 安东尼桑德斯等著,韩国文、张彻主译,《金融市场与机构》(原书第六版),机械工业出版社2017年版。
48. 罗斯等著,张建平、王结冰译,《公司理财精要》,人民邮电出版社2012年版。

图书在版编目(CIP)数据

证券投资学/常巍主编.—3版.—上海:复旦大学出版社,2019.9(2022.8重印)
(创优.经管核心课程系列)
ISBN 978-7-309-14273-0

Ⅰ.①证… Ⅱ.①常… Ⅲ.①证券投资-高等学校-教材 Ⅳ.①F830.91

中国版本图书馆 CIP 数据核字(2019)第 190753 号

证券投资学(第三版)
常　巍　主编
责任编辑/方毅超

复旦大学出版社有限公司出版发行
上海市国权路 579 号　邮编:200433
网址:fupnet@fudanpress.com　http://www.fudanpress.com
门市零售:86-21-65102580　团体订购:86-21-65104505
出版部电话:86-21-65642845
上海新艺印刷有限公司

开本 787×1092　1/16　印张 23.5　字数 543 千
2019 年 9 月第 3 版
2022 年 8 月第 3 版第 3 次印刷

ISBN 978-7-309-14273-0/F·2558
定价:48.00 元

如有印装质量问题,请向复旦大学出版社有限公司出版部调换。
版权所有　侵权必究